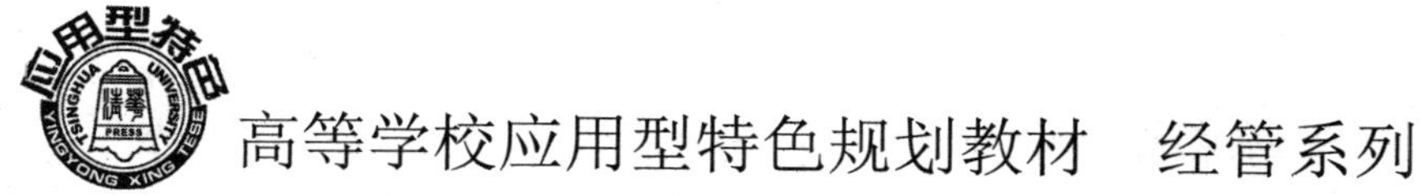

高等学校应用型特色规划教材　经管系列

# 现代消费者心理与行为学


主　编　刘　剑

副主编　赵仕红　刘爱芳　张　昊



清华大学出版社

北　京

## 内 容 简 介

本书是面向应用型本科教学的消费者行为与心理的教材。全书共 13 章，全面系统深入地介绍了消费心理与行为学理论的产生和发展，注重吸收国内外消费心理学与消费者行为学方面的最新研究成果；每章节均附有丰富的案例，对启发学生和读者运用理论分析实际问题、开拓思路、更好地把握所学知识有较大的帮助。

本书体例新颖，内容翔实，既可作为本科院校工商管理类专业相关课程的教材，更可以作为企业从事经济管理工作人员的培训教材和参考读物。



**图书在版编目(CIP)数据**

现代消费者心理与行为学/刘剑主编. --北京：清华大学出版社，2016（2022. 2重印）
(高等学校应用型特色规划教材　经管系列)
ISBN 978-7-302-43868-7

Ⅰ. ①现… Ⅱ. ①刘… Ⅲ. ①消费心理学—高等学校—教材　②消费者行为论—高等学校—教材 Ⅳ. ①F713.55

中国版本图书馆 CIP 数据核字(2016)第 110570 号

**责任编辑：**温　洁
**版式设计：**杨玉兰
**责任校对：**周剑云
**责任印制：**刘海龙
**出版发行：**清华大学出版社
网　　址：http://www.tup.com.cn, http://www.wqbook.com
地　　址：北京清华大学学研大厦 A 座　　邮　　编：100084
社 总 机：010-83470000　　邮　　购：010-62786544
投稿与读者服务：010-62776969, c-service@tup.tsinghua.edu.cn
质量反馈：010-62772015, zhiliang@tup.tsinghua.edu.cn
课件下载：http://www.tup.com.cn, 010-62791865
**印 装 者：**三河市少明印务有限公司
**经　　销：**全国新华书店
**开　　本：**185mm×230mm　　**印　张：**22.5　　**字　数：**485 千字
**版　　次：**2016 年 8 月第 1 版　　**印　次：**2022 年 2 月第 5 次印刷
**定　　价：**58.00 元

---

产品编号：050960-03

# 出版说明

应用型人才是指能够将专业知识和技能应用于所从事的专业岗位的一种专门人才。应用型人才的本质特征是具有专业基本知识和基本技能，即具有明确的职业性、实用性、实践性和高层次性。应用型人才的培养，是“十二五”时期教育部关于进一步深化本科教学改革，全面提高教学质量的目标之一，也是协调高等教育规模速度与市场人才需求关系的重要途径。

教育部要求“十二五”期间有相当数量的高校致力于培养应用型人才，以满足市场对应用型人才的巨大需求。为了培养高素质应用型人才，必须建立完善的教学计划和高水平的课程体系。在教育部有关精神的指导下，我们组织全国高校的专家教授，努力探求更为合理有效的应用型人才培养方案，并结合我国当前的实际情况，编写了这套《高等学校应用型特色规划教材　经管系列》丛书。

为使教材的编写真正切合应用型人才的培养目标，我社编辑在全国范围内走访了大量高等学校，拜访了众多院校主管教学的领导以及教学一线的系主任和教师，掌握了各地区各学校所设专业的培养目标和办学特色，推进了优质教育资源进课堂，并广泛、深入地与用人单位进行交流，明确了用人单位的真正需求。这些工作为本套丛书的准确定位、合理选材、突出特色奠定了坚实的基础，同时逐步形成了反映时代特点、与时俱进的教材体系。

## ✧ 教材定位

- 以就业为导向。在应用型人才培养过程中，充分考虑市场需求，因此本套丛书充分体现“就业导向”的基本思路。
- 符合本学科的课程设置要求。以高等教育的培养目标为依据，注重教材的科学性、实用性和通用性，融入实践教学环节。
- 定位明确。准确定位教材在人才培养过程中的地位和作用，紧密结合学科专业发展和教育教学改革，正确处理教材的读者层次关系，面向就业，突出应用。
- 合理选材、编排得当。妥善处理传统内容与现代内容的关系，大力补充新知识、新技术、新工艺和新成果。根据本学科的教学基本要求和教学大纲的要求，制定编写大纲(编写原则、编写特色、编写内容、编写体例等)，突出重点、难点。
- 建设“立体化”的精品教材体系。提倡教材与电子教案、学习指导、习题解答、课程设计、毕业设计等辅助教学资料配套出版。

## ✧ 丛书特色

- 围绕应用讲理论，突出实践教学环节及特点，包含丰富的案例，并对案例作详细解析，强调实用性和可操作性。
- 涉及最新的理论成果和实务案例，充分反映岗位要求，真正体现以就业为导向的培养目标。
- 国际化与中国特色相结合，符合高等教育日趋国际化的发展趋势，部分教材采用双语形式。
- 在结构的布局、内容重点的选取、案例习题的设计等方面符合教改目标和教学大纲的要求，把教师的备课、授课、辅导答疑等教学环节有机地结合起来。

## ✧ 读者定位

本系列教材主要面向普通高等院校和高等职业技术院校，以满足培养应用型人才的高等院校的教学需要。

## ✧ 关于作者

丛书编委特聘请执教多年且有较高学术造诣和实践经验的教授参与各册教材的编写，其中有相当一部分的教材主要执笔者是各专业精品课程的负责人，本丛书凝聚了他们多年的教学经验和心血。

## ✧ 互动交流

本丛书的编写及出版过程，贯穿了清华大学出版社一贯严谨、务实、科学的作风。伴随我国教育教学改革的不断深入，要编写出满足新形势下教学需求的教材，还需要我们不断地努力、探索和实践。我们真诚希望使用本丛书的教师、学生和其他读者提出宝贵的意见和建议，使之更臻成熟。

清华大学出版社

# 前　　言

为了满足工商管理类专业学生了解和掌握消费者心理与行为活动课程的学习，目前国内传统的教材主要包括《消费心理学》和《消费者行为学》。但消费者心理和行为具有不可分割的联系，因此，本书将具有不可分割的消费者心理和行为纳入一个理论体系，构建了本教材内容。

本教材以高等教育应用型人才的培养目标为依据，注重教材的科学性、实用性，注重理论应用，让知识转化为技能。与时俱进地补充新知识、新成果，满足应用型工商管理类专业相关课程的教学需要，同时也适合其他从事经济管理工作人员的学习所需。

主要特色与创新：

### 1. 系统性

作为一门专业课程，书中充分地体现了该学科理论的系统性，全面系统深入地介绍了消费心理与行为学理论的产生和发展，根据消费者的心理与行为的联系，更科学地构建和编排了教材的内容体系，并采用了国际上工商管理类教材的流行体例，即每章包括学习目标、关键概念、引导案例、本章小结、自测题及阅读材料。

### 2. 应用性

本书着重体现其理论的应用性，各章节都穿插典型案例既有国内的，也有国外的；既有成功案例，也有失败案例，通过理论结合案例，让学生分析其中的成败得失，提高其将理论知识转化为实践应用的能力。

### 3. 时代性

在案例及阅读材料的选择上，除了部分经典案例之外，材料主要是从网络、报刊上选择的新案例和新材料。材料关注消费领域的社会热点问题，了解消费趋势的新变化，让学生学有所用。

### 4. 前瞻性

本教材在编写体系的系统与完整的基础上，特别考虑到了21世纪体验经济、绿色营销、互联网经济的发展对消费者心理与行为的影响，增加了“消费者心理与行为的新趋势”一章，以开拓学生的知识和视野。

本书由刘剑担任主编。参加编写的人员及分工如下：刘剑，第一、九、十一、十二章；

赵仕红，第五、七、十；刘爱芳，第二、三、四章；张昊、赵仕红，第六、八、十三章。

本书在编写过程中，参考吸收了国内外相关教材、论著的研究成果，并引用了互联网上一些具有独到见解的材料，以增强教材的趣味性与时代性及开阔学生的视野，在此，谨向有关作者、同仁表示衷心的感谢。本教材的编写也得到了清华大学出版社给予的大力支持，在此一并表示感谢。限于我们的水平，书中难免有疏漏之处，敬请广大读者和同行批评指正。

编　者

# 目　录

# 第一章

# 绪 论

**学习目标：**通过本章的学习，使学生了解消费心理与行为学的发展历史，把握现代消费心理与行为学的研究对象与基本内容，知晓消费心理与行为学的基本研究方法。

**关键概念：**消费者(Consumer) 消费(Consumption) 消费心理(Consumption Psychology) 消费者行为(Consumer Behavior)

**引导案例：**

**Swatch(斯沃琪)手表成功的原因**

20 世纪 70 年代，高贵优雅的瑞士钟表被物美价廉、造型新颖的日本电子石英表打得抬不起头。在不到十年的时间里，瑞士的钟表出口量从 8200 万只跌落到 3100 万只，近一半的钟表企业倒闭，从业人员也从鼎盛时期的 19 万人锐减至 3 万多人。1981 年，瑞士 Swatch 公司，推出了著名的 Swatch 手表，并迅速风靡全球手表市场。Swatch 的成功在很大程度上取决于其对消费者心理与行为的深入理解和研究。

Swatch 不只是报时的手表，而是代表着一种文化，一种生活形态，一种时尚而新鲜的生活形态。手表突然跳出了计时工具和身份象征的范围，变成了装饰品、艺术品和自我表达的工具。手表的定义从此被颠覆了，全新的市场由此打开了，Swatch 的销量也一飞冲天。Swatch 给了人们选择的自由，Swatch 代表 Swiss watch(瑞士手表)，也代表 Second watch(第二块表)。其实何止第二块，既然价格低廉，为什么不能拥有第三块、第四块，乃至一系列的 Swatch 手表？“第二块手表”的概念让 Swatch 成为时尚潮流的引导者。在变幻莫测的潮流面前，Swatch 的设计一路奔跑，Swatch 唯一不变的，就是它不断在改变。对于消费者来讲，一款斯沃琪手表就是一份情感的寄托，一份纪念品、一段历史、一件工艺品。它改变了消费者对手表的使用习惯，斯沃琪手表不仅是高质量的产品，更是一种有滋味的招人喜爱的装饰品，像耳环或领带一样。这给戴表者一种反传统的独特形象，并传达了“时尚、刺激、情趣、纪念、高质量、低成本”的信息。

该手表价格从 40 美元到 100 美元不等，它主要作为时装表来吸引活跃的追求潮流的年轻人。Swatch 每年都要不断地推出新式手表，以至于人们都焦急地期待新产品的出现，并将之作为收藏品。Swatch 既有时尚的外观，又有最高的品质和可靠性，而得到一块这样出色的表只需要比过去低得多的价格。在美国，Swatch 手表最初在珠宝店和时新店销售，现今在高档货店也有销售，但不进入批发市场。Swatch 手表虽然每年推出新款式，但每种款式在推出 5 个月后即停止生产，因而即使是最便宜的手表都有收藏价值，获得了“现代古董 ”的美称。

斯沃琪抛弃了传统工艺、技术、生产、资产和销售关系，转向更柔和、更富有主观色彩的消费者行为、消费者偏好和消费者情感。以“新”“奇”来推动市场，迅速吸收消费者的眼光，迎合年轻人消费心态的转变，“求新”“求变”“反传统”；它的高端品牌则强调消费者渴望传达的地位或独特形象。斯沃琪的成功证明了任何产品或服务要想取得成功，深刻理解消费者的心理与行为是关键。(资料来源：根据百度文库 http://wenku.baidu.com/view/f953ed1cc850ad02df80414c.html?re=view《swatch 手表成功原因》整理而来)

# 第一节　消费者研究的发展历史

## 一、消费者研究与企业的营销活动

对消费者的研究是随着市场经济的发展而产生，最早发端于早年的美国商界，并随着企业的市场营销活动的需要而逐步深入的。在商品匮乏、小商品生产的情况下，生产者和商人无须考虑如何扩大商品的销路，客观上没有专门研究消费者心理与行为的需要；在资本主义工业革命的初期，商品经济虽说有了很大发展，但从总体上商品还是供不应求的，多数商品处于“卖方市场”的阶段，企业在生产和经营的过程中无须担心产品的销路而考虑消费者的需求，有关消费者心理的问题在这一时期自然不会引起人们的重视；直到 19 世纪末 20 世纪初，资本主义经济进入繁荣发展阶段，机器大工业生产方式的确立，生产社会化程度的提高，使物质产品极大地丰富起来，“买方市场”开始形成，产品市场的有限性使企业之间的竞争越来越激烈，为此，许多企业主开始把目光转向寻求和开拓市场的途径。为了使自己生产的商品更加适销对路，他们开始关注和了解消费者的需求、兴趣和购买欲望，促使一些具有远见卓识的人对消费者的心理和行为进行专门的研究。

对消费者的分析是形成企业营销策略的基础，它会影响企业产品或服务目标市场的选择、市场定位及客户满意等。市场营销策略涉及众多方面，包括确定产品、定价、促销、分销和服务等，将这些所有相关特性组合起来，呈现给目标顾客，以提高其生活水平或工作绩效。消费者对企业营销策略的反应，决定了这些战略的成败，会导致某一企业产品形象的形成，会决定销售水平及消费者的满意度。

如传统的零售商正在通过建立“顾客体验中心”等具有创意的方式，为消费者购物注入体验因素。麦德龙超市在 2015 年进行了入华 18 年以来最大规模的一次调整。在重装后的麦德龙商场内看到，服务和体验功能在此次升级中得以强化。新开辟的客户互动区域“客户驿站”，可为顾客提供舒适的环境和免费自助咖啡，并配备电脑及打印机，可供顾客上网查询邮件和商品信息，并打印订单。“福利礼品馆”更有专业销售人员通过一对一的方式，为客户提供量身定制的福利方案。“互动坊”为顾客提供了沟通交流的平台，快捷便利的“优速达”送货服务，为在店内采购的顾客提供当天送达的专业配送服务。很显然，此时的购物已经超越了单纯的商品交易，企业更希望消费者在内心留下难忘的购物体验。(资料来源：http://www.kemai.com.cn/LSW/3397.html)

因此，在市场经济条件下，企业市场占有率的高低，企业竞争力的大小，归根到底，取决于消费者是否乐于购买。企业要想在激烈的市场竞争中立于不败之地，就必须比竞争对手更多地了解自己的目标顾客，了解市场需求的变化，理解消费者的需求心理与行为。

**【案例 1-1】 Babies “R” Us 玩具反斗城的成功之道**

从孩子出身到成人，父母从来不惜在宝贝上花费精力与金钱，在美国如此，在中国更是如此。“我们很难在儿童产品的购买决策上保持理智。”心理学家 David Palmiter 在接受华尔街日报采访时说到：“一旦考虑是否要删减这部分开支的时候，那些和孩子一起使用这些产品的快乐画面总会浮现脑海，干预我们的决定。”

Toys “R” Us(玩具反斗城)位列 2012 世界五百强前 200 强，几乎能视作最优秀的儿童产品零售商。但面向婴幼儿市场的宝贝反斗城却因为更擅用内容营销，拔得头筹。如在小孩出生前，准父母们就开始大量的调查，为了满足这些准父母们的需求，宝贝反斗城在网站上设置了资讯中心，提供抚养孩子的全程指导，而这些指导信息会引导至相关商品购买页来促成销售。资讯中心按照主题分为 10 个板块，包括婴儿室、推车、安全装置、洗浴用品和婴儿汽车座椅等；而每个板块下都提供主题相关的文章、清单、图表和商品链接。宝贝反斗城甚至在网站上提供各式各样的视频教学，包括怎么给婴儿换尿布，怎么喂奶和怎么安置婴儿汽车座椅等。(资料来源：根据易铺网《玩具总动员、孩之宝、跳跳蛙三个知名儿童品牌营销的成功案例》2012-10-10 http://cykd.yipu.com.cn/sbq/pp/ppyx/707353.html 相关信息整理)

**【案例分析】**小到换尿布、喂奶，大到家庭教育、孩子的健康问题，儿童产品品牌满足了现代年青家长们在抚养孩子中的实际需求。在所有内容里都巧妙植入品牌信息和产品介绍，在教育父母的同时凸显企业的产品，通过消费者建立情感链接，强化其购买刺激。

随着生产力的发展，人类社会逐渐进入消费社会。与农业社会贫乏的物质资料相反，现代社会特别是现代城市中的居民，被丰盛的系列化的或杂乱无章的商品和服务所包围、所诱惑。消费是以消费者为主体的经济活动，消费活动的效果如何不仅受社会经济发展水平、市场供求情况、企业经营活动的影响，而且更多地取决于消费者个人的决策水平和行为方式，而这些，又与消费者自身的个性特点、兴趣爱好、认知方式、价值观念等有着密切关系。在人们的消费活动中，既会追求能带来感官刺激和物质享受的产品，也会追求只具有象征意义或符号化的产品。拜金主义、物质主义、消费主义逐渐成为具有主流地位的思想意识；获取收入，积极消费，从消费中获取快乐成了现代社会的重要行为特征。通过传播和普及有关消费心理与行为的理论知识，可以帮助消费者认识自身的心理特点，提高他们的购买决策能力，使其消费行为更加科学合理。

**【案例 1-2】 USAgain 倡导过一个绿色环保的万圣节**

据路透社报道，零售业的调查显示万圣节消费在美国有逐年升高的趋势。今年全美将有 1.7 亿人欢度这一节日：51%的人会装饰他们的院子，45%的人会身着万圣服装，15.1%的人甚至会让他们的宠物也披上节日盛装。这一切将导致相关消费高达 80 亿美元，而人均消费则会从去年的 72.31 美元增长到 79.82 美元。与此同时，四分之一的美国消费者声称低迷的经济形势将会影响他们的万圣节计划。这些人会想尽各种办法削减开支，其中包括自己动手缝制服饰，或者少买一些糖果等等。

总部位于芝加哥的专注回收衣料业务的社会企业 USAgain 在节日来临之前倡导民众过一个环保的万圣节。

他们所提供的最有说服力的数据是：跟万圣节有关的织物在节后有 85%会被直接扔弃到垃圾填埋场，这造成了极大的浪费。USAgain 的建议包括以下几点：

① 鼓励 DIY。即便是 DIY，也强调要利用家庭中的既有物资来自制万圣节服装及装饰物品。此举不但低碳环保，也锻炼自身动手能力，更能作为极佳的亲子互动的娱乐活动。

② 鼓励交换。万圣节服装之所以劳民伤财，是因为每年只穿一个晚上，而且还不好意思年年重样。因此家庭或者朋友之间相互交换万圣节行头既可以避免浪费，又能体验身着不同装束的新鲜乐趣，也不失为一种好办法。

③ 鼓励 upcycle(升级改造)。它比 recycle(循环再用)更进一步，即换一种全新的方式使用一件旧物，例如把旧的枕套直接用作讨糖果的布袋如何能让旧物变身焕发第二春，其实是最考验创意的。(资料来源：根据 杭州网-每日商报《环保时尚新趋势“慢消费”令万圣节绿色又环保》2012-11-01，http://www.weather.com.cn/climate/qhbhyw/11/1738840.shtml 相关信息整理)

**案例分析：**无论是 DIY、交换，还是升级改造，都体现了近年来环保时尚(Eco-Fashion)领域的“慢消费”趋势。USAgain 所倡导的上述改变对于今后的圣诞节和新年也有一定的借鉴意义，可以帮助减少纸质圣诞卡、礼品包装以及砍伐大量的圣诞树所导致极大规模的浪费。但转变节日消费观念、减少个人碳排量还有很长的道路要走，各国皆如是。

## 二、消费者研究的发展阶段

不了解消费者，就无法预测其需求与欲望，也无法对其需求与欲望做出恰当的反应。发现消费者需求与欲望是一个复杂的过程。对消费者心理与行为的研究随着生产力和商品经济的充分发展，市场供求日益尖锐，竞争日益加剧而形成和发展起来的，大体上可以分为萌芽、创立、深化、变革与重构4个阶段。

### (一)萌芽阶段

19世纪末到20世纪50年代，心理学的发展为消费心理与行为的产生提供了可能。1899年美社会学家凡勃伦《有闲阶级伦》(Theory of the Leisure Class)提出了炫耀性消费及其社会含义。从19世纪末德国心理学家威廉·冯特创立第一个心理实验室开始，心理学理论得到迅速的发展，出现了众多的流派，创立了各种各样心理分析方法，正是这些理论和方法为消费心理与行为的研究奠定了科学的基础。

越来越多的心理学研究者不满足只在实验室从事纯学术研究，而纷纷把其研究扩展到工业、军事、教育、医学等社会领域，尝试运用心理学的理论和方法来解释和指导人们的社会实践活动。1901年美国心理学家沃尔特·D. 斯科特提出可以将心理学应用到广告活动中，其后，斯科特将有关理论进一步系统化，出版了《广告心理学》一书，《广告心理学》的出版开辟了消费心理与行为研究的先河。在以后的很长一段时期，美国的许多心理学家根据当时的经济形势的需要，积极从事消费心理的研究和实验，出版了多部相关的著作，从不同侧面探讨消费心理与行为的有关问题。丰富了消费心理与行为的内容，使消费心理与行为理论体系逐步完成。由此可见，消费心理与行为的产生，一方面是商品经济产生和发展的客观要求，另一方面也是心理学的相关学科研究成果扩展和深化的产物。

20世纪30年代，资本主义生产过剩的经济大危机，使得需求问题成为企业面临的头号问题。为了促进销售，企业纷纷加强了广告、促销力量，产业界对运用消费者心理与行为研究成果表现出越来越深厚的兴趣。第二次世界大战后，随着经济的恢复和发展，消费者收入的持续提高，消费者心理与行为日益多样化、个性化。企业经营观念开始发生重大转变，企业主逐步重视和加强市场调研，预测消费趋势，刺激消费需求，从而推动了消费者心理与行为的研究。

20世纪50年代，消费者心理与行为研究最引人注目的成果是需要和动机理论。1950年，心理学家梅森·海尔(Mason Haire)通过对两组不同的消费者在购买速溶咖啡问题上的回答进行研究，找出了家庭主妇不喜欢购买速溶咖啡的真正原因，从而揭示了消费者潜在的购买动机。1951年，美国著名犹太裔人本主义心理学家亚伯拉罕·马斯洛(Abraham Maslow)提出了“需要层次理论”。此外，谢里夫(M.Sherif)、凯利(Harlod H.Kelley)和谢把托尼(Shibutoni)等开展了对参照群体的研究，盖斯特和布朗(1953)对消费者品牌忠诚的研究等都有一定的影响。

### (二)创立时期

20世纪60年代到70年代，消费者心理与行为研究被广泛地应用于市场营销活动中并得到迅速发展。1960年，美国心理学会成立了消费者心理学分科学会，消费者行为学作为一门独立学科的地位逐渐得到承认。感知风险(Perceived Risk)最初的概念是由哈佛大学的Bauer(1960)从心理学延伸出来的，他认为消费者任何的购买行为，都可能无法确知其预期的结果是否正确，而某些结果可能令消费者不愉快。这一时期，消费者心理与行为研究的范围大大地扩展，关注消费者行为的情感和非理性心理决策，关注家庭购买决策，关注消费者行为的社会决定因素。同时，研究方法日益多样化，研究方法亦向定量化方向发展，研究成果呈加速增长趋势，其中消费心理(consumer psychology)方面的研究居首位。1968年，第一部消费者行为学教材《消费者行为学》由俄亥俄州立大学的恩格尔(James Engel)、科拉特(David Kollat)和布莱克维尔(Roger Blackwell)合作出版。1969年，美国的消费者研究协会(Association for Consumer Research)正式成立。

20世纪70年代以来，有关消费心理与行为的研究进入全面发展阶段，除学术团体外，许多大企业也设立研究机构，专门从事消费心理与行为的研究，有关消费心理与行为的理论和知识的传播日益广泛，并受到社会各界的高度重视。1974年，《消费者研究杂志》(JCR)创刊。消费心理与行为研究内容日益深入，研究方法趋向多样化。除了传统的定性分析以外，还运用统计分析技术、信息技术、动态分析等现代科学的研究成果，建立精确的消费心理与行为模型，对消费心理现象进行定量分析，从因果关系、动态发展、数量变化上揭示各变量之间的内在联系，从而把消费心理与行为的研究推进到一个新的阶段，使消费心理与行为的研究内容更加全面，理论分析更加深入，学科体系也更加完善，消费心理与行为在实践中得到越来越广泛的应用。

### (三)深化时期

20世纪80年代到2000年，对消费者的研究进入了深度理解消费者的时期。1982年，瑟吉(J. M .Sirgy)的论文《消费者行为中的自我》一文的发表，标志着自我概念(self concept)被引入消费者行为的研究之中。“自我”成为研究和理解消费者的重要核心概念。

在这一时期的研究手段与方法更为先进。有关专家和研究人员不仅仅使用了先进的计算机技术，而且拥有先进的分析消费者心理的工具，拥有基于消费者心理行为理论的模型以及专门为研究消费者心理和行为而开发设计的计算机软件。由于国外市场的运行机制较为完善，外国学者还习惯于通过搜集大量的资料来建立消费者行为模式，用这些模式去观测消费者下一阶段的消费心理和行为，从而为商品的产生和销售制定相应的策略。由于具备先进的现代化研究手段，反馈消费者心理体会的速度十分迅速，为企业提供了有益的研究报告，便于企业迅速地调整或做出生产和经营管理方面的决策。

企业非常重视对于消费者心理和行为的研究。在产品的设计、研制和开发过程中，为了了解消费者对于该产品的看法、购买商品的过程和消费心理的体会，不惜投入大量的人力和物力，而且投入这类研究的费用占产品开发费用的比例很高。一般用于研究市场和消费者心理的费用，大约要占到产品推广费用的5%～15%以上。这样高比例的研究投入，有助于提高研究结果的实用性和可信度。

### (四)变革与重构时期

2000 年以来，互联网和移动终端的广泛应用，使理解、分析消费者的方法都在发生根本性的变革。相对于以往的消费者研究而言，重构移动互联网时代的消费者心理与行为已经势在必行。2004 年，当代美国消费者行为学研究专家 L.G·希夫曼和 L.L·卡纽克教授新著《消费者行为学》(第八版)在新千年信息网络技术趋于成熟、经济全球化进程进一步加速的背景下面世了。这一版的最大亮点就是作者着力考察了信息技术与全球化环境对消费者行为的影响。

目前研究消费心理与行为的主要趋势表现为：其一，研究数字化革命对消费者行为的影响。关注消费者的网络购买行为，研究互联网对消费者信息搜集、决策制定和购买选择带来的冲击，以及互联网既作为一种信息渠道，又作为一种分销渠道的重要性及其影响力。其二，研究重心更集中在消费者自身，特别是消费者体验更受到重视，同时，对各种新一代消费者的研究也是热点。从单个人到人与人形成的网络关系的研究，如消费者虚拟社交网络。其三，研究方法的多元化。在主流实证方法的基础上，各种新的定性研究方法被运用，同时，基于高科技的大数据分析方法已经出现。其四，研究与应用并重。对于消费者的研究既注重学术，更注重应用。这是因为研究消费者的目的，就是为了赢得消费者和解决市场问题。

## 三、消费者研究在我国的开展状况

我国科学系统地研究消费者心理与行为的规律，开始于 20 世纪初。国内的学者开始介绍西方的有关研究结果，吴应国翻译出版过斯科特的《广告心理学》。此外，我国学者自己撰写的著作中，也开始出现对消费者心理与行为的专门论述(如潘菽的《心理学概论》，孙科的《广告心理学概论》等。

1949 年之后，我国进行了工商业的社会主义改造，从社会主义改造的完成，到改革开放前后的一段时间里，我国绝大部分商业经营单位为国家所有。这段时期消费行为受到了许多限制，商品供应基本上是处于供不应求的状况，国有企业对待自己所生产的商品普遍存在那种“皇帝的女儿不愁嫁”的思想，商业零售单位的服务态度也谈不上对顾客重视，消费者许多愿望难于实现。由于商品供应不足，态度傲慢的售货人员常常对顾客做出无礼的行为，至于消费者的权益，那只是人们的一种奢望了。一方面，那一时期，我国在消费心理与行为领域的研究非常薄弱，很少有人从心理学的角度研究消费和消费者集中的计划经济体制下，企业听命于国家计划，没有直接面对市场和消费者，也没有关注和研究消费者心理与行为的必要；另一方面，长期以来，人们受极左思想的束缚，把个人消费与资产阶级生活方式等同起来，在理论上视为禁区，造成了研究人员的匮乏，加之长期的商品短缺，消费水平低下，消费观念的陈旧，这些都在客观上阻碍了消费心理与行为相关理论在我国的研究和应用。

改革开放以来，随着社会主义市场经济体制的建立和完善，我国消费品市场迅速发展，买方市场逐步形成，消费者在消费水平、消费观念、消费结构、消费方式等方面也发生了巨大的变化，消费者的自主意识、成熟程度远远高于以往的任何时期。与此同时，企业之间的竞争越来越激烈，企业从其经营实践中，越来越深刻地认识到：消费者是上帝，消费者是企业利润的来源，消费者的货币选票投向哪里，哪里就决定着企业的生存和发展。为了自身的经济利益，为了争夺消费者手中的货币选票，研究消费者的心理与行为便成为企业营销管理的极其主要的内容，同时也成为理论界探讨的重要课题。

20 世纪 80 年代中期，我国开始系统的大量的从国外引进有关消费心理与行为的研究成果。随着研究工作的深入，在引进国外研究方法和经验的同时，还针对我国市场特点，进行有的放矢的研究，例如，针对我国城乡差别的扩大，对我国城乡不同的消费水平和消费结构的研究；针对我国实行独生子女政策后的家庭结构，对独生子女这个特殊消费群体消费心理与行为的研究等。从事消费心理的专门研究人员和研究机构日益增多，我国高等院校的相关专业还纷纷开设《消费心理学》《消费者行为学》课程，作为学生必修的专业课。目前，工商企业对消费心理与行为研究的重视程度越来越高，企业经营决策部门对消费者信息的依赖性越来越强，消费心理与行为学在我国已经由介绍、传播期，进入普及和应用期，其发展前景看好。

## 第二节　消费心理与行为学的研究对象和研究内容

### 一、消费心理与行为学的研究对象

#### (一)消费与消费者

##### 1. 消费

人类的消费行为与人类的生产相伴而来，是人类赖以生存和发展的最古老的社会活动和社会行为，是社会进步与发展的基本前提。从社会再生产的过程看，消费(consumption)是社会再生产的过程中“生产、分配、交换、消费”四大环节之一，也是最终环节。

从广义上看，消费是指人类为了某种目的消耗各种资源的过程。资源包括：(1)人类生存环境中的任何物质和能量；(2)经过人类劳动作用过各种物质产品、劳务、信息等等。消费是利用社会产品来满足人们各种需要的过程。消费是一种行为，是消费主体出于延续和发展自身的目的，有意识地消耗物资资料和非物资资料的能动行为。随着生产的发展和人类心理活动的日益复杂化，人类行为活动的总体水平也在不断地提高和发展。

人类的消费行为可以划分为生产消费和个人消费两大类。生产消费指人们在生产过程中对劳动力及其他各种生产要素的使用、消耗及其磨损，它包括在生产过程之中，是生产过程连续进行的基本条件。个人消费是指人们为了满足自身需要而对各种生活资料、劳务和精神产品的消费，它是人们维持生存和发展进行劳动力再生产的必要条件，也是人类社会最大量、最普遍的经济现象和行为活动。个人消费是一种最终消费，狭义的消费就是指个人消费，消费心理与行为学研究的范畴就是消费者的个人消费。

### 2. 消费者

消费者(consumer)是指购买、使用各种产品或服务的个人或住户。从消费过程考察：消费者是对各种消费品的需求者、购买者和使用者。作为一个动态运行的消费过程，购买者本身不一定是需求者或使用者，如为他人代买的商品；而使用者也不一定是购买者，如尚无生活能力的孩童使用父母为他们买来的商品。如果把消费过程作为需求、购买、使用过程的统一体，那么，处于这 3 个过程中的某一或全过程的人都称为消费者。消费者就是指实际参与消费活动的某一或全过程的人。例如，菲利浦电动剃须刀的营销人员很奇怪，漂亮的店内促销小姐对新产品的推广用处并不大。这个高价位的新产品目标消费者是“成功男士”。但问题是所谓的“成功男士”又有多少时间去到大卖场呢？他们的个人护理用品大多由太太代劳，所谓的“美女营销”当然效果不大。

从在同一时空范围内对某一消费品的态度看，可以把消费者分为现实消费者、潜在消费者和永不消费者。现实消费者，即通过现实的市场交换行为，获得某种消费品并从中受益的人；潜在消费者，即目前对某种消费品尚无需要或购买动机，但在将来有可能转变为现实消费者； 永不消费者，即指当时或未来都不会对某种消费品产生消费需要和购买愿望的人。作为具体的某一消费者，在同一时点上，面对不同的消费品，可以同时以不同的身份出现，例如某消费者对 A 商品是现实消费者；面对 B 商品是潜在消费者；面对 C 商品可能又是永不消费者。

从消费单位的角度考察，可以把消费者划分为个体消费者、家庭消费者、集团消费者。个体或家庭消费者是指为满足个体或家庭对某种消费品的需要进行购买和使用，它与消费者个人的需要、愿望和货币支付能力密切相关。集团消费者是指为满足社会团体对某种消费品的需要而进行的购买和使用。作为团体行为，不一定反映消费者个人的愿望或需要，也与个人支付能力没有直接的关系。

## (二)消费心理与行为

### 1. 消费心理

消费心理(Consumption Psychology)是指消费者在购买、使用、消费商品及劳务的过程中反映出来的心理态势及其规律，是消费者发生的一切心理活动，以及由此推动的行为动作，包括消费者观察商品、搜集商品信息、选择商品品牌、决策购买、使用商品形成心理感受和心理体验、向生产经营单位提供信息反馈等。心理活动是人脑对客观事物或外部刺激的反映，是人脑所具有的特殊功能。消费者在消费过程中的偏好和选择，各种不同的行为方式无一不受其心理活动的支配，例如，消费者是否购买某种商品，购买哪种品牌款式，何时何地购买，采用何种购买方式，以及怎样使用等，都和不同消费者的思想、情感、气质、性格、价值观念、思维方式以及相应的心理反应密切相关。

消费者心理具有较强的目的性，即表现为消费者以满足消费需要、实现消费动机、得到期望的消费体验为目的。消费者心理具有明显的自觉性，任何购买行为是在人们自觉地支付了相应的货币之后才能实现的。心理活动本身的复杂多样性也决定了消费者心理具有复杂多样性。当消费者满足一种消费需要、实现一种消费动机的时候，为了得到更加满意的消费效果而对另外的商品产生消费需要和消费动机，表现出消费者心理的关联性。消费者心理还会随着消费者自身背景、社会环境、家庭状况等方面的变化而变化发展。

### 2. 消费者行为

恩格尔(Engel，1986)将消费者行为(Consumer Behavior)定义为，为获取、使用、处置消费物品所采取的各种行动，以及先于且决定这些行动的决策过程。莫温(Mowen，1993)认为消费者行为是购买单位在获取、消费和处置商品时发生的交换过程。所罗门(Solomon，1998)则认为消费者行为是指一系列过程，这一过程是由于个人或团体在选择、购买、使用或处置商品、服务、计划和体验以满足其需求和欲望时所引起的。美国市场营销学会(AMA)把消费者行为定义为“感知、认知、行为以及环境因素的动态互动过程，是人类履行生活中的交易职能的行为基础”。在这一定义中，至少包括三层含义：①消费者行为是动态的；②它涉及感知、认知、行为以及环境因素的互动作用；③它涉及交易，企业通过系统的制定和实施营销战略，实现与消费者的交易。

消费者行为是在人类行为这个大背景下提出来的，是与市场相联系的人类行为。作为一般人类行为反映到消费领域，其主要特点有：①偏好和能力的多样性。由于地理、人口、心理和行为的差异，人们的偏好是多样的，消费能力也是参差不齐的。尽管经济学家对人的偏好能否得到显示以及如何显示存在争议，但对偏好和能力的多样性是基本肯定的。②有限理性。西蒙把它描述为“有达到理性的意识， 但又是有限的”。人们在消费活动中总是力争做到有理性，但由于环境因素和自身能力的制约，他们不可能知道关于未来活动的全部备选方案，不可能将所有的价值考虑到统一的、单一的综合性效用函数中，也无力计算出所有备选方案的实施后果。③追求自身利益最大化。 消费者利用尽可能少的花费购买尽可能多的消费品，最大限度地满足自己的需要，达到消费的均衡。

### 3. 两者的关系

消费者心理与行为均以消费者在消费活动中的心理和行为现象作为研究对象。消费行为则是消费者在一系列心理活动的支配下，为实现预定的消费目标而做出的各种反应、动作、活动和行动。从这两个概念的历史发展过程看，主要区别在于心理与行为这两个概念的内涵上。在心理学的发展历史中，曾经出现过把人的心理(主要是指人的意识)与人的行为分别看待的现象，但是这已经是过去了的历史。心理与行为是每一个具体的人所思所想、所作所为的两个方面，两者在范围上有一定的区别，但更主要的是两者有不可分割的联系。心理和行为，用来描述人的内外活动时，较为习惯的做法是：把“心理”这个概念主要用来描述人的内部活动，但心理活动不仅仅指人的内部活动，也包括一部分外部活动，如人的表情等；“行为”这个概念主要用于描述人的外部活动，但人的任何外部行为是发自于内部的心理活动。

人的消费活动不是一种简单的机械行为，而是表现为某种需要的行为冲动，这种行为冲动总是在不同心理、社会诸因素的影响下产生、发展和变化，一般来说，人的消费行为往往出于两种心理的支配：一种是本能性消费心理，主要由人的生理因素所决定，属于自然状态下的心理反应。例如人们饥则食，渴则饮的行为，就是以消费者生理因素为基础的一般现象，本能性消费心理的反映强度和表现方式又取决于不同消费者的个性因素，如消费者的气质、性格、意志和能力。另一种支配人们的消费行为的是社会性消费心理。社会性消费心理即消费心理的社会性是指由人们所处的社会环境因素决定的心理需要，它是随着社会经济的发展而不断发展、变化的，它使人类的消费活动由简单的满足生理需要，变为具有特定含义的社会行为，并且在内容和质量上不断提高。例如人们对服装的要求从最初的遮羞御寒到现在赋予其服饰文化、个人身份地位表现的内涵，并且加进了流行、时尚的诸多元素。

本能性消费心理表现为基础的、初级的心理活动，它是人类心理活动的自然流露与反映，社会性消费心理是在本能性消费心理的基础上发展的人类较高级的心理需求，它是以社会政治、经济、文化的进步为前提的。在社会政治、经济、文化飞速发展，人们生活水平不断提高的今天，在人们的消费活动中，本能性消费心理反应越来越被社会性消费心理活动所掩盖，从对人们消费行为的影响来看，社会性消费心理成为影响和支配人们消费行为的主要因素。

**【案例 1-3】 把握消费者心理与行为成汽车销售关键**

任何一种消费活动，既包含了消费者的心理活动又包含了消费者的消费行为。而准确把握消费者的心理活动，是准确理解消费行为的前提。经营者可以通过研究消费者在消费活动中的心理现象和行为规律，并有针对性地加以满足和适应，最终提高经营效益。消费者不同，消费心理差异就会很大。比如，青年人的消费心理是追求时尚和新颖，表现自我和体现个性，容易冲动，那就提供给他时尚、个性与能够充分调动他们感情的产品。相反，老年人则富于理智，精打细算并对品牌忠诚度较高，那就提供物美价廉、品牌和质量为先的产品。其他的消费行为还有男人与女人，富有者与条件一般者的区别等，都需要具体分析，从而才能做到“对症下药”。

抓住了消费者主流的消费心理就能最大限度上影响消费行为。那么，主流消费者最关心什么价位的车型呢？据不久前公布的中国首份“MSN 白领汽车消费调查报告”结果显示，中国白领用户购车心理价位主要集中在 8 万～16 万元区间，平均预购价格为 12.7 万元，仅比全体网民高约 0.8 万元。不过，白领用户对第二辆车的价格预计普遍较高，平均价格达到25万元！也就是说，就普遍现象看，中国消费者最关心的车型价位应该集中在11～14万。

其实这种消费行为并没有改变多少，无论是以前的“老三样”，后来的“新三样”还是现在的“精三样”等，都基本在这个价位区间。有人说，在A级车家用车市场，需要的并不是先进的技术，而是合适的外形和舒适的空间，现在的市场消费情况也恰恰是如此。显然，“长大”后的新宝来凭借加长了 97 毫米的轴距改善了备受诟病的后排空间，另外，采用篮球场造型的座椅、定速巡航系统、行人保护功能等配置更加强调舒适性与安全性，让它顺利转变成了注重驾驶者和乘坐者均衡感受的轿车。同时，新宝来严格按照德国标准的工艺又保障了其品质，这些都是切中当前消费心理之举，这也让新宝来的市场从小众变成了大众。

相比老款，09 奔腾在外观、动力配置上并无明显变化，不过在装备和内饰等细节上就进行了重大的升级和改进：其内饰设计与装配工艺明显更上一级，产品的做工更精细，组件的接缝均匀匹配精度高，优化了原有的 TICS 全息智控系统，其他人性化配置等细节处理上也更到位。这些改进与提高，都非常体贴人心，充分体现其“用户第一”的制造理念。显然，这非常切合中国人善于精打细算，喜欢产品物美价廉的求实惠的消费心理，对于比较持重的 70 后、80 后主力消费人群应该有相当的吸引力。(资料来源：新华网 www.xinhuanet.com)

**案例分析：**准确把握消费者的心理活动，是准确理解消费行为的前提。经营者可以通过研究消费者在消费活动中的心理现象和行为规律，并有针对性地加以满足和适应，最终提高经营效益。对消费者需求心理的研究是汽车营销的一项重要的内容，如何准确地把握消费者的心理，是成功制定产品和销售策略的关键。

## 二、消费心理与行为学的研究内容

消费心理与行为学是以市场营销活动的主体——消费者的心理与行为活动的产生及发展变化规律为研究主线的边缘学科。如今已成为经济和工商管理专业最有影响的学科之一。消费者心理与行为学是借鉴不同学科的多种研究方法，通过对消费者心理活动及其行为过程的观察、记述、分析和预测，探索和把握消费者行为的规律性，以便适应、引导、改善和优化消费者行为，为政府部门制定宏观经济政策、为工商企业制定营销战略和策略提供依据和有益的经验。消费心理与行为作为一种客观存在的社会经济现象，如同其他事物一样，有其特定的活动方式和内在规律，对消费心理与行为的专门研究，目的就是为了发现和掌握消费心理与行为现象产生、发展、变化的一般规律，更有针对性地开展营销活动，以取得事半功倍的效果。消费心理与行为的研究包括以下内容。

### (一)消费者心理过程、心理状态和个性心理的研究

心理学研究心理的发生、发展和活动的规律；消费心理与行为研究消费者的消费行为的心理规律。因此，心理学有关感觉、知觉、学习、记忆、需要、动机、情绪、情感和个性的研究成果和相关理论，必能为解释人的消费行为提供帮助。任何心理活动都有它产生、发展和完成的过程，这些过程包括认识过程、情感过程和意志过程。消费心理学通过研究每一过程的发生、发展和表现形式等的规律性以及三个过程之间的联系，可以发现消费者行为中包含的心理现象的共性。人们在兴趣、能力、气质、性格等方面反映出来的个人特点和相互差异，是形成消费者不同购买动机、购买方式、购买习惯的重要心理基础。通过研究消费者的个性心理特征，可以进一步了解产生不同消费行为的内部原因，掌握消费者购买行为和心理活动规律。

### (二)消费者购买决策与行为的研究

消费者购买行为就是消费者为了满足某种需要，在购买动机的驱使下进行的购买商品和劳务的活动过程，它是消费者心理与购买环境、商品类型、供求状况及服务质量等交互作用的结果。购买行为是消费者心理活动的集中外现，是消费活动中最有意义的部分。消费者购买决策是消费者为解决自己的问题或满足某方面的需求，而对产品购买的一系列行为进行的决策。就消费者的购买行为来说，它是由一系列环节、要素构成的完整活动过程，而购买决策在这一过程中起到主导性的作用。在消费者行为的研究中，将影响消费者心理因素与其行为表现紧密联系起来，深入探讨消费者的购买行为过程及购买决策的制定。

### (三)影响消费者心理与行为的外部因素的研究

消费者的心理和行为不仅受个人因素影响，还受到所处的社会历史条件的制约和社会因素的影响，因而人与人间的消费活动又有相同之处。例如消费者所处的社会环境，大到政治制度、社会风气、社会习俗、家庭结构、经济发展水平、市场供求等，小到消费者购物的场所、购物环境、服务方式与态度、广告宣传、企业声誉、商品品牌等，上述诸多因素，都直接或间接地影响、制约着消费者消费心理活动的发展和变化过程，这些外部因素如何影响消费者的心理行为同样是消费心理与行为不可忽视的研究内容。

### (四)消费者的需求动态和人们消费心理与行为变化趋势的研究

社会主义市场经济的发展，人们的消费水平和消费结构发生了很大的变化，消费“胃口”越来越高，消费行为与消费动机越来越复杂，消费的从内容和形式日趋多样化。物质产品的丰富和人民生活水平的提高，使人们的需求层次发生了明显变化，从过去的满足于吃饱穿暖、衣食无忧到现在注重生活质量、生活品位的提高及重视精神方面需求的满足。

按照马斯洛的需求层次理论，当生理需要基本满足之后，人们便会向往更高一层次的需要。在温饱问题基本满足的人们的心目中，归属的需要、感情的需要、自我实现的需要已经排到与一日三餐同等重要的位置。

例如，随着人们环境保护意识的增强，绿色食品越来越受到广大消费者的青睐，“绿色消费”逐渐成为一种流行和时尚，绿色食品已走上千家万户的餐桌，绿色食品的走俏为营销者提供了无限商机，有识之士认清这个消费趋势，就会全力投入对绿色产品的开发，否则，将会错失商机。由此可见，对消费心理与消费行为变动趋势的研究和把握，对企业营销者来说十分重要 。

从我国居民消费的变迁可以看出，居民消费从追求物质消费向追求精神消费和服务消费转变，从满足基本生存需求向追求生活的全面发展转变。人们将更注重名牌消费，环保、节能、精神文化产品将成为消费的热点，智能化、绿色化将成为人们的消费时尚。营销者只有敏锐地洞察和把握住消费者心理与行为的变化，及时推出顾客需要的产品，才能在市场竞争中处于不败的地位。

## 第三节 消费心理与行为学的研究方法

方法是人们研究解决问题、实现预期目标所必需的途径和手段。研究消费心理与行为，如果方法正确，就能收到事半功倍的效果。消费心理与行为是一门研究人的心理与行为活动的科学，是与社会科学、自然科学和哲学密切联系的科学。因此，研究消费心理与行为离不开社会实践、自然科学原理和哲学方法。由于消费心理与行为的研究对象是营销活动中的心理与行为现象和心理与行为规律，具有一定的特殊性，这就决定了其研究方法的特殊性。它不能像许多自然科学那样，借用精密的仪器和测量工具，制造一个典型的环境，进行科学观察和试验，测定数据，进行精确计算，最后得出研究结论。消费心理与行为的研究只能在马克思主义唯物辩证法指导下，运用心理学、社会学等人文科学所使用的方法，即主要通过社会调查的方法、社会统计分析的方法，科学地概括出消费心理与行为发生和变化的理论和规律。人是万物之灵，人的消费心理具有复杂性、多样性、多变性，因而根据消费心理与行为所研究问题的性质、内容的区别，其采用的方法也各不相同，研究消费心理与行为，通常要采用以下几种方法。

### 一、观察法

观察法(Observational survey)是科学研究中最一般、最简易和最常用的研究方法，也是研究消费心理与行为的一种最基本方法。是指在购买现场或日常消费活动中，有目的、有计划地观察消费者的动作、表情、语言等方面的外部表现，并把观察结果按时间顺序记录下来，然后分析其原因和结果，从而揭示消费者心理活动规律的方法。

自然观察法就是研究者依靠自己的感觉器官，有目的、有计划、主动地观察研究对象在营销活动中的言语、行动、表情等行为，并把观测结果按时间顺序系统的记录下来，然后分析其原因与结果，从而揭示其心理与行为活动规律的研究方法。这种观察，既可以凭借人的视觉器官直接对事物或现象进行感知或描述，也可以利用仪器或其他现代技术手段间接进行观察。这种方法的优点是比较直观，观察到的材料比较真实、可靠，这是由于被观察者是在没有任何外界影响，没有受到任何干扰的情况下做出行动的，其行为是其心理活动的自然流露。其不足之处是有一定的片面性、局限性和被动性，观察的材料本身有一定的偶然性。

自我观察法就是把自身确定为研究对象，将自己摆在营销活动的某一位置上，充当消费者或营销人员，根据自己的生活体验或工作经历，设身处地去感受消费者或营销人员的心理与行为变化，从而分析研究营销活动中的心理与行为变化规律。

观察法主要用于研究消费者现时行为，如广告、商标、包装、橱窗、柜台等的设计效果，消费者对价格反应、品牌及新产品的被接纳程度等方面，均可取得较好的成果。

**【案例 1-4】 神秘顾客法**

神秘顾客法是一种有效的直接观察法，是由管理人员派受过专门培训的调查员假扮成顾客，对企业的服务、业务操作、员工诚信度、商品推广情况以及产品质量等进行匿名调查的一种方法。神秘顾客法在国外应用很广泛。美国大约就有 200 家这样的专门公司。其中最大的一家公司是特伦市场公司，该公司有 100 名职工和 500 名神秘顾客。特伦市场公司已经经营了 10 多年，有十几万美国商店和服务单位接受了它的调查。

神秘顾客其任务一般有以下几个方面：(1)观察购物环境，如店堂布局与装饰、商品陈列、货架摆放、通道宽窄、文化氛围，以及倾听顾客对购物环境的评价等。(2)了解服务质量。神秘顾客进入调查的商场或超市，可买也可不买商品，买了也可退货，退了货还可再买；可以向售货员询问各种与购物有关的问题，借以了解服务质量。(3)观察消费者的购买行为。神秘顾客与消费者一起选购商品，可以观察消费者购买商品的品牌、品种和数量，倾听他们对不同产品的评价，观察他们选购商品所关注的要素等。

神秘顾客在对受测对象检测中以第三者的身份出现，这些受过专门培训的购物者在体验过程中不掺加个人主观偏好，可以保持检测的客观、公正、保密性，这种方法的应用有利于企业提升、改进服务质量和水平。很多调查公司都为电信、IT 产品、汽车、银行、医院、连锁店等各种服务机构提供过这种服务。(资料来源：百度文库《观察法与实验调查》http://wenku.baidu.com/view/d41845d276eeaeaad1f330e3.html?re=view)

**案例分析**：观察法主要应用于对原始资料的收集。其特点是，调查人员不是强行介入，不需向被调查者提问，在被调查者毫无察觉的情况下获得真实的信息。因此具有简单、直接、受客观条件限制较少、可以随时随地进行调查等优点。

## 二、问卷法

问卷法(Questionnaire survey)是通过研究者事先设计的调查问卷，向被研究者提出问题，并由其予以回答，从中了解被研究者心理与行为的方法。这是研究消费心理与行为常用的方法。根据操作方式，问卷法可以分为邮寄问卷法、入户问卷法、拦截问卷法和集体问卷法等、

邮寄问卷法是通过邮政方式进行的。不受地理条件限制，到达范围十分广泛，被研究者填答问卷的时间比较灵活，回答问题也比较真实可靠。入户问卷法是研究者或访问员依据抽取的样本挨家挨户上门访问。要求受访者对每一个问题做出回答，访问员当场做好记录。也可以由访问员挨家挨户发放问卷后就离去，由受访者自行填写，过时再收回问卷。拦截式问卷法是由访问员于适当地点，如商场出、入口处等，拦住适当受访者进行访问。集体问卷法是由研究者对一群人同时进行访问，它适合于受访者相对集中的情况。

问卷法调查研究，不是以口头语言传递信息，而是通过文字传递信息。其优点是能够同时取得很多被研究者的信息资料，可以节省大量调查时间和费用，而且简便易行。但问卷法也有其局限性，主要是它通过文字语言为媒介，研究者与被研究者没有面对面交流，无法彼此沟通感情；如果受访者没有理解问题，或是不负责任的回答，甚至不予协作，放弃回答，问卷结果就失去了意义。

## 三、实验法

心理实验法(Methods of Psychological Experiment)是指有目的严格控制，或者创造一定条件来引起个体某种心理活动的产生，以进行测量的一种科学方法。它又可分为实验室实验法和自然实验法两种形式。

实验室实验法是在人为的情况下严格地控制外界条件，在实验室内借助于各种仪器和设备进行研究的方法。这种方法所得的结果一般准确性较高，但只能研究营销活动中比较简单的心理与行为现象，例如商业广告心理与行为效果的测定等。

自然实验法是在营销活动的实际中，有目的地创造某些条件或变更某些软件，给研究对象的心理与行为活动一定的刺激或诱导，从而观察其心理与行为活动的方法。这种方法具有主动性的特点，即可研究一些简单的心理与行为现象，也可研究人的个性心理与行为特征，应用范围比较广泛。例如让被试者扮演某个角色，然后以这个角色的身份来表明对某一事物的态度或对某种行为做出评价。如将一幅绘有一家庭主妇面对各种罐头食品陈列架的图片出示给被测试者，要求其说出图中主妇的购买想法。由于被测试者不知道图上的人到底在想什么，往往根据自己的想象和愿望，说出图上该家庭主妇的想法。其回答，无

疑是反映了被测试者本人的想法。

与观察法相比，实验法的研究设计与操作难度相对较大，对设施、设备的要求也比较高，所需人力物力也比较多，因而花费的代价也比较大。

**【案例 1-5】阿希实验**

“阿希实验”是研究从众现象的经典心理与行为学实验，它是由美国心理学家所罗门·阿希在 40 多年前设计实施的。从众是指个体受到群体的影响而怀疑、改变自己的观点、判断和行为等，以和他人保持一致。

阿希实验就是研究人们会在多大程度上受到他人的影响，而违心地进行明显错误的判断。

阿希请大学生们自愿做他的被试，告诉他们这个实验的目的是研究人的视觉情况的。当某个来参加实验的大学生走进实验室的时候，他发现已经有 5 个人先坐在那里了，他只能坐在第 6 个位置上。事实上他不知道，其他 5 个人是跟阿希串通好了的假被试。

阿希要大家做一个非常容易的判断：比较线段的长度。他拿出一张画有一条竖线的卡片，然后让大家比较这条线和另一张卡片上的 3 条线中的哪一条线等长。判断共进行了 18 次。事实上这些线条的长短差异很明显，正常人是很容易做出正确判断的。

然而，在两次正常判断之后，5 个假被试故意异口同声地说出一个错误答案。于是许多真被试开始迷惑了，他是坚定地相信自己的眼力呢，还是说出一个和其他人一样、但自己心里认为不正确的答案呢？

结果当然是不同的人有不同程度的从众倾向，但从总体结果看，平均有 33%的人判断是从众的，有 76%的人至少做了一次从众的判断，而在正常的情况下，人们判断错的可能性还不到 1%。当然，还有 24%的人一直没有从众，他们按照自己的正确判断来回答。一般认为，女性的从众倾向要高于男性，但从实验结果来看，并没有显著的区别。(资料来源：百度文库《著名心理学实验》http://wenku.baidu.com/view/0dc8a93131126edb6f1a10c6.html)

**案例分析：**实验法是一种有严格控制的研究方法，是有目的、有方向、严格控制或创设一定的条件，来引起某种心理与行为的出现或变化从而进行规律性研究的方法。通过上述实验可以发现，众人的意见和选择对真被试者的影响及影响程度。

## 四、投射法

投射法(Projection)是研究者以一种无结构性的测验，引出被试者的反应，借以考察其所投射出的人格特征的心理测验方法。也就是说，投射法不是直接对被试者明确提出问题以求回答，而是给被试者一些意义不确定大刺激让其想象、解释，使其内心的动机、愿望、情绪、态度等在不知不觉中投射出来。消费心理与行为学研究常用的投射法主要是主题统觉测试、角色扮演法、造句测试法、漫画实验法。

主题统觉测试法让被试者看一些内容模糊、意义模棱两可的图画 ，让被试者看图并编一段故事，并加以解释 ，依此来掌握消费者的购买动机。由于主题统觉图本身没有特定含义，让消费者把它的“意义”讲出来，往往就会把消费者的性格结构强加在图上，即把“意义”投射到这些图上，测试者就可以根据消费者对图画的解释，判断其内心的活动，掌握消费者的潜在购买动机。

角色扮演法就是让被试者扮演某个角色，然后以这个角色的身份来表明对某一事物的态度或对某种行为做出评价。例如，将一幅绘有一家庭主妇面对各种罐头食品陈列架的图片出示给被测试者，要求其说出图中主妇的购买想法。由于被测试者不知道图上的人到底在想什么，往往根据自己的想象和愿望，说出图上该家庭主妇的想法。其回答，无疑是反映了被测试者本人的想法。

造句测验法是由研究者提出某些未完成的句子，要求被试者填上几个字，将句子完成。例如，“__牌电视剧最受欢迎”“__牌西服最潇洒”“假如买空调，应该选择__牌”“口渴时最想喝的饮料是__”等等。研究者通过被测试者填写的内容，可推知其爱好、愿望和要求，从而了解消费者对某商品的评价和看法。

投射法能够探究到人的内心世界和潜意识，从而得到有价值的心理活动资料。但投射法技术型很强，实际操作的难度也较大。

**【案例 1-6】 罗夏克墨迹测验(RIBT)**

罗夏墨迹测验是最著名的投射法人格测验，首创于 1921 年。罗夏测验是由 10 张经过精心制作的墨迹图构成的。其中 7 张为水墨墨迹图，3 张为彩色墨迹图。这些图片在被试者面前出现的次序是有规定的。主试者的说明很简单，例如：“这看上去像什么？”，“这可能是什么？”，“这使你想到什么？”主试者要记录：反应的语句；每张图片出现到开始第一个反应所需的时间；各反应之间较长的停顿时间；对每张图片反应总共所需的时间；被试者的附带动作和其他重要行为等。目的都是为了诱导出被试者的生活经验、情感、个性倾向等心声。被试者在不知不觉中便会暴露自己的真实心理，因为他在讲述图片上的故事时。已经把自己的心态投射入情境之中了。通过不同的回答和反应，可以知道对方的人格与人生态度。(资料来源：MBA 智库百科 http://wiki.mbalib.com/wiki/投射法)

**案例分析：**投射法的最大优点在于主试者的意图目的藏而不露，这样创造了一个比较客观的外界条件，使测试的结果比较真实、比较客观，对心理活动了解得比较深入，缺点是分析比较困难，需要有经过专门培训的主试。

## 五、访谈法

访谈法(Interview Survey)是研究者通过与研究对象直接交谈，在口头信息沟通过程中研究消费者心理与行为状态的方法。此方法主要用于对消费者心理与行为的研究。访谈法依据与受访者接触的不同方式，又可分为面对面访谈和电话访谈两种形式。

面对面访谈法又可分为结构式访谈和无结构式访谈两种。结构式访谈又称为控制试访谈，是研究者根据预订目标，事先撰写好谈话提纲，访谈时依次向受访者提出问题，让其逐一回答。这种访谈组织比较严密，条理清楚，研究者对整个谈话过程易于掌握，所得的资料也比较系统。但由于受访者处于被动地位，容易拘束，双方感情不易短时沟通。无结构式访谈也称自由式访谈，这种方式下研究者与受访者之间可以比较自然地交谈。它虽有一定的目标，但谈话没有固定的程序，结构松散，所提问题涉及的范围不受限制，受访者可以较自由地回答。这种方式受访者比较主动，因而气氛较活跃，容易沟通感情，并可达到一定的深度。但这种方式费时较多，谈话进程不易掌握，对研究者的访谈技巧要求也比较高。

电话访谈法是借助电话这一通信工具与受访者进行谈话的方法，它一般是在研究者与受访者之间受空间距离限制，或受访者难于或不便直接面对研究者时采用的访谈方法。电话访谈是一种结构式的访谈，访谈内容要事先设计和安排好。

访谈法的优点是一般较容易取得所预期的资料，准确性高。但此方法所耗费用较多，对进行访谈的人员的素质要求也比较高。

## 本章小结

消费心理与行为学的研究是随着市场经济的发展而产生，并随着市场营销的需要而逐步深入的，是市场经济条件下使企业经营与消费者需求实现最佳结合的基础。消费是消费主体出于延续和发展自身的目的，有意识地消耗物资资料和非物资资料的能动行为。 消费者是指在不同的时空范围内参与消费活动的个人或集体。消费心理是指消费者在购买、使用、消费商品过程中的一系列心理活动 。消费者行为是感知、认知、行为以及环境因素的动态互动过程，是人类履行生活中的交易职能的行为基础。消费心理与行为学是以消费者在其消费活动中的心理和行为现象作为分析研究的对象的。消费心理与行为作为一种客观存在的社会经济现象，有其特定的活动方式和内在规律，对其专门研究，目的就是为了发现和掌握消费心理与行为现象产生、发展、变化的一般规律，更有针对性地开展营销活动，以取得事半功倍的效果。消费心理与行为的研究方法有：观察法、实验法、问卷法、投射法、访谈法等。

## 自测题

1. 什么是消费心理与消费行为？消费心理与行为学的研究内容有哪些？
2. 举例说明对消费者的心理与行为研究有什么现实意义？

# 案例分析

## 宝马的品牌全球化，营销地方化

宝马——德国巴伐利亚汽车公司，缩写BMW，是一家出口导向型的德属汽车公司，其产量的2/3皆用于出口。主要集中于工业化发达的国家，如欧盟各国、日本和美国1993年1月1日，是欧洲市场一体化形成的标志日期，尽管一体化的真正形成尚需时日，但是在这一阶段，许多汽车制造商已经调整了它们对欧共体市场的销售网络，宝马公司也不例外。一体化的政策之一是技术规则的标准化，这当然是有利无害的。问题在于市场上的目标群体是否也应该“标准化”。表面看来，描述公司顾客结构的资料似乎表明公司的目标群体大同小异：宝马公司的顾客基本上都受过一流教育，他们要么身居高位，要么是自由专业人士，二者皆属高收入阶层。

公司的现有目标市场虽然集中于工业化国家，但也有农业占相当比重的国家，在这些国家，人们的生活方式迥异，生活水平悬殊。就居民人均国内生产总值来讲，贫与富地区相差五倍有余。千百年来发展形成的文化、传统和生活方式的差异很大。由此可见，不存在什么偏好与购买力一致的所谓“欧洲消费者”。虽然关于欧共体一体化的管理法案于1993年1月1日生效，但人们的个性特征不会因此而被抹平，不同民族的精神上的差异也不会因此而消除。有鉴于蚍，宝马公司认为应在各个地方市场入乡随俗。BMW决意要成为一种出类拔萃、个性鲜明的产品，要在15%的高档轿车市场中独占鳌头。经过多年艰辛的努力，宝马在世界上已经创立了一种轮廓鲜明的形象。不过，创立一种驰名世界的品牌形象是一回事，在某一特定市场上成功地销售又是另一回事。为了满足不同地方市场的不同要求，宝马决定采取集中统一的品牌战略，战略的具体实施则依不同的国家而有所变化。这就是所谓“品牌全球化，营销地方化”的营销战略系统。这一战略形成的第一步是进行市场研究。市场调研的任务在于决定宝马在欧洲和各地区范围的理想定位。为此宝马举办了一系列的小组讨论，找出各国家的可接受的品牌特性。

调查的结果表明，顾客要求可分为三大类：第一，对所研究的每个国家的细分市场中的所有驾驶汽车的人都同等重要的特性，这些特性因而在全欧洲有效；第二，对某个国家的所有驾驶汽车的人都同等重要的标准，这些标准因此构成国别差异；第三，对所有国家中某些驾驶汽车的人同等重要的要求，这些要求因而带来与目标群体有关的差异。

全欧洲一致的要求有：可靠性、安全性、质量、先进技术。宝马公司把这些标准称为基本要求。那些被认为不符合这些要求的轿车，在购买决策的最初阶段，就被购买者从本来就不太长的备选清单中一笔勾销；另一方面，符合这些要求的汽车则在所有国家都被认为是好车。一旦这种式样经过了上述基本考验，下一步就是选择适合某个国家趣味的类别。就汽车来讲，这意味着：在荷兰，汽车的吸引力有赖于“内部品质”，如精雕细琢的内部配置。与此相反，在奥地利，汽车可能且也应该展示个人的自信，“车如其人”的观念在这里比其他任何国家都强。在意大利，人们十分希望车能符合驾驶员的个人风格，他们对设计和审美品质以及行驶中的动力表现的要求，使得人们发现意大利人对车的追求与其他国家的人截然不同。这意味着相同的车可以在所有国家出售，只不过成功率不同而已。

鉴于所有国家对汽车的基本要求一致，一辆车在法国是“好车”，在奥地利和荷兰，它也是“好车”。差别在于人们对车的特定期望因国而异。因此，宝马公司认为一辆车要在众多国家能成功地销售，最终是一个沟通问题。

宝马公司深深知道，它要打交道的是人，而不是车。尽管这些人就一个民族来说，他们有共同的观点，但是就个体而言，个人希望展示的个人风格却又不尽相同，甚至大相径庭。正是在后者的意义上，不同国家、具有某种相同或相似要求的人，构成了宝马细分市场中的目标群体。掌握了各种汽车类型的规模与特征，宝马公司最感兴趣的是在某个特定的国家销售不同类型的轿车。一方面，有的类型在各国的爱好者都有相当大的比例，如“名誉、运动型驾车者”和“普通型汽车爱好者”在意大利、法国、荷兰、奥地利的比例都不小。因此，某种“品牌世界化”对这类人都有直接的吸引力。另一方面，不同国家轿车驾驶人口组成的不同表明，赞成某种观念的人因国而异，如“传统型”和“说不清楚型”的人在法国三个驾车人数中就有两个，而在意大利则只有十分之一。显然需要“营销地方化”。驾驶宝马的人要求上乘的式样、卓越的行驶表现、现代的技术和独特的个性。不同国家宝马驾驶者的这些共同参照系为宝马的全球战略提供了出发点。再一方面，不同国家的轿车驾驶者之间又存在差异，因此要恰当地面对目标群体，营销地方化也是必不可少的。调研结果为“品牌全球化，营销地方化”提供了有力的依据，使宝马公司得以透过对定位标准的有机组合，去寻找最佳的战略路线。

**问题：**

1. 宝马为什么要针对每个特定国家或特定的顾客群体销售不同类型的轿车？
2. 宝马战略，即品牌全球化、营销地方化对于我国企业有哪些借鉴意义？

# 阅读资料

## 中国新一代务实型消费者

中国消费者的行为方式正与发达国家的消费者越来越相像。与过去相比，他们变得越来越挑剔，也越来越实际，他们的视野更加开阔，超越了对产品功能的基本关注。此外，他们越来越愿意为更高的产品价值和质量而花钱，并且花费更多时间研究产品，以及探究产品之间的细微差别。麦肯锡的2010年中国消费者调查还发现，他们正在开辟一条独具特色的中国路径。显然，这个国家提供了一些全球最大的增长机会，但是，只有那些能透彻了解和正确应对这个快速演变的市场的消费品生产企业，才能抓住这些机会。

**购物次数更少，购物量更大**

过去，中国消费者每周的购物次数大约要比美国消费者多 5 次，但他们的平均购物量却只相当于美国消费者的 1/4。然而，我们今年的研究却发现，中国消费者的购物频率在下降，购物量则越来越大。总体而言，在中国的家庭和个人护理用品门类，每周购买次数从 2008 年的 0.6 次下降为 2010 年的 0.5 次；平均购物量则从 2008 年的 18.42 元人民币上升到 2010 年的 24.10 元人民币。购物次数减少，但购物量增加的趋势反映了中国消费者正在与发达国家的标准接轨。这种变化的一个原因是，中国消费者正日益被吸引到现代零售业态(如大型百货商场)购物，这种大卖场提供了对质量稳定、价格具有吸引力的产品的广泛选择。此外，中国人比过去更有钱，能在每次购物之旅中花费更多的钱，这样，他们就不必浪费时间多次前往商店购物。这一调查结果表明，随着中国消费者生活质量的提高，时间变得更有价值。

**不仅仅满足于基本功能**

多年来，中国的购物者一直将一种产品的功能属性——工作是否可靠，或者味道好不好作为最重要的购买因素。现在这一点仍然没变，但我们的调查也发现，出现了向更高功能标准转变的趋势。例如，平板电视的购买者现在不仅关心图像质量，而且也很看重审美要求或创新功能。越来越多的洗衣粉购买者要求产品 “气味芬芳”(从 2008 年的 40%，增加到今年的 61%)，以及“包装设计具有吸引力”(从 2008 年的 16%，增加到今年的 28%)。与在世界其他地方一样，这种发展反映了向一种消费环境的转变，在这种环境中，消费者具有要求获得除产品基本功能以外更多功能的购买力，而且，迎合消费者更精细化的品位爱好也日益成为一种准则。

在情感因素越来越多地影响购买决定方面，中国购物者也正在向其他国家的消费者看齐。特别是，自 2008 年以来，任何特定购买行为的身份价值的重要性已有强劲的增长，那些渴望成功或中产阶级中的低端消费者尤其如此，对他们来说，具有成功人士的外表形象是最重要的。另一个快速增长的关键购买动因是，在中国更年轻(也更富裕)的大众市场人口中，“什么最适合我” (或“什么对我有好处”)的产品门类异军突起。这些购物者不愿意随大流，他们的购买方式不太在意别人对自己怎么看，他们更关心的是，具体的产品是否适合自己的实际生活需要。这种动因就是当消费者经济状况变化(好转)时， 他们会增加消费的主要原因，也解释了为什么他们往往对更好的产品更为满意。 “什么最适合我”的消费心态主要在一些大城市(如上海)比较突出，随着全国各地消费者收入水平的普遍提高，这种心态可能会在全国范围内更为流行。

**品牌具有吸引力，但只有在价格合适时才有效**

中国零售业的一个信条是，消费者具有极强的品牌意识：有 45%的消费者认为，“一分钱，一分货”，与之相比，在美国和日本，分别只有 16%和 8%的消费者如此认为。同样，与其他国家的消费者相比，愿意购买更昂贵的名牌产品的中国消费者要多得多。然而，中国消费者也非常务实，因此，他们的购买决定并不仅仅建立在品牌的基础上。实际上，中国消费者具有品牌意识这一事实，并不一定意味着他们就会忠于品牌。尽管消费者往往都会受到最大品牌的吸引，但由少数几种具有竞争力的产品提供的相对价值评估，通常才是选择的基础。我们的调查显示，在中国，有 23%的购物者会不怕麻烦，到能提供最优惠价格的商店去购物，而在美国和日本，分别只有 18%和 12%的消费者会这样做。虽然质量仍然是一个重要的考虑因素，但价值才是最重要的首选因素。

**务实的“丢卒保车”**

在中国，随着消费者收入的增加，购买更多、更好产品的意愿也在提高。在调查中，我们发现，有 3/4 的城市居民家庭表示，他们至少在一个产品门类中提高了支出水平。这种趋势占到了 2009 年全国所有消费增长的一半。但是，增加支出只是实际情况的一个方面。中国消费者正通过明确的选择来做到这一点，他们通过“丢卒保车”——削减不太重要产品门类的开支——来为他们最重要的产品门类上增加开支而筹钱。这就是为什么 2010 年74%的消费升级率是一种误导的原因；实际上，只有 24%的消费者在没有取舍交换的情况下实现了消费升级。有整整 50%的中国城市居民主动“丢卒保车”，在增加一个产品门类消费支出的同时，削减了在其他一些产品门类上的开支。在 1～3 个产品门类上增加支出时，相应地就要在多达 7 个产品门类上削减开支。

我们的调查发现，在 7 个产品门类中，存在大量 “丢卒保车”的行为。在增加开支的消费需求中，70%以上为外出就餐，50%为白领男士对酒类的消费，他们希望借此改善自己与客户或同事的关系，为此，他们削减了在个人护理用品、包装食品和零食类产品上的开支，以平衡自己的总体开支。在对高品质服装、鞋和饰品增加开支的需求中，大约有 80%并非来自高收入的“时尚一族”，而是来自收入中等偏低的消费者，他们希望在找工作时给面试考官留下好印象，或显示自己已从“打工一族”跻身“消费一族”。在每种情况下，他们都要通过削减 3～4 个产品门类的开支来平衡增加的消费支出。

**购物行为更明智与口碑作用**

中国消费者已经采用了各种技术来帮助自己决定购买何种产品。对于比较年轻的受众，以及中产阶级和收入更高的群体，网上比较或评价成为越来越重要的研究工具——到 2010 年 6 月，中国大陆的互联网用户已达到大约 4.2 亿人。这些趋势与世界各地的消费者行为大致吻合。

在我们 2010 年的调查中，有 56%的中国消费者表示，他们认为在线广告值得信任，而在 2009 年，只有 29%的消费者这样认为。同样，分别有 70%和 67%的中国购物者表示，他们认为零售商和制造商的网站值得信任。(相比之下，发达国家的消费者更喜欢从第三方网站获取产品信息。)在中国，对网上产品信息评价如此之高这一事实，使互联网对于塑造消费者舆论极其重要。在中国大陆，平均有25%的购物者表示，他们从来不会在没有事先上网查询的情况下就购买一件产品，而在美国，这一比例只有中国的一半。对于大件商品，在中国这一比例可能还要高得多，如购买汽车时，这一比例就接近45%。

与发达国家的一般消费者相比，中国消费者在购买一件产品之前，要对其进行更多的研究，因此，中产阶级消费者往往要花费较长时间才能做出购买决定，这只是因为有些商品的价格可能比他们每个月的收入还要高。例如，在一项关于购买个人电脑的调查中，中国消费者表示，为了购买一台电脑，他们可能要花3～6个月的时间，还要到商店去探访3～5次。对于大件商品，做出购买决定的时间会特别长，而对于食品、饮料和个人护理用品，可能也会花一些时间，也是因为可供选择的品牌数量和新产品越来越多。

近年来，作为一种消费者信息来源，口碑的作用显著增长：购物者通过网上聊天论坛，向家人和朋友打听情况，寻求建议。的确，在中国，电视广告作为提高产品和品牌知名度的信息渠道，将继续占据主导地位。但迄今为止，口碑已成为仅次于电视广告的、最受欢迎的信息来源：2010年，有64%的受访者表示，产品的口碑影响了他们的购买决定，而2008年这一比例为56%。口碑和上网研究在为电视广告提供补充信息方面也发挥了重要作用，它们帮助消费者分析不同产品的价值，并最终做出购买决定。

在中国，口碑的力量可能比在发达国家更强大。例如，一项购买保湿器的独立调查结果表明，66%的中国消费者依靠朋友和家人的建议确定购买意向，而在美国消费者中，这一比例为38%。口口相传似乎已成为一种重要的信息渠道，因为现在有大量的品牌和产品，使中国消费者面临风险——他们还不习惯产品的这种多样性，以及产品快速创新的步伐。尽管电视广告演示了哪些品牌是大品牌(因而是“更安全”的选择)，但它并不是一种值得信赖的媒体；虽然店内产品信息也至关重要，但它们主要影响最终购买决定。因此，中国消费者希望借助家人和朋友的帮助，来拟定自己的候选购物清单。通常，他们还希望确保自己的选择让他们看起来很明智。

中国消费者仍然注重品牌，但与其他国家的购物者不同，他们对产品价值的关注如此强烈，以至于对品牌的忠诚度往往退居其次。与发达国家的消费者相比，对于中国消费者来说，自己家人的需求或兴趣具有更大的重要性。与其他国家相比，在中国，口碑已成为传播产品信息的一个更重要的来源，这主要归功于快速增长的互联网应用，中国消费者将互联网视为一种可靠的信息来源。

然而，最有意思的是，中国消费者通过在不同的产品门类中进行权衡取舍，来区分自己购物的优先顺序：这些中国人通过在他们最关心的产品门类上花更多的钱，而减少在其他产品门类上的开支，来使他们的购买力最大化。此外，中国的市场分布广泛，其规模和范围意味着，任何趋势的影响可能都会取决于当地的具体情况，因地而异。

这些趋势证明了中国人消费行为的转变，他们正成长为世界上最复杂的消费者。现在，中国已是仅次于美国的全球第二大经济体，其消费部门可能是所有大国中最健康的。过去，消费品企业可以凭借自己现有的产品进入中国，将其简化为基本功能，然后以低价在全国各地销售，从而搭上以两位数增长的中国消费快车。如今，就像发达市场的消费者一样，中国消费者也会正确评价和要求购买更好的产品。因此，许多努力在中国寻找利基市场的企业，现在可能为自己的产品找到了市场，并吸引了合作伙伴。与此相反，那些依赖低成本、低质量商业模式的企业，可能最终会在权衡决策上失败，它们可能需要转变价值标准。(资料来源：根据百度文库 http://wenku.baidu.com/view/6091b522482fb4daa58d4bc9.html，作者：安宏宇，狄维瑞，马思默，盛颐安，麦肯锡《2010 中国消费者调查报告》相关信息整理)

# 第二章

# 消费者的心理活动过程

**学习目标**：通过本章的学习，掌握注意、感觉、知觉、记忆、想象与思维等基本概念的含义及其在营销活动中的作用，了解消费者心理活动的认识过程、情感过程和意志过程具体内容和三者之间的关系。

**关键概念**：注意(Attention) 感觉(Sensory) 知觉(Perception) 认识(Recognition) 情感(Affective)

**引导案例**：

**“红豆”的情意**

消费者在购买商品的同时，也购买了商品的文化品位。中国的“红豆”集团，把唐朝诗人王维的一首著名的爱情诗“红豆生南国，春来发几枝。愿君多采撷，此物最相思。”用移情手法把该首诗营造的意境移入品牌创意之中，推出以“红豆”为商标的名牌服装。人们购买“红豆”牌衬衣送给自己的爱人，或者自己买一件穿在身上，在穿衣的同时享受着一种文化、一种爱意，怎么能不特别喜欢“红豆”服装呢?“红豆”服装被译为“Love seed”(爱的种子)而扬名海外，畅销不衰。

“红豆”商标一举成功，就在于它适应了消费者的情感需求，消费者在购买服装的同时，产生了美好的联想。心理活动是消费者行为的基础。(资料来源：李晓霞，刘剑主编的《消费心理学》，清华大学出版社)

心理活动是消费者行为的基础。现实生活中，消费者的行为表现千差万别，各不相同，但总是受到消费者个体特定的心理活动所支配。

消费者的心理活动，包括心理过程和个性心理两个方面。消费者的心理过程，指的是消费者在其购买行为中的心理活动的全过程，是消费者的不同心理活动现象对商品现象的动态反映，包括认知过程、情绪过程和意志过程，这三个过程互相影响，互相渗透，构成消费者的一般心理活动过程。

## 第一节　消费者的注意、感觉和知觉

在复杂的消费活动中，消费者购买商品的心理活动一般是从对商品的注意开始，经过感觉、知觉形成对商品的粗略印象，然后通过深入的观察和分析，并借助于自己的知识与生活经验，对所购买的商品进行加工、整理、存贮，从而形成对商品的认知过程，这也是消费者心理活动的认识过程。认识过程是消费者心理过程的起点，也是消费者行为的主要心理基础，离开了认识过程就不会有消费行为。

### 一、消费者的注意

#### (一)注意的概念

注意是消费者获得商品信息的先决条件，并且与其他的心理活动紧密相连，所谓注意就是人的心理活动对一定对象的指向和集中。指向，就是指心理活动的对象和范围。人在注意时，心理活动总是有选择地接受一定的信息，这样才保证了注意的方向。集中，是指心理活动倾注于被选择对象的稳定和深入的程度。集中不但使心理活动离开了一些无关的对象，而且也是对多余活动的抑制。指向性和集中性相互联系，密不可分。如当面对大量商品信息时，消费者的心理活动因人的反应容量的限制，只能集中在要购买的商品目标上，并且能忽略其他商品，排除噪音、喧哗等干扰，以获得对所购商品清晰、准确地反映。与认识过程的其他心理机能不同的是，注意本身不是一种独立的心理活动，它是伴随着感觉、知觉、记忆、思维和想象同时产生的一种心理状态。

#### (二)注意的功能

##### 1. 选择功能

注意的首要功能是选择那些对人有意义的、符合其活动需要和任务要求的刺激信息，避开、抑制或排除那些无关的、与当前活动不一致的各种影响和刺激。消费者在选购商品时，不可能同时对所有的对象做出反应，只能把心理活动集中和反映在少数商品或信息上，这样消费者才能清晰地感知商品，并进行分析、思考和判断，在此基础上做出购买决策。

##### 2. 保持功能

就是使注意对象的映像或内容能长时间保持在主体意识中，以便心理活动对其进行加工，完成相应的任务。如果对选择的商品对象不加注意，头脑中的信息很快就会在意识中消失，相关的心理活动也就无法展开，影响人们正常的生活和学习。

### 3. 加强功能

注意最重要的功能是对活动进行调节和监督的功能。注意使人的心理活动沿着一定的方向和目标进行，通过排除干扰，不断地促进和提高消费心理活动的强度和效率。在注意的情况下，消费者可以排除无关因素的干扰，克服心理倦怠，使心理活动根据实际需要做出适当的分配和及时的转移，从而使心理活动更加准确和高效率地进行。

## (三)注意的类型

根据注意的产生和保持有无特定目的及是否需要意志努力，可以将注意分为无意注意、有意注意和有意后注意 3 种形式。

### 1. 无意注意

无意注意也叫不随意注意，是指没有预定目的、也不需要任何意志努力而产生的注意。无意注意一般是在外部刺激物的直接刺激作用下，个体不由自主地给予关注。刺激物的强度、对比度、活动性、新异性等，是引起消费者无意注意的客观方面的主要因素。如模特身上的服装，包装色彩鲜艳的商品，闪烁变换的霓虹灯广告等，总是容易引起消费者的无意注意。

无意注意的产生也与主体状态有关。一般说来，符合人的需要和兴趣的事物容易成为无意注意的对象，此外，消费者潜在的欲望，消费者的精神状态，也是形成无意注意的重要条件。消费者在无目的地浏览商品时，经常会被商家举行的降价促销活动所吸引，无意之中不由自主地对某些外部刺激产生注意。

### 2. 有意注意

有意注意也叫随意注意，是指有预定目的，需要经过一定的意志努力而产生的注意。有意注意的客体不易吸引人的注意，但又是应当去注意的事物，消费者需要在意志的控制下，主动把注意力集中起来，直接指向消费对象。因此，有意注意受人的意识的调节与支配，是注意的高级阶段。有意注意可以使消费者迅速准确地感知商品，做出决断，提高购买效率，但有意注意目的明确，在实现过程中需要有持久的意志努力，容易使个体产生疲劳。

引起和保持有意注意的条件和方法如下：

(1) 加深对活动的目的和任务的理解。人们对活动目的理解的越清楚、越深刻，完成任务的愿望就越强烈，也就能够长时间地把注意集中在有关事物方面。

(2) 培养间接兴趣。间接兴趣是人对活动的结果感兴趣。间接兴趣是引起和保持有意注意、克服困难的重要条件。间接兴趣越稳定，就越能够对活动保持有意注意。

(3) 合理地组织活动。在明确活动目的和任务的前提下，合理地组织活动，有助于个体保持有意注意。如消费者在购买不了解的商品时，营销人员可以帮助他们自己动手操作，

了解商品的结构、功能和使用方法，这是维持有意注意的重要手段。

### 3. 有意后注意

有意后注意是指有预定目的、但不经意志努力就能维持的注意。有意后注意是注意的一种特殊形式，是在有意注意的基础上产生的。消费者早期对消费对象不感兴趣，需要一定的意志努力才能保持注意，经过一段时间以后，逐渐对该对象发生兴趣，即使不进行意志努力，仍能保持注意。

## (四)注意的特征

消费者注意的心理活动，主要表现出以下几种特征。

### 1. 注意的范围

注意的范围是指消费者在同一时间内所能清楚地把握的对象数量，亦称为注意的广度。对象数量越多，注意的范围越广。例如，在 1/10 秒的时间内，成年人一般能够注意到 4～6 个互不关联的物体或符号，而幼童只能注意到 2～3 个。如若注意的对象位置集中，排列有序，相互关联，则注意的范围就会相应扩大。与此同时，注意主体的知识经验丰富与否、信息加工任务多少等因素也会影响注意的范围。扩大注意到范围，可以提高学习工作效率。

### 2. 注意的稳定

注意的稳定是指对同一对象或同一活动注意所能持续的时间。注意的稳定性与主体精神状态和刺激物特点有关。消费者对相关活动兴趣浓厚、态度积极、精神状态良好、意志坚定，则注意的稳定性就高。刺激物的特点也对注意的稳定性有着显著的影响，过于单调或者过于复杂的消费对象均不利于消费者注意的稳定。

### 3. 注意的分配

注意的分配是指消费者在同一时间内把注意分配到两种或两种以上不同的对象上。注意的分配是有条件的，同时进行的两种活动中，只有一种是消费者不熟悉，需要集中注意进行感知和思考，另一种则熟悉和了解，不必过多注意；或者同时进行的几种活动“是自动化了的”联系，形成了某种反应系统，这样注意的分配也就容易做到。如，司机驾驶汽车的复杂动作，经过训练后形成一定的反映系统，所以他能把注意分配到与驾驶有关的各种活动上。

### 4. 注意的转移

注意的转移是指消费者主动地把注意从一个对象转移到另一个对象上。例如消费者在商场对比不同品牌的服装之后，又去了解手机的相关信息。注意转移是一种有意识的、有目的，需要意志加以控制的注意状态。注意转移的快慢和难易，往往取决于原对象或活动吸引注意的强度和新注意对象的性质特点。

### (五)注意在市场营销活动中的应用

注意在消费者的心理活动中具有重要作用。正确地运用和发挥注意的心理功能，可以使消费者实现从无意注意发展到有意注意，继而引发消费者购买行为。因此，许多商家在广告中充分利用刺激物的大小、强度、色彩等对比变化来吸引消费者的无意注意，收到事半功倍的效果。通过明确消费目标，广泛地利用各种宣传媒体，采取多样性的促销方式，帮助消费者充分了解商品的性能和优势，维持消费者的有意注意，进而向有意后注意发展。

**【案例 2-1】 美丽也是生产力——眼球经济**

《史记》记载：临邛首富卓王孙有个漂亮的女儿卓文君。司马相如弹了一首《凤求凰》，琴声打动了屏风背后的卓文君，她偷看了司马相如后“心说而好之”。事后司马相如让“侍者”当红娘，与文君连夜私奔到成都。

然而好景不长，二人生活陷入窘迫，不得已，卖掉马车，在临邛开酒店，卓文君当街卖酒。因为文君的美貌，吸引众多人前来光顾，所谓“醉翁之意不在酒”，酒铺生意异常火爆。

文君“当垆卖酒”的故事体现了汉代“美女经济”的效应。如今，美女们不但没有在日益发达的市场经济中被商家忽视，而且被愈来愈深入地挖掘。无论是商场开业还是车展、房展，抑或是兜售某种商品，商家都热衷于请美女亮相。大街上、电视上，随处可见“婚纱秀”“时装秀”“轿车秀”，无处不打美女牌。从经济学上讲，商家就是充分地利用美女的经济价值。

相对地讲“美貌”属于稀缺资源。厂家正是利用这一点，巧妙地将人们的目光通过美女吸引到自己的商品上。

调查表明，在车展上，如果有名车无美女，人们停留时间 2 分钟；如果既有名车又有美女，观众停下观看的时间是 9 分钟，也就是说，美女让观众对这种产品关注增加了 7 分钟。而正是这 7 分钟，企业赢得了不少的商业机会和销售收入。

“美女经济”也称为“眼球经济”，就这样带动了相应行业的繁荣，也日益成为商家手中的一种生产性资源，而厂商的目的就是要让资源最大限度地转化为资本和商品。

其实，说白了，“美女经济”就是一种典型的“注意力经济”，又叫“眼球经济”。如今，“眼球经济”比以往任何一个时候都要活跃。有了眼球，电视才能获取较高的收视率；有了眼球，报纸杂志才能获取较高的发行量；有了眼球，网站才能有较高的点击率。一句话，有了眼球，商家才能获得较高的经济利益。

那么，如何才能抓住眼球、吸引注意力？

要依靠持续不断的创新。无论是在内容，还是形式上，都要不断地推陈出新，别具一格，制造视觉“兴奋点”，以此引起人们的关注，吸引大众的注意力。以求在激烈的市场竞争中独树一帜、脱颖而出。

什么是眼球经济？

眼球经济，又称注意力经济，是依靠吸引公众注意力获取经济收益的一种经济活动。注意力之所以重要，是由于注意力可以优化社会资源配置，让商家获得巨大利益。在新经济下，注意力本身就是财富，获得注意力就是获得一种持久的财富，而这种形式的财富使你在获得任何东西时都能处于优先的位置。(资料来源：《东营日报》2013)

**案例分析：**美丽为什么是生产力？在商品营销中，消费者的注意被“美女”广告所吸引，进而也会关注和了解她们所代言的商品，达到促销商品的目的。你在生活中遇见过哪些“眼球经济”？

## 二、消费者的感觉与知觉

心理学研究的结果表明，人脑对客观世界的认识是从感觉和知觉开始的。消费者通过感觉、知觉、记忆、想象和思维等心理活动去实现对商品的认识过程。

### (一)感觉

#### 1. 感觉的含义

感觉，是指人脑对直接作用于感觉器官(眼、耳、鼻、舌和皮肤)的客观事物的个别属性的反映。任何一个商品都有许多个别属性，如颜色、形状、声音、气味、软硬、味道、温度等等，当消费者与商品发生接触时，商品的各种属性作用于消费者的眼、耳、鼻、舌、皮肤等感觉器官，引起神经冲动，这种神经冲动再由神经传导至大脑皮层的特定部位，产生对商品的各种感觉，包括视觉、听觉、嗅觉、味觉、皮肤觉，其中皮肤觉是一种综合性的感觉，细分为冷觉、温觉、触觉和痛觉。例如：人们购买水果时，用眼睛看到水果的现状、大小、颜色，用鼻子嗅到水果的香味，用嘴品尝水果的甘甜，用手触摸水果的软硬、轻重、表皮光滑等，由此产生对水果的感觉。

感觉是消费者接触商品最简单的心理活动过程，只能反映直接作用于感觉器官的物体的个别部分、个别属性，消费者通过感觉获得的只是对商品属性的表面、个别、片面的认识，因此，若仅仅依靠感觉对商品做出全面评价和判断显然是不可靠的。但是，感觉又是一切比较高级、比较复杂的心理现象和行为的基础和起点。

#### 2. 感受性和感觉阈限

感受性是感受器官对适宜刺激的感受能力，它是消费者对商品、广告、价格等消费刺激有无感觉、感觉强弱的重要标志。感受性通常用感觉阈限的大小来度量。在生活中，并不是所有的刺激都能引起主体的反应，只能在一定的适宜刺激强度和范围内，才能产生感觉。凡是能引起某种感觉的持续一定时间的刺激量，称为感觉阈限。消费者感受性的大小主要取决于消费刺激物的感觉阈限值高低。一般来说，感觉阈限值越低，感受性就越大；

感觉阈限值越高，感受性就越小，二者呈反比关系。消费者的每一种感觉都有两种感受性，即绝对感受性和相对感受性。那种刚刚能够引起感觉的最小刺激量(即有 50%的次数能引起感觉、50%的次数不能引起感觉的刺激强度)，称为绝对感觉阈限。绝对感觉阈限又分为下绝对阈限和上绝对阈限。下、上绝对阈限是指能引起人感觉的最小和最大刺激量，两者之间的距离是感觉性的范围。例如，人耳可以听到的最低频率约 16Hz，最高频率约 20000Hz。凡是没有达到绝对感觉阈限值的刺激物，都不能引起感觉。因此，要使消费者形成对商品的感觉，企业进行产品开发、市场调研、商品推介时，必须了解他们对各种消费刺激的绝对感受性和绝对感觉阈限值，使刺激物达到足够的量。如电视广告的持续时间若少于 3 秒钟，就不会引起消费者的视觉感受。

在刺激物引起感觉之后，如果刺激的数量发生变化，但变化极其微小，则不易被消费者察觉。只有增加到一定程度时，才能引起人们新的感觉。这种刚刚能够觉察的刺激物的最小差别量(即有 50%的次数能觉察出差别、50%的次数不能觉察出差别的刺激强度的增量)称为差别感觉阈限。人们感觉最小差别量的能力即差别感受性。19 世纪，德国生理学家韦伯(Weber, E. H.)注意到，不管刺激量多大，两个刺激之间能被察觉到的变化的比率总是保持恒定。例如，对于 50 克的重物，如果其差别阈限是 1 克，那么该重物必须增加到 51 克我们才刚能觉察出稍重一些；对于 100 克的重物，则必须增加到 102 克我们才刚能觉察出稍重一些。因此，差别感觉阈限与差别感受性呈反比，即原有刺激量越大，差别阈限值越高，差别感受性则越小，反之亦然。也就是说，最初刺激越强，要感觉第二种刺激就越不容易。在生活中，各种商品因为效用、价格等特性不同有不同的差别阈限值，消费者也对其有不同的差别感受性。比如冰箱等大件家电提价或降价几十元往往不为消费者所注意，而一些价格低廉的小食品价钱浮动 1～2 元，消费者却十分敏感。了解消费者对不同商品质量、数量、价格等方面的差别感受性，对合理调节消费刺激量，促进商品销售具有重要作用。

由于主体的机能状态和知识经验的差异，感觉阈限是因人而异的，不同人的感受性是有所差别的。即使是同一个人，他的各种感受性也不是一成不变的，受内外条件的影响，如适应、对比、感官之间的相互作用、生活需要和训练等，都能导致相应的感受性的变化。

#### 3. 感受性的变化

(1) 感觉适应性。当刺激持续作用于人的感官时，人对刺激的感觉能力会发生变化，这种现象叫感觉适应。其既可以提高人的感受性，也可以降低人的感受性。俗话说：“入芝兰之室，久而不闻其香，入鲍鱼之肆，久而不闻其臭”，这就是嗅觉的适应现象。通常，弱刺激可以提高人的感受性，强刺激可以降低人的感受性。如从暗处走到明处，受到阳光刺激，起初几秒钟什么也看不清，但很快视力就恢复正常，这是感受性降低的明适应。在各种感觉中，视觉、嗅觉、味觉适应比较明显，痛觉的适应很难发生，正因为如此，痛觉才是机体的警报系统。

为改变由于感觉适应引起的消费者感受性降低这一现象，商家需要调整消费信息刺激的作用时间，经常变换刺激物的表现形式，通过特别的营销活动使消费者保持对信息刺激具有较强的感受性。

(2) 感觉对比性。感觉对比是指同一感受器在不同刺激作用下，感受性在强度和性质上发生变化的现象。感觉对比有两类：同时对比和先后对比。同时对比是指几个刺激物同时作用于同一感受器产生的感受性的变化。例如，放在白背景上的灰布的颜色似乎比放在黑背景上的灰布的颜色要深，“月明星稀”等。先后对比又叫继时对比，是指刺激物先后作用于同一感受器时产生的感受性的变化。例如，吃了糖果后吃苹果觉得酸，吃了中药后吃苹果觉得甜；初冬刚穿上小棉袄觉得厚重，肢体活动拘束，开春只穿小棉袄却觉得薄轻，肢体行动自如。因此，商家需要充分利用感觉的对比性刺激消费者的需求。

(3) 联觉。即一种感觉器官接受刺激产生感觉后，还会对其他感觉器官的感受性发生影响，这种现象就是联觉。联觉有多种表现，最明显的是色觉与其他感觉的相互影响。色觉可以引起不同的温度觉。例如，红、橙、黄等颜色使人联想到阳光和火焰而产生温暖的感觉，所以这些颜色被称作暖色；蓝、青、绿、白使人联想到蓝天、白云、海水、草木而产生清凉的感觉，故这些颜色被称作冷色。消费者在接受多种刺激时，经常会出现由感觉间相互作用引起的联觉现象，如在进餐时赏心悦目的各色菜肴会使人的味觉感受增强，巧妙运用联觉原理，可以有效地对消费者行为进行调节和引导。

#### 4. 感觉在市场营销活动中的应用

抓住消费者的心，就要抓住消费者的感觉。感觉是消费者认识商品的起点，通过感觉，消费者可以获得对商品的第一印象，取得进一步认识商品的必要材料，形成知觉、记忆、思维、想象等较复杂的心理活动，从而获得对商品属性全面正确的认识。也正是以感觉为基础，消费者才能在认识商品的过程中产生各种情感变化，确认购买目标，做出购买决策。因此，商家应充分地利用感觉的各种特性，如产品的设计、命名、包装、广告、促销方式等，较好地诉诸消费者的感觉，才有可能达到预期目的。

### (二)知觉

#### 1. 知觉概述

知觉是人脑对直接作用于感觉器官的客观事物的各个部分和属性的整体反映。对同一事物的各种感觉的综合，就形成了对这一物体的整体的认识，也就形成了对这一物体的知觉，由此可见，感觉是知觉的基础，知觉是感觉的深入。

知觉是各种感觉的结合，但知觉并不是感觉数量的简单机械地相加，而是要把感觉所得到的零碎印象借助于人的知识经验的帮助，组成一个有机整体。例如，一个番茄就是由一定的颜色、大小、形状和滋味等个别属性组成的，在综合这些属性印象的基础上，形成对番茄的整体印象，就形成了我们对番茄这一事物的知觉，由于知识经验的差异，营养学家和普通人在对番茄的认识上存在很大差异。另外，人的兴趣爱好、情绪、个性特征和需要也使知觉具有一定的倾向性。

在日常生活中，很难有单独存在的感觉，当人们形成对某一事物感觉的时候，都能引起对物体整体形象的反映，消费者对商品从感觉到知觉的认识过程，在时间上几乎是同时完成的。感觉和知觉都是事物直接作用于感觉器官产生的，反映的是事物的外部特征和外部联系，都属于对事物的感性认识。如果要想揭示事物的本质特征，光靠感觉和知觉是不行的，还必须在感觉、知觉的基础上进行更复杂的心理活动，如记忆、想象、思维等。

**2. 知觉的特性及其在市场营销中的应用**

知觉是消费者对消费对象的主观反映过程。这一过程受到消费对象特征和个人主观因素的影响，从而表现出某些独有的活动特征。

1) 知觉的选择性

消费者置身于商品信息的包围之中，随时受到各种消费刺激，在特定时间内，消费者只能感受少量或少数刺激，而对其他事物只作模糊的反映。被选为知觉内容的事物称为对象，其他衬托对象的事物称为背景。知觉对象与知觉背景是相对而言的，此时的知觉对象也可以成为彼时的知觉背景，某事物一旦被选为知觉对象，就好像立即从背景中突现出来，被认识得更鲜明、更清晰，如图 2-1、图 2-2 所示。

**图 2-1 双面花瓶**

**图 2-2 少女与老妇**

引起消费者选择的原因在于以下几个方面：首先是感觉阈限和人脑对信息加工能力的限制。凡是低于绝对感觉阈限和差别感觉阈限的较弱小的信息刺激，均不被感觉器官所接受，因而也不能成为知觉的选择对象，只有达到足够强度的刺激，才能被消费者所感知。人脑对信息加工的能力是有限的，消费者不可能在同一时间内对所有感觉到的信息都进行加工，只能对其中的一部分加以综合，形成知觉；其次是消费者自身的需要、欲望、态度、偏好、价值观念、情绪及个性等对知觉选择也会产生直接的影响。凡是符合消费者需要的刺激物，往往会成为首先选择的知觉对象，而与需要无关的事物则经常被忽略。另外，消费者的防御心理也潜在地支配着他们对商品信息的知觉选择。当某种带有伤害性或于己不利的刺激出现时，消费者会本能地采取防御姿态，关闭感官通道，拒绝信息的输入。

商家在对消费者进行营销刺激时，应充分分析消费者特点，采取适当的营销策略，使营销商品的信息达到适当的强度，加强营销对象和背景之间的差异，使营销对象成为消费者选择的对象并留下清晰而深刻的印象，形成有利于本企业的知觉反映。

2)　知觉的整体性

知觉对象都是由许多部分组成的，虽然各组成部分具有各自的特征。但是，人们并不会把知觉的对象感知为许多个别的、孤立的部分，而总是把对象感知为一个完整的整体，这就是知觉的整体性(如图 2-3 所示)。刺激物的性质、特点和知觉主体的知识经验是影响知觉整体性的两个重要因素。一般来说，刺激物的关键部分、强的部分在知觉的整体性中起着决定作用，有些物理化学强度很弱的因素，因与人的生活实践密切关系，也会成为很强的刺激成分。当人感知一个熟悉的对象时，只要感觉了它的个别属性或主要特征，就可以根据以往的知识和经验知道它的其他属性或特征，把它知觉为一个整体，以便全面地、整体地把握该事物(如图 2-4 所示)；如果感觉的对象是不熟悉的，知觉会更多地依赖于感觉，并以感知对象的特点为转移，而把它知觉为具有一定结构的整体。

在认知商品的过程中，消费者经常根据消费对象的特征及其各个部分之间的结构进行整体性知觉，如人们通常把某种商品的商标、价格、质量、款式、包装等因素联系在一起，形成对该商品的整体印象，同时获得完成、圆满、稳定的心理感受，故商家在营销过程中，把着眼点放在与商品有关的整体上，使消费者获得商品的充足信息，把该商品与其他商品区别开来，形成一个整体、协调的商品形象。

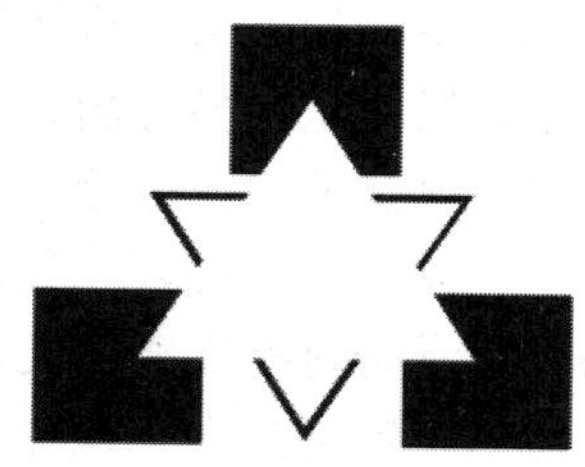

图 2-3　知觉整体性

12

A　13　C

14

图 2-4　中间是什么

3)　知觉的理解性

人们在感知客观事物时，不仅知觉到对象的某些外部特征，还可以用自己的知识经验对知觉的对象按自己的意图做出解释，并赋予它一定的意义，这就是知觉的理解性。人的知觉的理解性受知觉者的知识经验、实践经历、接收到的言语指导以及个人兴趣爱好等的影响。因此，不同的人对同一事物可以表现出不同的知觉结果。人的知识和经验越丰富，对事物的感知就越完整深刻，例如，一张检验报告，病人除了知觉一系列的符号和数字之外，却不知道什么意思；而医生看到它，不仅了解这些符号和数字的意义，而且可以做出准确的判断。

根据知觉理解性的特点，商家在营销过程中，商品广告的方式、方法和内容等，必须与信息接收者的知识经验和理解能力相吻合，要引导消费者准确地理解商品信息，避免出现片面的、甚至是错误的理解。

4) 知觉的恒常性

当物体的基本属性和结构不变，只是外部条件(如光源、角度和距离等)发生一些变化时，自己的印象仍能保持相对不变，这就是知觉的恒常性。例如：一个人站在离我们不同的距离上，他在我们视网膜上的空间大小是不同的，但是我们总是把他知觉为一个同样大小的人；一个圆盘，随着倾斜旋转等角度的不同，我们看到的可能是椭圆、甚至线段，但仍然当它是圆盘。

知觉的恒常性能使消费者在复杂多变的市场环境中避免外部因素的干扰，保持对某些商品的一贯认知，如消费者对传统商品、名牌商标、老字号商店的认同感。知觉的恒常性可以增加消费者选择商品的安全系数，减少购买风险；但同时也容易导致消费者对传统产品的心理定势，阻碍其对新产品的接受。商家在产品营销过程中，可通过强调名牌商品或畅销的老商品与新商品之间的联系，进而带动新商品的销售。如五粮液集团当初推出新产品“五粮春” 白酒时，利用五粮液名酒在消费者心中的特殊地位，通过广告宣传及广告语“系出名门，丽质天成”强调“五粮春”和“五粮液”之间的联系，迅速打开市场，创造了单品销售名列前茅的良好业绩。

### 3. 消费者的错觉

生活中，由于某些因素的作用，人们的知觉经常会偏离事物的本来面目而发生知觉偏差。所谓错觉就是对客观事物的一种不正确、歪曲的知觉。错觉是由多方面因素引起的，其中知觉具体事物时受到同时并存的其他刺激的干扰是形成错觉的主要原因，人的主观因素如经验、情绪、年龄和性别等也对错觉形成有重要作用。如用手去比较一斤铁块和一斤棉花的重量，常常感到铁比棉花重；在黑夜里，人走路时总觉得月亮在跟着走，而当云在月亮前面移动，又会觉得是月亮在穿过云层。在一定条件下，错觉是很难避免的，而且也是完全正常的，只要产生错觉的条件具备，任何人都可能会产生同样的错觉。

错觉的种类很多，如视错觉、听错觉、嗅错觉、味错觉、运动错觉、时间错觉等等，生活中，最多的是视错觉(图 2-5 所示)。

错觉现象在生活中应用非常广泛。由于人们的需要、经验和思想方法诸多方面的差异，常常会造成人们的知觉与客观事物的不一致，使消费者在知觉过程中产生多种错觉，营销者巧妙利用消费者的错觉，这对于吸引消费者的注意，刺激消费或购买行为，有时可以取得意想不到的效果。例如，较小的店堂若在墙壁装饰镜面，可以通过光线折射使消费者产生店堂宽敞、商品陈列丰满的视觉效果；对身材略胖的人推荐选购深色、竖条衣服会使身材显得苗条一些；两瓶同样容量的酒，扁平包装会比圆柱形包装显得多些。消费者在生活实践过程中，也要采取措施来识别错觉和利用错觉。例如消费者在选购商品时，既要注意

主观和客观两个方面原因产生的错觉，防止受骗上当，买到货真价实、实惠的商品，也可以利用错觉效果选择适合自己、美化自己的商品，给自己的生活带来舒畅和愉悦。

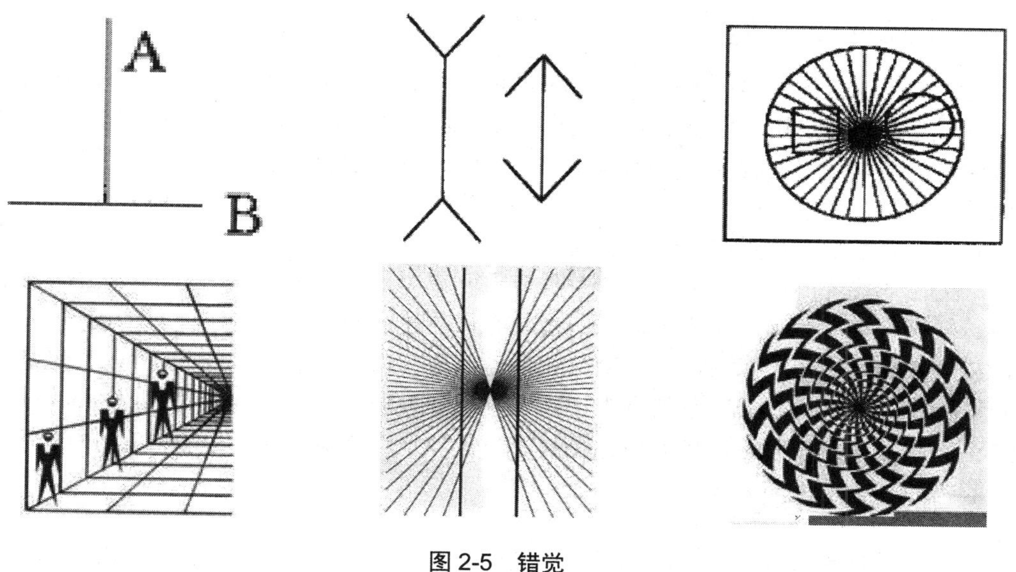


图 2-5　错觉

**【案例 2-2】　“两小儿辩日”**

《列子·汤问篇》一书中记载一个《两小儿辩日》的故事：一天，有两个孩子热烈地争论着一个问题——为什么同样一个太阳，早晨看起来显得大而中午看起来显得小？一个孩子说：“这是因为早晨的太阳离我们近，中午的太阳离我们远，根据近大远小的道理，所以早晨的太阳看起来要大些中午的太阳看起来要小些。”另一个孩子反驳说：“照你这样说，早晨的太阳离我们近，那么我们就应该感到早晨更热些；中午的太阳离我们远，我们就应该感到中午更凉些，但事实却正好相反，我们往往感到的是早晨凉中午热。”两个孩子谁也说服不了谁，于是就去请教孔子，但这位博学的大师竟也不明白这是怎么回事，最后只好不了了之。(资料来源：崔丽娟《心理学是什么》北京大学出版社)

**案例分析：**同一个太阳却被我们知觉为不一样大小，这种完全不符合客观事物本身特征的失真或扭曲的知觉反应，叫做错觉。看来，仅凭感觉判断事物是不行的，人们往往会被自己的感觉所欺骗。你在生活中发生过哪些错觉现象？

## 第二节　消费者的记忆、想象与思维

消费者通过感觉和知觉对商品的外部特征和直观形象有了感性认识，如果要想对商品有进一步的客观的理性认识，还需要通过记忆、想象、思维等较高级的心理活动来完成。

# 一、记忆

## (一)记忆的含义

记忆是指过去的经验在人脑中的反映。它是人脑的重要机能之一，是主体接受客体的刺激以后，在大脑皮层上留下的兴奋过程的痕迹。具体地说，就是人们对感知过的事物、思考过的问题、练习过的动作、体验过的情感以及采取过的行动的反映。和感知相同，记忆也是人脑对客观事物的反映。二者的不同之处在于，感知是人脑对当前直接作用的事物的反映；而记忆是人脑对过去经验的反映。

记忆在消费者的心理和行为活动中具有重要作用。正是有了记忆，消费者才能把过去的经验保存起来，经验的积累推动了消费者心理的发展和行为的复杂化。如消费者曾经购买过某品牌商品，用过以后，这种商品就会给消费者留下一个整体好或不好的印象，下次看到这种商品时，过去的印象便会重现出来，指导人们是否重去购买某品牌商品，因此，通过记忆，才使人的感觉、知觉和思维意识等各种心理活动成为一个统一的过程。

## (二)记忆的心理过程

记忆是消费者对过去经验的反映，它是经历一定过程的。心理学研究表明，这一过程包括识记、保持、再现或再认几个基本环节。

### 1. 识记

识记是消费者为了获得对客观事物的深刻印象而反复进行感知，从而使客观事物的印迹在头脑中保留下来的心理活动，它是整个记忆过程的开端。如在购买活动中，消费者通过反复察看商品，多方了解商品信息，以加强对商品的印象，并在头脑中建立商品之间的联系。

### 2. 保持

保持是过去经历过的事物印象在头脑中得到巩固的过程。保持是识记的延续，是对识记的材料做进一步加工、储存的过程。保持的反面是遗忘，遗忘就是识记的内容在一定条件下提取不了或被错误提取的现象。保持是否稳定持久是记忆力强弱的标志。随着时间的推移和后来经验的影响，保持的识记在数量和质量上会发生某些变化。一般来说，随着时间的推移，人对其经历过的事物总是要忘掉一些，保持量呈减少的趋势，另一方面，储存材料的内容、概要性、完整性等，也会发生不同程度的改变。

识记保持的数量或质量变化有的具有积极意义，如消费者在识记商品的过程中，逐渐了解并概括出商品的基本特性，对无关紧要的细节忽略不计，从而把有关的必要信息作为经验在头脑中储存起来。但有的变化也会产生消极作用，如把主要的内容遗漏，或者歪曲了消费对象的本来特征。后者主要表现为遗忘。

### 3. 再现或再认

再现就是回忆，是对不在眼前的、过去经历过的事物表象在头脑中重新显现出来的过程。例如，消费者购买商品时，往往把商品的各种特点与其在其他商店见到的或自己使用过的同类商品在头脑中进行比较，以便做出选择，这就需要回想。这个回想过程就是回忆。根据回忆是否有预定目的或任务，可以分为无意回忆和有意回忆。无意回忆是事先没有预定目的，也无须意志努力的回忆。有意回忆则是有目的、需要意志努力的回忆。例如消费者在做出购买决策时，为慎重起见，需要努力回忆以往见过的同类商品或了解到的有关信息。消费者对消费信息的回忆有直接性和间接性之分。直接性就是由当前的对象唤起旧经验。例如，一见海尔兄弟广告，就想起家里的海尔家电产品，这种直接的回忆或重现相对比较容易。所谓间接性，即要通过一系列中介性联想才能唤起对过去经验的回忆，可能很快回想起来，也可能需要较大的努力，经过一番思索才能完成，这就是追忆，追忆是利用事物多方面的联系去寻找线索，先想起有关的经验，然后通过中介联系联想起要再现的经验。运用追忆的心理技巧，如提供中介性联想，利用再认识来进行追忆，或暂时中断追忆等，有助于帮助消费者迅速回忆起过去的经验。

再认是对过去感知过的事物重新出现时能够识别出来。例如，消费者能够很快认出购买过的商品，光顾过的商店，观看过的广告等。一般来说，再认比再现简单、容易，能重现的事物通常都能再认。

记忆的 3 个环节紧密联系又互相制约，它们共同构成了消费者完整统一的记忆过程。没有识记就谈不上对经验的保持，没有识记和保持就不可能对经历过的事物再现或再认。识记和保持是再现或再认的基础，保持是对识记的进一步加深和巩固，再现或再认是识记和保持的结果，通过再现或再认又可以进一步巩固识记并加强保持。

## (三)消费者的遗忘

### 1. 遗忘及其规律

在记忆过程中，消费者对识记过的内容在保持时总会发生数量和质量上的某些变化，这就是遗忘。遗忘是识记过的事物在一定条件下，不能或错误地再认和回忆。遗忘是与保持性质相反的过程，实质上是同一记忆过程的两个方面：保持住的东西，就是没有遗忘的东西，而遗忘的东西，就是没有被保持住的东西。消费者的遗忘有两种情况：暂时性遗忘和永久性遗忘，前者指遗忘的发生是暂时的，一时不能再认和回忆，但在适宜条件下还可能恢复记忆的遗忘，后者指不经重新学习就不可能恢复记忆的遗忘。

最早对遗忘现象进行研究的是德国著名的心理学家艾宾浩斯(Hermann Ebbinghaus)，他以自己作被试者，用无意义音节为记忆材料，用节省法计算出保持和遗忘的数量(见表 2-1)，用表内数字制成一条曲线(见图 2-6)，这条曲线被后人称作“艾宾浩斯遗忘曲线”。

表 2-1　不同时向间隔后的记忆成绩

| 时间间隔 | 记忆量 |
|---|---|
| 刚刚记忆完毕 | 100% |
| 20 分钟之后 | 58.2% |
| 1 小时后 | 44.2% |
| 8～9 小时后 | 35.8% |
| 1 天后 | 33.7% |
| 2 天后 | 27.8% |
| 6 天后 | 25.4% |
| 1 个月后 | 21.1% |

他的研究结果表明：遗忘在学习之后立即开始，遗忘进程是不均衡的，在识记的最初遗忘很快，以后逐渐缓慢，到了相当的时间，几乎就不再遗忘了，也就是遗忘的发展是“先快后慢”。

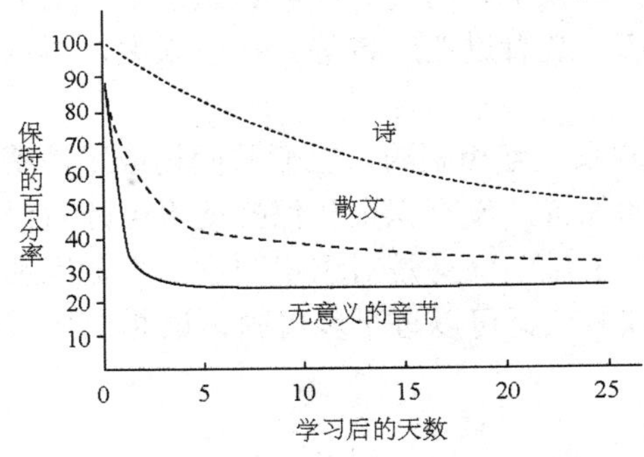


图 2-6　艾宾浩斯遗忘曲线

继艾宾浩斯之后，许多人用不同的学习材料做过类似的实验，并且数据肯定有差异，不过基本的趋势还是相差无几的。但是，随着时间的推移，科学家们发现，除了刚开始学习外语音节可能像艾宾豪所说的那样之外，学习其他有意义材料过后的回忆成绩都比艾宾豪斯所说的好，从图 2-6 我们可以看到，人们对无意义音节的遗忘速度快于对散文的遗忘，而对散文的遗忘速度又快于有韵律诗。而像骑自行车这类动作技能的学习，一旦学会根本就不大会忘记。这一点大家都会有深刻体会。

### 2. 影响遗忘进程的因素

遗忘的进程不仅受时间因素的制约，还受许多其他因素的影响。

1)　识记材料的性质

科学家通过用不同的学习材料研究遗忘现象发现：人们容易记住的是那些能够理解的、材料之间有内在联系的有意义材料，而对死记硬背、无意义的材料在记忆的时候比较费力气；形象性、独特性的材料比抽象的、大众化的材料较容易长期保持。

企业在给商品命名或做广告时，突出识记材料的意义和作用，尽量避免生、冷的词汇和费解的字句，加强对商品信息整理，充实其意义成分，广告尽量生动形象、新颖突出、别具一格，激发消费者的好奇心理，以增加消费者的记忆效果。如胃药“斯达舒”广告借助谐音“四大叔”，很容易让观众记住商品的名字。

2)　识记材料的数量

当学习材料数量超过记忆广度时，会引起记忆的难度；在学习程度相等的情况下，识记材料数量越多，遗忘得越快，识记材料越少，则遗忘较慢。

企业在传递商品信息时，要考虑消费者接受信息的记忆广度问题，把输出的商品信息限制在记忆广度极限范围之内，广告应简明扼要、短小精悍、重点突出，在可能的情况下，尽量减少不必要的识记材料。

3)　学习的程度

一般认为，对材料的识记没有一次能达到无误背诵的标准，称为低度学习；如果达到恰能成诵之后还继续学习一段时间，称为过度学习。实验证明，低度学习的材料容易遗忘，而过度学习的材料比恰能背诵的材料记忆效果要好一些。当然过度学习有一定限度，研究发现，过度学习达到50%～100%之间，记忆效果最佳，所花的时间也最经济，花费时间太多，会造成精力和时间的浪费。

商家在传递商品信息时，特别是新产品上市时，应尽可能多次重复有关内容，延长信息存储时间，以加深消费者对商品信息的记忆，但应注意表现形式的多样化和重复时间的间隔性与节奏性，以避免引起消费者的乏味厌烦心理。

4)　识记材料的序列位置

识记材料的序列位置不同，遗忘的情况也不一样。在研究中，实验者用单词做实验发现：在回忆的正确率上，最后呈现的词遗忘得最少，其次是最先呈现的词，遗忘最多的是中间部分。这种在回忆系列材料时发生的现象叫作系列位置效应。最后呈现的材料最易回忆，遗忘最少，叫近因效应。最先呈现的材料较易回忆，遗忘较少，叫首因效应。之所以这样，是因为前面学习的材料受到后面学习材料的干扰，后面学习的材料受到前面学习材料的干扰，中间学习的材料受到前、后两部分材料的干扰，所以更难记住，遗忘最多。

商家在向消费者宣传商品信息时，广告中的关键信息应放在广告的开头和结尾，不宜放在中间的位置上，突出产品的优势，给消费者的留下良好的深刻印象。

5)　学习时的情绪和态度

心情愉快时习得的材料，保持时间更长，学习者也愿意回忆这样的愉快体验，而焦虑、沮丧、紧张时所学习的内容更易于遗忘。学习者积极主动地注意事物，并对事物表现出极大的兴趣，记忆就会保持长久。在人们生活中不占重要地位的、没有太多价值需要的材料，容易出现遗忘。经过人们的努力、积极加以组织的材料遗忘得较少。而单纯地重述材料，识记的效果较差，遗忘得较快。

企业在进行营销活动时，应通过有趣的诉求形式、生动感人的情节激发消费者的兴趣，努力营造一种良好的营销氛围，使消费者在接触或接收有关企业产品与服务的信息时，产生一种愉快的、积极的情绪。

## (四)记忆的分类

### 1. 根据记忆的内容或映像的性质不同

根据记忆的内容或映像的性质不同，可以分为形象记忆、逻辑记忆、情绪记忆和运动记忆。

1) 形象记忆

形象记忆是指以感知过的事物的具体形象为内容的记忆。如对商品的形状、大小和颜色的记忆。心理学的研究表明，人脑对事物形象的记忆能力往往强于对事物内在的逻辑关系的记忆，二者的比例约为 1000:1，因此，形象记忆是消费者最主要的记忆形式。其中，视觉形象记忆和听觉形象记忆又起着主导作用。

2) 逻辑记忆

它是指以概念、判断和推理等为内容的记忆，这种记忆是对事物的意义、性质、关系和规律等的记忆。如消费者对商品的商标、功能、质量标准和价值等的记忆。这种记忆是通过语言的作用和思维过程来实现的，它是人类所特有的，具有高度理解性、逻辑性的记忆，是记忆的高级形式。它对消费者的逻辑思维能力要求较高，在传递商品信息时要酌情慎用。

3) 情绪记忆

它是以体验过的某种情绪为内容的记忆，这种记忆保持的是过去发生过的情感体验。如，消费者对过去某次购物活动的喜悦心情或欢乐情景的记忆，它能够激发消费者重新产生曾经体验过的情感，再现愉悦的心境，产生购买冲动。情绪记忆一般比其他记忆更加持久，甚至可能终生难忘。因此，营销者在对商品进行宣传时，恰当地调动消费者的情绪体验，可以使消费者形成深刻的情绪记忆。

4) 运动记忆

它是指以过去的运动或动作为内容的记忆，如游泳、骑自行车等项运动的记忆。它是一切运动、生活和劳动技能形成的基础。

### 2. 根据记忆保持时间的长短划分

根据记忆保持时间的长短可分为瞬时记忆、短时记忆和长时记忆。

1) 瞬时记忆

也称作感觉记忆，是指当事物的刺激停止后，人们在一个很短的时间内保持对它的印象。根据研究，视觉的瞬时记忆在一秒钟以下，听觉的瞬时记忆在4～5秒钟以下。瞬时记忆的信息是未经加工的原始信息，消费者在购物场所同时接受的大量信息，多数呈瞬时记忆状态。瞬时记忆中的信息如没有受到注意，很快就会消失，如果受到注意，则转入短时记忆。

2) 短时记忆

其保持的时间比瞬时记忆的时间要长，一般不会超过一分钟。短时记忆是正在工作、活动着的记忆，因此又叫工作记忆。例如，查询一个电话号码，当时能够记住，时间一长，可能就忘记了。短时记忆中储存信息的数量是有限的，大约是 7±2，“7±2”不仅指绝对数量，也指组块的数量。因此，在告知消费者数字和符号等信息时，不宜过长或过多。

3) 长时记忆

即一分钟以上直至数日、数年甚至保持终生不忘的记忆。短时记忆的信息经过多次重复或编码，与个体经验建立丰富而牢固的意义联系，可以成为长时记忆；也有极少是由于印象深刻一次获得的。这些信息在个体需要时可以被检索并提取，从而得到再现。长时记忆是一个复杂和重要的记忆系统，它的容量是相当大的，包括人们后天获得的全部经验，人们一生都能对长时记忆增添信息。长时记忆对消费者知识和经验的积累具有重要的作用，它会直接影响消费者的购买选择和决策。对企业来说，运用各种宣传促销手段的最佳效果，就是使消费者对商品品牌和本企业形象形成长时记忆。

### (五)记忆对营销活动的作用

记忆与消费者收集商品信息、做出购买决策有着密切的关系。消费者的每次购物活动不仅需要新商品的信息，同时还需要参照以往有关商品的情感体验，知识和使用经验。因此，企业要想更多地销售自己的商品，必须让消费者记住自己的商品。

企业在传达商品信息时，必须考虑消费者接受各种信息的识记极限问题。消费者的信息加工能力是有极限的，一般只能记住 7±2 个单位的信息，超出这个范围的信息则容易被遗忘。企业的广告宣传尽量把输出的重要信息限制在记忆的极限范围之内，广告语应简短、押韵上口，如“要想皮肤好，早晚用大宝”等。在对商品信息重复宣传时，应注意在空间和时间上要有一定的距离。同时，还应采取多种宣传媒体或表现形式，不断增添新的信息，从新的角度使旧的内容再现，诉诸新的刺激，这样才能为消费者乐意接受，并加深理解和记忆。

企业在传递商品信息时，还要考虑消费者的情绪与情感因素的影响。当消费者处于兴奋、激动、高兴等积极情绪时，对商品的有关信息会形成良好的记忆。不仅如此，气愤、屈辱的情绪，也能加强消费者记忆的印象，如顾客在商店里和营业员吵架了，受了气，这种恶劣记忆也是难以忘怀的，并且会长期避免与这样的营业员和商店打交道。因此，营销活动应当尽量发挥积极、愉快的情绪策略来影响消费者。

## 二、想象与联想

### (一)想象

想象是人脑对过去形成表象进行加工改造而产生新形象的心理过程。概念中涉及的表象是指曾经感知过的事物形象在人脑中保留的印象。对于已经形成的表象，经过人脑的加工改造，创造出并没有直接感知过的事物的新形象就是想象，如“嫦娥奔月”、“大闹天宫”等。想象的内容有许多是“超现实”的，但绝不是凭空产生的，想象无论多么新颖、独特，构成新形象的一切材料都来源于客观现实。例如，神话小说《西游记》中的孙悟空、猪八戒的形象，生活中并不存在，是作者把人与猴、人与猪的形象经过加工改造后而产生的新形象，因此，客观现实的想象的源泉。

想象活动必须具备三个条件：①必须要有过去已经感知过的经验，这种经验可以是个人的感知，也可以是前人、他人积累的经验；②想象的过程必须依赖人脑的创造性，须对表象进行加工；③想象必须是新形象，它可以是主体没有感知过的事物，也可以是世界上根本不存在或还未出现的事物。想象虽然是人人都具备的一种心理活动，但表现在每个人身上却有所不同。不同类型的消费者，想象力是不同的。

### (二)联想

联想是由一种事物想到另一种事物的心理活动过程，是消费心理中一种重要的心理活动。联想可以由当时的情景引起，如当人们看到一件感兴趣的服装，会想：这件衣服穿在自己身上是什么效果呢？也可以由内心回忆等方式引起。在营销心理学中，主要着重于对由注意、感知等因素所激发的联想的研究，因为开展营销活动时，可以通过控制消费者所处的购物环境，使用各种方法来激发消费者积极的联想。联想的主要表现形式有如下形式。

1) 接近联想

由于两种事物在位置、空间距离或时间上比较接近，所以看到第一种事物时，很容易联想到另一种事物。例如，到了北京，人们一般会联想到长城、故宫、天安门；到了中午11:30，人们一般会想到要吃中午饭了。

2) 类似联想

两种事物在大小、形状、功能、地理位置及时间背景等方面有类似之处，人们认识到一种事物时同时会联想到另一种事物。例如，外国游客会在游览中国的江南水乡时联想到意大利的水城威尼斯。

3) 对比联想

两种事物在性质、大小及外观等方面存在相反的特点，人们在看到一种事物时会马上联想到与其相反的另一种事物。这种联想会为企业创造出许多新的机会，开发出满足消费

者相互对立的需求的商品。例如，企业根据消费者的需求差异，设计出大包装和小包装、成人用和儿童用等配套商品。

4) 因果联想

两种事物之间存在一定的因果关系，由一种原因会使人联想到另一种结果，或由事物的结果联想到它的原因。例如，外地旅游者从游览地的市容市貌的整洁有序联想到当地政府的管理有方。

5) 色彩联想

由商品、广告和购物环境等给消费者提供的色彩感知，联想到其他事物。色彩联想在人们的日常消费活动中表现得十分普遍，尤其是在购买服装、化妆品、手工艺品、装饰品，以及其他一些需要展现外观的商品时，消费者通常会从商品的色彩产生相应的联想。例如，红色、橙色和黄色等暖色调使人联想到热烈、温暖；白色和蓝色等冷色调使人感到明净且清爽；黑色、灰色和咖啡色给人的感觉比较庄重。

6) 音乐联想

音乐给人的联想形式比较多，例如慢节奏的古典音乐或民族音乐使人联想到优雅、美妙；节奏明快的音乐使人感到活泼和朝气。

## (三)想象、联想在营销活动中的作用

想象、联想对于发展和深化消费者的认识，推动消费者的购买行为具有重要作用。

### 1. 想象、联想对消费者的作用

消费者在评价和选购商品时，常常伴有想象、联想活动的参与。消费者是否购买某种商品，常取决于购买对象与想象中追求的是否相吻合，相吻合就购买，不相吻合则拒绝购买。由于联想往往带有感情色彩，积极的联想会使人们对未来产生美好的憧憬，对商品往往倾向于肯定态度，在某些情况下可能会导致消费者冲动性购买。因此，商家及营销人员可以通过品牌的名称、企业的广告和广告语等引起消费者的一定联想。如品牌“金利来”服装，不仅名称好，广告语“男人的世界” 更是画龙点睛的准确体现了金利来定位于成功、有身份男士的核心价值，使产品建立起特定的象征意义，联想让消费者深入认识商品的实用价值、欣赏价值和社会价值，成为消费者购买的关键因素。

### 2. 想象、联想对企业营销人员的作用

营销人员的工作需要一定的想象力。在为顾客服务过程中，营销人员能根据不同顾客的需要，想象出更适合他的商品，提高商品的成交量。营销人员在介绍商品、陈列橱窗、布置展厅等多方面也可以发挥其想象的作用，可以利用事物之间的内在联系，通过巧妙的象征和生动形象的比喻等表现手法，丰富促销内容，加深顾客对商品功能的理解，激发消费者有意识的联想，从而提高促销成效。

## 三、思维

### 1. 思维的含义

思维是人脑对客观事物概括的、间接的反映。它是大脑运用分析、综合、比较、抽象、概括等一系列活动，是把握事物的特征和规律，在既定经验的基础上认识和推断未知事物的过程，它是人的认识活动的高级阶段。思维是在感知的基础上产生和发展的，是人们从对事物的感性认识发展到理性认识的复杂心理活动，具有概括性和间接性的特性。

### 2. 思维的分类

(1) 根据思维活动的性质和方式，可将思维分为动作思维、形象思维和逻辑思维三类。

动作思维。动作思维也称为实践思维，是以实际动作为支柱的思维，它是在实际的活动中进行的。消费者在实际的购买活动中，需要有动作思维的参与。

形象思维。形象思维是指利用事物的直观表象来进行分析、比较、综合、抽象、概括等内部的加工，从而解决问题。如消费者在购买家用沙发时，会把眼前商品的颜色、款式与自己客厅的颜色、摆放位置是否协调等进行形象思维，从而影响其购买行为。

逻辑思维。逻辑思维也称为抽象思维，是利用概念、推理和理论知识来认识客观事物，达到对事物的本质特征和内在联系的认识的思维。消费者的购买活动同样离不开抽象思维的参与。例如，消费者在购买商品房时，需要了解房子的结构、性能和发展趋势以及贷款方式等，就是一个抽象思维的过程。

(2) 根据思维探索目标的不同，可将思维分为聚合思维和发散思维。

聚合思维又称集中思维，是以某个问题为中心点，运用多种方式、知识或手段，从不同的方向和不同角度，将思维指向这个中心点，以达到解决问题的目的。比如，消费者想购买一辆汽车，上网查看了多款汽车的信息，向亲朋好友了解使用不同汽车的感受，去车展现场查看、听营销人员讲解不同汽车的差异，把所得到的信息汇总起来，通过分析比较，选择出最好的解决方案。这种思维形式就是聚合思维，其主要特征是求同。

发散思维又称辐射思维，它是由一点向四面八方想开去，充分运用丰富的想象力，调动积淀在大脑中的知识、信息和观念，重新排列组合，从而产生更多的设想和方案。比如，企业高级管理层在解决问题时，常常采用“头脑风暴法”，通过有组织的座谈形式，鼓励发言、限制讨论、标新立异、重视方案数量，以寻求实现目标的多途径。它不拘泥于传统的做法，有更多的创造性，其主要特征是求异。

(3) 根据思维的创新程度不同，思维可分为常规思维和创造性思维。

常规性思维：又称再造性思维，指人们运用已获得的知识经验，按照现成的方案或程序，用惯常的模式或方法来解决问题的思维方式。常规性思维缺乏新颖性和独创性。

创造性思维，是指以新颖独到的方式来解决问题的思维，其主要特征是具有新颖性，

是人类思维的高级形式。它是发散思维与聚合思维、直觉思维与分析思维、形象思维与抽象思维等多种思维形式的综合表现。在产品设计和企业营销策划等活动中，特别需要创新意识和创新思维。

### 3. 消费者的思维过程

1)　分析过程

分析是指在头脑中把整体的事物分解成各个部分、不同特性和各个方面。消费者对商品的分析过程是在掌握了一定量的感性材料基础上进行的，尽量将购买目标范围缩小，从中选出购买目标。例如，购买汽车时，可选择的各种品牌较多，但消费者首先要通过分析确定购买汽车的价位、车型，是进口的还是国产的等等，在这个基础上建立购买目标。

2)　比较过程

比较是在头脑中把各种事物加以对比，并确定它们之间异同的过程。消费者通过初步分析，确定所购买的目标范围后，还会在商品之间进行选择，借助比较来进一步鉴别商品质量的优劣、性能比的高低。

3)　评价过程

在确定了商品的购买目标后，消费者要运用判断、推理等思维方式，综合多种信息，对商品的内在属性和本质进行概括，为确定购买决策做好心理准备。

购买商品后，消费者在使用商品的过程中，还会对其进行购后分析、比较及评价，获得对商品更为深刻的理性认识，并为以后的购买行为提供经验积累。

### 4. 消费者思维的特性与购买行为

在购物过程中，由于消费者个体的差异，在思维方式上表现出不同的特点。

(1)　思维的独立性。有的消费者在购物中有自己的主见，不轻易受外界的影响，而是根据自己的实际情况权衡商品的性能和利弊等，独立做出购买决定。而有的消费者缺乏思维的独立性与批判性，容易受到外界的影响，随人而欲，易被偶然暗示所动摇。

(2)　思维的灵活性。有的消费者能够依据市场变化，运用已有的经验，灵活地进行思维并及时地改变原来的计划，做出某种变通的决定；有的消费者遇到变化时，往往呆板，墨守成规，不能做出灵活的反应或不能变通。

(3)　思维的敏捷性。有的消费者能在较短的时间内发现问题和解决问题，遇事当机立断，能迅速做出购买决定；相反，有的消费者遇事犹豫不决，不能迅速地做出购买决定而错失良机。

(4)　思维的创造性。有的消费者在消费活动中，不仅善于求同，更善于求异，能通过多种渠道收集商品信息，在购买活动中不因循守旧、不安于现状，有创新意识、有丰富的创造想象力。

可见，绝大多数消费者经过对商品的思维过程而做出的购买行为是一种理智的消费行为，是建立在对商品的综合分析基础上的。正因为不同消费者的思维能力有强弱的差异，从而使得他们具有不同的决策速度与行为方式。

### 5. 思维对企业经营的影响

1) 思维的变通性带动经营的灵活性

思维的变通性即是灵活性。企业在商品销售活动中应该经常根据商品市场的变化，不断变换经营策略和销售方式，采用灵活多样的促销手段，才能使商品销售做得红红火火。有些商品滞销，并不一定是质量问题，而是经营者的思维缺乏灵活性，不能适应不同市场、不同消费者购买心理进行营销。如果经营变通，即可“山重水复疑无路，柳暗花明又一村”。

2) 利用思维的敏捷性，随时创造新的商机

在当今市场竞争日益激烈的情况下，谁具有敏捷性的思维，善于分析和研究市场变化，及时把握市场行情，迅速做出正确的销售决策，谁发展就快。英国有一位卖望远镜的老板，他抓住了英国查尔斯王子和黛安娜王妃在伦敦举行婚礼的机会，发了一大笔财。当时，查尔斯王子和黛安娜王妃在伦敦举行了一次耗资10亿英镑、轰动世界的婚礼。当盛典到来时，从白金汉宫到圣保罗教堂，沿途站了近百万名观众，人们都想目睹王子和王妃的风采。正当后排观众正为无法看到盛典着急时，突然从后面传来响亮的叫卖声：“用望远镜看盛典了！一英镑一个！”顿时，长长的街道两旁出现了成千上万的人抢购望远镜的场面，不一会工夫，一大批用硬纸配上镜片做成的简易望远镜被抢购一空。

3) 利用思维的创造性，使企业在激烈竞争中取胜

人类的进步离不开创造性思维；在激烈的市场竞争中，企业要想站稳脚跟，也必须有独特的招数，这就要依靠创造性的思维出奇制胜。比如，长期以来，瑞士手表一统天下。日本西铁城手表公司为了开拓澳洲市场，挖空心思地想出了一种极具创意的推销方法：采用直升机空投方法，从高空把手表投掷下来，落到指定广场。人们一看，原来是西铁城牌手表，手表掉到地上后完好无损，还在“嘀嗒”“嘀嗒”地走着。于是，西铁城手表在澳大利亚名声大振，求购者络绎不绝。这说明，只要企业经营者能克服墨守成规的习惯心理，运用创造性思维开拓思路，并且迎合消费者心理，就能在激烈的市场竞争中取胜。

## 第三节　消费者的情绪、情感与意志

消费者的心理过程是一个完整的、统一的过程，除认识过程外，还包括情感过程与意志过程，三者之间互相制约、相互渗透、不可分割，在消费者的心理与行为活动中发挥着特殊的影响和制约作用。

# 一、消费者的情绪与情感

## (一)情绪与情感的概念

情绪与情感是人们对客观事物是否符合自己需要所产生的一种主观体验。消费者在消费活动时，不仅通过感觉、知觉、注意、记忆等认识了解消费对象，而且对它们表现出一定的态度。外界事物符合人的需要，就会引起喜悦、满意、愉快等积极的情绪与情感体验，否则，便会产生不满、忧愁、憎恨等消极的情绪与情感体验。可见，消费者的情绪与情感反映的是客观事物与人的需要之间的关系，这种情绪反应不具有具体的现象形态，但可以通过人的动作、语气、表情等方式表现出来，所谓的“七情”，即喜、怒、爱、哀、恶、欲、惧，就是情绪情感的具体表现形式。如当消费者终于买到盼望已久的某商品时，面部表情和语气会表现出欣喜、兴奋，而当发现商品存在质量问题时，又会表现出懊丧、气愤等表情。

在日常生活中，人们对情绪与情感并不做严格的区分，但在心理学中，情绪和情感是有区别的两种心理体验。情绪一般指与生理需要和较低级的心理过程(感觉、知觉)相联系的内心体验。例如，消费者选购衣服时，会对它的颜色、款式、长短、价格等可以感知的外部特征产生积极或消极的情绪体验。情绪一般由特定的情境引起，并随着情境的变化而变化。因此，情绪表现的形式是比较短暂和不稳定的，具有较大的情境性和冲动性。某种情境一旦消失，与之有关的情绪就立即消失或减弱。

情感是与人的社会性需要和意识紧密联系的内心体验，如理智感、荣誉感、道德感、美感等。它是人们在长期的社会实践中，受到客观事物的反复刺激而形成的内心体验，因此与情绪相比，具有较强的稳定性和长期性，它不会随着活动的结束而消失，还会长期存在并可能得到发展。在消费活动中，情感对消费者心理与行为的影响相对长久和深远。例如，人们在挑选服装的过程中，实际上就体现了个体本身的审美观。

情绪和情感是可以转化的。情绪长期积累，会转化为情感；而情感在一定条件下，会以鲜明的、爆发的情绪形式表现出来。因此，从某种意义上可以说，情绪是情感的外在表现，情感是情绪的本质内容，在实践中二者经常作同义词使用。

## (二)消费者购买活动的情绪过程

消费者在购买活动中的情绪过程大体可分为以下 4 个阶段。

### 1. 悬念阶段

在这一阶段，消费者产生了一定的购买需求，但并未付诸购买行动。此时，消费者处于一种不安的情绪状态。如果需求非常强烈，不安的情绪会上升为一种急切感。

2. 定向阶段

在这一阶段，消费者已面对所需要的商品，并形成初步印象。此时，情绪获得定向，即趋向喜欢或不喜欢，满意或不满意。

3. 强化阶段

如果在定向阶段消费者的情绪趋向喜欢和满意，那么这种情绪现在会明显强化，强烈的购买欲望迅速形成，并可能促成购买决策地做出。

4. 冲突阶段

这一阶段，消费者对商品进行全面评价。由于多数商品很难同时满足消费者多方面的需求，因此，消费者往往要体验不同情绪之间的矛盾和冲突。如果积极的情绪占主导地位，就可以做出购买决定并付诸实现。

## (三)影响消费者情绪情感变化的主要因素

影响消费者情感变化的因素是多方面的，既有客观外界事物变化的刺激因素，也有消费者自身机体的生理因素和心理因素。具体表现在以下几个方面。

1. 商品

商品是消费者的情绪和情感形成与变化的重要因素。商品作为一个整体，其使用价值、外观和附加利益往往会使消费者的情绪和情感处于积极、消极或矛盾的状态之中。也就是说，商品是“商品整体”，它不仅是一种有形的物体，而且还包含着一些无形的看不见的因素，如商品的欣赏性及其消费者感觉到的心理满足性等，都影响消费者对某种商品或某家商场的喜好程度，从而进一步影响消费者的购买行为。因此，在企业的经营活动中，应当尽量为消费者提供能充分满足其需要的整体商品，促使消费者积极情绪和情感的形成与发展。

**【案例 2-3】 “积极”的情绪营销**

有些妻子和丈夫生气后，会去商场血拼一下，这就是一种通过消费展示情绪的表达：你不爱我，我就自己疼自己！男人又何尝不是？

产品的情感刻印，往往能达到“此时无声胜有声”的效果。

有一个著名的关于“情感刻印”案例。安德雷克斯一度将自己的劲敌——舒洁的销量远远甩在后面，利润是对手的两倍还多。而两家公司的广告费用、产品质量、定价几乎一样。

英国罗伯特·西斯教授对此进行了深入的调查研究。罗伯特教授发现，长期以来，安德雷克斯都坚持用一个小狗形象的吉祥物来表现其产品的优点：柔软，有韧性，量又多。比如，一个女人抱着一个小狗，女人身后的一卷厕纸被一辆飞驰而去的汽车拖成一条长长

的白色旗帜。

罗伯特认为，小狗能让人启动一系列幸福、温馨的联想：朝气蓬勃的年轻家庭、针对小狗的大小便训练……

这种情感的关联，在每一次广告播出后，都得到了加强。情感正是如此被“刻印”的。当消费者面对两种价格、质量相同的厕纸时，正是情感帮助他们做出了选择。

事实上，广告是产品的一部分。重复的广告，会让产品的商标与某种情绪建立关联。

对小朋友来说，麦当劳袋子里的炸薯条，会比没有商标的袋子里的同样品位和品质的炸薯条更美味。

商品会通过广告“刻印”一种情感，高定价会形成一种期望值，这种期望值进而转化为一种“自我实现的预言”。

情绪能影响到人的决策，大多数的购买行为，其实是靠情绪驱动的。当我们给某件商品“刻印”上情感的印记后，我们就会认为它比较特殊，更有价值。

所以说，好的广告只需要向消费者传递一种“积极的情绪”，不需要多余的信息。当然，这种所谓的“积极”只是针对产品销售而言。(资料来源：《新营销》 2013 年 4 月)

**案例分析：**购买商品从某种程度上说就是购买的一种心理满足，当我们给某件商品“刻印”上情感印记后，就会认为它比较特殊，更有价值。你在生活中有此现象吗？

### 2. 服务

消费者的情绪和情感除受到商品因素的影响以外，还受到服务因素的影响。服务的影响主要包括两个方面：其一是现场服务员的服务质量。如果服务员主动热情、耐心周到地为顾客服务，那么顾客觉得受到尊重，产生安全感和信任感，“高兴而来，满意而去”，故高质量的服务能够提高企业的知名度和美誉度，产生比广告宣传更好的效果。其二是商家或厂家的售后服务。消费者买完商品后，如果商品出现了问题，消费者能得到商家或厂家及时有效的售后服务，消除消费者的后顾之忧，在这种情况下，消费者才会心情舒畅，真正体会到什么是“顾客至上”了。

### 3. 环境

消费者的购买活动总是在一定的环境中进行的，消费者购物活动时的情绪，受到环境氛围的影响。美观整洁的商场、品种齐全的商品、清新的空气、适宜的温度、轻松的音乐、热情周到的服务等，都会使消费者处于舒畅且愉悦的情感状态中，容易激发其购物的欲望。相反，脏乱和嘈杂的环境则会使消费者产生烦躁和压抑的消极情绪，以至于唯恐避之不及，匆匆离去。因此，商业企业一般都很重视店堂和门面的装修以及商场内温度的控制、色彩的搭配、灯光的明暗、商品的摆放等，造成一种舒适、和谐的气氛以吸引更多的顾客。

## 二、消费者的意志过程

消费者心理活动的意志过程，是消费者心理在认识过程、情感过程的基础上，做出购买决策，采取购买行动的过程。

### (一)意志的概念

意志就是指消费者自觉地确定购买目的并主动支配、调节其购买行动，克服各种困难，实现预定目标的心理过程。在消费活动中，消费者不仅要通过感知、记忆及思维等活动来认识商品，并伴随对商品的认识产生一定的情感和态度，而且，有赖于意志过程来确定购买目的，并排除各种主客观因素的影响，实现购买的目的。如果说消费者对商品的认识活动是由外部刺激向内在意识的转化，那么，意志活动则是内在意识向外部行动的转化。只有实现这一转化，消费者的心理活动才能现实地支配其购买行为。

### (二)消费者意志过程的基本特征

#### 1. 消费者有明确的购买目的

消费者在购买过程中的意志活动是以明确的购买目的为基础的，因此，消费者为了满足自己的需要，总是经过思考后明确提出购买目的，然后，有意识、有计划地根据购买目的去支配和调节其购买行为。消费者的意志过程，是以一定的行动作为基础的，它实质上是消费者内部心理活动向外部的转化，是人的心理活动的自觉能动性的集中体现。

#### 2. 与排除干扰和克服困难相联系

消费者在确定购买目标之后，还会遇到各种干扰和困难，这些困难既有消费者思想方面的矛盾、冲突和干扰，也有外部环境的障碍和阻挠。消费者克服困难、排除干扰的过程就是意志行动过程。消费者克服的困难和排除的干扰越多，说明他的意志越坚强。

#### 3. 调节购买行为全过程

意志对行为的调节，包括发动行为和制止行为两个方面。前者表现为激发起积极的情绪，推动消费者为达到既定目的而采取一系列行动；后者则抑制消极的情绪，制止与达到既定目的相矛盾的行动。这两个方面的统一作用，使消费者得以控制购买行为发生、发展和结束的全过程。

### (三)消费者意志过程分析

消费者在购物过程中的意志过程分为 3 个阶段。

#### 1. 消费者做出购买决策的阶段

这是消费者意志开始参与的准备阶段，包括动机的冲突和动机的确立，购买目的的明

确，购买方式的选择和购买计划的制定等一系列购前准备工作。在现实中，消费者在同一时间内往往会产生多种动机，当动机的方向不一致时，就会陷入动机冲突的境地，这要求消费者根据需要的轻重缓急，选择出最主要的购买动机，确立购买对象。消费者在选择购买对象过程中，因同类商品在品牌、质量、档次、价格方面的差异，需要消费者广泛收集商品信息、比较权衡、排除干扰，从自身的需要出发，做出最符合自己目的和意愿的购买目标，然后面对多种实现目标的途径，消费者要以意志的努力和理智的思维，选择一个比较满意的解决方法，做出包括购买时间、购买地点、购买方式等，所有这些都包含着意志活动。

### 2. 执行购买决策阶段

执行购买决策的阶段是意志行动过程的关键阶段，这一阶段是把购买决策变为现实的购买行动的过程，需要消费者做出更大的意志努力，自觉地排除和克服各种因素的干扰，以便顺利地完成购买活动。在这一转化过程中，仍然可能遇到来自外部和内部的困难和障碍。如商品的质量、价格、款式、性能等并不是十全十美，家庭成员之间的意见分歧，需要消费者进行反复比较权衡，或者以意志努力自觉地排除干扰，实行购买；或者是重新修正原来的购买计划，制定和执行新的购买决策，消费者必须通过意志努力自觉地排除内外因素的干扰，才能顺利地完成购买活动。

### 3. 评价购买决策阶段

这是消费者意志行动过程的最后发展阶段。消费者通过对商品的使用及相关群体的评价，对商品的性能、质量、价格、外观等有了更为实际的认识，并以此检验、评判其购买决策正确与否。意志的这种体验和反省是通过思维来进行的，如果通过思考认定比较满意，消费者就可能在意志的支配下再次惠顾，发生重复购买行为；如果引起消费者的不满，他们就会减少或抑制自己的购买行为，所以这种对购买决策的检验和评判，直接影响到消费者今后的购买行为。

## 三、消费者心理活动三个过程的统一性

消费者心理活动在购买商品时所发生的认识过程、情感过程和意志过程，是消费者购买心理过程的统一的、密切联系的 3 个方面，在消费者购买心理活动中，认识、情感、意志这三个过程彼此渗透，互为作用，不可分割。情感依靠感知、记忆、联想、思维等活动，同时，情感又左右着认识活动。积极的情感可以促进消费者认识的发展，消极的情感可能抑制认识活动。认识活动是意志的基础，认识活动又离不开意志的努力，对待商品的情感可以左右意志，可以推动或者阻碍购买的意志和行为。意志又能够控制情绪，进行客观冷静的分析。当消费者对某一商品的购买完成之后，又将根据新的需要，进入新的认识过程、情感过程、意志过程，如此循环，以至无穷。

认识过程、情感过程及意志过程三者关系示意图，如图 2-7 所示。

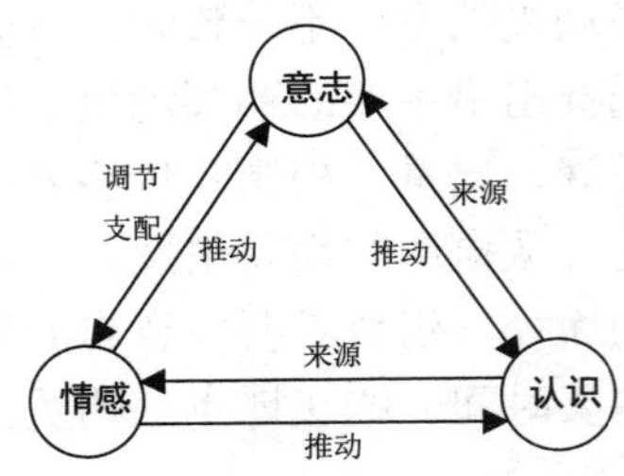


图 2-7　三者关系示意图

## 本章小结

消费者的心理过程是指人的心理形成和发展的活动过程，是人的心理活动的一般的、共有的过程，是人的心理活动的基本形式，是每个人都具有的共性心理活动，它包括认识过程、情感过程和意志过程。

认识过程是消费者心理过程的起点。消费者通过感觉和知觉对商品的外部特征和直观形象有了感性认识，通过记忆、想象、思维等较高级的心理活动对商品有进一步的客观的理性认识。在整个认识活动中，尽管注意本身不是一种独立的心理活动，但它与各个心理活动紧密相连，注意是伴随着感觉、知觉、记忆、思维和想象同时产生的一种心理状态。

情感过程是认识过程与意志过程的中介，是消费者在认识客观事物过程中的主观体验，外界事物符合消费者的需要，就会引起喜悦、满意、愉快等积极的情绪与情感体验，否则，便会产生不满、忧愁、憎恨等消极的情绪与情感体验，人的消费活动实际上是充满情感体验的活动过程。消费者心理活动的意志过程，是消费者心理在认识过程、情感过程的基础上，做出购买决策，采取购买行动的过程，消费者为实现购买目的，往往要排除各种主客观因素的影响。消费者心理活动的认识过程、情感过程和意志过程是购买心理行为过程的统一的、密切联系的 3 个方面。

## 自测题

1. 什么是注意？注意的分类？如何发挥注意在市场营销中的作用？
2. 什么是感觉？什么是知觉？感觉与知觉之间的区别和联系是什么？
3. 举例说明知觉的特性及其在市场营销中的应用。
4. 什么是情感？举例说明情感在对消费者购买心理活动的影响。
5. 什么是意志？消费者意志过程的三个阶段是什么？

# 案例分析

## 新iPad中国发售风光不再的十大原因

曾经的苹果新品发售现场，人头攒动，争先恐后，可谓风光无限。然而，最近的New iPad在中国上市，却显得略微冷清，风光不再，虽没到“门前冷落鞍马稀”的地步，但至少很难用“异常火爆”之类的词汇来形容了。究竟是什么原因造成新iPad在中国发售风光不再？

根据笔者的观察与思考，认为造成新iPad在中国发售风光不再的原因至少有以下十条。

一、外观几乎没有变化。苹果本以简洁的设计而著称，然而也导致连续几代的iPad产品外观变化不大。国人更喜欢通过外观来“炫耀”自己的新设备，但新iPad却很难满足国内这种消费心理。

二、设备变得更重更厚。iPad2是613克，但New iPad却是662克，增加了49克；iPad2厚8.8mm，但New iPad的厚度却是9.4mm。人们普遍认为设备会越变越薄越轻，然而New iPad却越变越厚越重。

三、潜在用户已有老版iPad。这也可以称为产品的相对饱和现象，应该拥有iPad的用户多数已经都有了，而那些没有iPad的，虽然有各种原因，但多数仍会坚持不购买。

四、在华商标案拖了后腿。虽然之前苹果与维冠的案子结了，苹果赔了6千万美元，但是这给New iPad进入中国制造了或多或少的麻烦，至少在审批的过程上造成一定程度的拖延。

五、水货已经捷足先登。因为大陆市场电子产品与中国香港及美国等海外地区存在价格差，水货的New iPad早已捷足先登，想买的一些人可能已经从中国港澳或国外购买，并带回国内来用。

六、竞争对手分流用户。虽然苹果在平板电脑市场开拓了先河，并仍然领先于其他对手，但这种依靠的距离在不断缩小，三星的Galaxy系统平板已经随处可见，其他国内外厂商也纷纷推出平板，或多或少分流了用户。

七、设备整体改进不大。虽然New iPad在处理器、内存、屏幕分辨率、摄像头精度及所支持上网方式等方面都有所改进，但似乎没有达到或超过多数人对其的预期，总体改进不能算很大。

八、有人觉得买iPad2更合算。因为觉得New iPad相比iPad2配置变化不很大，有部分想购买iPad的用户，觉得反正iPad2的配置凑合也能用，就选择购买更便宜的iPad2。

九、新iPad无重大亮点。在设备整体改进不大的同时，许多用户还觉得新iPad几乎看不到有什么重大亮点，甚至还没有Mini iPad值得期待。实际上，苹果在出iPhone 4S时已经有类似问题，当时通过炒作Siri创造了一些亮点，但是新iPad却没有给出足够的大亮点。

十、乔帮主个人魅力不再。虽然继任的库克拥有强大的管理能力及市场洞察力，但是世界上只有一个乔布斯，他的英年早逝对苹果的损失是无法估量的。很难说现在苹果的吸引力还会如乔帮主在世时那么强大。

以上给出了苹果 New iPad 在中国市场风光不再的一些原因。但这并不意味着苹果的市场会突然坍塌，毕竟苹果的品牌影响力还很大。苹果需要思考的是，如何在竞争对手逼近的同时，找到继续领先的杀手锏。(来源：http://bschool.sohu.com 作者：陈永东)

**问题：**

1. 苹果 New iPad 使消费者的感觉、知觉发生了哪些变化？
2. 除了案例中所说的原因以外，你认为新 iPad 中国发售风光不再的原因是什么？
3. 你购买手机时主要侧重于哪些方面？

# 阅 读 资 料

### 互联网思维

年销售超过 300 亿，年增幅高达 140%，小米成为全球商业史上成长最快的公司。互联网思维下的小米在颠覆中创造奇迹，让国内传统手机厂商颜面扫地。转眼间，“互联网思维”成为大家的口头禅。

**产品即信息**

互联网时代产品更多地是以信息的方式呈现。阿里巴巴双 11 一天销售额就达 350 亿，网上购物已经成为主流的消费方式，当信用体系建立起来后，消费者完全可以摆脱“一手交钱一手交货”的消费模式，消费者开始进入阅读信息购买产品的时代。当产品展现形式由实物变为信息，信息也就成为一种刺激消费，转变消费者情绪，说服消费者购买与认可品牌的工具。

互联网时代产品是消费者传递信息的工具。在微博、微信中充斥着各种晒，“晒”美食、“晒”衣服、“晒”幸福……现代消费者购买产品不只是满足基础的物质需求，更是自我品味的展示与价值观的表达。未来，产品是承载信息载体，更是传递信息的媒体。

**消费者即媒体**

互联网时代媒介垄断被打破了，消费者同时成为媒介信息和内容的生产者和传播者，希望通过买通媒体单向度、广播式制造热门商品诱导消费行为的模式大打折扣。在互联网时代社会化营销成为不可忽视的力量，这就是为什么阿里巴巴入股新浪微博，就是希望将社会化媒体上的人气转化为真金白银。

在互联网时代产品只有具备极致的性能与强大的情感诉求，才能引发消费自发传播。消费者即媒体，当企业或品牌掌控住一个个消费者之时，就等于掌控住了一个巨大的媒体。利用媒体发声，传播即升级为舆论引导。

**渠道垄断瓦解**

渠道为王的时代已经过去，传统手机厂商用大量的时间和金钱构建自身的渠道。没有线下渠道的小米却一夜间千树万树遍地开。互联网时代打破了终端的束缚，电子商务的发展将层层的代理复杂的终端打破，企业直接与消费者建立联系。过去传统的渠道控制消费者的能力逐渐减弱，垄断渠道开始逐渐瓦解。

时代已经改变，秩序重新建立，既是危机又是机遇。传统企业不转型必然走入死胡同，在江湖上留下传说却不见身影。创新型企业将迎来春天，拥抱互联网下消费者，开垦出肥沃的新领地。(资料来源：慧聪网企业管理频道 作者：郎滨)

# 第三章

# 消费者的个性心理特征

**学习目标：**掌握消费者的气质、性格、能力的概念；理解不同消费者在气质、性格、能力方面的差异；了解针对不同消费者气质、性格、能力的购买特点，经营者所应采取的营销策略。

**关键概念：**气质(disposition)　性格(personality)　能力(ability)

**引导案例：**

**消费者退换商品策略**

3月15日，是世界消费者权益日，某大型零售企业为了改善服务态度，提高服务质量，向消费者发出意见征询函，调查内容是“如果您去商店退换商品，售货员不予退换怎么办”，要求被调查者写出自己遇到这种事是怎么做的。其中有如下几种答案。

(1) 耐心诉说。尽自己最大努力，慢慢解释退换商品的原因，直至得到解决。

(2) 自认倒霉。向商店申诉也没用，商品质量不好又不是商店生产的，自己吃点亏，下回长经验。缺少退换的勇气和信心。

(3) 灵活变通。找好说话的其他售货员申诉，找营业组长或值班经理求情，只要有一个人同意退换就有望解决。

(4) 据理力争。决不求情，脸红脖子粗地与售货员争到底，不行就向报纸投稿曝光，再不解决就向工商局或消费者协会投诉。

为什么面对同样的退换商品问题，不同的消费者会表现出不同的态度和解决问题的方式呢？其原因在于不同消费者的个性特征不同。(资料来源：李晓霞、刘剑主编的《消费心理学》)

消费者在购买活动中所产生的感觉、知觉、记忆、思维等心理过程，体现了人类心理活动的一般规律，但在现实生活中，每一个消费者的购买行为都存在着明显差异，这种差异来自于消费者的个性心理因素。个性是个体带有倾向性的、比较稳定的、本质的心理特征的总和，是个体独有的并与其他个体区别开来的整体特性。从内部结构看，个性主要由个性心理特征和个性倾向性两部分组成。个性心理特征是能力、气质、性格等心理机能的独特结合。个性倾向性是指个人在与客观现实交互作用的过程中，对事物所持的看法、态度和倾向，具体包括需要、动机、兴趣、爱好、态度、理想、信念、价值观等。不同消费者的个性心理有很大不同，并直接影响着消费行为。

# 第一节　消费者气质上的差异

## 一、气质的概念

气质一词源于希腊语，意指“混合”，常常是指一个人的风格、风度或某种职业上所具有的非凡特点。而在心理学上，气质的概念是指一个人在心理活动和行为方式上表现出的速度、强度、稳定性和灵活性等动力方面的心理活动特征。它主要表现出人的心理过程两方面的特点：一是心理过程的动力性(包括速度、强度和稳定性)。如大脑皮层的兴奋与抑制过程的强弱、知觉的速度、思维的灵活程度、注意集中的长短、言语的速度等特征。二是心理活动的指向性。即是倾向于外部事物，从外界获得新的印象；还是倾向于内部，经常体验自己的情绪，分析自己的思想和印象等。气质是构成人们各种个性品质的一个基础，人们的气质不同就表现在这些心理活动的动力特征差异上。

气质使每个人的行为带有一定的色彩、风貌，表现出独特的风格。例如有的人热情活泼、善于交际、行动敏捷；有的人矜持冷漠、不苟言笑、行动迟缓、内心体验较为深刻。气质的差异和影响同样存在于消费者及其消费活动中。每个消费者都会以特有的气质风格出现于他所从事的各种消费活动之中，如在购买商品时，有的人决策果断、行动敏捷，有的人则优柔寡断、行动迟缓。因此，气质是消费者固有特质的一种典型表现。

气质作为个体稳定的心理动力特征，在很大程度上受制于先天的遗传因素。如妇产医院的新生婴儿对外界的刺激就会有不同的反映，这些特征在儿童以后的活动、游戏，、学习和人际交往中都会有所表现，并直接影响其个性的形成和发展。正是由于气质的某些特征是与生俱来的，具有天赋，因此，气质一经形成便会长期保持下去，并对人的心理和行为产生持久影响。它有稳定、不易改变的特点，俗话说“江山易改，禀性难移”就是这个意思。但是，随着生活条件和环境的变化、职业的磨炼、所属群体的影响以及年龄阅历的增长，人的气质也会发生不同程度的变化，所以，它又具有可塑性。只是这种变化，较之其他心理特征的变化，要困难和缓慢得多。

## 二、气质学说

长期以来，心理学家对气质这一心理特征进行了多方面研究，从不同角度提出了各种气质学说，并对气质类型做出了相应的分类，具体描述如下。

### 1. 体液说

古希腊著名医生希波克拉底最早提出了气质的体液学说，认为人体的状态是由体液的类型和数量决定的。他根据临床实践提出，这些体液类型有四种，即血液、黏液、黄胆汁和黑胆汁。根据每种体液在人体内所占比例不同，可以形成四种气质类型。血液占优势的属于多血质，黏液占优势的属于黏液质，黄胆汁占优势的属于胆汁质，黑胆汁占优势的属于抑郁质。希波克拉底还详细描述了四种典型气质的行为表现。由于他的理论较易理解，所以这一分类方法至今仍为人们所沿用。

2. 血液说

日本学者古川竹二等人认为，气质与人的血液具有一定联系。四种血型，即 O 型、A 型、B 型和 AB 型，分别构成了气质的四种类型。其中，O 型气质的人意志坚强、志向稳定、独立性强、有支配欲、积极进取；A 型气质的人性情温和、老实顺从、孤独害羞、情绪波动、依赖他人；B 型气质的人感觉敏感、大胆好动、多言善语、爱管闲事；AB 型气质的人则兼有 A 型和 O 型的特点。这种理论在日本较为流行。

3. 体形说

德国精神病学家瑞奇米尔根据临床观察研究，认为人的气质与体形有关。属于细长体形的人具有分裂气质，表现为不善交际、孤僻、神经质、多思虑；属于肥体形的人具有狂躁气质，表现为善于交际、表情活泼、热情；属于筋骨体形的人具有黏着气质，表现为迷恋、一丝不苟、情绪具有爆发性。

4. 激素说

激素理论是由柏曼(L. Berman)提出的，他认为个体的气质特点是由其内分泌活动所决定的，人体内的各种激素在不同人身上有着不同的分布水平，从而形成不同的气质类型。某种激素水平较高，人的气质就带有某种特点。例如甲状腺机能发达的人精神容易亢奋，具有感觉灵敏、意志坚强等特征；而肾上腺分泌增多者则表现出情绪激动、爱动好斗等特征。

5. 高级神经活动类型说

苏联心理学家巴甫洛夫通过对高等动物的解剖实验，发现大脑两半球皮层和皮层下部位的高级神经活动在心理的生理机制中占有重要地位。大脑皮层的细胞活动有两个基本过程，即兴奋和抑制。兴奋过程引起和增强大脑皮层细胞及相应器官的活动，抑制过程则阻止大脑皮层的兴奋和器官的活动。这两种神经过程具有三大基本特性，即强度、平衡性和灵活性。所谓强度，是指大脑皮层细胞经受强烈刺激或持久工作的能力。所谓平衡性，是指兴奋过程的强度和抑制过程强度之间是否相当。所谓灵活性，是指对刺激的反应速度和兴奋过程与抑制过程相互替代和转换的速度。

巴甫洛夫正是根据上述 3 种特性的相互结合，提出了高级神经活动类型的概念，并据此划分出高级神经活动的 4 种基本类型，即兴奋型、活泼型、安静型和抑制型，并指出所

谓气质就是高级神经活动类型的特点在动物和人的行为中的表现。具体来说，兴奋型的人表现为兴奋过程时常占优势，且抑制过程不平衡，情绪易激动，暴躁而有力，言谈举止有狂热表现。活泼型的人神经活动过程平衡，强度和灵活型都高，行动敏捷而迅速，兴奋与抑制之间转换快，对环境的适应性强。安静型的人神经活动过程平衡，强度高但灵活性较低，反应较慢而深沉，不易受环境因素的影响，行动迟缓而有惰性。抑制型的人其兴奋和抑制两种过程都很弱，且抑制过程更弱些，难以接受较强刺激，是一种胆小而容易伤感的类型(如表 3-1 所示)。

由于巴甫洛夫的结论是在解剖实践基础上得出的，并得到后人的研究证实。因此，其科学依据充分。同时，由于各种神经活动类型的表现形式与传统的体液说有对应关系。因此，人们通常把两者结合起来，以体液说作为气质类型的基本形式，而以巴甫洛夫的高级神经活动类型说作为气质类型的生理学依据。

**表 3-1　高级神经活动与气质的对应关系**

<table>
<tr><th></th><th colspan="2">神经系统的特征</th><th>神经系统的类型</th><th>气质类型</th></tr>
<tr><td rowspan="3">强</td><td colspan="2">不平衡(兴奋占优势)</td><td>兴奋型</td><td>胆汁质</td></tr>
<tr><td rowspan="2">平衡</td><td>灵活性高</td><td>活泼型</td><td>多血质</td></tr>
<tr><td>不灵活</td><td>安静型</td><td>黏液质</td></tr>
<tr><td>弱</td><td colspan="2">不平衡(抑制占优势)</td><td>抑制型</td><td>抑郁质</td></tr>
</table>

巴甫洛夫关于高级神经活动的学说，为研究气质的生理基础提供了科学的途径。但实际生活中，单纯属于某一种气质类型的人并不常见，更多的是介于 4 种类型的中间状态，或者以一种气质为主，兼有其他气质特征，即属于混合型气质，如胆汁—多血质、多血—黏液质等。另外，人的气质主要受制于生物组织，与先天的遗传因素关系密切，无所谓好坏。一般而言，任何一种气质类型都有积极的方面，也有消极的方面，它对人们心理活动的进行和个性品质的形成会产生正面或负面的影响。

## 三、气质类型与消费者行为

气质是人典型而稳定的个性心理特征，它对人的行为活动方式影响深刻。气质类型不同的消费者，其消费行为也有独具特色的表达方式，下面来分析一下 4 种典型气质类型及其消费行为。

### 1. 胆汁质

其高级神经活动反应较强，但不平衡，容易兴奋而难于抑制，属于兴奋型。一般表现为情绪反应快而强烈，言语动作急速而难于自制，热情，直爽，急躁易粗暴，缺乏耐性，抑制能力较差，情绪发生快而强，不够灵活，脾气倔强，精力旺盛，不易消沉，比较外向。

显著特点是具有很高的兴奋性，缺乏自制力。

这类消费者在购买行为中表情喜形于色，言语易于冲动，性情急躁，情绪变化激烈，面部表情丰富，具有很强的外倾性，喜欢购买新颖奇特、标新立异、具有刺激性的商品，一旦被商品的某一特点所吸引，往往会果断做出购买决定，并立即购买，不愿花费太多的时间进行比较和思考。如果购物时需要等待或是营业员的言行怠慢，会激起烦躁的情绪甚至激烈的反应，体现出冲动型的购物行为特点。接待此种类型的消费者，营销人员要头脑冷静，眼疾手快，及时应答，不要与他们争执，万一出现矛盾应避其锋芒，言语简洁明了，态度和善，购物结束时提醒他们不要遗忘所带物品。

2. 多血质

其高级神经活动反应较强而且较平衡，灵活性也比较强，属于活泼型。一般表现为情绪兴奋性高，活泼好动，富于表现力和感染力，反应迅速，情绪发生快而易变，言语动作敏捷，但显得毛糙，乐于交际，亲切，但显得轻率，易接受新鲜事物，但兴趣和注意难专一。显著特点是具有很高的灵活性，缺乏稳定性，坚持性。

这类消费者在购买行为中灵活性较强，常带有浓厚的感情色彩，对广告、营销人员等外界刺激反应灵敏，对购物环境及周围人物适应能力强，行动敏捷，善于交际，表达能力较好，易于和营销员进行咨询所要购买的商品，容易受外界感染，有时其兴趣与目标往往因为可选择的商品过多而容易转移，或一时不能取舍，兴趣常发生变化. 体现出想象型和不定型的购物行为特点。接待此种类型的消费者，营销人员应主动与之交谈，要多向他们提供商品信息，应尽量满足他们的要求，当好他们的参谋。

3. 黏液质

其高级神经活动反应较强，较平衡，灵活性较低，属于安静型。一般表现为情绪稳定、不易外露、情绪发生缓慢、善于忍耐、埋头苦干、做事踏实、慎重细致、少言寡语、执拗、墨守成规，心理状态极少通过外表表现出来。显著特点是有坚持性、稳定性，缺乏灵活性和果断性。

这类消费者在购买行为中比较谨慎、细致认真，头脑冷静，克制力强，沉默寡言，不够灵活，不易受广告宣传、包装、他人干扰等影响，喜欢清静、熟悉的购物环境，对商品比较了解，喜欢通过自己的观察、比较做出购买决定。对自己喜爱和熟悉的商品会积极购买，并持续一段时间，对新商品往往持审慎态度，体现出理智型的消费行为特点。接待这种类型的消费者，营销人员应有的放矢，把握好服务的“度”，避免过多的语言和过分的热情，介绍商品时点到为止，应尽可能让顾客自己了解商品、选择商品，以免引起消费者的反感。

4. 抑郁型

其高级神经活动反应较弱，较不平衡，抑制过程强于兴奋过程，属于抑制型。一般表

现为柔弱，情绪兴奋性低、反应速度慢而不灵活，主观体验深刻，多愁善感，敏感细腻，孤僻多疑，观察细致，想象丰富，情感体验深刻，易于激动和消沉。显著特点是有高度的情绪敏感性和体验的深刻性，缺乏自制性和灵活性。

这类消费者在购买行为中言行谨小慎微、腼腆，不善交际，对新环境、新事物难以适应，观察商品仔细认真，体验深刻，往往能发现商品的细微之处，决策过程缓慢、多疑，内心复杂，既不相信自己的判断，又对营业员的推荐介绍不感兴趣或不信任，体现出谨慎型、敏感性的消费行为特点。接待这种类型的消费者，营业人员要小心谨慎，细心观察，体贴周到，熟知商品的性能、特点，及时准确地回答各种提问。如果情况有变，一定要讲清原因，适当疏导，以免引起他们的猜测和不满，使他们在平和愉快的气氛中购物。

总之，了解消费者气质类型及其对消费行为的影响，有助于根据消费者的各种购买行为，发现和识别其气质特征，注意利用消费者气质特征的积极方面，控制其消极方面，促进营销工作的开展。

# 第二节　消费者性格上的差异

## 一、性格的概念

性格是指个体对客观现实的态度及其习惯化的行为方式所表现出来的稳定的个性心理特征。一个人如果对某些客观事物的态度和反应在生活中成为经验得到巩固，就会成为其在特定场合中习惯表现的行为方式，并由此构成其性格特征。

性格不是与生俱来的，它是在生理素质的基础上，在社会实践活动中逐渐形成和发展起来的，它通过人对事物的倾向性态度、意志、活动、言语、外貌等方面表现出来，是一个人的心理面貌本质属性的独特结合。它受社会历史文化的影响，是一个人道德观和人生观的集中体现，有明显的道德评价意义，直接反映了一个人的道德风貌。所以，人的性格受社会行为准则和价值标准的评判，具有好坏之分。个体之间个性差异的核心是性格的差异，性格是个性特征中最具核心意义的心理特征。

## 二、性格的特征

性格反映了一个人一定的独特性，它是由多个侧面和不同的层次构成的复杂综合体。人的性格复杂多样，每个人的性格正是通过不同方面的性格特征表现出来的，各种特征有机结合，形成各自独具特色的性格统一体。具体来说，性格的特征有如下几个方面。

### 1. 性格的态度特征

人对现实的稳定的态度系统，是性格特征的重要组成部分。性格的态度特征表现为个人对现实的态度倾向性特点，如，对社会、集体和他人态度上的差异；对劳动、工作和学习态度上的差异；对自己态度上的差异等。这些态度特征的有机结合，构成个体起主导作用的性格特征，性格的态度特征属于人的道德品质的范畴，它是性格的核心。

### 2. 性格的理智特征

性格的理智特征是指人们在感知、记忆、想象和思维等认知方面的个体差异。它表现为不同的个体心理活动的差异。如，在感知方面是主动观察型还是被动感知型；在思维方式方面是具体罗列型还是抽象概括型；在想象力方面是丰富型还是贫乏型等。

### 3. 性格的情绪特征

性格的情绪特征表现为个人受情绪影响或自我控制情绪程度和状态的特点，如，个人受情绪感染和支配的程度、情绪受意志控制的程度、个人情绪反应的强弱或快慢、情绪起伏波动的程度、情绪主导心境的程度等。

### 4. 性格的意志特征

性格的意志特征是指个体对自己的行为进行自觉调节的能力，表现在个人自觉控制自己行为以及行为的努力程度方面，例如，是否具有明确的行为目标、能否自觉调节和控制自身的行为、在意志行动中表现出的是独立性还是依赖性、是主动性还是被动性，是否坚定、顽强、忍耐和持久等。

## 三、性格与消费者行为

消费者千差万别的性格特点，自然地表现在他们的购买活动中，从而形成千差万别的消费行为。性格在消费行为中的具体表现可从不同角度作多种划分。

### 1. 从消费态度角度，可以分为节俭型、保守型、自由型、顺应型

节俭型消费者，在消费观念和态度上崇尚节俭，讲究实用。选购商品过程中以物美价廉作为选择标准，经常按照自己的购物经验来购买，注重商品的实用性和质量，不在意商品的外观造型、包装及品牌，不喜欢过分奢华、高档昂贵、无实用价值的商品。

保守型消费者，在消费态度上较为严谨，生活方式刻板，性格比较内向，怀旧心理较重，习惯于传统的消费方式，选购商品时，喜欢购买传统的和有过多次使用经验的商品，对新产品、新观念持怀疑、抵制态度，不随愿冒险尝试新产品。

自由型消费者，在消费观念和态度上比较浪漫，生活方式比较随意，选择商品标准往往多样化，比较注重商品的外观，容易受外界环境及广告的诱导，能接受售货员的推荐和介绍，但不会依赖售货员的意见和建议，一般有较强的购买技巧。

顺应型消费者，在消费态度上比较随和，生活方式大众化，受同事、邻居、朋友等社

会群体因素的影响较大，容易接受广告与营销人员的诱导和推荐，能够随着社会发展，时代变迁不断调节、改变自己的消费方式和消费习惯。

**2. 从购买行为方式角度，可以分为习惯型、慎重型、挑剔型、被动型**

习惯型消费者，这类消费者在购买商品时习惯性地参照以往的购买和使用经验。当他们对某种品牌的商品熟悉并产生偏爱后，会经常重复购买，不容易改变自己的观点、看法，购买行为习惯化，受社会时尚、潮流影响较小。

慎重型消费者，这类消费者大都沉稳、持重，做事冷静、情绪不外露。在选购商品时，通常根据自己的实际需要并参照以往购买经验，经过慎重的权衡和考虑，并经过认真的比较和选择之后，才会做出购买决定。在购买过程中，受外界影响小，不易冲动，具有较强的自我抑制力。

挑剔型消费者，这类消费者大都独立性强，有的则表现为性情孤僻，具有一定的商品知识和购买经验，在选购商品时很有主见，非常细致深入，有时甚至过于挑剔，很少征询或听从他人意见，对营业员的解释说明常常持怀疑和戒备心理。

被动型消费者，这类消费者比较消极、被动、内向，多数不经常购买商品，缺乏商品知识和购买经验，在选购过程中缺乏自信和主见，对商品没有固定的偏好，渴望得到别人的意见和建议，营销人员的宣传和推荐往往会对其购买行为产生较大影响。

应该指出的是，上述按消费态度和购买方式所做的分类，只是为了便于我们了解性格与人们消费行为之间的内在联系，以及不同消费性格的具体表现。现实购买活动中，由于消费者心理和行为的复杂性，以及购物环境的影响，消费者的性格经常难以按照原有的面貌表现出来，所以在观察和判断消费者的性格特征时，应特别注意其稳定性，而不应以一时的购买表现来判断其性格类型。

**【案例 3-1】 人格类型与消费行为**

新精神分析学派的霍妮(K.Horney)从人际关系的角度，将人格分为 3 种，即逊顺型、攻击型和孤立型。研究表明，这 3 种类型的消费者在购买行为中存在着显著差异。

(1) 逊顺型。其特点是“朝向他人”，在社会生活中无论遇到什么问题，首先想到的是：“他会喜欢我吗”，这种人接受社会规范，关心他人的期望，喜欢合作，信任他人，避免人际冲突，看重情爱、亲和和归属。

(2) 攻击型。特点是“对抗他人”，在社会生活中无论遇到什么人，首先想到的是：“我能胜过他吗”或“他对我有用吗”，这种人难以循规蹈矩，违逆他人的期望，偏好竞争，不怕发生争论和冲突，崇尚权力、地位和荣誉。

(3) 孤立型。特点是“疏离他人”。在社会生活中无论遇到什么人，首先想到的是“他会干扰我吗”这种人厌恶社交，自我克制，忽视他人的期望，喜欢独立，怀疑他人，漠不关心社会冲突，崇尚孤独。

逊顺型消费者偏好具有知名商标的产品；攻击型消费者喜欢体现阳刚之气的商品；孤

立型消费者爱喝浓茶等。(资料来源：成伯清等著的《消费心理》，南京大学出版社)

**案例分析**：上述 3 种类型的消费者在商品和商标的选择上均具有不同的模式。因此，把握消费者的人格特征，对企业的营销活动具有重要意义。

# 第三节　消费者能力上的差异

## 一、能力的含义

能力是指人能够顺利地完成某种活动并直接影响活动效率所必须具备的个性心理特征。能力总是与人的实践活动紧密相连，人们进行任何一项活动，都需要一定的能力做保证，只有通过活动，一个人的能力才可以得到认识和发展，也只有从一个人从事的活动之中，我们才能看出他具有的某种能力。

一般来说，要成功地完成一项活动，仅依靠某一方面的能力是远远不够的，往往需要综合具备多种能力，既需要一般的能力，即在很多活动中表现出来的带共性的基本能力(如观察能力、记忆能力、想象能力、思维能力和注意能力等)，也需要一些特殊的能力，即表现在某些专业活动中的能力(如绘画能力、音乐能力、鉴赏能力、组织能力等)。能力水平的高低会影响人们掌握活动技能的快慢、难易和巩固程度，从而直接影响活动的效果。

在实践活动中，要想成功地完成一项活动，例如，要想推销某一产品，不能仅要熟悉产品的外观、价格能力，而必须同时要熟记产品的产地、性能、参数和经常购买的人群的能力等、才能出色地完成产品推销任务。

## 二、能力的个别差异

由于能力形成和发展的一般条件不同，即人的自身素质、文化教育、社会实践和主观努力等方面的差异，人与人之间在能力上存在着个别差异，这种差异表现在质和量两个方面。其中质的差异主要表现为能力类型的差异；量的差异主要表现为能力发展水平的差异和能力表现时间的差异。

### 1. 能力类型的差异

能力的类型差异主要是指各人之间具有不同的优势能力，例如，有的人善于抽象思维，有的人善于形象思维；有的人在音乐方面很有才华，有的人在绘画领域很有天赋。人的能力类型的差异是客观存在的，但这并不表明某种类型的能力比另外类型的能力优越。每个人都可以根据自身的特点，发展与之相适应的能力，以适应社会实践活动的需要。

### 2. 能力水平的差异

人与人之间水平差异表现在同种能力的水平高低上，能力水平的高低又集中体现在人

的智商水平的差异上。根据智商分数的测试，超过 130 分的人属于特优智能，即所谓“天才”；低于 70 分的人则属于弱智。心理学研究表明，全部人口的智力状况基本上呈正态分布，其中特优智能与弱智大约各占 2.5%，而 95%的人的智能是在正常范围内，即介于 70～130 分之间。

### 3. 能力表现时间的差异

人的能力不仅在水平和类型上存在差异，而且在表现时间的早晚上也有明显不同，例如，有的人聪明早慧，有的人则大器晚成。这类情况古今中外皆有之，不胜枚举，在艺术领域更是屡见不鲜。

## 三、消费者的能力

人们在消费活动中，为了达到满意而完美的消费效果需要具有相应的能力。消费能力是人们在生活当中，通过自身的消费实践和听从亲朋好友、同事邻居的介绍推荐及受到各种广告宣传的影响而逐渐形成的一种生活技巧。不同消费者的购买能力是有差异的，并影响着消费者自身的购买行为。一般来说，能力强的消费者，很快就能完成购买过程；反之，消费者本身消费能力较弱，做出购买决策时往往迟疑不决，购买过程很难尽快完成。

### 1. 从事各种消费活动所需要的基本能力

在实践中，消费者无论购买何种商品或从事何种消费活动，都必须具备某些基本能力，例如，消费者在购买过程中对商品的感知、记忆、想象能力，比较评价能力，选择决策能力等，这些基本能力的高低、强弱，会直接导致消费行为方式和效果的差异。

1) 感知能力

感知能力是消费者对商品的外部特征和外部联系加以直接反映的能力。通过感知，消费者可以了解到商品的外观造型、色彩、气味、轻重以及所呈现的整体风格，从而形成对商品的初步印象，并为进一步做出分析判断提供依据。因此感知能力是消费行为的先导。

消费者感知能力的差异主要表现在速度、准确度和敏锐度等方面。同一件商品，有的消费者能就其外观和内部结构迅速、准确地予以感知，形成对该商品的整体印象，反映出较强的洞察事物的能力；而有的消费者则感知速度缓慢、反应迟钝，不能迅速抓住商品的主要特征，形成客观而准确的认知。例如，在购买服装过程中，观察能力强的消费者能在琳琅满目的衣服中准确而迅速地发现质量、款式、色彩、面料、价格都适合自己的商品；而观察能力较差的消费者则难以对某种衣服形成较为准确的印象。

2) 分析评价能力

分析评价能力是指消费者对接收到的各种商品的信息进行整理加工、分析综合和比较评价，进而对商品的优劣好坏做出准确判断的能力，其强弱主要取决于消费者的思维能力和思维方式。消费者在选择商品时，需要对所接收的各种商品信息进行细致分析和客观评价，根据已有信息对传播源的可信度、他人行为及消费时尚、企业促销手段的性质、商品质量做出客观的分析，在此基础上形成对商品本身的全面认识，对不同商品之间的差异进行深入比较，以及对现实环境与自身条件进行综合权衡等，这是分析评价能力较强的表现。消费者的分析判断能力与个人的知识经验也有关系，例如，普通消费者购买电冰箱，仅能根据一般经验对外观、颜色、造型和规格等表层信息做出浅显的分析评价；而懂得制冷知识的消费者，则可以通过观察冷凝器、蒸发器、压缩机等的性能指标和工作状况来评价冰箱的质量和先进性，进而做出深刻而准确的评价与判断。

3) 选择决策能力

选择决策能力是指消费者在充分选择和比较商品的基础上，及时、果断地做出购买决定的能力。在购买过程中，决策是购买意图转化为购买行为的关键环节，也是消费者感知和分析评价商品信息结果的最终体现。消费者的决策能力直接受到个人性格和气质的影响，有的消费者在购买商品时大胆果断，决策过程迅速；有的消费者则常常表现出优柔寡断，易受他人态度和意见的左右，决策结果反复不定。决策能力还与消费者对购买商品特征的熟悉程度、购买经验和购买习惯有关，消费者对商品特性越熟悉、使用经验越丰富、习惯性购买驱动越强，购买决策就越果断，决策过程迅速，决策能力较强；反之，决策能力则会相应减弱。

此外，记忆力、想象力也是消费者必须具备和经常运用的基本能力。消费者在进行商品选购时，经常要依据和参照以往的商品知识和购买经验，这就需要消费者具备良好的记忆能力，以便把过去消费实践中感知过的商品信息、体验过的情感、积累的经验等，准确地回忆和再现出来。想象力是消费者以原有表象为基础创造新形象的能力。丰富的想象力可以使消费者从商品本身想象到该商品在一定环境和条件下的使用效果，从而激发其美好情感和购买欲望。

### 2. 从事特殊消费活动所需要的特殊能力

特殊能力是指消费者购买和使用某些专业性较强的商品所应具有的能力。通常表现为以专业知识为基础的消费技能，例如，古玩字画、乐器的鉴赏能力、电脑、轿车等高档消费品鉴别能力，这就需要相应的专业知识以及分辨率、鉴赏力和检测力等特殊的消费技能。倘若不具备特殊能力而购买某些专业性商品，则难以取得满意的消费效果，甚至受骗上当，无法发挥应有的使用效能。

此外，特殊能力还包括某些一般能力高度发展而形成的优势能力，如创造能力和审美能力等。生活中，有些消费者具有强烈的创造欲望和高度的创造能力，他们不满足于市场上已有的商品和既定的消费模式，力求发挥自身的聪明才智，对商品素材进行再加工和再创造，而网络的高度发展也为这部分消费者提供了非常便捷的平台，进而使他们在服装服

饰搭配、居室装饰布置、美容美发、礼品选择等方面，充分地显示独特个性与品味，体现出较高的创造能力。

### 3. 消费者对自身权益的保护能力

保护自身权益是现代消费者必须具备的又一个重要能力。在市场经济条件下，消费者作为居于支配地位的买方主体，享有多方面的天然权力和利益。这些权力和利益经法律认定，成为消费者的合法权益，是消费者从事正常消费活动、获取合理效用的基本保证。然而，这一权益的实现不是一个自然的过程。在我国，由于市场秩序仍然不成熟，制度结构不健全，企业商家自律较低，消费者权益受到侵犯的现象还是屡有发生。为了保证消费者的权益不受侵害，除了依靠政策法令、社会舆论、消费者组织的约束监督外，客观上要求消费者不断提高自我保护能力。消费者要保障自身的合法权益不受侵害，主要有两个方面，一是增强自己的权益保护意识，做到知法、懂法、护法，不断提高权益保护能力；二是有效发挥政策法令的法律约束能力和社会舆论、消费者组织等的监督能力。

依照我国 1994 年 1 月 1 日颁布实施的《消费者权益保护法》之规定，消费者享有九项基本权利。具体包括：

- 安全权：即消费者在购买、使用商品和接受服务时享有人身、财产安全不受损害的权利；
- 知情权：即消费者享有知道其购买、使用的商品或者接受的服务的真实情况的权利；
- 自主选择权：即消费者享有自主选择商品或者服务的权利；
- 公平交易权：即消费者享有公平交易的权利；
- 求偿权：即消费者因购买、使用商品或者接受服务受到人身、财产损害的，享有依法获得赔偿的权利；
- 结社权：即消费者享有依法成立维护自身合法权益的社会团体的权利；
- 获得有关知识权：即消费者享有获得有关消费和消费者权益保护方面的知识的权利；
- 人格尊严和民族风俗习惯受尊重权：即消费者在购买、使用商品和接受服务时，享有其人格尊严、民族风俗习惯得到尊重的权利；
- 监督权：即消费者享有对商品和服务以及保护消费者权益工作进行监督的权利。

消费者应该熟知相关法律法规，做到有理有据，利用法律的强制约束力量保护自身的合法权益。此外，在遇到自身权益受侵害时，也要善于运用行政的、法律的、民间的、舆论的多种途径和手段，与生产者和销售者进行交涉，通过社会舆论施压、新闻媒体披露、工商管理部门介入、消费者权益保护协会仲裁直至法院诉讼等方式，挽回利益损失，有效保护自身的合法权益，维护自身尊严。

**【案例 3-2】 知假买假 消费者维权获十倍补偿**

消费者买到假货自身的权益肯定受到损害，找相关单位投诉，获取赔偿是天经地义的事。但是南京孙先生明知超市有假货还购买，属于知假买假，消费维权也能获得十倍补偿。

看到超市货架上的玉米香肠已过保质期，南京孙先生一下子买了 15 包，直奔服务台要求十倍赔偿。超市识破他的意图，只肯做退货处理。这样的纠纷近年来屡见不鲜。“知假买假”者能像普通消费者一样受《食品安全法》保护吗？3·15 前夕，南京江宁法院一纸判决做出肯定答复。该院认为，购买动机不影响维权，能不能获赔关键看食品质量合不合格。最终，超市被判赔偿孙先生 5586 元。

2012 年 5 月 1 日，孙先生在江宁某超市花 558.6 元购买了 15 包“玉兔牌”香肠。付款后，他来到服务台，表示其中 14 包已过保质期，要求超市给予十倍赔偿。超市感觉有些蹊跷，便调取了监控录像，录像显示，孙先生在货架旁翻了半天，几乎每一包都细细看了包装，付款后没出超市，也没打开香肠包装，就直奔服务台了。超市认为这是明显的“知假买假”行为，拒绝十倍赔偿，只同意做退货处理。孙先生不服，先到消协投诉。消协组织了调解，但超市态度强硬，坚决不赔。孙先生于是告到了江宁法院。

双方的主要争议在于：知假买假者算不算普通消费者?能不能依据《食品安全法》索要十倍赔偿?

在超市看来，知假买假者肯定不是消费者，因为其购物的意图不是消费而是索赔。用超市一位负责人的话说，“一个正常的消费者怎么可能故意等食品过期再来买呢?”

孙先生则为自己辩护说，《食品安全法》的立法本意就是鼓励消费者维权以及惩罚不法经营者，自己购买问题食品进而主张赔偿，行使一个消费者的正当权益，有何不可呢?至于一下子购买 15 包之多，他的理由是，食品价格比较低廉，只购买一两件的话，赔偿金不高，不足以构成对不法经营者的惩戒。

江宁法院审理认为，不能以购物动机来否认知假买假者的消费者身份，因为消费者本质上是与经营者相对应的概念，只要在市场内购买商品，购买目的不是为了转手卖掉，就可以认定为消费者。本案中，孙先生的身份是消费者无疑。《食品安全法》第 96 条规定，生产不符合食品安全标准的食品或者销售明知是不符合食品安全标准的食品，消费者除要求赔偿损失外，还可以向生产者或者销售者要求支付价款十倍的赔偿金。被告超市销售超过保质期的食品，孙先生作为消费者，完全有权依据《食品安全法》索要 10 倍赔偿。据此，江宁法院判决被告超市以 15 包香肠的价款为基数，乘以 10，赔偿孙先生 5586 元。(资料来源：http://www.chachaba.com)

**案例分析：**消费者的维权任务，应该交给有制度保障的日常渠道，形成一种长效机制，如若不行，则应该拿起法律武器，维护自身的权利。只有每一名普通消费者，增强自己的维权意识，提高自我保护能力，才能让不法经营者受到惩戒。

## 本章小结

消费者的个性心理特征是能力、气质、性格等心理机能的独特结合。不同消费者的个性心理有很大不同，并直接影响着消费行为。

气质是指人的典型的、稳定的心理特征，是影响人的心理活动和行为的一个动力特征。这些动力特征主要表现在心理过程的强度、速度、稳定性、灵活性及指向上。一般认为，典型的气质类型有多血质、黏液质、胆汁质和抑郁质，但实际生活中，更多人属于混合型气质。任何一种气质类型都有积极方面和消极方面，它对人的行为活动方式影响深刻。气质类型不同的消费者，其消费行为的表达方式也独具特色。

性格是指一个人比较稳定的对现实的态度和习惯化的行为方式。它是人的个性中最重要、最显著的心理特征，它通过对事物的倾向性态度、意志、活动、言语及外貌等方面表现出来，是个体本质属性的独特表现。性格在消费行为中的具体表现可从不同角度作多种划分。从消费态度角度，可以分为节俭型、保守型、自由型、顺应型；从购买行为方式角度，可以分为习惯型、慎重型、挑剔型、被动型。

能力是指人能够顺利地完成某种活动，并直接影响活动效率所必须具备的个性心理特征。人们要顺利完成某种活动需要各种能力的结合，需要多种能力共同发挥作用。消费者的能力主要有从事各种消费活动所需要的基本能力，从事特殊消费活动所需要的特殊能力以及消费者对自身权益的保护能力。

## 自测题

1. 什么叫气质？消费者的气质类型有哪些？
2. 测试你的气质类型？并阐述气质如何影响你的消费行为？
3. 什么叫性格？从性格对购买行为方式的影响看，你认为自己属于哪种性格类型的消费者？
4. 什么叫能力？消费者的能力构成包括哪些内容？

## 案例分析

### 亚都加湿器：给皮肤喝点水

“皮肤的肌纤维由大量水溶性胶源蛋白构成，水分的流失会导致肌纤维收缩变形，乃至形成不可恢复的皱纹，使用空调或者电暖器的房间空气尤其如此”。

不要以为这是佳雪保湿霜的广告，这是消费电器——亚都加湿器的广告。尽管它把“胶原蛋白”写成了“胶源蛋白”，尽管皮肤中从来没有什么“肌纤维”；但这个看起来像化妆品的广告，却取得了良好的销售业绩。

针对冬天应用空调、电暖气后，室内空气干燥的情况，亚都声称：“亚都超声波加湿器采用每秒 170 万次高频率振荡……科学有效地增加空气湿度，主动为您的肌肤补水，合乎您和家人的健康”。(资料来源：中国营销传播网 作者 陈奇锐)

**问题：**

1. 亚都加湿器取得良好销售业绩的原因是什么？
2. 从亚都加湿器的广告宣传中，你认为人们对家用电器的消费趋势是什么？
3. 在我们周围，有没有因宣传原因而导致新产品推广受阻，生产厂家对广告宣传的重点作了调整后，销售量又大增的现象？

## 阅读资料

### 2013 上半年，家电网购三宗“最”

“今年上半年我国人均网上购物消费为 650 元”，这是工业和信息化部最新的统计数据。大家也赶紧算一算今年上半年你在网上购物花了多少钱!据统计，今年上半年我国网络购物市场交易额达到 8559 亿元，同比增长 60.2%，占社会消费品零售总额的 7.7%。其中，家电类产品网购的比重迅速增长。在 8 月 12 日工业和信息化部电子信息产业发展研究院发布的《2013 年上半年家电网购分析报告》中，2013 上半年我国 B2C(商户对用户)家电网购市场规模(含手机、平板电脑)达到 530 亿元。其中，平板电视、冰箱、洗衣机、空调等四类大家电产品约占 25.8%，达到 137 亿元;小家电产品为 50 亿元；手机产品则达到 300 亿元。随着物流、支付、售后保障等体系的完善，网购成为消费者购买家电类产品的一大选择方式，家电网购在整体家电消费中比例不断提升。

**价格战最诱人 三大平台电商优势明显**

今年 6 月，京东商城为庆祝成立 10 周年进行的“6 月大促”大大提升了其家电产品的销售规模，店庆三天(6 月 17 日至 19 日)仅家电产品(不含手机、平板电脑)即创下了 15.9 亿元的成交额，6 月 18 日店庆日当天更是创下了 7.5 亿元的最大单日销售额。

尽管今年上半年易迅等新平台不断发力，京东、天猫、苏宁易购三家家电网购平台三足鼎立的局面还是不可撼动，三者销量之和占整体家电网购的 90%以上，同时，京东又以近 50%的份额成为家电和 3C 数码领域最大的专业在线商城。

这表明 B2C 的在线商城依然是家电网购最主流的消费渠道，而且集中度高。今年上半

年，一方面主要于 B2C 平台企业间展开的“价格战”将网购消费者的注意力及购买力更多集中在 B2C 平台上;另一方面网购用户的消费行为趋于理性，对网购商品，尤其是家电产品的质量有更高要求，B2C 家电销售规模和集中度进一步提高。今后，以价格和产品比拼为主要手段的“电商大战”将在家电网购领域继续展开，各种营销方式不断地刺激着消费者的消费欲望，从而推高家电网购市场交易规模。

**品牌因素靠边站 性价比才是“最强音”**

对消费者来说，价廉物美的商品永远会受到追捧，家电消费也不例外，而家电网购价格透明、功能透明的特点让消费者更容易将购买力集中在高性价比产品上。

品牌对家电网购的影响力远远低于在线下市场的影响力。家电网购用户普遍品牌忠诚度不高，只要产品物美价廉合乎需求，就能得到他们的青睐。多数网购消费者只是根据产品的功能、价格与自我需求的契合度来选择产品，同时在从众心理的推动下，选择评论数量多、整体评价高的产品。家电网购的这一特点为一些在线下不运营品牌、更多从事 OEM 制造的家电企业提供了快速获得市场的机会，比如冰箱中的奥马一举成为今年上半年网购市场销量突出的冰箱品牌，平板电脑中的昂达经过 6 月促销后，立即成为当月京东商城平台销量第二(仅次于苹果)的品牌。

中低价位的高性价比产品在今年上半年家电网购中最为畅销。京东商城今年上半年最畅销的平板电视全部是享受节能补贴的 32 英寸产品，售价普遍集中在 1500～1600 元之间，都是舍弃花哨功能的实用机型。而冰箱、洗衣机和空调等家电产品的网购排行榜上名列前茅的也绝大部分是相对低价的高性价比实用机型，700～1500 元价位段是手机网购者(不包括小米用户)最青睐的价格区间。

消费者在家电网购平台上通过快捷简便的功能对比和价格对比，很容易筛选出最符合自己需求的高性价比产品，再佐以已购买产品的用户评价作为参考来完成购买。这有效地摆脱了线下购买时卖场导购和各种广告的忽悠，使得消费者的家电网购得以保持理性的特点。生产厂商为了提高产品利润率而增加的非必要功能难以得到网购消费者的认可，真正高性价比的产品会被淘出真金本色。当然，随着消费水平的提升，家电网购产品也正在逐渐朝着高端化方向发展，真正高品质的产品在网购平台上同样得到消费者的认同。

**90 后最有潜力 “男白骨精”是购买主力**

一般而言，现在喜欢在网上购物的消费者以年轻人为主，且女性居多。不过在家电网购市场中，情况有所不同，消费主力是“男白骨精”。今年上半年的客户成交数据显示，消费者的年龄偏大，其中 25～40 岁占比最大，超过 60%，性别上以男性居多，男女比例为 5：1；高学历群体成为家电网购的主要用户群，本科及以上学历人群合计占比达 65%；从收入状况看，中等收入人群是家电网购用户的主体，月收入 4000～5000 元的家电网购用户占比最大，为 38.6%。京东商城的销售数据显示，今年上半年每个家电网购用户平均购买 2

件家电商品，平均消费约 1500 元。

不过，19～24 岁年龄段的 80、90 后用户对家电网购的关注度相当高，但目前而言购买力相对上述年龄段稍弱，当然，这一群体未来将是家电网购的主力。随着互联网的用户年龄段不断向两极发展，家电网购用户的年龄段也呈现出日益发散的特征，年龄较大的用户活跃度呈上升趋势。(资料来源: 中国家电网 http://news.cheaa.com/2013/0812/377531.shtml)

# 第四章

# 消费者的需要与购买动机

**学习目标：**通过本章的学习，掌握消费者需要、购买动机的基本含义，了解消费者的需要和购买动机的类型和特性，理解消费者的需要、购买动机与消费行为之间的关系，并能运用有关理论指导企业的营销实践活动。

**关键概念：**消费者需要(consumers demand)　购买动机(purchasing motivation)　动机冲突(motive conflict)

**引导案例：**

**白加黑——治疗感冒，黑白分明**

1995 年，“白加黑”上市仅 180 天销售额就突破 1.6 亿元，在拥挤的感冒药市场上分割了 15%的份额，登上了行业第二品牌的地位，在中国大陆营销传播史上，堪称奇迹。这一现象被称为“白加黑”震撼，在营销界产生了强烈的冲击。

一般而言，在同质化市场中，很难发掘出“独特的销售主张”(USP)。感冒药市场同类药品甚多，市场已呈高度同质化状态，而且无论中、西成药，都难于做出实质性的突破。康泰克、丽珠、三九等“大腕”凭借着强大的广告攻势，才各自占领一块地盘，而盖天力这家实力并不十分雄厚的药厂，竟在短短半年里就后来者居上，其关键在于崭新的产品概念。

“白加黑”是个了不起的创意。它看似简单，只是把感冒药分成白片和黑片，并把感冒药中的镇静剂“扑尔敏(氯苯那敏)”放在黑片中，其他什么也没做;实则不简单，它不仅在品牌的外观上与竞争品牌形成很大的差别，更重要的是它与消费者的生活形态相符合，达到了引发联想的强烈传播效果。

在广告公司的协助下，“白加黑”确定了干脆简练的广告口号“治疗感冒，黑白分明”，所有的广告传播的核心信息是“白天服白片，不瞌睡；晚上服黑片，睡得香”。产品名称和广告信息都在清晰地传达产品概念。(资料来源：http://www.360doc.com)

在同类药品甚多的感冒药市场上，“白加黑”之所以能够在短时间里占领一块地盘，得益于它能够让患者“白天服白片，不瞌睡；晚上服黑片，睡得香”，这与消费者的生活形态相符合，满足了患者的需要，使人们产生了购买药品的动机。

消费者的个性倾向性主要表现在消费需要、购买动机、兴趣、生活理想、信念、价值观等方面，它们共同构成了消费者行为选择的诱因系统。在影响消费者行为的诸多心理因素中，需要和动机占有特殊重要的地位，与行为有着直接而紧密的联系，其一般规律是：需要决定动机，动机支配行为，这是一个不间断的循环过程。消费者个体以一定的理想、兴趣、信念和价值观为基础，萌发各种不同的需要，产生一定的购买动机，从而引起各种各样的购买行为。因此有必要深入研究消费者需要与动机的内容、特性及其变化趋势，以便把握消费者心理与行为的内在规律。长期以来，消费者需要和动机一直是消费者行为的重点研究领域。

## 第一节　消费者的需要

### 一、需要的概念

#### 1. 需要的含义

需要是指个体在生活中感到某种缺乏而力求获得满足的一种心理状态。人的需要，实质是个体为延续和发展生命，并以一定的方式适应环境所必需的需求反应。人们在其生存和发展过程中会有各种各样的需要，如对食物的需要，对水的需要，对与人交往的需要等，没有需要，便没有人的一切活动。需要通常以愿望、意向、兴趣、态度和理想等形式表现出来，需要越强烈，由它引起的活动也就越有力。需要不断地得到满足，又不断地产生新的需要，从而使人们的活动不断地向前发展。

#### 2. 需要的产生

一种叫作“均衡论”的理论认为，在正常条件下，人的生理和心理处于平衡或均衡状态。一旦生理或心理的某个方面出现“缺乏”时，便会导致原有平衡状态的破坏，变为不均衡。这时人的生理或心理便出现了一种不舒服的“紧张”感，只有减少或消除这种“紧张”感，人体才能恢复正常的均衡。依据这种理论，需要可以看作减少或消除“紧张”状态的心理反应。因此，人的需要的产生必须具备两个前提条件，一是要有不足之感，感到缺少了什么东西；二是要有求足之愿，期望得到某种东西。需要就是由这两种状态形成的一种心理现象。

需要在人的心理活动中具有重要作用。人们一旦产生某种需要，就要求获得满足，在满足需要的过程中，有时需要付出巨大的努力，克服各种各样的困难，对所遇到的各种事物进行分析、研究，探寻各种可行的途径、方法。因此，正是有了人的需要，才促进了人类认识过程的发展，同时也锻炼了人的意志，需要是人们认识客观事物并从事实践活动的内在动力。

## 二、消费者的需要与分类

### 1. 消费者需要的含义

消费者需要是包含在人类一般需要之中的，是指消费者对以商品和劳务形式存在的消费品的要求和欲望。具体来说，消费者需要是指消费者为了实现自己生存、享受和发展的要求所产生的获得各种消费资料(包括服务)的欲望和意愿，包括吃、穿、住、用、行、文化娱乐、医疗等方面的需要。

需要是消费行为的基础，没有需要就不会产生相应的消费行为，但并不是消费者所有的需要都对消费行为起作用。有些需要由于受经济条件和其他客观因素的制约，大都只是潜伏在消费者心底，没有被唤醒，或没有被充分意识到，这时需要对消费者行为的影响力自然就比较微弱。只有当消费者的匮乏感达到了某种迫切程度，此时需要才会促使消费者为消除匮乏感和不平衡状态采取行动，不过它并不具有对具体行为的定向作用，在需要和行为之间还存在着兴趣、动机、驱动力、诱因等中间变量。比如，一个人饿了寻找食物，面对米饭、面包、馒头、面条等众多选择，到底选择何种食品充饥，则并不完全由需要本身所决定。

### 2. 消费者需要的划分

消费者需要的类别极其丰富多样，这些需要可以从不同角度进行分类。

1)　按照需要的起源分类，需要可分为先天需要与习得需要

(1)　先天需要又称原发需要，是指人与生俱来的，为维持生命和延续后代而产生的需要，它是人类最根本、最原始的需求，同生理需要是一致的。先天需要如果长时期没有得到满足，就会产生强大的行为驱力，驱使人们去行动，以达到需要的满足。先天需要带有明显的周期性和重复性。

(2)　习得需要又称继发需要，是指人类为了维持社会生活，进行社会生产和社会交际而产生的需要，故又叫社会性需要。它是在人类社会历史发展过程中形成的，并且受到社会生产和社会生活条件的制约，是人类特有的高级需求，如社交需要、尊重需要、成就需要等。人是社会性的动物，只有被社会群体接纳，才会产生安全感和归属感。社会性需要得不到满足，会使人产生不舒服、不愉快的消极体验和情绪，从而影响人的身心健康。

2)　按照需要的对象分类，需要可分为物质需要和精神需要

(1)　物质需要是人对衣、食、住、行以及社会交往中所需要的物质产品的需要，它是人最基本的需要，即包括自然需要，也包括社会物质生活需要，如家用电器、健身器材等。随着社会进步和经济发展，人们越来越多地运用物质产品体现自己的个性、成就和地位，并越来越多地渗透在精神需要之中。

(2)　精神需要主要是指认知、智力、审美、交往、道德和追求真理等方面的需要，这

是人特有的需要。这类需要主要是由心理上的匮乏感引起的，如获得知识，提高技能，满足兴趣和友情、亲情等方面的需要。这种需要反映了消费者在社会属性上的欲求。

3) 按照需要的形式分类，需要可分为生存需要、享受需要和发展需要

生存的需要包括对基本的物质生活资料、休息、健康、安全的需要。满足这类需要的目的，是使消费者的生命存在得以维持和延续。

享受的需要表现为要求吃好、穿美、住得舒适、用得奢华，有丰富的消遣娱乐生活。这些需要的满足，可以使消费者在生理上和心理上获得最大限度的享受。

发展的需要体现为要求学习文化知识，增进智力和体力，提高个人修养，掌握专门技能，在某一领域取得突出成就等。这类需要的满足，可以使消费者的潜能得到充分的释放，人格得到高度发展。

4) 按照需要的层次划分

美国人本主义心理学家马斯洛在其著作《动机和人格》中，提出了著名的人类需要层次理论。他把人的基本需要从低级到高级划分为五大类，即生理需要、安全需要、归属和爱的需要、尊重需要和自我实现需要。如图 4-1 所示。

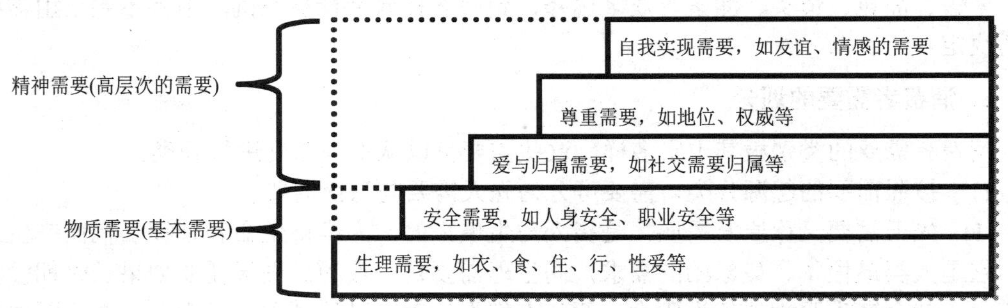


图 4-1　人类需要层次划分

马斯洛认为，人所具有的各式各样的需要，都包含在上面五类需要中。他认为，人们行为的推动力，是没有得到满足的需要。当低级需要得到满足之后，人们就开始追求更高一级的需要；如果某一层次的需要没有得到满足，那么这种需要就会强烈地驱使人们进行各种努力去满足这种需要。在此需要未被满足之前，满足这种需要的驱动力会一直保持下去。一旦这种需要得到满足，它就失去了对行为的刺激作用，而被下一个更高层次的需要所替代，成为人的行为的新的刺激动力。马斯洛认为，人类需要与个体成长发展密切相关。人出生时，最主要是满足生理需要，然后逐渐考虑到安全、归属和爱、尊重的需要，最后才追求自我实现需要，因此，个人需要的发展过程是波浪式演进，由一级演进至另一级。需要的层次越低，越具有原始自发性，需要的层次越高，受后天的教育、培养和引导等因素的影响就越大。人的需要的满足是相对的，五种层次的需要，都没有绝对的、完全的满足。越是高层次的需要(比如尊重的需要、自我实现的需要)，满足的程度就越低，自我实现

的需要是人的最高层次的需要。

## 三、消费者需要的基本特征

尽管消费者的需要多种多样、复杂多变，但是也有一定的倾向性和规律性。需要的特征概括起来主要有以下几个方面。

### 1. 需要的多样性和差异性

这是消费者需要的最基本特征。消费者需要的多样性和差异性既表现在不同消费者多种需求的差异，也表现在同一消费者多元化的需要内容中。一方面，由于消费者性别、年龄、民族、文化程度、职业、收入水平、社会阶层、宗教信仰、生活方式和个性心理特征等不同，在需要的内容、层次、强度和数量方面自然是千差万别的；另一方面，就同一消费者而言，其需要也是多元的。不仅有生理方面的、物质方面的需要，还有心理方面的、精神方面的需要。消费者需要的多元性还表现在同一消费者对某一特定消费对象常常兼有多方面的要求，如，既要求商品质地优良、经济实惠，又要求商品外观新颖时尚、美观、具有时代感等，能展示自己的独特个性。企业面对消费者千差万别、多种多样的需要，应根据市场信息和自身能力，确定目标市场，向消费者提供具有个性化特点的商品，才能真正满足消费者的需要。

### 2. 需要的发展性

消费者需要与社会经济生产及自身情况紧密相关。随着经济的发展和消费者收入水平的提高，消费者的需要呈现出由低级到高级、由简单到复杂不断向前发展的趋势。消费者的需求还常常受到时代精神、风尚和环境等多种因素的影响，时代发展变化了，消费者的需求和偏好也会不同，如，20 世纪 60 年代至 70 年代，我国人民对耐用消费品的需要是手表、自行车、缝纫机和收音机；80 年代后，发展为对电视机、录音机、洗衣机和电冰箱的需要；到了 90 年代则发展为对电脑、住房和家用轿车的需要。随着现代化建设的进程，消费者对教育、科技书籍和文体用品的需求日益增多。由此可见，需要是不断发展的，当某种需要获得某种程度满足后，另一种新的需要又产生了。消费者需要的发展性，为工商企业提供了更多的营销机会，某些现在畅销的产品，有可能在一定时期以后被淘汰，而许多潜在的消费需求，却不断地变成现实的购买行为。企业在生产经营中须为消费者需求发展，提供性能更好、质量更高、款式更新颖的商品。

### 3. 需要的层次性

消费者的需要可以划分为高低不同的层次，一般是从低层次开始满足，不断地向高层次发展。当低层次的、最基本的生活需要适当满足以后，就会产生高层次的社会需要和精神需要。但在特殊情况下，需要的层次顺序也可能变化，即在尚未完全满足低层次需要的情况下，也可能会跨越低层次需要而萌生高层次需要；也可能在高层次需要得到相当程度的满足之后，转而寻求低层次需要的满足。

4. 需要的周期性

消费者需要的周期性主要是由其生理机制及心理特性引起的，并受自然环境变化周期、商品生命周期和社会时尚变化周期的影响。消费者需要的满足是相对的，当某些需要得到满足后，在一定时间内不再产生。但随着时间的推移还会重新出现，显示出周而复始的特点。但周期性并非一直在低水平上循环，而是在内容、形式上都有所发展和提高。例如，消费者对服装的需要往往和自然界环境变化的周期相适应，也同商品寿命、社会风尚、购买习惯等相关联，表现出很强的季节性。一些与节日、纪念日相关商品的需要，其周期性更为明显。研究消费者需要的周期性，对企业加强生产、经营的时间、销售方式、销售对象及销售地点等在内的产、供、购、销、存提供一定的参考。

5. 需要的互补性与互替性

消费者需要是多种多样的，各种消费需要之间具有一定的关联性。消费者为满足需要在购买某一商品时往往购买相关产品。如买一套西装，可能顺便购买衬衫、领带。也就是说，一种消费需要会促使另一种消费需要产生扩大，这就是需要的互补性。因此，经营互有联系或互补的商品，不仅会给消费者带来方便，还能扩大商品的销售额。反之，一种消费需要也会抑制另一种消费需要，如消费者购买洗衣粉后，对肥皂的需求下降。这就是消费需要互替性的表现。工商企业应及时地把握消费需求变化趋势，有目的、有计划地根据消费需求变化规律供应商品，更好地满足消费者的需求。

6. 需要的伸缩性

消费者的需要受外因和内因的影响，具有一定的伸缩性。内因的影响包括消费者本身需求欲望的特征、程度和货币支付能力等等；外因影响主要是商品的供应、价格、广告宣传、销售服务和他人的实践经验等等。两个方面因素都可能对消费需要产生促进或抑制作用。当客观条件限制需要的满足时，需要可以抑制、转化、降级，可以停留在某一水平之上，也可以以某种可能的方式，同时满足几种不同的需要；在特定情况下，人们还可能满足某一种需要而放弃其他需要。一般说，基本的日常生活必需品消费需求的弹性比较小，消费者对它们的需要是均衡而有一定限度的。而许多非生活必需品或中、高档消费品的消费需求的伸缩性比较大。企业在进行生产和经营商品时，应考虑消费者当前的实际消费水平和消费习惯，注意把满足消费者的物质需要和精神需要有机地结合起来。

7. 需要的可诱导性

消费者的消费需要是可以引导和调节的，即可以通过环境的改变或外部诱因的刺激、引导，诱发消费者需要发生变化和转移。通过诱导使消费者潜在的欲望会变为现实的行动，

未来的消费也可以成为即期消费，微弱的需要转变为强烈的需要。通过提供特定诱因和刺激，促进消费者某种需要的产生，正是现代市场营销理念所倡导的引导消费及创造消费的理论依据。消费者需要的可诱导性，为企业提供了巨大的市场潜力和市场机会。在实践中，许多企业不惜斥资百万，开展广告宣传、倡导消费时尚、创造示范效应、施予优惠刺激，影响和诱导消费行为，并且屡屡收效。

**【案例 4-1】脑白金——吆喝起中国礼品市场**

在中国，如果谁提到“今年过节不收礼”，随便一个人都能跟你说“收礼只收脑白金”。脑白金已经成为中国礼品市场的第一代表。

睡眠问题一直是困扰中老年人的难题，因失眠而睡眠不足的人比比皆是。有资料统计，国内至少有 70%的妇女存在睡眠不足现象，90%的老年人经常睡不好觉。“睡眠”市场如此之大，然而，在红桃 K 携“补血”、三株口服液携“调理肠胃”概念创造中国保健品市场高峰之后，在保健品行业信誉跌入谷底之时，脑白金单靠一个“睡眠”概念不可能迅速崛起。

作为单一品种的保健品，脑白金以极短的时间迅速启动市场，并登上中国保健品行业“盟主”的宝座，引领我国保健品行业多年。其成功的最主要因素在于找到了“送礼”的轴心概念。

中国，礼仪之邦。有年节送礼，看望亲友、病人送礼，公关送礼，结婚送礼，年轻人对长辈送礼等种种送礼行为，礼品市场何其浩大。脑白金的成功，关键在于定位于庞大的礼品市场，而且先入为主地得益于“定位第一”法则，第一个把自己明确定位为“礼品”——以礼品定位引领消费潮流。(资料来源：中国营销传播网)

**案例分析：**“今年过节不收礼，收礼只收脑白金”，脑白金的购买者是子女或晚辈，服用者是父母或长辈。在中国人的送礼习惯中，送礼不仅是给人用的，更是给人看的，送礼送的是面子，这就是脑白金广告的高明之处，脑白金本来仅仅是一保健品，却被广告成功定位成孝敬老人的礼品。

## 四、消费者需要的基本形态

消费者需要存在形态的差异，对其激发购买动机的强度，以及促成购买行为的方式有着直接影响。从消费需要和市场购买行为的关系角度分析，消费者需要具有以下几种基本存在形态。

### 1. 现实需要

现实需要是指消费者已经具备对某种商品的实际需要，且具有足够的货币支付能力，市场上具备充足的商品，因而消费者需要随时可以转化为现实的购买行为。

### 2. 潜在需要

潜在需要是指目前尚未显现或明确提出，但在未来可能形成的需要。潜在需要通常是由于某种消费条件不具备所致，如市场上缺乏能满足需要的商品、消费者的货币支付能力不足、缺乏充分的商品信息、消费意识不明确、需求强度低弱等。然而，相关条件一旦具备，潜在需要可以立即转化为现实需要。

### 3. 退却需要

退却需要是指消费者对某种商品的需要逐步减少，并趋向进一步衰退。导致需要衰退的原因通常是时尚变化、消费者兴趣转移；新产品上市对旧产品形成替代；消费者对经济形势、价格变动、投资收益的心理预期变化等。

### 4. 不规则需要

不规则需要又称不均衡或波动性需要，是指消费者对某类商品的需要在数量和时间上呈不均衡波动状态，如许多季节性商品、节日礼品，以及对旅游、交通运输的需求，就具有明显的不规则性。

### 5. 充分需要

充分需要又称饱和需要，指消费者对某种商品的需求总量及时间和市场商品供应量及时间基本一致，供求之间大体趋于平衡。但供求平衡都是暂时的、相对的，任何充分的需要都不可能永远存在下去，如新产品问世、消费时尚改变等，都会引起需求的相应变动。

### 6. 过度需要

过度需要又称超饱和需要，是指消费者的需要超过了市场商品供应量，呈现出供不应求的状况。其通常由外部刺激和社会心理因素引起，如听信谣传，某地出现多数人对某一商品的抢购行为。

### 7. 否定需要

否定需要，是指消费者对某类商品持否定、拒绝的态度，因而抑制其需要，之所以如此，可能是商品本身不适合其需要，也可能由于消费者缺乏对商品性能的正确认识，或者因旧的消费观念束缚、错误信息误导所致。

### 8. 无益需要

无益需要，是指消费者对某些危害社会利益或有损于自身利益的商品或劳务的需要。例如，对香烟、烈酒、毒品、赌具、色情书刊的需要，无论对于消费者个人或社会都是有害无益的。

9. 无需要

无需要，又称零需要，是指消费者对某类商品缺乏兴趣或漠不关心，无所需求。无需要通常是由于商品不具备消费者所需要的效用，或消费者对商品效用缺乏认识，未与自身利益联系起来。

从上述关于需要形态的分析中可以得到重要启示，并不是任何需要都能够直接激发动机，进而形成消费行为的，如潜在需要、零需要、否定需要、退却需要等，必须给予明确的诱因和强烈的刺激，加以诱导、引发，才能达到驱动行为的足够强度。也并不是任何需要都能够导致正确、有益的消费行为，如过度需要、无益需要等，就不宜进一步诱发和满足，必须加以抑制或削弱。因此，应当正确区分消费者需要的不同形态，根据具体形态的特点，从可能性和必要性两方面确定满足需要的方式和程度，不加区分地倡导满足消费者的一切需要，显然是不适当的。

# 第二节　消费者的购买动机

## 一、动机的定义

动机是指激发和维持个体的行动，并使行动朝向一定目标的心理倾向或内部动力。动机是个体行为内在的直接驱动力量，通常，人们在清醒状态下采取的任何行为都是由动机引起和支配的，并通过动机指向特定的目标。因此，人类行为实质上是一种动机性行为。

动机的产生是内在因素和外在因素共同作用的结果。内在因素主要是指人的需要，动机是在需要的基础上产生的。当个体的某种需要未得到满足时，就会产生紧张不安的感觉，当这种感觉非常强烈时，就促发个体采取行为寻找满足需要的对象，以消除紧张感，从而形成个体的动机，动机实际上就是需要的具体表现。因此，动机和需要紧密联系，离开需要的动机是不存在的。外在因素就是诱因，是指能够激发个体需要或动机的外部刺激。如价廉物美的商品、个人的责任感、对正义的坚持等，在一定条件下都能成为推动人去从事某种活动的诱因。诱因分为正诱因和负诱因两种，凡是个体因趋向或接受它而得到满足的诱因称为正诱因；凡是个体因逃离或躲避它而得到满足的诱因称为负诱因。当个体的需要在强度上达到一定程度并有诱因存在时，就产生了动机。内在需要对动机有指向作用，决定着动机的方向；诱因对动机起到加速或抑制的作用。一般认为，有些动机形成时需要的作用强些，有些动机形成时诱因的作用要强些。

## 二、动机的功能

动机作为行为的直接动因，在人的行为活动方面具有下列功能。

### 1. 发动和终止行动的功能

动机作为个体内在的驱动因素，其重要功能之一就是能够引发和终止行为。人类的各种活动总是由一定的动机驱使和支配的，动机对个体行为的推动力，随动机强度的不同而不同，强度越高，推动力相应也就越大。当动机指向的目标达成，原来的动机会暂时消失，个体就会终止有关的具体行为，此时新的动机又会相继而起，从而引起许多新的行为。

### 2. 指引行动方向的功能

动机不仅能引起行为，而且可以支配个体的行为，使其指向一定的对象和目标。比如，在娱乐动机的支配下，个体可能去电影院、KTV、公园、茶馆等地方玩乐。

### 3. 维持与强化行动的功能

动机促发行为是为了满足个体的某种未被满足的需要，在这个过程中，动机会对个体的行为产生一种持续的推动力，不断激励人们努力采取行动，排除各种因素的干扰，向着特定目标进发，直至最终完成。动机对人的行为还具有强化作用，即行为的结果对动机的“反馈”。行为结果对引起该行为的动机的再次产生具有加强或减弱的作用。在行为产生结果之后，满足行为的结果可以使行为得到维持和巩固，这叫作“正强化”；令人不满的行为结果会阻碍动机而使行为受到削弱和减退，这叫作“负强化”。需要、动机、行为和目标之间的关系如图 4-2 所示。

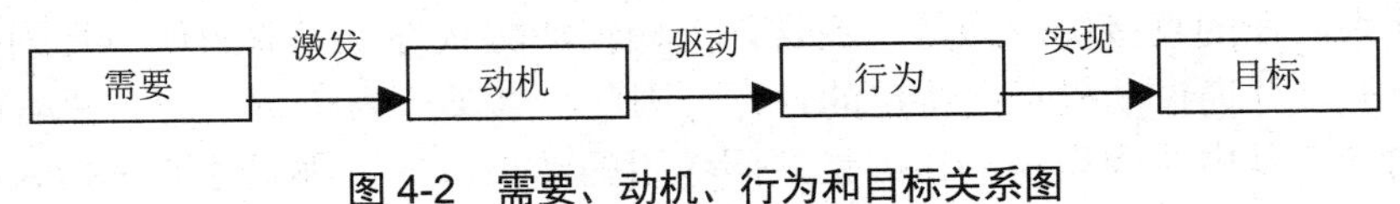


图 4-2　需要、动机、行为和目标关系图

## 三、消费者的购买动机

### 1. 消费者需要、动机和行为

消费者购买动机是指直接驱使消费者实行某项购买活动的内在推动力。当消费者因缺乏某种目标而产生需要时，便会产生心理不均衡和紧张的感觉，此时遇上外部适宜的刺激因素，将激发消费者争取实现满足需要的目标的动力，即形成动机。在购买动机的驱使下，消费者采取购买行为以实现目标，即满足消费需要。一旦目标达到，内心紧张状态随之消除，消费者采取行为过程即告结束。但消费行为的全过程并未停止，消费者还会进一步比较最初的需要与实现的目标之间有无差距，并得出评价结果。在此基础上，消费者又会产生新的未满足的需要。这一需要循环往复、不断进行，消费者亦在其中不断满足并产生着新的需要，由此推动整个社会消费和生产的持续。

### 2. 消费者动机的特性

与需要相比，消费者的动机较为具体直接，有着明确的目的性和指向性，但同时也更

加复杂。具体表现为以下特性。

1) 主导性

在现实生活中，每个消费者都同时具有多种动机，这些动机相互联系，形成一个完整的、复杂的动机系统。在动机体系中，各种动机所处的地位及所起的作用互不相同。有些动机表现得强烈、持久，处于支配性地位，属于主导性动机；有些动机表现得微弱而不稳定，处于依从性地位，则属于非主导性动机。通常，个体的行为是由主导性动机决定的，尤其当多种动机之间发生矛盾冲突时，主导性动机往往对行为起支配作用。例如，吃要营养，穿要漂亮，用要高档，是多数消费者共有的购买动机，但受经济条件所限，这些购买动机无法同时实现，此时，如果添置衣服的动机最强烈，是占主导的，则该消费者最终决定宁可省吃俭用也要满足穿的漂亮。

2) 可转移性

可转移性是指消费者在购买过程中，由于新的消费刺激出现而发生动机转移，原来的非主导性动机由弱变强、由潜在状态上升为主导性动机的特性。例如，某消费者本欲购买咖啡，但在购买现场看到茶叶在做宣传活动，在了解到喝茶的多种益处后，出于健康的考虑，转而购买茶叶。有时，动机的改变可能是由于原有动机在实现过程中受到阻碍，也可能导致消费者动机的转移。例如，消费者购买皮衣，因价格昂贵而放弃，转而决定购买普通服装。

3) 组合性

消费者在采取某种行为时，可能是由某一种动机决定，也可能出于多种动机共同作用的结果，这种现象称为动机的组合性。换句话说，购买动机与消费行为之间并不完全是一一对应的关系。同样的动机可能导致不同的行为，而同样的行为也可以由不同的动机引起。比如消费者购买名贵手表，往往就具有多种动机，查看时间方便，显示身份地位，展示个性，突出个人魅力等等。

4) 内隐性

动机的内隐性是指个体往往出于某些原因而将自己的主导性动机或真实动机隐藏起来。在现实生活中，消费者的动机从外部往往难以直接观察和捕捉到，其真实动机经常处于内隐状态。在复杂的行为中，主导性动机或真实动机常被个体刻意地掩盖。比如，城市居民购置大套房产，表面动机看似出于改善住房条件，但真实动机可能是彰显经济实力，炫耀富有。此外，动机的内隐性还可能由于消费者对自己的真实动机缺乏明确意识，即动机处于潜意识状态，这种情况在多种动机共同驱动一种行为时经常发生。

### 3. 消费者动机的冲突

动机冲突是指消费者同时具有两个或两个以上的动机产生矛盾和冲突。这种矛盾和冲突可能是因为动机之间相互抵触或者指向不同，也可能是由于消费条件的限制。冲突的本质是消费者在各种动机实现所带来的利害结果中进行权衡比较和选择。消费动机冲突的表现形式主要有以下三种类型。

1) 双趋式冲突

又叫“正正冲突”，是指消费者同时面对多个有吸引力的动机，但又不能同时实现，只能选择其一时所产生的动机冲突。在这种情形下，被选目标或产品的吸引力越旗鼓相当，冲突程度就越高。例如，某消费者获得一笔奖金，既想去旅游，又希望购置一套西服，但受经济条件的限制，他只能选择其中的一种，因而陷入不同动机双趋冲突的困境。此时消费者通常对外界刺激十分敏感，如广告宣传的诱导、参照群体的示范、权威人士的意见以及各种促销措施，常常会使消费者发生心理倾斜，从而做出实现其中一种利益的动机选择。

2) 双避式冲突

又称为“负负冲突”，指个体同时面对多个会带来不利结果的动机，又必须选择其中一种时面临的矛盾冲突。如家里电视经常出现故障时，消费者既不想花钱买一台新的，又觉得请人来修理不合算，消费者就面临双避冲突，但因情境所迫又必须对其中一种做出选择，“两害相权取其轻"，此时消费者总是趋向选择不利程度较低的动机作为实现目标，以便使利益损失减少到最低限度。这也为企业提供了新的市场机会，如果采取适当方式减少不利结果，或从其他方面给予补偿，将有助于消费者减轻这方面的冲突。如分期付款、售出产品以旧换新，可以使消费者的购买风险大大减少，从而使动机冲突得到明显缓和。

3) 趋避式冲突

趋避式冲突也称“正负冲突”，指消费者面临着同一消费行为既有积极后果又有消极后果的动机冲突。其中，趋向积极后果的动机是消费者极力追求的；导致消极后果的动机又是消费者极力避免的，这就使消费者处在利弊权衡的矛盾之中。如许多消费者喜欢吃甜食，但又担心身体发胖，这种趋避冲突常常导致决策的不协调，使消费者放弃购买行为。解决这类冲突的有效措施是尽可能减少不利后果的严重程度，或采用替代品抵消有害结果的影响。

### 4. 消费者购买动机的类型

在实际购买活动中，消费者的购买动机呈多样化，可以从多个角度进行划分，种类繁多。就购买行为来看，消费者的购买动机往往十分具体，与购买行为的联系也更为直接。常见的购买动机主要有以下几种。

1) 追求实用的购买动机

所谓追求实用的购买动机就是以追求商品或服务的使用价值为主要目的的购买动机。它是消费者中最具普遍性和代表性的购买动机。在这类动机的驱动下，消费者特别注重商品的实际效用、功能和质量，讲求经济实惠和经久耐用，而不大注意商品的造型款式与外观包装。例如，人们在购买生活日用品时，往往追求实用购买家庭实惠装商品。

2) 求新购买心理动机

所谓求新购买动机是指消费者以追求商品的新颖、奇特、时尚为主要目标的购买动机。具有这种购买动机的消费者特别重视商品的外观设计、造型款式、色彩等是否符合时尚或

与众不同，是否足够新奇，喜欢追逐潮流，不太注意商品的实用价值和价格高低，对设计陈旧、款式老套、功能落后的商品有所排斥。求新购买动机在经济条件较好的青年群体中较为常见，他们容易受到社会环境或广告促销的影响，表现出冲动购买的倾向，以服装类、首饰类、电子产品类等与流行时尚相关性高的商品中表现明显。

3)　求美购买心理动机

所谓求美购买动机是以追求商品的艺术价值和欣赏价值为主要目标的购买动机。具有这种购买动机的消费者特别重视商品本身的外观造型、色彩和艺术品位，以及对人体的美化作用，对环境的装饰作用，对人的精神生活的陶冶作用，追求商品的美感带来的心理体验和享受，而对商品本身的实用价值不太重视。这种心理动机在受教育程度较高的消费群体或者从事文化艺术工作的人群中较为常见，他们往往是工艺美术品、家庭装饰用品等产品的主要购买者。

4)　求名购买心理动机

所谓求名购买心理动机是指消费者以追求名牌商品或高档商品，以显示或提高自己地位和声望为主要目的购买动机。具有这种购买动机的消费者特别重视商品的商标、品牌的社会声誉及象征意义，以达到显示自己的生活水平、社会地位、经济实力和生活品位等需要的满足。求名购买动机在高收入的社会阶层或者青年消费群体中较为常见。实际上求名动机形成的原因是相当复杂的，购买名牌商品，除了有显示身份、地位和表现自我等作用外，也有减少购买风险、简化决策程序和节省购买时间等多方面的原因。

5)　求廉购买心理动机

所谓求廉购买动机是以追求商品价格低廉、优惠为主要目标的购买动机。具有这种购买动机的消费者特别重视商品的价格，对价格变化反映特别敏感，对商家的促销、特价、折价的商品特别感兴趣，对各商品的价格进行反复比较，不太注重商品的式样、外观、质量、时尚等。求廉购买动机与收入水平较低有关，但对于大多数消费者来说，以较少的价格获取较大的收益是一种普遍持有的持久动机。

6)　从众购买心理动机

又称做模仿型购买动机，是指受众多消费者影响，而盲目跟随的购买动机。这种类型的消费者经常以相关群体中大多数成员的行为为准则，以同众人一致作为追求的目标。他们往往缺乏购买经验和商品相关信息，以为从众可以避免个人决策失误，有安全感。从众型购买动机下的消费者行为往往具有盲目性，在购买时受购买环境和别人的经验介绍、营业员的推荐影响较大。

7)　求便购买心理动机

所谓求便购买心理动机是指消费者以追求商品或劳务的购买便利、使用便利、售后服务便利等为主要目标的购买动机。消费者讲求节时、省力、高效，喜欢购买减少家务劳动强度和时间的产品或服务，选择购买过程方便和购买时间节约的购物方式。随着现代社会生活节奏的加快，消费者追求便利的动机也日益强烈。

总之，消费者的购买动机是复杂多样的，每一种购买动机不是孤立地产生和发挥作用的，往往是几种购买动机相互联系、相互制约，对于不同的消费者，在不同的场合下，其主导动机各不相同，这决定着消费者行为的方向，与其他动机一起，共同驱动消费者的购买行为。

5. 消费者动机的激发

激发消费者的购买动机，就是要通过提高人们的消费积极性，刺激消费者的兴趣，以促使潜在消费者积极地参与到消费活动中去。因此，企业只有从努力开发有特色的商品、积极有效的宣传、提高服务质量、注重市场购买环境等方面入手，才能有效地激发消费者的购买动机。

1) 努力开发有特色的商品

随着社会经济和文化的发展，消费者购买能力逐渐增强。由于消费者具有不同的爱好、兴趣、个性和经济条件，在购买过程中所表现出来的购买动机也是多种多样的，这导致了不同消费者对不同品位商品的期望和要求具有复杂性和特色化。企业在设计与推出新产品时，如果不仅使产品的质量、性能、价格等因素让消费者能得到满足，还能注意突出商品的个性特色、赋予商品以某种情感、风格优雅、努力满足目标市场上顾客的心理需求，就能以商品本身的吸引力来打动消费者，极大地提升消费者对商品的满意度。人们越来越多地利用广告宣传来了解企业和商品的信息

**【案例 4-2】 C2B 个性化定制浪潮**

互联网时代，消费者将参与到企业更多的生产环节，按照自己的需求决定产品，定制产品。C2B 之所以出现，是因为消费者的声音越来越大，未来的价值链和需求链的推动力来自消费者，而不是厂家。因此，定制将是未来商业模式的主流，它的要求是个性化需求、多品种、小批量、快速反应、平台化协作。

在很多传统产业中，都面临利用互联网的 C2B 定制模式的变革，而一些先知先觉者已经开始利用这个模式在进行创新，手机、家电、服装等行业尤为显著。

2013 年，手机厂商青橙用 C2B 模式，发布了号称全球首款用户深度定制的智能手机青橙 N1。消费者自由搭配的选择非常广，涵盖手机外观如图案、色彩、签名，硬件配置，软件如用户界面、专属 App 及售后服务等，这样一来，用户轻而易举地搭配出来一款专属于自己的智能手机。

小狗吸尘器在天猫商城也举行了一次大规模的定制化活动，其颜色、功能、名称均为网友定制，最后这款定制机正式被命名为"蓝盾"，在天猫商城开始发售，短短 3 天时间就卖出了近 2 万台，定制化呈现出巨大潜力。

在大家电领域，包括海尔在内的多个家电厂商正在成立新品牌，率先提出定制模式产品专供互联网市场。

当经济由工业时代向后工业时代快速转移时，每个行业都需要思考，如何反向从消费者需求链开始，借助互联网技术，提供面向消费者的个性化服务。

**案例分析：**由于电子商务的出现，消费观念、消费方式和消费者的地位正在发生着重大的变化，电子商务发展促进了消费者主权地位的提高，网络营销系统巨大的信息处理能力，为消费者对商品的个性化需求提供了平台，“私人订制” 将是未来商业模式的主流。

2)　利用广告宣传，向消费者传递信息

在现代社会生活中，大众传媒对人们的影响越来越大，它在指导消费、引领时尚方面时时激发消费者的购买动机。企业通过广告宣传，加强与消费者之间的沟通，能高效率地向目标顾客传递有关企业和商品的信息，引起消费者的兴趣，激发他们的购买欲望。

广告能否发挥作用，产生效果，首先取决于它能否引起人们的注意。一般地，强烈的声响、色彩对照鲜明或变化强烈的事物，反复不断出现的事物以及诱发人感情的文字或事物，容易引起人们的注意。其次，通过商品广告激发消费者的购买欲望，要注意广告宣传的核心内容是什么。一般地，广告宣传的核心内容主要包括产品性能、品牌形象、服务特色以及价格优势等。

3)　购物环境和营业员的服务水平对消费者购买动机的诱导作用

消费者都是带有一定动机和欲望走进商店的。但进商店的消费者并没有全部实现购买。据日本三越百货公司的调查，进店的顾客只有 20%发生购买行为。这是由于消费者的欲望有两种，一种是“意识的欲望”(即现实需求)，即有明确购买目标的消费者；另一种是“潜在的欲望”(即潜在需求)，即没有明显意识到需要某种商品因而没有做购买决定的消费者。有潜在欲望的消费者，常常由于外界的刺激，潜在的欲望被激发，使他由一个看客变为一个买者。据美国一家百货公司调查，在顾客的购买行为中，有 28%来自“意识的欲望”，有 72%来自于“潜在的欲望”。消费者在商店里完成由潜在欲望到意识欲望的飞跃，是扩大销售、提高效益的关键。实现这一飞跃，主要和营业员的仪表、神态、语言以及服务等因素有关，也和购物环境、灯光装饰、商品陈列等因素有关。因此，商家应注重培训和提升营销人员的服务水平和推销技巧，能适时适度地为顾客提供所需的服务，使消费者对营业员产生信任感，并进而形成对商品的肯定态度。同时，加强对购物环境、商店布局的规划设计和布置，引起消费者的注意，激发消费者丰富而美好的联想，对消费者的购买产生影响。

# 本 章 小 结

需要是指个体在生活中感到某种缺乏而力求获得满足的一种心理状态，是客观要求在人脑中的反映，是个体积极性的源泉。消费者需要是指消费者对以商品和劳务形式存在的消费品的要求和欲望，其类别极其丰富多样，具有多样性和差异性、发展性、层次性、周期性、互补性与互替性、伸缩性、可诱导性等特性，随着社会的发展，消费者的需求结构和内容不断地发生变化。

动机是推动人们去从事某种活动、达到某种目的、指引活动满足一定需要的意图、愿望和信念，是人们一切行为的内在动力，是人们从事某种活动的直接原因。消费者的购买动机是指直接驱使消费者实行某项购买活动的内在推动力。消费者购买动机的功能有：始发和终止行为的功能；指引行动方向的功能；维持与强化行动的功能。消费者动机的特性有主导性、组合性、可转移性和内隐性。在生活中，消费者的购买动机呈多样化，企业应努力开发有特色的商品、积极有效的宣传、提高服务质量、注重市场购买环境等方面入手，才能有效地激发消费者的购买动机。

## 自 测 题

1. 什么是需要，消费者需要是如何划分的？
2. 消费者需要有哪些基本特征？针对这些特征企业应采用哪些营销手段？
3. 什么是动机？如何利用动机冲突推动消费者购买行为的实现？
4. 试阐述消费者需要、动机和行为之间的关系。

## 案 例 分 析

### 速溶咖啡为何受到冷落？

在社会生活节奏越来越快的今天，人们已经习惯喝省时省力的速溶咖啡。但是，在1950年的美国，速溶咖啡刚刚面市时，购买速溶咖啡的人却寥寥无几。为了弄清速溶咖啡滞销的原因，有关人员进行了调查，许多人回答是不喜欢速溶咖啡的味道。这显然不是真正的理由，因为速溶咖啡的成分和口味同传统的咖啡毫无差别，而且，速溶咖啡饮用方便，无须花长时间去煮，也省去了洗刷器具的麻烦。为了进一步了解消费者不愿意购买速溶咖啡的潜在动机，心理学家海伊尔拟订了两张购物单，单子上所列的商品内容除一张上是速溶咖啡，一张上是豆制咖啡外，其余商品全都一样，然后调查人员把这两张购物单分别发给两组妇女，请他们描述一下按照购物单买东西的家庭主妇是个怎样的形象。结果差异非常显著：绝大多数人认为，按照含有速溶咖啡的购物单买东西的家庭主妇是个懒惰、差劲的妻子；按照含有豆制咖啡购物单买东西的家庭主妇则是个勤俭称职的妻子。因为当时，美国妇女中存在这样一种观念：担负繁重的家务劳动如煮咖啡之类是家庭主妇的天职，任何试图逃避或减轻这种劳动的行为都应受到谴责。由此，调查人员才恍然大悟，速溶咖啡之所以受到冷落，问题并不在于速溶咖啡本身的味道，而是因为人的观念，家庭主妇受社会观念影响，尽力去保持社会公认的完美形象，而不愿意因为购买速溶咖啡遭到别人的非议。

原因找到之后，生产厂家对速溶咖啡的广告作了调整，不再强调简便的特点，而是着

重宣传速溶咖啡同豆制咖啡一样醇香、美味。消除了女性消费者购买时的心理障碍。很快，速溶咖啡销路大增，不久便成为西方世界最受欢迎的一种饮料。现在，速溶咖啡这种简便的饮品已经被人们普遍接受。(资料来源：引自成伯清、李林艳编著《消费心理》南京大学出版社，1998年版)

**问题：**

1. 速溶咖啡刚刚面市时为何受到消费者的冷落？

2. 结合案例说明，营销者是如何将自己的产品同人的需求联系起来，引导人们购买产品的？

## 阅读资料

### 煎饼果子店如何做到年入500万？

10多平方米的煎饼店，13个座位，煎饼果子能从早卖到晚，猪蹄需提前预约限量发售，新浪微博粉丝量将近25000，成为新浪微博营销的典型案例。开店10个月，按目前的收益推算，“黄太吉”一年能实现500万元的流水，被风投估价4000万元人民币。

煎饼果子店如何做到年入500万？

据经济参考报报道，“黄太吉”几乎利用了所有社会化媒体平台营销，不止微博、大众点评，还有即时通信工具，如微信、陌陌，通过这些途径来订餐和推送促销信息。

卖煎饼是赫畅的第三次创业。赫畅今年32岁，先后在百度、谷歌、去哪儿网等公司任职。在开“黄太吉”传统美食店卖煎饼之前，他从未从事过任何与餐饮相关的行业。但他的互联网背景，给这个煎饼果子店打开了一条不同寻常的营销之路。

10多平方米的煎饼店，13个座位，煎饼果子能从早卖到晚，猪蹄需提前预约限量发售，新浪微博粉丝量将近25000，成为新浪微博营销的典型案例。开店10个月，按目前的收益推算，“黄太吉”一年能实现500万元的流水，被风投估价4000万元人民币。

**时尚人士遇上煎饼果子**

互联网行业待过的赫畅，穿着时髦，开着跑车，一般人不会想到，他对煎饼果子情有独钟。赫畅说这源于他从小就爱吃，自己做饭也不错，吃自己做的东西是一件挺幸福的事，所以一直梦想着拥有一家餐馆，能够呼朋唤友，结识很多人。因为忙，这个梦想一直被搁置着。

职场上经历了两家互联网公司之后，他慢慢觉得，民以食为天，其实大众消费或者餐饮业还有很多机会。于是赫畅思索着，为什么肯德基、麦当劳这样的洋快餐能在中国这么多年，发展得那么好，这可能得益于他们简单的食品形态。比如汉堡，两片面包，中间夹什么都可以，千变万化，但非常容易标准化。比萨一张面饼，上面撒什么就是什么，也是千变万化又能标准化的食品。但是中餐的流水线作业就很难，炒菜的火候、口味很难掌握到每份都相同。能否在中餐中找到类似汉堡和比萨那样既能不断拓展口味、又能做到规范化标准化生产的食品形态呢？按照这个思路，赫畅很快想到了“中国式汉堡”煎饼果子。

找到了合适的产品，接下来就是定位，赫畅将目光锁定在CBD的白领身上。当过白领的赫畅深有体会，天天为每顿饭吃什么头疼的上班族，对食品的要求主要在于是否物美价廉、卫生放心，同时还要对这种食品有熟悉感，不能稀奇古怪而是要接地气。此外还要有些附加值，这就要求就餐环境舒适、品牌有格调。

而选择煎饼果子为主打产品面临着三项挑战。第一是，豆浆油条、煎饼果子常规来讲是早餐，怎么能从早卖到晚？大家会不会频繁光顾？第二是，做高品位的煎饼果子成本投入比摊位高，所以单价就会比一般的高，消费者会不会接受？第三是格调问题，如何让百姓化、平民化，甚至可以说有点“土”的煎饼果子登上大雅之堂？讲究情调的白领会不会接受？

为了应对各种问题，赫畅一一出招。

首先黄太吉将营业时间定为早上7点到夜里2点半，推出夜间同步外卖活动，并打出海报“夜的黑，我们懂”。

在品质上，坚持用无明矾现炸油条做馅，而不是很多摊位上的薄脆。赫畅认为，正宗的煎饼果子是夹油条的。有油条，配以现磨豆浆，剩下的部分豆浆点一下做成豆腐脑。这样就有了煎饼果子系列产品黄太吉的“老四样”。之后为了丰富口味，加入了东北卷饼，大家喜欢吃四川风味，于是又推出了“麻辣个烫”和四川凉面。针对爱吃肉食的吃客，店里还有限量定时供应的秘制猪蹄。CBD的女孩子很多，黄太吉就又开发了两款甜品南瓜羹和紫薯芋头泥，这就是整个产品系列。有主食、饮料、甜品，产品成了系列化，也标准化了。白领们一边上网，一边品甜食，格调一下变得优雅起来。白领们在舒适的用餐环境中吃着放心的食品，对产品的价格并不敏感，很少有人关注到食品价格到底是多几块还是少几块钱。

然而最难的是，如何做到让写字楼里的白领觉得，在黄太吉吃煎饼果子和在星巴克喝咖啡是一样的，赫畅为此费尽了脑筋：在店面装潢上略带港式茶餐餐的格调；背景音乐包含了流行、爵士、蓝调等；店面陈设中除了盆景，还有来自世界各地的新奇玩意儿，比如来自华盛顿国家天文博物馆的阿波罗登月杯、来自巴黎的斑牛雕塑、来自日本的招财猫、来自纽约的爱因斯坦玩偶。此外还有各种文案接地气的宣传招贴，免费Wi-Fi，会提醒顾客怎么行车，店内还有停车攻略，教你怎样短停躲避贴条，而如果不幸被罚老板会送上南瓜羹安慰。

**煎饼果子里吃出的情调**

“所有汉堡、比萨都是纸老虎!”“在这里，吃煎饼，喝豆腐脑思考人生。”小店的广告语趣味性强，新潮时尚贴近年轻人生活。逢节日的各种推广使之与消费者互动频繁：儿童节店员的 cosplay，“端午节不啃不快乐”的猪蹄广告，“爸气十足”“父亲节带老爸来送煎饼”，这些都成为微博玩家分享新奇的“素材”，让吃煎饼果子、喝豆腐脑、啃猪蹄成了一

种时尚。

“开奔驰送煎饼外卖”一度是微博上被炒热的话题，“黄太吉”的知名度也被打响。

“如果了解我们，就知道这不是噱头，做噱头可以租车，那台车就是我家自用的，坦白说最大的原因是想省钱，直接拿过来就用了。”不过这倒是成了黄太吉的卖点，够起订金额，老板开豪车送餐，北京国贸周边是120元，远点是200元，三里屯附近是260-300元。“很多人看见我们很开心，好像我们不是送餐员是明星，看见我们就拍照，看到老板娘开奔驰送餐，觉得是件很酷的事情，很好玩。”

80后都有一颗未泯的童心，儿童节那天，黄太吉又一次展现了它的酷，成人戴红领巾入店用餐赠煎饼果子，而店员们有扮蜘蛛侠的，有扮超人送餐的，赫畅则戴了个星球大战的大头盔。将煎饼果子卖出这么多花样，赫畅认为给别人带来快乐才能提升品牌价值。

小煎饼店到了赫畅手中俨然走的是国际范儿，有了主打产品和精准定位，要想扩大影响力、提高客户认可度，就要有品牌与众不同的性格。他将黄太吉的性格定义为“文艺酷”：“我理解的文艺是很细腻的情感，慢一点的节奏，轻柔的感觉，能把小事做到极致，润物细无声，这就是文艺。”

“所谓的酷，就是我们能把一件看起来很无聊的事情，做得很有意思，比如说我们现在买了两台摩托做送餐车用，我们还有两辆跑车送餐，我们把送餐箱子用各式各样的贴纸，贴的很好玩，那天有人在网络上评价说，‘能把事情变酷，是一种能力，黄太吉具备这种能力。’”

因为特色，赫畅的煎饼果子做成了一个品牌，把吃煎饼果子做成了一种时尚，让用户体验到这是一种很酷、很潮的事，让食客觉得在黄太吉吃煎饼和在星巴克喝咖啡感觉是一样的。(来源：网易财经 http://money.163.com/13/0624/09/924FIOO500253G87.html)

# 第五章

# 消费者购买决策过程与消费者购买行为理论

**学习目标**：通过本章的学习，对消费者购买行为有正确地认识，掌握消费者购买决策与行为的过程，熟悉消费者购买行为的类型和特点，了解消费者购买行为的风险知觉理论和效用理论。

**关键词**：购买行为过程(the process of buying behavior)　购买决策(purchase decision)　风险知觉理论(perceived risk theory)

**引导案例**：

**小王购买电冰箱**

小王大学毕业后分到风景如画的江南名城——扬州，不久便建立了家庭，夫妻二人，一个在研究所搞研究工作，一个在机关供职，由于两人工作都忙，不可能为一日三餐花很长时间。另外，两人吃得不多，可常常做饭不少，炎夏之时剩饭剩菜不得不经常倒掉。两人便合计着买一台电冰箱。为此，他们到处打听行情，并跑了好几家商店，掌握了大量的有关信息，并对各种信息进行了分析、比较、综合和归纳，最后决定买北京电冰箱厂生产的“雪花牌”。他们为什么要买“雪花”冰箱呢？据小王本人说，他是北京生、北京长的北京人，大学毕业后，远离家乡、亲人，常揣着无限的思念，对家乡的人、物就有了特殊的感情。买这“雪花”冰箱也算对这种思念与感情的补偿。同时，“雪花”冰箱是全国最早的名牌、物美价廉，虽然前一段“雪花”的质量有些下降，但厂家经过整改后质量又上去了。小王在浓重的主观感情支配下确定了购买“雪花”牌冰箱，他们先去了离家较近的几家商店了解销售服务情况，并选中一家能提供送货服务的大型零售商店，高高兴兴地买回一台双门“雪花”冰箱。(资料来源：根据百度文库整理)

## 第一节　消费者购买行为与购买决策的过程

### 一、消费者购买行为与购买决策的概念

行为是指人们在外部刺激的影响下，所采取的有目的的活动，它是个体与环境相互作用后的某种特定的反应。消费者购买行为就是消费者为了满足某种需要，在购买动机的驱

使下进行的购买商品和劳务的活动过程，它是消费者心理与购买环境、商品类型、供求状况及服务质量等交互作用的结果。

决策是人们为达到某一预定目标，对几种可能采取的备选方案进行评价、比较，最终做出合理选择的过程。消费者购买决策是消费者为解决自己的问题或满足某方面的需求，而对产品购买的一系列行为进行的决策。消费者做出购买决策的心理过程是购买行为的前奏，两者之间具有紧密的关系。就消费者的购买行为来说，它是由一系列环节、要素构成的完整活动过程，而购买决策在这一过程中起到主导性的作用。在消费者购买行为之前及发生过程中，消费者要对产品购买的一系列行为进行着决策，如对某种产品何时去购买，采用什么方式去购买等等。

消费者购买行为的形成过程具有一定的复杂性。一方面，人们的行为都有“饥思食，渴思饮，寒思衣”的基本类似的需求，这是由共同的需求和动机引起；另一方面，消费者又处于极其复杂的社会环境之中，他们所处的地理环境、社会地位、经济条件、生活水平、教育程度、个性心理、消费习惯等方面都存在着诸多的差异，故不同消费者的购买行为会存在很大差异。就决策而言消费者购买行为过程实际上也是一个认识问题、分析问题和解决问题的过程。不仅不同消费者的购买行为会存在很大差异，同一个消费者的消费行为也会因决策类型的不同，表现出有时会很复杂、持续时间较长，有时会很简单，在较短的时间内就可以完成购买行为。

## 二、消费者购买行为的一般模式

许多学者对消费者购买行为的作用机制尝试着建立一种模式来进行描述，如尼科西亚模式、霍华德-谢思模式、恩格尔(EBK)模式等。其实任何消费者的购买行为都脱离不了人类行为的一般模式，即 S-O-R 模式，S 是刺激，O 是个体的生理和心理特征，R 是反应。就是说个体通过接受刺激，经过心理活动，最后产生反应，表现为图 5-1 所示。

**图 5-1 消费者购买行为模式**

上述的购买行为一般模式表明消费者的购买行为是由刺激引起的，来自外部的刺激，如产品、价格、分销渠道、促销、社会的经济、技术、政治、文化情况等。来自内部的刺激，如生理、心理需要、个性、态度、习惯、观念等。消费者在种种刺激下，经过复杂的心理活动过程，产生购买动机，做出购买决定、采取购买行动、并进行购买评价，完成了一次完整的购买行为。

## 三、消费者购买行为的类型

消费者的购买行为虽然千差万别，但也具有一定的规律性，可以根据不同的标准，从不从的角度来对消费者购买行进行分类。

### (一)按照消费者购买的确定性分类

#### 1. 完全确定型

此类购买行为表现是消费者在购买商品之前，已经将要购买的商品相关信息做了比较系统的收集和比较分析，已经有了明确的购买目标，对于商品名称、商标、价格、规格、型号、色彩、款式、质量等都有明确的要求。因此，只要销售人员服务热情，提供的商品符合消费者的意愿，达成交易是比较顺利的，购买行为的全过程都是在非常明确的目标指导下完成的。

#### 2. 部分确定型

此类购买行为表现为消费者购买商品前已经有了大致的购买目标，但具体要求还不太明确，对于产品、价格、品牌、款式等还要进一步了解、判别、比较和明确，最终购买决定是在购买现场经过选择比较后做出的。因此，他们在销售现场表现出注意分散、会在不同商品间犹豫，一般也难以清晰地对销售人员说出他们对所需商品的具体要求。所以，销售人员需要热情周到的接待他们，并熟悉所销售商品的性能特点，对他们的提问要能及时准确地回答，消除他们的疑虑，促使他们的购买行为由部分确定型向确定型转变。

#### 3. 不确定型

此类购买行为表现为消费者购买商品前没有明确的购买目标，也没有比较迫切的购买任务，甚至只是因为顺路、散步等进入商店，观看、浏览商品。因此，他们在进入商店后，经常表现为漫无目的地东走西看，顺便了解某些商品的销售状况。他们产生购买欲望，做出购买决策，主要取决于商店购物环境的刺激，他们对商品需求处于“潜意识”状态。购物环境的优雅舒适，销售人员主动、热情、周到、良好的服务会给这类消费者以积极的刺激。

### (二)按照消费者的购买态度和要求分类

#### 1. 习惯型

此类购买行为表现为消费者常常根据过去的购买经验和使用习惯进行购买活动，如表现为长期使用某品牌的规格型号产品、长期光顾某商店等。习惯型购买行为形成的基础是对商品认识或信任，消费者较少受到广告宣传和时尚的影响，如日常生活用品，因消费者需要经常购买，他们对商品的性能和牌号都会比较熟悉，且经过消费使用的比较，对哪种

品牌型号的产品更适合自己有清楚的认识，所以，他们在购买时一般不需要经过比较挑选，购买决策快、时间短，购买行为过程也较简单。

### 2. 理智型

此类购买行为表现为消费者以理性为主，很少产生冲动的购买，他们善于观察、分析和比较，有较强的选择商品的能力。购买行为的实现往往要经过一段时间的自己斟酌、考虑和比较分析。特别是价值较大的商品的购买，很多的消费者会表现得比较理性，在采取购买行为前，注意收集商品的各种信息，对所要购买的商品会进行反复的比较、挑选，权衡利弊后再做出购买决定，在整个购买过程中保持高度的自主性，购买行为的过程一般较长，购买决策的速度较慢。

### 3. 经济型

此类购买行为表现为消费者购买商品多从经济角度考虑，对外观造型、色彩等不太在意，往往以价格的高低作为选购商品的标准，对同类商品中价格较低者感兴趣，认为经济实惠，降价、优惠价和折扣价等对他们有着很强的吸引力。此类消费者一般属于比较勤俭节约的人，收入水平低以及一些年纪较大的人更具有这种勤俭节约的生活习惯。

### 4. 冲动型

此类购买行为表现为消费者的个性心理反应敏捷，情绪容易冲动，易受商品包装和广告等外在因素的影响，以直观感觉为主，新产品、时尚品对他们的吸引力比较大，容易在周围环境的影响下迅速做出购买决定，很少认真考虑商品的性能和质量，不太愿意做反复的选择比较。

### 5. 疑虑型

此类购买行为表现为消费者一般个性心理内倾，购买时善于观察细小事物，行动谨慎、迟缓，体验深刻且疑虑大。他们一般不大相信销售人员的介绍，常常“三思而后行”，选购商品从不仓促的做出决定，对销售人员的介绍疑心重重，检查商品时小心翼翼，动作迟缓、决策犹豫，他们可能是新购买者或者奉命购买者。

**【案例 5-1】 成都人，看看你在咋消费**

某报某独家发布《2006 年成都市消费环境调查报告》， 披露成都市民消费习惯和对消费环境的认知度。《报告》的第一部分—— “成都市民的消费行为和消费习惯”。

① 大件商品重“名”小件商号重“利”

据调查，影响消费者购买食品、日用品最主要的因素是价格，占此次调查总人数的 30.90%其次是品牌(占 28.47%)和购买的方便与否(占 22.63%)；影响消费者购买家电耐用品和服装最主要因素是品牌，分别占调查总人数的 50.36%和 33.09%

②　逛商场 得看谁家质量好

成都市民最喜欢在哪些地方购物？调查研究的数据显示，成都市民购买不同的商品所选择的购物地点差异较大大购买食品日用品时，消费者最可能去超级市场(占 57.18%)、此处于第二位的大型商场(占 12.90%)高 44.28 个百分点；而在购买家电等耐用品时，最可能去的地方就变成了大型商场，占 54.01%其次可能去是专卖店，占 21.90%。而购买服装最可能去专卖店，占 41.85%，其次是大型商场，占 18.73%，再次是百货商店，占 17.52%。同时，商品质量是成都市民选择商场考虑的第一因素，有接近一半的市民都把“商品质量”作为自己购物时的首要考虑因素，占 49.15%。

③　网上购物新趋势

在此次调查中，对于网上购物，2/3 的受访者、表示知道，其中 15.88%的市民在过去一年内通过网络购买过东西，用于网上购物的平均花费到了 2085.5 元，消费额最高的市民达到了 2 万元。

影响消费者购买食品、日用品的因素

- 购买的方便与否因素(占 22.63%)
- 价格因素(占 30.90%)
- 品牌因素(占 28.47%)
- 其他

在购买食品和日用品时

- 去超级市场(占 57.18%)
- 去大型商场(占 12.90%)
- 其他

在购买家电等耐用品时

- 去大型商场(占 54.101%)
- 去专卖店(占 21.90%)
- 其他

在购买服装时

- 去专卖店(占 41.85%)
- 去大型商场(占 18.73%)
- 百货商店(占 17.52%)
- 其他

(资料来源：根据 http://www.chengdu.gov.cn，新闻中心，2006 年 3 月 13 日资料整理)

**案例分析：**案例资料告诉我们，其实对于不同的商品,人们会成为不同类型的消费者，在营销实践中，应就不同类商品来具体分析消费者的购买行为特点。

### (三)按照消费者介入程度和品牌差异程度分类

消费者的购买介入程度是指消费者对某一产品购买投入的精力程度，决定投入精力大小的主要由消费者对购买活动的重视程度和感知的购买风险大小决定的。对不同产品的购买或对同一产品在不同情形下的购买，消费者的介入程度是不同的(见表 5-1)。如果产品单价昂贵，功能比较复杂，消费者缺乏对产品有关知识的了解和购买经验，消费者购买时就会比较重视，同时也会有较大的感知风险，则消费者对这类购买行为就会投入较多的精力。相反，如果产品价格低或消费者具备产品的有关知识和购买经验，消费者购买时一般不会太重视，感知的购买风险也较小，则消费者对这类购买行为就会投入较少的精力。

表 5-1　消费者购买行为类型

| 介入程度<br>品牌差异 | 低介入程度 | 高介入程度 |
| --- | --- | --- |
| 品牌差异小 | 习惯性购买行为 | 化解不协调购买行为 |
| 品牌差异大 | 需求多样化购买行为 | 复杂的买行为 |

**【案例 5-2】　王太太的多元选择**

王太太每个礼拜都要去一次超级市场买回家中一周所需的日用品。这天，她来到饮料专柜，这里摆放着可口可乐、百事可乐及许多其他牌子的饮料。王太太知道，家里的小孩只爱喝可口可乐，所以她没怎么思考，就从货架上取了两瓶两升装的可口可乐。然后，王太太来到了卖烟的专柜，家里的烟好像差不多没有了。虽然展柜上有十多个不同牌子的香烟，但王太太知道她先生最爱抽红塔山，于是想都没想就拿了一条红塔山。

当王太太来到卖洗发水的专柜时，稍稍停留了一下，目光在十几种不同牌子的洗发水上打了个转。家人对于好几个牌子的洗发水都挺喜欢用的，包括丝芬、海飞丝、飘柔和潘婷，买哪种好呢？这时，王太太看到海飞丝的包装瓶上写着：“新包装，容量增加 20%，加量不加价”。既然几个牌子都不错，而海飞丝便宜了 20%，就买它吧。就这样，王太太把一瓶海飞丝放进了购物车。

王太太最后来到了卖圣诞卡的专柜。因为圣诞节临近了，要借机向平时不常见面的亲朋好友表示一下关切之情。王太太盘算了一下，约莫要买 15 张。各种款式的圣诞卡琳琅满目，少说也有一百多款。王太太很用心地逐张看它们的图案和文字，当中有许多显得太幼稚的，只适合中学生用；但有些太中规中矩的王太太也不满意，她觉得自己并不老，也喜欢活泼和新奇。所以王太太很有心思地一张一张地仔细挑选。在她今天采购的所有东西里面，圣诞卡算是最便宜的，却占用了她最多的时间。

在以上这个例子里，当王太太采购饮料的时候，她基本上想都不用想就挑了可口可乐。这种不用思考就选定一个牌子的购物过程就称为“低介入程度购买”，又称“习惯性购买”。

这种购买行为最根本的特征就是，因为事前只有一个候选对象(品牌)，所以事实上不需要进行选择，不需要作决策。那么，低介入程度购买者是不是就绝对没有机会考虑别的品牌呢？世事无绝对，当事前选定的品牌发生“意外”时，消费者就会被迫考虑别的品牌。何谓意外？例如，你想要的品牌断货了；或者前几天爆出新闻，你一向情有独钟的品牌发现质量不合格产品。

王太太购买圣诞卡的过程就完全是另外一种情形。她花很多心思和时间，对图案、文字等精挑细选，这种购物过程称为“高介入程度购买”，又称“决策性购买”。这种购买行为的特征是，消费者事前对于所要购买的商品所知甚少，也没什么心仪的品牌，所以要花比较多的时间和精力进行充分的信息搜集、信息比较，然后才决定选购哪个品牌。除了购买圣诞卡以外，还有很多高介入程度购买的例子，如买车、买房子、买书等都属于这类。高介入程度购买还有一个特点，就是买后时不时会后悔：“唉，当初我买××就好了，干吗买了这个!”大家可以想象，买电脑、买车的人虽事前经过深思熟虑，但事后后悔的不在少数。而这种后悔在低介入程度购买中几乎不会发生。

而王太太购买洗发水的过程，则介乎于上述两者之间，比买饮料多费了一点心思，但又比不上买圣诞卡花的心思多。消费者会花一点时间，但又不会花太多时间。消费者事前心里没有内定一个必须购买的品牌，但已有几个候选品牌(丝芬、海飞丝、飘柔和潘婷)，如无意外，最终将在这几个品牌中挑选一个。这种购物过程，称为“中等介入程度购买”，又称“有限决策购买”。(资料来源：陈硕坚 《中国商贸》2002 年 03 期)

**案例分析：**消费者在购买不同产品时，因对产品的价格、功能以及自身消费经验和对产品的了解程度不同，而对其购买行为有着不同的介入程度，介入程度的不同也决定了消费者购买行为的不同形态和类型。

同类产品不同品牌之间的差异大小，也影响和决定着消费者购买行为的复杂性。同类产品不同品牌之间的差异越大，产品价格越昂贵，消费者越是缺乏产品知识和购买经验，感受到的风险越大，购买过程就越复杂；反之，差异小，无须在不同品牌之间精心选择，购买行为就简单。例如，面包、矿泉水与照相机、汽车的购买复杂程度显然是不同的。

### 1. 习惯性购买行为

对于价格低廉、经常购买、品牌差异小的商品，消费者介入程度较低，消费者的购买行为就会表现出习惯性特点，他们不需要花费时间深入收集商品信息和评估品牌，购买活动的完成没有按照决策过程逐步地实施计划，只是习惯于购买自己熟悉的品牌产品，在购买后也不一定进行购后评价，这类购买行为最为简单。

### 2. 寻求多样化购买行为

当消费者介入程度低而且品牌间的差异大的时候，消费者就会经常改变品牌的选择，

表现为需求多样化的购买行为。有些商品品牌差异虽然较为明显，但因为产品的价格病不昂贵等，消费者并不花费较多的时间进行品牌的比较、评价和选择，如在购买点心之类的商品时，消费者往往不花长时间来选择和估价。而经常改变品牌的选择也并非是对原有品牌的不满意，而是因为同类产品有很多选择的品牌，在求新求异的消费动机驱使下消费者会经常不断地在各品牌之间进行变换，以达到“常换常新”的目的。

3. 减少失调购买行为

有些商品品牌差异不大但价格较高，消费者不经常购买，而购买时又有一定的风险性，所以需要消费者高度介入才能慎重决定，通常要进行比较、挑选，消费者一般会先转几家商店看看，进行一番比较，如商品价格公道、购买方便、机会合适，就会决定购买。但在购买以后，消费者可能会觉得自己购买的商品存在某些缺陷或其他同类商品有更多的优点而产生不满意感或不协调感，怀疑原先购买决策的正确性，像电脑、首饰、家用电器商品的购买大多属于化解不协调的购买行为。为了证明自己决策的正确性，此时消费者一般会积极、主动收集更多的信息，了解更多的情况，试图寻找种种理由来减轻、化解这种不协调感。

4. 复杂购买行为

当消费者购买某种贵重的、不常用、又非常有意义的商品时，由于消费者缺乏相关专业知识，商品品牌间差异也较大，要承受很高的购买风险，消费者就会全身心的投入，往往会产生复杂的购买行为。对于复杂的购买行为，消费者需要一个学习的过程，购买时要经历广泛的信息收集、全面的比较评估、慎重的购买决定和认真的购后评价等各个阶段。如对很多消费者来说，私家车的购买就属于复杂的购买行为。

## 四、消费者购买决策的过程

每一位消费者在购买某一商品时，均会有一个决策过程，购买决策在消费者的购买行为过程中起到主导性的作用，只是因所购产品类型、购买者类型的不同而使购买决策过程有所区别，为有效地理解复杂而多样的消费者购买决策过程(如图 5-2)，可以根据其产生和发展的规律将其划分为几个阶段，典型的购买决策过程一般包括以下 5 个方面，下面来对这几个阶段消费者活动的内容和特征展开进行深入的分析。

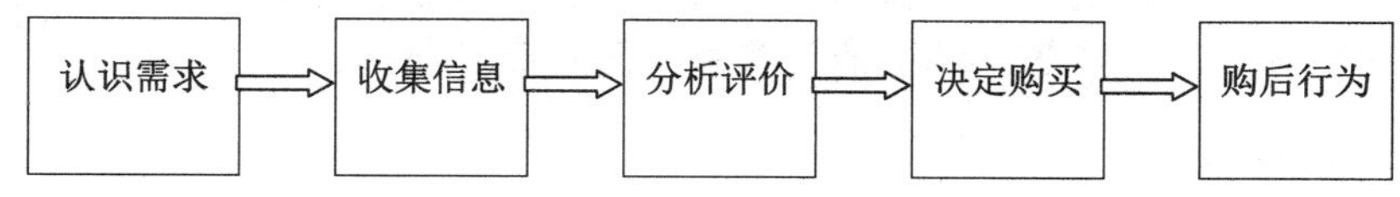


图 5-2 消费者购买决策过程

### (一)认识需求

认知需求是消费者购买决策过程的起点。当消费者在现实生活中感觉到或意识到实际与其要求之间有一定的差距、并产生了要解决这一问题的要求时，购买的决策便开始了。这种需求可以由内部刺激引发，例如当一个人的基本需要如饥饿、干渴上升到一定程度变成了一种驱动力，进而引发购买食品和饮料。这种需求也可以由外部刺激引发，如某消费者看到朋友的照相机很新颖，自己也想买一个。消费者的需求被认识后，往往会经过一段时间，强度不断提高，就会促使消费者产生购买行为。

### (二)收集信息

认识到的需求立即得到满足须具备若干条件，如需要很强烈，能满足需求的商品较明显，该商品可立即得到等等。在很多情况下，被认识到的需求并不能立即得到满足，消费者需要寻找和收集相关信息，对复杂的购买行为尤其如此，消费者要承受很大的购买风险，对所要购买的商品又不太了解，须要广泛地、大量地收集商品相关信息，这些信息一般包括：产品质量、功能、价格、牌号、已经购买者的评价等。而收集信息的积极程度往往随需要程度的不同而不同，当引起的需要还没有达到强烈程度时，消费者并不会很积极地去寻找信息，只是接受信息，反之，就会积极地去寻找信息。

消费者的信息来源通常有以下四个方面：①商业来源(如来自广告、推销员的介绍、商品包装的说明、商品展销会的信息等)；②个人来源(如来自家庭成员、邻居、朋友、同事和其他熟人的信息等)；③大众来源(如来自新闻传播媒体、政府部门、消费者权益保护组织的信息等)；④经验来源(如来自自己的直接处理、检查或使用商品的信息等)。这些信息来源的相对影响会因产品和购买者的不同而不同。但总体上看，消费者获取的商业来源的产品信息最多，但个人来源的产品信息却最具权威性和有效性。商业来源的信息通常只能充当告知的作用，而个人来源的信息则能达到评估商品的作用。

### (三)分析评价

当消费者从不同的渠道获取到有关的商品信息后，会根据这些信息和一定的评价方法对所要购买商品的不同品牌加以分析、研究、比较和评价，在此基础上才会做出购买决定。消费者的比较评价行为一般要涉及以下几个方面。

#### 1. 分析产品属性

产品属性即产品能够满足消费者需要的特性。消费者一般将某一种产品看成是一系列属性的集合。如智能手机的外观、信息储存量、运行速度、图像显示能力、软件的适用性等；鞋的用料、款式、价格等，都是消费者感兴趣的商品属性。

#### 2. 建立属性等级

消费者对产品有关属性所赋予的不同的重要性权数，称为商品属性权重。消费者不一定对产品的所有属性都视为同等重要，同一属性，对不同的消费者而言，其权重也不尽相同。如对于手机，消费者的各属性重要性的排序可能是功能、质量、价格、外观等，另外不同的消费者之间各属性重要性的排序可能存在着一定的差异。

3. 确定品牌信念

消费者会根据各品牌的属性及各属性的参数，建立起对各个品牌的不同信念，它是消费者对某品牌优劣程度的总的看法，如确认哪种品牌在某一属性上占优势，哪一属性又比较差。

4. 效用要求

效用要求是指消费者设定的商品各个属性的效用功能必须达到的标准。也就是说，某种商品的每一属性的效用功能只有达到消费者设定的标准时，消费者才会接受该商品。通过效用要求的筛选，消费者往往能够得到少数几个最终被选的商品，如购买打印机，通过对功能、价格、外观属性的效用功能标准的筛选，最终只有少数几个品牌和型号的打印机成为消费者被选购的对象。

5. 评价模式

消费者在明确上述问题以后，会根据一定的程序和方法对不同的品牌产品进行评价和选择。例如，某消费者想要购买打印机，他收集了 A、B、C、D、E、F、G 等 7 个品牌打印机的资料，对价格属性的要求是不超过 1000 元，对功能的要求是至少具有打印、复印、扫描等 3 种功能，那其中假设 A、B、C、G 等 3 个品牌的打印机因不符合要求而被淘汰；对剩下 D、E、F，消费者会进一步根据他对打印机的属性权重对它们进行筛选，最后可能他认为 F 品牌某款打印机最符合他的需要。

## (四)决定购买

经过分析评价，消费者会对某个品牌产品产生偏好，进而形成购买意图，但是，购买意图形成后，并不必然导致实际的购买。因为，期间还会受到两个方面因素的影响。

1. 他人的态度

消费者的购买意图会因他人的态度而增强或减弱。例如，某人已准备购买某品牌电视机，但他的家人或亲友持有反对态度，就会影响购买意图。他人态度对改变消费者原有购买意图的影响力取决于他人否定态度的强度、他人与消费者的关系密切程度以及他人的权威性等因素。他人否定态度越强烈，与消费者关系越密切，他人对这种商品的专业水准越高、越具权威性，则消费者改变其原先购买意图的可能性越大。

2. 意外情况

消费者购买意向的形成总是与预期收入、预期价格和期望从产品中得到的好处等因素密切相关。但是，在消费者将要采取购买行动时，发生了一些意外情况，如工资降低、涨价或亲友带来该产品不利的消息等，导致了其预期条件发生变化，这些都会使消费者改变或放弃原有的购买意图。

### (五)购后感受与行为

消费者购买商品后，通过自己的使用和他人的评价，会对自己购买的商品产生某种程度的满意或不满意的感受，也会受感受的影响产生一系列的购后行为活动。

消费者购买和使用某种商品后，必然会产生某种程度的满意感或不满意感。依据顾客满意的期望/差异理论，消费者的满意程度，取决于消费者在购买前对产品的期望与产品实际购买使用体验的对比。就是说，如果购买后在实际消费中符合预期的效果，则感到满意；超过预期，则很满意；未能达到预期，则不满或很不满意。实际同预期的差距愈大，不满意的程度也就愈大。

消费者对其购买的产品是否满意，还会影响到他们以后的购买行为。如果对产品满意，则在下一次购买中可能继续采购该产品，并向其他人宣传该产品的优点。如果对产品不满意，则会尽量减少不和谐感，具有不和谐感的消费者可以通过放弃或退货来减少不和谐，也可以通过寻求证实产品价值比其价格高的有关信息来减少不和谐。

可见，消费者购买决策的过程是认识需要、收集信息、比较评价、决定购买和购后感受与行为五个阶段的统一，当然这只是典型的情况。在现实的购买活动中，并非所有的购买行为的决策都依次经过上述 5 个阶段的。当消费者购买行为很简单时，他从认识需求到决定购买，几乎是同时进行的；而当消费者购买行为比较复杂时，那就不仅要经过每个阶段，甚至会出现反复。

**【案例 5-3】 唐小姐买衣服**

唐小姐正准备为找工作而参加面试，她觉得要给面试官一个好印象，一套合适的衣服必不可少。看看自己的衣柜，她发现那些花花绿绿的衣服似乎都不满意，忽然看到有一套蓝色套装，那是她妈妈在三年前为她买的，她试试有些紧身，而且发现这套衣服已经不够时髦。她决定去买一套新衣服。

唐小姐喜欢在 S 和 G 公司购物，但这两家公司都不出售职业服装。她突然想起了一则登在某报纸上的广告，这则广告是为一家大型百货公司的服装进行宣传。她决定到这家商场去看看，并且请她的朋友李小姐陪她前往。唐小姐很欣赏李小姐对服装的看法，因为李小姐是一个真正的模特，而且有着很高的品味。

步入这家商店，她们看到一些 P. E 牌的服装。唐小姐简单地浏览了一下这些衣服，觉得这些衣服对她而言太昂贵了，而且和妈妈买的蓝色套装相比，这些衣服又太过于新潮，妈妈肯定不赞同。而且她准备参加的是银行的面试，所以她觉得自己需要一套更保守些的衣服。

正在这时，一位销售人员走近了她们。在询问了唐小姐所要的服装样式及其尺寸后，这位销售人员向她展示了三套衣服。唐小姐在征求了李小姐对这三套服装的意见后，选择了其中的一套试穿。当唐小姐从试衣间出来时，她感觉衣服的肩部看上去不大合适，但是

李小姐和销售员都认为这身衣服使唐小姐看上去很精神。当商店里的另一位顾客告诉她，她穿上这身衣服显得很有职业气质后，唐小姐决定买下它。

销售员陪同她们走向收款台，当她们经过一个皮鞋卖场时，销售员站住了，拿起一双皮鞋在那套衣服前比画了一下，让唐小姐看看它们放在一起是多么相配。于是唐小姐决定将这双鞋也买下来。(资料来源：http://www.docin.com)

**案例分析：** 唐小姐买衣服因参加面试而对职业衣服有了需求，在对已有信息的筛选后，决定在好友的陪同下去百货公司进行选择购买，在对三套衣服的比较评价后，她买下了其中一套。

## 五、消费者购买决策的参与者

不同的购买决策可能由不同的人参加，同一购买决策也可能由不同的人参加，即使同一购买决策只有统一个人参加，该购买决策人在参与购买决策过程的不同阶段也充当着不同的角色。人们在一项购买决策过程中可能充当以下角色：

(1) 发起者：首先想到或提议购买某种产品或劳务的人。

(2) 影响者：其看法或意见对最终决策具有直接或间接影响的人。

(3) 决定者：能够对买不买、买什么、买多少、何时买、何处买等问题做出最后决定的人。

(4) 购买者：即执行购买决定，从事实际购买的人。

(5) 使用者：实际消费或使用所购商品或劳务的人。

对不同的商品，在购买决策过程中参与者扮演角色的多少也有所不同。例如在家庭中购买汽车和洗衣机，情况可能就会有所不同。

## 六、消费者购买决策的内容

研究消费者购买行为与决策，不仅要知道购买决策的过程和参与者，更要对消费者购买决策的内容加以把握。消费者需要在商品的购买活动中对以下几个方面内容进行决策：

(1) 为什么买？即权衡购买动机。消费者的购买动机是多种多样的。同样购买一台洗衣机，有人为了规避涨价风险；有人为了节约家务劳动时间；有人则是买来孝敬父母。

(2) 买什么？即确定购买对象。这是决策的核心和首要问题。决定购买目标不只是停留在一般类别上，而是要确定具体的对象及具体的内容，包括商品的名称、厂牌、商标、款式、规格和价格。

(3) 买多少?即确定购买数量。购买数量一般取决于实际需要、支付能力及市场的供应情况。如果市场供应充裕，消费者既不急于买，买的数量也不会太多；如果市场供应紧张，即使目前不是急需或支付能力不足，也有可能购买甚至负债购买。

(4) 在哪里买?即确定购买地点。购买地点是由多种因素决定的，如路途远近、可挑选的品种数量、价格以及服务态度等等。它既和消费者的惠顾动机有关，也和消费者的求廉动机、求速动机有关。

(5) 何时买?即确定购买时间。这也是购买决策的重要内容，它与主导购买动机的迫切性有关。在消费者的多种动机中，往往由需要强度高的动机来决定购买时间的先后缓急；同时，购买时间也和市场供应状况、营业时间、交通情况和消费者可供支配的空闲时间有关。

(6) 如何买?即确定购买方式。如购买一套商品房，是采取一次性付款，或是采取银行按揭的方式。

## 第二节 消费者购买行为理论

消费者购买行为理论是就消费者购买行为与购买决策过程中的各种现象进行解释的，其中具有代表性的要属风险知觉理论和效用理论。

### 一、风险知觉理论

#### 1. 购物中感知的风险

这种理论认为，任何一个消费者在他决定购买某种商品时，都会面临着这样的问题，那就是在他购买商品给他带来满足和愉快的同时，也可能会带来一些他不愿意、不希望的损失或潜在的危害性，甚至是带来一些现实的危险性。当消费者考虑购买商品时，这些损失、危害性、危险性就能被消费者意识到，从而构成了消费者在购买行为与决策过程中的风险知觉问题，并会对消费者的购买行为与决策产生影响。

#### 2. 感知风险的类型

很显然，消费者会很自然地尽量来减少或避免这些他不希望的后果出现，这种愿望对消费者的购买行为与购买决策会产生很大的影响。学者们已有的研究结果显示，消费者可能知觉到的风险主要有下面几个方面：

第一种是消费支出型的感知风险。表现为如果消费者购买了某种商品，会对其目前的经济状况构成影响，导致经济困难，影响对其他商品的消费。所以消费在决定购买这种商品时，必须考虑较少或不能消费另外一种商品的机会损失(成本)。如买了大房子后，因为每个月的还贷太多会让生活变得很拮据，虽然可以享受宽敞的住宅所带来的愉悦，但今后的日常开支、旅游、孩子上学等都将受到影响。

第二种是功能方面的感知风险。表现为如果产品不具备预期功能给消费者带来的风险。如对于一个赛车手来说，他购买的某种车的速度是否像其预期的那样会对他的影响很大，如果没有预期的速度功能，那他将受到巨大的影响。再比如对于一个要准时参加重要会议

的乘客来说，飞机的准点对他来说也是很重要的，他在选择不同航空公司的班机时，必然要去规避晚点，选择晚点率较低的航班。

第三种是人身方面的感知风险。即产品会危害购买者的风险，在产品使用过程中可能会发生产品危害消费者的情况，如对于家用汽车来说，发生撞车时是否容易翻车；对于药品来说，服用时是否存在着很大的副作用；对于微波炉，使用它来对食物进行加热是否会对人体产生辐射的危害；劣质的白酒会烧坏咽喉；劣质化妆品会伤害皮肤等等。

第四种是心理方面的感知风险。表现为产品会降低消费者自我形象的风险，如购买某件服装，穿上后是否看起来像个中年妇女，朋友或亲戚是否会嘲笑这次购买行为等。再比如在食品方面的消费，营养成分高而味道又鲜美的食品是大家都喜欢吃的，但对于爱美的女性来说，她们会考虑到这类食品多吃了会增加她们的体重，让她们失去优美的体形。

第五种是社会方面的感知风险。表现为消费者购买或使用某产品可能会给其社会关系带来损害，如造成环境污染、影响邻里关系等。

### 3. 减少风险的方法

当消费者感知到风险的存在时，他就会通过各种行为来规避这些风险。常见的方法有：

(1) 尽可能多地收集产品的相关信息，少量购买。消费者在感知到购买行为具有很高风险时，在消费前，消费者会多方收集有关信息，避免消费的盲目性。往往会通过亲朋好友、销售人员以及大众传媒搜集该产品及类似产品的信息。尤其是在购买大件商品，如房地产、汽车、电脑时，消费者会特别注意收集相关的商品信息。同时，进行更多的思考，并比较相关替代品的信息。搜集的信息量越大，消费者心中越有数，做出的购买决策就越合理，从而越能减少购买的风险。少量购买会使消费者的损失减低，例如，有的消费者不明白自己的肤质、发质，在购买护肤品和洗发水时容易误买不适用的产品。这时购买小瓶包装的商品则比买大瓶包装的损失要小。

(2) 尽量购买自己熟悉的产品，避免购买不熟悉的产品。由于消费者已经使用过某种品牌的产品，对该品牌有着充分的体验和了解，那么选购自己已经很熟悉的这种品牌产品也是一种规避购物风险的重要途径。此时若要购买自己不熟悉的新品牌产品的确会有风险。所以，女性消费者通常是某品牌洗发水的经常的购买者。

(3) 尽量购买名牌产品，名牌产品的性能、质量等一般来说是得到市场检验和认可的，产生风险和危害的机会较少，但价格可能较高，对于没有专业知识的消费者来说，他们经常通过这种方法来规避风险。

(4) 通过有信誉的销售渠道来购买产品，消费者在缺乏关于产品的信息时，通过到形象好、服务好的有信誉销售渠道那里购买产品，也是减少和降低感知风险的一种有效途径。

(5) 选购价格较高的产品，人们信奉一分钱一分货，以价格作为衡量产品各方面的尺度，以避免购买的风险。

(6) 寻求安全的保证，如要求企业能够提供的退换货的保证，产品要有权威机构的检测认证，保险公司的质量保险，或者能够免费体验试用等。

【案例 5-4】 美国汽车业实行退车还钱

美国克莱斯勒汽车公司总裁艾科卡曾在电视广告中宣布："如果你对我们的汽车不满意，可以退钱。"这位总裁还就退车的具体做法做了说明："如果你在华盛顿地区买了一辆新的克莱斯勒轿车或卡车，若是不满意，可在 30 天内或行车 1000 英里内退车还钱。假使是在丹佛地区，你可换一辆新车。"

美国通用汽车公司也向用户发出"安民告示"，在这以前和 1989 年中，顾客买了他们公司的汽车，如果不满意，也可在 30 天内或行车 3000 英里内换一辆新车。

此种不满意就可退钱或换货的做法，尽管实行不久，但为汽车业最大胆的行销攻势开创了前景，它使买车者感到无风险感。此外，美国汽车业者还向顾客提供了几种新的服务，包括扩大机件供应的保证，提供车辆免费行驶的协助，甚至保证转售价格的实现。

真正不满意而退车的客户并不多。例如，通用汽车公司在 1988 年的 4—8 月份，在卖出的 3000 辆车中，只退了 14 辆，而且没有一辆是因为品质不佳而退的。(资料来源：百度文库 http://wenku.baidu.com/view/cb844bd076a20029bd642d02.html)

**案例分析：**美国汽车业实行退车还钱办法，主要是让买车者感到无风险。如果消费者购物时具有很强的风险感，则消费者会变的犹豫甚至转向风险感小的其他替代品牌和产品。

## 二、效用理论

### 1. 效用与需要的满足

从经济学的观点来看，所谓效用是指商品能够满足消费者某种需要并带来愉快和享受的特性。商品是否具有效用及效用的大小，取决于消费者对该商品的主观感受，因而商品的效用对不同的消费个体存在差别，它因消费者的需要不同以及需要迫切程度的不同而变化。而从另一方面说，商品的效用并不是纯主观的，因为效用是对消费者需要的一种满足，而效用的大小在于满足程度的高低。消费者的基本需要是客观的，是可以用某种手段加以测量的。

消费者购买商品是为了获得满足，满足是人们在实现了欲望后的一种心理上的充实感。对于消费者来说消费欲望的实现就是满足，消费者从消费某种产品中所得到的满足就是效用。在实际的生活中，人们消费需要是不断产生、无穷的。但消费需要的满足受到社会生产力水平、家庭和个人经济收入、商品价格等多种因素制约，欲望的无限性与其得到满足的有限性就形成了矛盾。故消费者在决定购买商品时，会统筹安排，尽可能做出合理的决策，以较少的支出买到称心如意的商品，最大限度地满足自己的特定消费需要，达到最佳的购买行为效用。

### 2. 总效用、边际效用与消费数量的关系

总效用是消费者在一定时间内消费某种商品而获得的效用总和，是从消费一定数量的某种商品中得到的总的满足程度。虽然效用是人的主观感受，但一般意义上来说，随着商品消费量的增加，消费者心理感受的满足也是在逐渐增加的，消费者获得的总效用也是增加的。资源的有限性决定了人们在心理上总是希望自己拥有更多的社会资源或财富。所以消费数量和总效用间存在着正相关的关系，消费的数量越多，心理上获得的满足程度就越高，总效用也就越大。

边际一次在经济学中通常指一个量的变化率，边际效用是消费者每增加一个单位的商品消费所增加的总效用，它是总效用的变量。

边际效用=总效用增加量/商品总增加量

边际效用是西方经济学家分析消费者行为特点时提出来的一个理论，也称效用理论，它从人的需要和需要满足这个根本角度来宏观地解释消费者的购买行为与决策问题，这种理论认为消费者购买商品就是为了用既定的钱最大限度地个体的需要得到满足，以一定的钱买来尽可能多的商品，以达到效用的最大化。虽然随着消费商品数量的增加，给消费者带来的满足程度也在增加，但在消费者满足程度增加的同时，每一单位商品给带来的满足程度却在减少，即边际效用在降低、递减。

在一定时间内，一个人消费某种商品的边际效用，随着其消费量的增加而减少的现象被称为边际效用递减规律。俗话说的“物以稀为贵”就是这个道理。这一规律普遍存在于各种商品的消费中。基于这一规则，消费者对某种商品的需要量与商品的价格量呈反方向变动关系。

### 3. 按边际原理进行决策

从经济学观点看，消费者购买商品的目的是为获得效用。因此在购买时总要对付出的货币与能够获取的效用进行比较、衡量，以使支出的货币能够收到最高的效用。假定消费者的货币收入是固定的,那么他愿意为某商品付出的货币量(价格)就以该物的边际效用为标准。如边际效用大，他就多付，否则便少付。同种商品买得越多，该商品的边际效用在递减，愿意付出的货币量也就减少。由于这个原因，消费者一般不愿意对某种商品进行大批量购买。

对消费者而言，花同样的钱，一次性购买五块蛋糕得到的总效用不如吃两块蛋糕、买一本杂志、再理一次发、给小孩买一本小人书的效用大。他们在消费时，就倾向于后一种消费方式。将这种情况应用到促销方式上，商家在采用“买一赠一”这种形式时，赠同类产品对消费者的吸引力就不如送不同类商品大。

如何去决定货币的分配，才能使购买的商品在最大限度内满足需求，以获得效用的最大化，按照边际原理进行决策，就是在货币收入和商品价格一定的条件下，使购买各种商品的边际效用与其所付的价格比例相同。换言之，就是使购买多种类、不相同数量的各种商品所花费的单位货币所能提供的边际效用相等，使货币总量能提供的总效用最大化，见公式(1)和(2)。

$$P_1*Q_1+ P_2*Q_2+\cdots+ P_n*Q_n=M \quad (1)$$

$$MU_1/P_1= MU_2/ P_2 =\ldots= MU_n/ P_n \quad (2)$$

式中：1、2、…、n 分别表示消费的不同商品；$P_1$、$P_2$ 等表示相应的商品价格；$Q_1$ 、$Q_2$ 等表示相应的商品消费量；M 表示货币总收入；$MU_1$、 $MU_2$ 等表示购买相应商品的边际效用。

消费者之所以按照这一原则进行决策的原因是，在货币收入一定的条件下，在货币收入一定的条件下，多买了 1 就要少买 2 和其他，同时多买了 1，又会使得 1 商品本身的边际效用减少，而随着 2 或其他类商品消费量的减少，它们的边际效用又会增加，这就必然使各种商品消费的总效用减少，达不到最大。

由于边际效用递减规律的存在，人们就比较善变，喜欢追求新鲜的事物。新产品刚上市，人们的消费热情一般会很高，有时还会有点迫不及待。当这种产品在市场上越来越多，对它的消费也日益普遍，消费的欲望就会越来越低。如果该消费品不是生活必需品的话，很有可能过了一段时间，消费者就对它不再注意了。因此，要赢得消费者的注意力和忠诚度，企业需要不断推陈出新，使企业的主打产品始终保持较高的边际效用，将其递减速度减缓。对于已经推出的产品，则要想方设法维持其对消费者的边际效用，或者改变包装，或者在原有产品上开发新功能。

**【案例 5-5】 两大可乐公司的产品包装**

世界著名的两大可乐公司：可口可乐公司和百事可乐公司在可乐的配方没有改变的情况下，不断推出新包装，1.25L 装、500mL 装，瓶装、易拉罐装等；包装上的图案也在不断改变。以可口可乐为例，原来仅有可口可乐几个字。近年来开始将其形象代言人的形象印刷在包装上。2001 年年初，可口可乐推出的新包装上居然印有“招财”“进宝”两个中国式传统娃娃，大大地迎合了中国人节令的消费口味。所以，频繁更换包装，从而保持在消费者心中的新鲜感。(资料来源：王建军，《消费者行为学》2009 版，西南财经大学出版社)

**案例分析：**可口可乐公司和百事可乐公司在可乐的配方没有改变的情况下不断推出新包装，主要是因为保持在消费者心中的新鲜感，增强它们给消费者带来的效用。

# 本 章 小 结

本章主要介绍了消费者的购买行为、购买决策过程及消费者购买行为的风险知觉理论和效用理论。消费者购买行为是消费者为了满足某种需要，在购买动机的驱使下进行的购买商品和劳务的活动过程，它是消费者心理与购买环境、商品类型、供求状况及服务质量

等交互作用的结果。

消费者购买决策是对产品购买的一系列行为进行的决策，它在消费者购买活动过程中起到主导性的作用。消费者购买行为的一般模式表明消费者的购买行为是由刺激引起的，它是消费者对内外界刺激的反应。按照消费者购买的确定性分类，消费者的购买行为可以分为完全确定型、部分确定性和不确定型。按照消费者的购买态度和要求分类，消费者的购买行为可以分为习惯型、理智型、经济型、冲动型和疑虑型。按照消费者介入程度和品牌差异程度分类，消费者的购买行为可以分为习惯性购买行为、寻求多样化购买行为、减少失调购买行为和复杂购买行为。消费者典型的购买决策过程由认识需求、收集信息、分析评价、决定购买和购后感受与行为几个阶段构成。人们在一项购买决策过程中可能充当发起者、影响者 、决定者、购买者、使用者等角色。

风险知觉理论认为，消费者可能知觉到消费支出型的感知风险、功能方面的感知风险、人身方面的感知风险、心理方面的感知风险和社会方面的感知风险，并会对消费者的购买行为与决策产生影响。对于消费者来说消费欲望的实现就是满足，消费者从消费某种产品中所得到的满足就是效用。消费者购买商品的目的是为获得效用，因此在购买时总要对付出的货币与能够获取的效用进行比较、衡量，以使支出的货币能够收到最高的效用。如何决定货币的分配，才能使购买的商品在最大限度内满足需求，以获得效用的最大化，按照边际原理进行决策，就是在货币收入和商品价格一定的条件下，使购买各种商品的边际效用与其所付的价格比例相同。

## 自　测　题

1. 简述消费者购买行为与消费者购买决策的概念、两者之间的联系。
2. 简述消费者购买行为的类型。
3. 简述消费者购买决策的过程。
4. 简述消费者购买决策的参与者及角色。
5. 简述消费者购买决策的主要内容。
6. 简述风险知觉理论。
7. 简述消费者减少风险的方法。
8. 简述效用理论。

# 案例分析

## 羽绒被的现场充绒销售法

俗话说，百货迎百客，而北京王府井大楼则亮出新招，把南京羽绒厂的充绒“车间”搬进了商场，果然，羽绒被的日销售额由3000元上升到万元以上。这个现场充绒“车间”有15平方米，透过全封闭铝合金玻璃墙，三位工人称绒、充绒、缝纫的一举一动，一目了然。含绒量有50%，70%，90%三种，重量可多可少；高密度防绒布袋有7种颜色和图案可供选择。“车间”外，围满了驻足的顾客，记者现场采访了数位购买者。62岁的李光辉是听熟人介绍从鼓楼赶来的。“一位熟人半月前在这里买了床羽绒被，他说这玩意儿灵得很、热得盖不住!我寻思自己也到该享受一下的年纪了。这不，就蹬着小三轮载着老伴一起来了。”湖南新化铁路局电务段梁化昌说：“当地虽然也有卖的，但买现成的，只能摸摸捏捏，弄不清里面到底是啥玩意儿，心里老犯嘀咕，现在眼见为实，花钱买了放心。一辈子就买这一床，多花点钱值得。”当他数出450元交款时，自言自语道：“这是计划外开支，超支了。”还有一对约50岁的夫妇则是为儿子结婚买的。一问，他们自己还是用的棉被，父亲不无幽默：“眼下不是时兴‘孝子’嘛!”一位中年妇女买了两床含绒量50%的羽绒被，她对记者说：“这被子虽说含绒量不高，但价格较便宜，也挺暖和。我原打算买含绒量90%的，但一床要450元，再添些钱就能买两床含绒量50%的。这样，我和儿子就都有了。”虽说也有顾客买含绒量较低的羽绒被，但绝大部分顾客还是买含绒量90%的。一致回答说：“要买就买个好的，想想也觉得舒坦。”据已有10年工龄的刘光介绍，南京羽绒厂是家外贸企业，因引进生产线扩大生产量，才有部分产品内销，现在厂里是两个市场一起抓。百货大楼毛织组组长张琪说：“我们对所谓市场疲软进行了调研，认为疲就疲在品种上，软就软在质量上，我们和工厂联合开展现场充绒销售，就是提高产品质量和服务质量的浓度，实践证明是成功的。”26日是星期天，这天，共有40位顾客高高兴兴地从这里买去了羽绒被，价值是1.7万元。这些顾客在开票前一般要经过半小时的观察和选择，作出“决策”开票后，又要经过半小时才能充制完成。有的说：“这家厂子真会做生意!”有的说：“生意就该这么做!”(资料来源：朱远红.“基于消费者行为的营销策略分析”发表于《现代商贸工业》2009年16期)

**问题：**

1. 请你分析上述案例中几位消费者的购买行为模式。
2. 北京王府井大楼搞“现场充绒”，为什么能吸引众多消费者很快做出购买决策？

# 阅读资料

## Hallmark 贺卡

贺卡是最不像生意的生意之一。然而，Hallmark 给美国消费者制造了一种可出售的情感。事实上，贺卡是能用纸和墨水制造的最有利可图的东西。

它的一种简单的贺卡上写道：

“紫罗兰总是代表了思想——

至少民间是这样说，

所以我用它来表达我的思绪，

今天与你在一起。”

从 1941 年起，Hallmark 已经售出了 2200 万张这种简单的贺卡。在 1985 年，这种卡的制造成本估计为 7 美分，而零售价达到大约 40 美分。假定在零售时加价 100%，Hallmark 在整个销售中的收入大约 20 美分，利润大约为 200%。凭借这些财务数字，Hallmark 已经以每年 17%的速度增长了 80 多年。1985 年年销售收入达到了 20 亿美元。虽然接近 50%的收入来自辅助的产品，像礼品包、填充动物和纸盘等，但贺卡仍然是公司最有利可图的产品线。

贺卡的成本并不反映用了多少纸，甚至也不反映艺术工作的工作量，而是反映组织分销体系的投资与努力。Hallmark 每天生产超过 150 万张卡，它们被送往 37，000 个分销点，这些分销点大多是独立的商店。这家公司已投巨资建立了追踪产品的计算机系统。一位公司的销售代表说：“我们对每一张贺卡都了如指掌。”根据每种贺卡过去的销售情况，公司由两间巨大的自动仓库运出补充的订货。每年有 90%的卡片要被新设计替代，所以记录必须不断更新。通常，Hallmark 有大约 32，000 种卡要追踪。

Hallmark 并不销售商业贺卡。富裕的美国人早在 19 世纪 70 年代就开始在朋友之间交换昂贵的圣诞卡了。这种绅士习惯被美国贺卡公司的 Jacob Sapirstein 和 Hallmark 公司的 Joyce Hall 普及了。他们劝说消费者购买毕业卡、结婚卡、情人卡和各种用于其他活动的卡片。

在美国，贺卡市场充满风险、竞争激烈但市场巨大。1988 年美国消费者花了大约 37 亿美元在贺卡上。这种产品如此普遍以致在美国家庭之间的全部邮件中有大约 50%是贺卡。

1993 年，这一市场增长到 56 亿美元，这一增长很大程度上应归功于“可选”卡的销售的提高。可选卡被宽泛地定义为任何对这个市场来说有新鲜感的卡。例如，有为各种人群如祖父(母)、新近离婚者、工作压力过大的父母和小伙子准备的卡。除了传统的生日卡还有毕业卡、母亲节卡，还有为特殊事件，如得到一份新工作或被从旧工作上解雇，一次浪漫的小口角后的补偿以及实施减肥计划等制作的卡。

在美国有三家从事此业的主要的公司。Hallmark 有大约 45%的市场份额，美国贺卡公司有大约 30%～35%的市场份额，Gibson 大约有 10%的份额。Hallmark 在一场变革中已经加快步伐，其竞争领先者的地位从未被动摇过。然而，“可选”卡已经成了严重的威胁，占了大约 17%的市场份额。例如，销售额达 1 亿美元的可回收纸制造的古怪的动物卡正在以每年 30%的速度增长。几个小公司通过占领 Hallmark 忽略的细分市场而繁荣了起来。

对美国消费者来说贺卡的魅力是什么呢？没有其他的社会每人会送这么多卡。贺卡满足发贺卡的人什么目标或目的呢？它们确实并不是很方便。“开车去商店挑一张卡确实比写一封信更费时间”，一位社会学教授如是说。一个手写的便条，一个电话或一次探访有什么不妥吗？

在 1986 到 1987 年间，Hallmark 将全部营销战略转变为强调“形象”。执行这样一种战略是因为它认识到了在选择一张贺卡的过程中消费者选择店铺的重要性。Hallmark 之所以对店铺选择有特殊的兴趣是因为它的大多数贺卡都在“Hallmark 商店”中出售，这种商店只卖(或主要卖)Hallmark 的产品，如卡、包装纸、生日礼物、玩具和小饰品。虽然这些店铺主要是私人拥有，但许多在店名中标明“Hallmark 商店”例如，“琳达的 Hallmark 商店”。在这类分销系统中，为了买一张 Hallmark 卡消费者必须首先决定去 Hallmark 商店。

为提醒消费者他们应该去什么地方买 Hallmark 卡，该公司在他们的著名的宣传用语“如果你确实想送最好的……”后又增加了一条新的宣传用语：“……去 Hallmark”。Hallmark 也在报纸上列出所有本地的 Hallmark 零售商和他们的地址。美国贺卡公司在零售商店、社区商店和折扣商店销售它的贺卡。它的宗旨是：你不必改变你的习惯去寻找“美国贺卡”，因为我们在你每日光顾的各种商店中”。为了保持消费者光顾 Hallmark 商店的兴趣，Hallmark 将它的一种贺卡从每张 1.65 美元降价到每张 1.29 美元并增加了一个 800 号码以帮助消费者找到最近的 Hallmark 零售店。这场影响消费者对商店选择的战争还在继续。(资料来源：圣才学习网 MBA《消费心理学》http://www.100exam.com/view/specdata/20111013/7.html)

# 第六章

# 消费者群体的消费心理与行为

**学习目标：** 通过本章的学习，了解消费者群体对消费者心理与行为的影响，掌握不同消费者群体消费心理和消费行为的基本特征，掌握如何针对不同消费者群体特征制定相应的营销策略。熟悉消费习俗、消费流行的概念、类别、形成原因、表现形式，掌握消费习俗对消费心理与行为的影响，理解消费流行与消费心理与行为的关系。

**关键概念：** 消费者群体(community expense)　消费习俗(consumer custom)　消费流行(consumer popularly)

**引导案例：**

**“巧虎”在中国的成功**

巧虎，源于日本，后到中国台湾。自日本倍乐生携其拳头产品乐智小天地来中国大陆之后，几年时间，巧虎——这只作为幼教产品贯穿始终的主人公小老虎及其品牌，风靡大江南北。据不久前北京举行的中国早教产品研讨会上业内披露的数据显示，巧虎占有率居首。而“巧虎”也几乎成了一种社会现象，令那些重视早教的专业人士和家长们都不能无视它的存在

乐乐，3 岁。自从去年接触过巧虎之后，一下子被巧虎迷住，甚至让别人叫他“巧虎”。“通过巧虎的节目，我们家乐乐从中还是学到了很多有用的东西，比如穿衣服、穿鞋子、刷牙、系扣子等等。”乐乐妈妈说。嘟嘟，7 岁，喜欢玩儿童智力小游戏。只要一有空，他就玩“巧虎小侦探”“巧虎无人岛大探险”等小游戏。

有资料显示，巧虎 2015 年中国大陆的会员人数将达 100 万人。(资料来源：http://www.shichangbu.com/，商业价值)

## 第一节　消费者群体概述

### 一、群体的概念

群体或社会群体，是指两个或两个以上社会成员在长期接触交往过程中，在相互作用与相互依存的基础上形成的集合体。群体是社会生活的基础，没有群体，正常的社会生活

就难以进行。群体规模可以比较大，如有数万员工的跨国集团；也可以比较小，如经常一起上街购物的两位邻居。

社会成员构成一个群体，应具备以下基本条件和特征：第一，群体成员要以一定的纽带联系起来。如以血缘为纽带组成了氏族和家庭，以地域为纽带组成了邻里群体，以业缘为纽带组成了职业群体。第二，成员之间有共同目标和持续的相互交往。在车站排队上车的一群人或者是自由买票进入车厢坐车的乘客都不能构成群体，因为他们是偶然和临时性地聚集在一起，缺乏持续的相互交往。第三，群体成员有共同的群体意识和规范，用以调节和监督。

消费者群体的概念是从社会群体的概念引申而来的。消费者群体是指具有某些共同消费特征的消费者所组成的群体。消费者群体的共同特征，包括消费者收入、职业、年龄、性别、居住分布、消费习惯、消费爱好、购买选择、品牌忠诚等因素。同一消费者群体中的消费者在消费心理、消费行为、消费习惯等方面具有明显的共同之处，而不同消费者群体成员之间在消费方面存在着多种差异。一般来说，消费者都具有一定的群体意识和归属感，遵守群体的规范和行为准则，承担角色责任，同时也会意识到群体内其他成员的存在，在心理上相互呼应，在行为上相互影响。

## 二、消费者群体的形成因素

消费者群体的形成是内在因素与外在因素共同作用的结果。

### 1. 内在因素

内在因素主要有性别、年龄、性格、生活方式、兴趣爱好等生理、心理方面的特质。由于具有某种相同的心理特质，消费者之间容易建立社会角色认同感和群体归属感，容易形成共同的生活目标和消费意向，能够保持比较经常性互动关系，并产生行为动机的一致性等，即所谓的“物以类聚、人以群分”。例如，男性消费者群体和女性消费者群体，儿童消费者群体、青年消费者群体和老年消费者群体等。

### 2. 外在因素

外在因素在主要包括地理位置、气候条件等自然环境方面，以及生产力发展水平、生活环境、所属国家、民族、宗教信仰、文化传统、政治背景等社会文化方面。外在因素一般会通过内在因素对消费者施加影响。例如，具有相同职业的消费者，在其消费心理与行为往往表现出职业的偏好与习惯；居住在不同自然环境和人文环境中的消费者具有迥然不同的生活习惯；因此消费行为也不一样等。

# 第二节　不同年龄消费者群体的消费心理与行为

## 一、少年儿童消费者群体的消费心理与行为

少年儿童消费者群体是由 0～14 岁的消费者组成的群体。这部分消费者在人数中占有较大的比例。从世界范围看，年轻人口型国家中，0～14 岁的少年儿童占 30%～40%；老年人口型国家中，儿童占 30%左右。我国这一比例为 30%～40%，这一年龄阶段的消费者构成了一支庞大的消费大军，形成了具有特定心理的消费者群体。

这一部分消费者又可根据年龄特征分为儿童消费者群体(0～11 岁)和少年消费者群体(11～14 岁)。这里分别就这两个年龄段的消费者群体的心理与行为特征进行探讨。

### (一)儿童消费者群体的消费心理与行为特征

从出生婴儿到 11 岁的儿童，受一系列外部环境因素的影响，他们的消费心理变化幅度最大。这种电话在不同的年龄段表现地最为明显，即乳婴期(0～3 岁)、学前期(3～6 岁，又称幼儿期)、学初期(6～11 岁，又称童年期)。在这 3 个阶段中，儿童的心理出现 3 次较大的质的飞跃，即开始了人类的学习过程，逐渐有了认识能力、意识倾向、学习、兴趣、爱好、意志及情绪等心理品质，学会了在感知和思维的基础上解决简单的问题。这种心理与行为特征在消费者活动中表现为以下几种情况。

#### 1. 从纯生理性需要逐渐发展为带有社会性的需要

儿童在婴幼儿时期，消费需要主要表现为生理性的，且纯粹由他人帮助完成的特点。随着年龄的增长，儿童对外界环境刺激的反应日益敏感，消费需要从本能发展为有自我意识加入的社会性需要。例如，四五岁的儿童就学会了比较，表现出了有意识的支配行为，年龄越大，这种比较也就越深入。然而，这时的儿童仅仅是商品和服务的使用者，而很少成为直接购买者。处于幼儿期、学前期的儿童，已经具有一定的购买意识，并对父母的购买决策发生影响。有的还可以单独购买某些简单商品，即购买行为由完全依赖型向半依赖型转化。

#### 2. 从模仿型消费逐渐发展为带有个性特点的消费

儿童的模仿性非常强，尤其在学前期，对于其他同龄儿童的消费行为往往有强烈的模仿欲望。随着年龄的增长，这种模仿性消费逐渐被有个性特点的消费所代替，购买行为也开始有了一定的目标和意向，如自己的玩具用品一定要好于其他同龄儿童。

#### 3. 消费情绪从不稳定发展到比较稳定

儿童的消费情绪不稳定，易受他人感染也易变化，这种心理特征在学前期表现得尤为突出。随着年龄的增长，儿童接触社会环境的机会增多，有了集体生活的锻炼，意志得到了增强，消费情绪逐渐趋于稳定。

总支，儿童的消费心理多处于感情支配阶段，购买行为以依赖型为主，但已有影响父母购买决策的倾向。

## (二)少年消费者群体的消费心理与行为特征

少年消费者群体是指 11～14 岁年龄阶段的消费者。少年期是儿童向青年过渡的时期。在这一时期，生理上呈现第二个发育高峰。与此同时，心理上也有较大的变化，如有了自尊与被尊重的要求，逻辑思维能力增强。总之，少年消费者群体的消费心理与行为特征可以从以下几点表现出来。

### 1. 有成人感，独立性增强

有成人感，是少年消费者自我意识发展的显著心理特征。他们认为自己已长大成人，应该有成年人的权利与地位，要求受到尊重，学习、生活、交友都不希望父母过多干涉，而希望能按自己的意愿行事。在消费心理上，表现出不愿受父母束缚，要求自主独立地购买所喜欢的商品。他们的消费需求倾向和购买行为尽管还不成熟，又实惠与父母产生矛盾，却在形成中。

### 2. 购买的倾向性开始确立，购买行为趋于稳定

少年时期的消费者，只是不断丰富，对社会环境的认识不断加深，幻想相对减少，有意识的思维与行为增多，兴趣趋于稳定。随着购买活动次数的增加，他们的感知性经验越来越丰富，对商品的分析、判断、评价能力逐渐增强，购买行为趋于习惯化、稳定化，购买的倾向性也开始确立，购买动机与实际的吻合度有所提高。

### 3. 从受家庭的影响转向受社会的影响，受影响的范围逐渐扩大

儿童期的消费者主要受家庭的影响。少年消费者则由于参与集体学习、集体活动，与社会的接触机会增多，范围扩大，受社会环境影响必中逐渐上升。这种影响包括新环境、新事物、新知识、新产品等内容，其消费影响媒介主要是同学、朋友、明星、书籍、大众传媒等。与家庭相比，他们更乐于接受社会的影响。

## (三)面对少年儿童消费者群体的市场营销策略

少年儿童消费者构成了一个庞大的消费市场。企业把握少年儿童的心理与行为特征，是为了刺激其购买动机，满足他们的心理和物质需求，积极培养、激发和引导他们的消费欲望，从而大力开发这一具有极大潜力的消费市场。为此，可以采用以下几种策略。

### 1. 根据不同对象，采取不同的组合策略

乳婴期的儿童，一般由父母为其购买商品。企业对商品的设计要求、广告诉求和价格制定可以完全从父母的消费心理出发。商品质量要考虑父母对儿童给予保护、追求安全的心理，生活用品和服装要适应不同父母审美情趣的要求，玩具的价格要适当。学龄前期的儿童不同程度的参与了父母为其购买商品的活动。因此，企业既要考虑父母的要求，也要考虑儿童的兴趣。玩具用品的外观要符合儿童的心理特点，价格要符合父母的要求，用途要迎合父母提高儿童智力及各方面能力的需要。

### 2. 改善外观设计，增强商品的吸引力

少年儿童虽然已经能进行简单的逻辑思维，但直观地、具体的形象思维仍然起主导作用，对商品优劣的判断较多的依赖商品的外观形象。因此，商品的外观形象对他们的购买行为具有重要的支配作用。为此，企业在儿童用品的造型、色彩等外观设计上，要考虑儿童的心理特点，力求生动活泼、色彩鲜明。如用动物头像做成笔帽。用儿童喜欢的卡通形象作为服饰装饰图案等，以此增强商品的吸引力。

### 3. 树立品牌形象

少年儿童的记忆力很好，一些别具特色并为少年儿童喜爱的品牌、商标或商品造型，一旦被其认识，就很难改忘记。相反，如果他们对某些商品产生不良印象，甚至厌恶情绪，则很难改变。因此，企业在给商品命名、设计商标图案和进行广告宣传时，要针对少年儿童的心理偏好，使他们能够对品牌产生深刻印象，并且还要努力在产品质量、服务态度上狠下功夫，使少年儿童能够长期保留对企业及商品的良好印象。

**【案例 6-1】　小阿华的“精确营销”**

时下儿童在现代家庭中的地位日益突出，拥有多种收入来源：同时又是儿童用品的直接消费者，父母在购买儿童用品时会充分地考虑儿童的特点和偏好，所购商品尽量使儿童满意。小阿华公司的目标市场是 0～5 岁的母婴家庭，经过系统研究，小阿华了解到：拥有婴幼儿的父母们普遍存在“望子成龙、望女成凤”的心理；母婴消费更注重安全性；权威品牌对于消费影响巨大。因此，小阿华借助精确营销的思路，以信息收集、处理为基础，以直递广告、权威推荐、免费服务为主要信息载体，实现全面直接的沟通，以加强母婴服务的品牌硬度，建立专业方便的母婴健康消费平台。其精确营销策略有效满足了父母希望借助早教，突出培养孩子的独立能力和创造能力，让孩子健康发展的需求，获得了成功。(资料来源：根据百度文库整理)

**案例分析：**此案例告诉我们，企业的儿童市场营销需结合儿童的不同年龄阶段，充分考虑到儿童实际的生理特点和心理需求，结合儿童父母(长辈)的消费心理开发适合儿童的产品，运用恰当的营销手段，进行针对性诉求。

## 二、青年消费者群体的消费心理与行为

青年是指由少年向中年过渡时期的人群。处于这一时期的消费者，形成了青年消费者群体。不同的国家和地区由于自然条件、风俗习惯、经济发展水平不同，人的成熟早晚各异，青年的年龄范围也不一致。在我国，青年一般指年龄在15～35岁的消费者。

### (一)青年消费者群体的特点

(1) 青年消费者群体人数众多，是仅次于少年儿童消费者群体的另一个庞大的消费者群体。

(2) 青年消费者群体具有较强的独立性和很大的购买潜力。进入这一时期的消费者，已具备了独立购买商品的能力，具有较强的自主意识。尤其参加工作以后有了经济收入的青年消费者，由于没有过多的负担，独立性更强，购买力也较高。因此，青年消费者群体是消费潜力巨大的消费者群体。

(3) 青年消费者群体的购买行为具有扩散性，对其他各类消费者都会产生深刻的影响。他们不仅具有独立的购买能力，其购买的意愿也多为家庭所尊重。新婚夫妇的购买代表了最新的家庭消费趋势，对已婚家庭会形成消费冲击和诱惑。孩子出生后，他们又以独特的消费观念和消费方式影响下一代的消费行为。这种高辐射是任何一个年龄段的消费者所不及的。因此，青年消费者群体应成为企业积极争取的对象。

### (二)青年消费者群体的消费心理与行为特征

在消费心理上青年消费者群体与其他消费者群体有许多不同之处。

#### 1. 追求时尚，表现时代

青年人典型的心理特征之一就是思维敏捷、思想活跃，对未来充满希望，并具有冒险和创新精神。任何新事物，新知识都会使他们感到新奇、渴望并大胆追求。这些心理特征反映在消费心理与行为方面就是追求新颖和时尚，力图站在时代前列，领导消费新潮流。他们始终对现实世界中心中新兴事物抱有极大的兴趣，渴望更换品牌体验不同的感受。所以，青年消费者清冽的求新、求异思维决定了他们往往是新产品、新消费方式的追求者、尝试者和推广者。

#### 2. 追求个性，表现自我

处于青春时期的消费者自我意识迅速增强。他们追求个性独立，希望确立自我价值，形成完美的个性形象，因而非常喜欢个性化的商品，并力求在消费活动中充分展示自我。

#### 3. 追求实用，表现成熟

青年消费者的消费倾向从不稳定向稳定过渡，因而在追求时尚、表现个性的同时，也

注重商品的实用性和科学性，要求商品经济实用，货真价实。由于青年人大多具有一定的文化水准，接触信息较多，因而在选择购买过程中盲目性较少，购买动机和购买行为表现出一定的成熟性。

#### 4. 注重情感，冲动性强

青年消费者处于少年到成年的过渡阶段，思想倾向、志趣爱好等还不完全稳定，行动易受感情支配。上述特征反映在消费活动中，表现为青年消费者易受客观环境的影响，情感变化剧烈，经常发生冲动性购买行为。同时，直观选择商品的习惯使他们往往忽略综合选择的必要，款式、颜色、形状、价格等因素等能单独成为青年消费者的购买理由，这也是冲动购买的一种表现。

### (三)面向青年消费者群体的市场营销策略

企业想争取青年消费者市场，必须针对青年消费者群体的心理与行为特征，制定相应的市场营销策略。

#### 1. 满足青年消费者多层次的心理与行为需要

产品的设计、开发要满足青年消费者多层次的心理与行为需要，以商品刺激他们产生购买动机。青年消费者进入社会后，除了生理、安全保障需要之外，还产生了社会交往、自尊、成就感等多方面的精神需要。企业开发的各类商品，纪要具备实用价值，更要满足青年消费者不同的心理需要。比如，个性化的产品会使青年消费者感到自己与众不同。名牌皮包、时装会表现拥有者的成就感和社会地位感，特别受到青年消费者的青睐。

#### 2. 开发时尚产品，引导消费潮流

青年消费者学习和接受新事物快，富于想象力和好奇心，因此在消费上追求时尚、新颖。每个时期，时尚是不断变化的，企业要研究预测国家国内消费的变化趋势，适应青年消费者的心理，开发各类时尚产品，引导青年消费者消费。

#### 3. 注重个性化产品的生产、营销

个性化的产品、与众不同的另类商品被青年消费者称为“酷”而大受欢迎。企业在产品的设计、生产中，要改变传统思维方式，要面向青年消费者开发个性产品。尤其是服装、装饰品、书包、手袋、手机等外显商品的设计生产，要改变千篇一律的大众化设计，寻求特性，以树立消费者的个性形象。同时，在市场销售过程中也应注意个性化，如在商场设立形象顾问，帮助顾客挑选化妆品、设计发型。在时装销售现场，帮助青年消费者进行个性化的着装设计，推荐购买穿着类商品和饰物。

#### 4. 缩小差距，追求商品的共同点

青年消费者由于职业、收入水平不同，产生了不同的消费阶层。他们在商品的购买上，

也有因收入不同带来的差别。但是，青年人好胜、不服输的天性又使这种差别的表现方式不十分明显。例如，城市中青年人结婚的居室布置夜光为农村青年所模仿，房屋装修、家用电器一应俱全。但是其商品的品牌、质量还是有所不同。企业在开拓青年消费市场时，要考虑这些不同的特点，生产不同档次、不同价格水平、面向不同收入水平的同类产品。这些产品在外观形式上差别不太大，但在质量价格上能形成多种选择，以满足不同收入水平青年消费者的需要。

**5. 做好售后服务工作，使青年消费者成为推动市场开拓的力量**

青年消费者购买商品后，往往会通过使用和其他人的评价，对购买行为进行评判，把他们购买预期与产品性能进行比较。若发现性能与预期相符，就会基本满意，进而向他人推荐此产品。如果发现产品性能超过预期，就会非常满意，进而大力向他人展示、炫耀，以显示自己的鉴别能力。相反，若发现产品达不到预期，就会感到失望和不满，会散布对此商品的否定评价，进而影响这种商品的市场销路。企业在售出商品后，要收集相应信息，了解顾客反映以改进产品。同时，要及时处理好顾客的投诉，以积极的态度解决产品存在的问题，使青年消费者对企业的服务感到满意。

## 三、中年消费者群体的消费心理与行为

中年消费者群体指35～55岁之间的消费者组成的群体。中年消费者购买力强，购买活动多，购买的商品既有家庭日用品，也有个人、子女、父母的穿着类商品，还有大件耐用消费品。争取这部分顾客，对于企业巩固市场、扩大销售具有重要意义。

### (一)中年消费者群体的消费心理与行为特征

中年消费者群体的消费心理与行为大多数表现为以下几个方面。

**1. 经验丰富，理智型强**

中年消费者生活阅历广，购买经验丰富，情绪反应一般比较平稳，能理智的支配自己的行动，感情用事的现象较少见。他们注重产品的实际效用、价格与外观的统一，从购买欲望形成到实施购买往往要经过分析、比较和判断的过程，随意性很小。在购买过程中，即使遇到推销人员不负责任的介绍和夸大其词的劝诱，以及其他外界因素的影响，他们一般也不会感情用事，而是冷静理智地进行分析、比较、判断与挑选，使自己的购买行为尽量正确、合理。

**2. 量入为出，计划性强**

中年处于青年向老年的过渡阶段，而中年消费者大多肩负着赡老抚幼的重任，是家庭经济的主要承担者。在消费上，他们一般奉行量入为出的原则，养成了勤俭持家、精打细

算的习惯，消费支出计划性强，很少出现计划外开支和即兴消费的现象。他们在购物时往往格外注重商品的价格和实用性，并对与此有关的各项因素，如产品的品种、品牌、质量、用途等进行全面衡量后再做出选择。一般来说，物美价廉的产品往往更能激发中年消费者的购买欲望。

### 3. 注重身份，稳定性强

中年消费者正处于人生的成熟阶段，他们大多数生活稳定。他们不再像青年时那样赶时髦、超前消费，而是注意建立和维护自己所扮演的社会角色相适应的消费标准和内容，如中年消费者更注重个人气质和内涵的体现。

## (二)面向中年消费者群体的营销策略

根据中年消费者群体的心理与行为特征，企业可采取以下营销策略。

### 1. 注重培育中年消费者成为忠诚顾客

中年消费者在购买家庭日常生活用品时，往往是习惯性购买，习惯去固定的场所购买经常使用的品牌。生产者、经营者要满足中年消费者的这种心理需要，使其消费习惯形成并保持下来。不要轻易改变本企业长期形成历史悠久的商品品牌包装，以免失去顾客。商品的质量标准和性能价格比，要照顾到中年消费者的购买习惯，也不要轻易变动。

### 2. 在商品的设计上要突出实用性、便利性

在商品销售现场，要为顾客着想，提供良好的服务。中年消费者消费心理稳定，追求商品的实用性、便利性，华而不实的包装，热烈、刺激的造型，强烈对比、色彩动感的画面往往不被中年消费者喜爱。在销售中年人参与购买的商品时，应根据中年人的消费习惯，提供各种富有人情味的服务，如提供饮用水、休息、物品保管、代为照看小孩等，这样会收到良好的促销效果，是中年消费者成为下次光顾、经常光顾的忠诚顾客。

### 3. 切实解决购物后发生的商品退换、服务等方面的问题

中年消费者购物后发现问题，多直接找经营者解决，而且态度坚定、理由充分。经营者应切实给他们解决问题，冷静面对，切忌对他们提出的问题推诿、扯皮、不负责任，因而失去忠诚顾客。

### 4. 促销广告活动要理性化

面向中年消费者开展商品广告宣传或者现场促销活动要理性化。中年消费者购物多为理性购买，不会轻易受外界环境因素影响和刺激。因此，在广告促销活动中，要靠商品的功能、效用打动消费者，要靠实在的使用效果、使用人的现身说法来证明。在现场促销时，营业员面对中年顾客要以冷静、客观的态度及丰富的商品知识说服顾客来推荐商品并给顾客留下思考的空间和时间，切忌推销情绪化、过分热情而招致中年消费者反感。

## 四、老年消费者群体的消费心理与行为

老年消费者群体一般是指退休后离开工作岗位的，男 60 岁以上，女 55 岁以上的消费者组成的群体。由于老年人在吃、穿、用、住、行方面都有特殊要求，因此，这个群体要求有自己独特的产品和服务。对老年消费者消费需求的满足，从一个侧面反映了一个国家的经济发展水平和社会稳定程度。因此，研究老年消费者群体的消费心理特征，满足老年消费者的消费需求是非常必要的。老年消费者由于生理演变的结果，他们的消费心理与行为相对其他消费者群体有许多不同之处。

### (一)老年消费者群体的消费心理与行为特征

#### 1. 消费习惯稳定，消费行为理智

老年消费者在几十年的生活实践中，不仅形成了自身的生活习惯，而且形成了一定的购买习惯。这类习惯一旦形成就很难改变，并且会在很大程度上影响老年消费者的购买行为。反过来，这会使老年型商品市场变得相对稳定。因此，为争取更多地老年消费者，企业要注意“老字号”及传统商标品牌的宣传，经常更换商标、店名的做法是不明智的。由于年龄和心理的因素，与年轻人相比，老年人的消费观较为成熟，消费行为理智，冲动型热情消费和目的不明确的盲目消费相对要少。对消费新潮的反应会显得较为迟钝，他们不赶时髦，讲究实惠。

#### 2. 商品消费追求实用

老年消费者把商品的实用性作为购买商品的第一目的性，他们强调质量可靠、方便实用、经济合理、舒适安全。至于商品的品牌、款式、颜色、包装装潢是放在第二位考虑的。我国现阶段的老年消费者经历过较长一段时间的并不富裕的生活，他们生活一般都很节俭，价格便宜对于他们选择商品有一定的吸引力。但是随着人们生活水平的改善，收入水平的提高，老年消费者在购买商品时也不是一味地追求低价格，品质和实用性才是他们考虑的主要因素。

#### 3. 消费追求便利

老年消费者由于生理技能逐步退化，对商品消费的需求着重于其易学易用、方便操作，以便减少体力和脑力的负担，同时有益于健康。老年消费者对消费便利性的追求还体现在对商品质量和服务的追求上，老年消费者对商品质量和服务质量的要求高于一般消费者，这是老年消费者的质量特征。质量高、售后服务好的商品能够使老年消费者用得放心、用的舒服，不必为其保养和维修消耗太多的精力。

#### 4. 需求结构发生变化

随着生理机能的衰退，老年消费者对保健食品和用品的需求量大大增加。只要某种食品或保健用品对健康有利，价格一般不会成为老年消费者的购买障碍。同时，由于需求结构的变化，老年消费者在穿着及其他奢侈品方面的支出大大减少，而对满足其兴趣、嗜好的商品购买支出明显增加。如穿着类商品需求下降的原因是，老年人不再追求时尚流行，活动、运动少，一件衣服可以穿许多年，所以添置的少。而用的商品从生活日用品占据较大比重开始转向对旅游、休闲、娱乐、健身用品的需求比例上升。

#### 5. 部分老年消费者抱有补偿性消费心理

在子女长大成人独立、经济负担减轻之后，部分老年人消费者产生了强烈的补偿心理，试图补偿过去因为条件限制而未能实现的愿望。他们不仅在美容美发、穿着打扮、营养食品、健身娱乐、旅游观光等方面和青年消费者一样有着强烈的消费兴趣，而且还乐于进行大宗支出。

#### 6. 注重健康，增加储蓄

对于一些身体状况较差的老年人来说，健康无疑是他们最关心的问题。这些人一般更加注意保养身体，较多购买医疗保健品。此外，老年人退休后，他们的收入都有所下降，特别是大多数农村的老年人，一旦不在劳作，就几乎没有收入来源，而得以靠自己以往的积蓄来生活，或是由子女抚养。因此，随着年龄的增加，为了保证以后有足够的医疗支出，他们会更加节省开支以增加储蓄，为以后治疗疾病做更多的准备。

### (二)面向老年消费者群体的市场营销策略

针对以上老年消费者的消费心理特点，企业不但要提供老年消费者所希望的方便、舒适、有益于健康的消费品，还要提供良好的服务。同时，要考虑老年消费者娱乐休闲方面的要求，提供适合老年人特点的健身娱乐用品和休闲方式。此外，老年消费者用品的购买者既可能是老人自己，也可能是子女、孙子女等，因此，针对老年消费者可采取以下市场营销心理策略：

(1) 生产商要针对老年消费者注重实用性、方便性、安全性及舒适性的消费心理，开发、生产适合老年消费者需要的各类商品。

(2) 帮助老年消费者增强消费信心。老年消费者由于体力和智力都处于明显的衰退状态，所以他们的心里可能会变得很脆弱、敏感、失落，在购买心理和行为上常常表现出反复权衡、仔细挑选、犹豫不决。针对这种情况，应采取一些策略，帮助老年消费者恢复自信，增强消费信心。例如，选派商品知识丰富、富有亲和力、态度热情的售后人员上门为老年消费者服务，制定商品无理由退还制度、售前咨询、售后服务制度，送货上门、服务到家制度以及免费试用、先尝后买、操作演示等都是提高老年消费者购买欲望的有效措施。

(3) 广告促销活动不但针对老年消费者，还可以针对老年消费者的子女开展。有些商品，像老年人健身用品、营养品等，不但可以面向老年人设计广告，还可以面向青年人，提倡尊老敬老的社会风尚，激发青年人孝敬老人的心理，从而产生购买行为。又如专门服务老年人的旅行团，很多情况下都是子女为父母付款，很多营养保健品也是子女购买孝敬老人的。因此，老年人用品的广告要面向青年人，也常能取得较好的销售效果。

**【案例 6-2】 老龄化带来的新市场机遇**

统计显示，2014 年，我国 60 岁以上老年人口已超过 2 亿，预计 2015 年将达到 2.43 亿，我国人口正处于急剧老年化的进程中。“庞大的老年人口，是政府关心同时也是必须带动民营经济进入的重要产业地带。”这一趋势将为包括房企在内的大批企业营造出新的发展机遇。“在转型背景下，房企过去单一的开发、建设模式将逐步被淘汰。购房者不再满足刚需置业，而是更多地偏向享乐型地产。” 今年以来，先后有 27 家房地产企业、6 大保险公司、6 家央企和 13 家行业公司进军养老地产行业。易居中国研究员严跃进说，养老地产已成为了房企转型的主要方向。“养老地产不是一个概念。在销售完成之后，企业还必须向购房者提供医疗、健康等配套设置和持续、完善的服务。”严跃进说，因为需要专业和持续的服务，养老地产也是一个门槛较高的细分市场，而大型品牌开发商在这一领域则具有更强的优势。(资料来源：重庆商报，2014 年 12 月 10)

**案例分析：**人口老龄化虽然给社会带来诸多的负面影响，但应该看到，老龄化也存在着巨大的商机，相关企业应积极发掘这一细分市场的相关需要，生产他们需求的产品。

# 第三节 不同性别消费者群体的消费心理与行为

## 一、女性消费者群体的消费心理与行为

女性消费者不仅数量大，而且在购买活动中起着特殊重要的作用。女性不仅对自己所需的消费品进行购买决策，而且在家庭中她们承担了母亲、女儿、妻子等多种角色，因此，也是大多数儿童用品、老人用品、男性用品、家庭用品的购买者。

### (一)女性消费者群体的消费心理与行为特征

由于女性消费者在消费活动中处于特殊的角色地位，因而形成了独具特色的消费心理与行为。

#### 1. 情感性心理

女性消费者在个性心理的表现上具有较强的情感性特征，及感情丰富、细腻，心境变化剧烈，富于幻想和联想。这种特性反映在消费活动中，就是在某种情绪或情感的驱动下

产生购买欲望从而进一步产生购买行为。这里导致情绪或情感萌生的原因是多方面的，如商品品牌的寓意、款式色彩产生的联想、商品形状带来的美感、环境气氛形成的温馨感觉等都可以使女性萌发购买欲望，甚至产生冲动性购买行为。再给丈夫或男朋友、子女、父母购买商品时，她们的这种心理特征表现得更加强烈。

### 2. 注重商品的实用性和细节设计

由于女性消费者在家庭中的地位及从事家务劳动的经验体会，是他们对商品的关注角度和男性有所不同。她们在购买日常生活用品时，更关注商品的实际效用，关心商品带来的具体利益。商品在细节之处的设计优势，往往更能博得女性消费者的欢心。如家用微波炉使用的专用器皿，多用途的家庭刀具等。她们在购买商品时所表现出来的反复询问，了解使用方法，使人明显感觉到女性消费者的细心。

### 3. 注重商品的便利性和生活的创造性

现代社会，中青年妇女的就业率很高，她们既要工作，又要担负着家庭的大部分家务，因此，她们对日常生活用品的方便性有着强烈的要求。每一种新的、能减轻家务劳动强度、节省家务劳动时间的便利性消费品，都能博得她们的青睐。例如，多用途搅拌切片机、消毒柜等以家庭为对象的厨房用品，成为现代女性的新选择。同时，女性消费者对于生活中新的、富于创造性的事物，也充满热情。

### 4. 有较强的自我意识和自尊心

女性消费者一般都有较强的自我意识和自尊心，对外界事物反应敏感。在日常消费活动中，她们往往以选择的眼光、购买的内容及购买的标准来评价自己和别人。当自己购物时，希望通过明智的、有效地消费活动来体现自我价值。当别人购物时，即使作为旁观者，也愿意发表意见，并且希望自己的意见被采纳。在购买活动中，营业员的表情、语调、介绍及评论等，都会影响女性消费者的自尊心，进而影响其购买行为。

### 5. 选择购买商品挑剔

由于女性消费品品种繁多，弹性较大加之女性特有的细腻、认真，因而她们通常在选择商品时比较细致，注重产品在细微处的差别，通俗地讲就是更加“挑剔”，产品某些细微的优点或不足都会引起女性消费者的注意。另外，女性通常具有较强的表达能力、感染能力和传播能力，善于通过说服、劝告、传话等方式对周围其他消费者的购买决策产生影响。

### 6. 攀比炫耀心理

炫耀心理是以购物来显示自己某种超人指出的心理状态，是爱美心理和时髦心理的一种具体表现。当代女性，特别是家庭收入较高的中青年女性，喜欢在生活上和人攀比，总希望比自己的同事、亲友过得更舒适，更显得富有。她们在消费活动中除了要满足自己的基本生活消费需要或使自己更美、更时髦之外，还可能通过追求高档次、高质量、高价格的名牌产品或在外观上具有奇异、超凡脱俗、典雅大方等与众不同的特点的产品或前卫的消费方式，来显示其地位上的优越、经济上的富有、情趣上的脱俗等。

### (二)面向女性消费者群体的市场营销策略

女性消费者在购买活动中地位重要，影响决策力强，她们的消费心理与行为具有情感性、挑剔性、求实性等特点。根据以上特点，面向女性消费者的市场营销策略主要有以下几种：

(1) 销售环境的布置要典雅温馨、热烈明快，具有个性特色。女性消费者在购买家庭装饰品、服饰类、首饰、化妆品等商品时，追求浪漫的心理感觉。因此销售这类商品的环境布置要符合女性消费者的消费心理，要创造出一个相对安静、舒适的场所，使女性消费者能放松的观赏、浏览商品，激发她们的联想，从而产生购买动机。

(2) 女性商品设计要注意细节、色彩、款式、相撞要体现流行、时尚，并且使用方便。如一些厨房刀具、小型电器、家庭日常卫生用品，多为女性消费者经常使用。这类商品的设计要为使用者着想，能节省时间、减轻劳动强度，款式丰富使女性消费者有更多的选择空间，避免产生审美疲劳。

(3) 对女性消费者个人消费和经常购买的商品要进行广告宣传，并且要针对女性心理特点，注重传递商品的实用性，商品的质量、档次等信息。依靠特色和差异化营销来打动女性消费者，开拓市场。

(4) 现场促销活动要关注女性消费者的情绪变化。营业员的用语要规范、热情、有礼貌，要尊重女性消费者的自尊心，学会赞美女性消费者做出的选择，以赢得消费者的认同感和心理满足感。切忌对消费者已购买的商品下简单或生硬的评论。

**【案例 6-3】兰皙欧新美白产品上市推广案例**

兰皙欧是 KOSE 旗下的品牌，为拓展中国市场，特意聘请了徐静蕾成为其新的品牌形象代言人，并开展了大规模的推广活动，希望借此提升品牌知名度，增强消费者对新产品、新代言人的认知度。

兰皙欧的一个主要目标用户群是大学生族群中的年轻女性受众。兰皙欧利用校园推广进行大规模的线下活动，“新品抢试活动、肌肤测试活动”两大网络活动是整个活动营销计划的核心，以满足女性用户乐于体验新产品、参与互动交流的情感需求。还为兰皙欧精心设计了品牌展示网站 kose.163.com，让用户更详细了解产品和品牌信息。

在媒介执行策略中，采用网易首页流媒体、女性频道疯狂 ICAST、生活频道头条海报等特殊广告形式，以更突出吸引用户的注意力。整个活动用户参与度远远高于最初的预计，参与抽奖人数达到近 5 万人，参与免费试用产品的人数达到 1.5 万人，远远超过了原来预计的数量，在女性消费者中掀起了体验兰皙欧美白新产品的热潮。(资料来源：价值中国，

作者：孙鹏国，2013 年 11 月 29 日）

**案例分析：**兰皙欧抓住女性消费者情感性的消费心理，通过各种途径和手段满足她们的情感需求，以至于在女性消费者中掀起了体验兰皙欧美白新产品的热潮。

## 二、男性消费者群体的消费心理与行为

男性消费者去商场购物，一般都有明确的购买目标。与女性消费者相比，他们的购买范围相对较窄，但却是家庭中高档产品的购买的主要决策者。因此对于男性消费者的消费特点进行有针对性的营销活动，对于广大企业的发展具有重要的意义。

### (一)男性消费者群体的特点

#### 1. 男性消费者的市场特点

在我国与女性相比，男性的就业率和经济收入相对较高。在城镇男性平均消费水平低于女性，而在农村则相反。在购买活动中，男性对产品的结构与功能的了解要强于女性，这往往使他们成为结构复杂的产品及高档耐用消费品的选购者。男性购买决策的信息较多通过广告获得。对某种产品的购买动机一旦形成，他们就会迅速的付诸实施，实现购买决策。而且男性在购买产品时，一般较少挑剔。

在我国，完全为男性独有的男性专用产品品种数量不多，男性用品商品也较少。但是男性消费者在知识、经验、技能等有关方面却表现出比女性消费者更为强烈的消费需要。

#### 2. 男性消费群体的消费心理与行为特征

男性消费者的消费心理与行为比女性消费者要简单许多，一般表现如下。

1)　求新、求异、求癖心理

男性相对于女性而言具有更强的支配性。这种心理导致男性在消费过程中具有更强的求新、求异、求癖和开拓精神。他们对新产品的奇特性往往有较高的要求。此外男性消费者大多有特殊嗜好，如喜好烟酒，爱养花、养鸟，酷爱收藏等，这些在女性消费者中表现得不太普遍。

2)　购买产品的目的明确，果断性强

男性消费者购物时往往具有明确的目标，他们进入商场后会直奔目标而去，能果断的做出决策，将购买愿望转化为购买行动。

3)　注重产品的整体质量和使用效果

男性消费者购物多数为理性购买，他们对产品，特别是一些价格昂贵、结构复杂的商品的性能和专业知识了解更多，购买商品时会从产品的整体质量入手。同时男性消费者更善于独立思考，不会轻易接受外界环境的影响。

4) 购买产品时力求方便、快捷

一般男性消费者很少逛商场，遇到自己中意的商品，他们一般会迅速做出购买行为，尽快离店。

### (二)面向男性消费者群体的市场营销策略

男性消费市场存在巨大的市场潜力。男性消费者除了选购烟酒、书报、家电、装修材料等传统购买模式外，越来越多的男人开始主动分担家务，经常光顾超市采购家庭消费品。由于男性购物者的增加，吸引他们兴趣的促销方式以及专门针对男性的广告信息就值得营销者精心策划。男性细分群体与女性细分群体对采购活动、购物计划和购买中的节省，都有不同的看法。与女性相比，男性购买这基本不太在意购物节省下的那点钱。因此，对于不同性别的消费者，商品减价策略往往会产生截然不同的效果。营销者重新设计迎合男性口味的商品包装和售点广告不失为上策。

# 第四节　消费者的暗示、模仿与从众行为

## 一、暗示

暗示又称为提示，是指在无对抗条件下采用某种含蓄、间接地方法对消费者的心理和行为施加影响，从而使消费者产生顺从性反应的过程。暗示是一种客观存在的心理现象。暗示又分为他人暗示和自我暗示两种。

他人暗示是指被暗示者从别人那里接受了某些观念，这种观念在他的意识或无意识里发生了作用，并实现于动作或行为之中。自我暗示则是指自己把某种观念暗示给自己，并使这种观念化为动作或行为。

暗示的具体方式多种多样，如用个人的话语和语调、收视和姿势、表情和眼神以及动作等进行暗示，按时还可以以群体动作的方式出现。例如，一些企业为了推销商品，不惜重金聘请名人做广告，这就是信誉暗示；有的商场在商品销售是挂出“打折”、“促销”的招牌，这是词语暗示；还有的商贩雇佣通货拥挤摊点，制造热销的假象，吸引他人抢购，这是行为暗示。

暗示在消费行为中的作用是明显的，儿童、妇女和顺从型的消费者容易受到暗示的影响营业员在接待顾客的过程中若能正确地使用暗示，其效果比直接劝说要好。

## 二、模仿

### 1. 模仿的含义

模仿是与暗示联系的。所为模仿就是个人依据一定的榜样做出类似的行为或动作的过程。模仿可能是自觉地，如被模仿的行为具有榜样作用，社会和群体又加以提倡和引导时，模

仿就是自觉地。但是在人们的日常生活中，更多情况下发生的模仿却是无意识的或不自觉的。

模仿是一种普遍的社会心理现象。研究表明，人类在社会行为上有模仿的本能。从实质上看，模仿是一种学习的形式。人所具有的一切知识和行为，尤其是生活习惯，都是从小在家庭和社会的熏陶下逐渐模仿而形成的。

从模仿的起因上看，多数能引起个体主义和兴趣的新奇刺激都容易引起模仿。在消费行为中，模仿现象更容易发生。

模仿的结果是流行，如发型、服饰、生活日用品的流行就是大批消费者模仿所造成的。流行的结果是形成时尚，时尚的表现是社会上相当多的人在短期内共同追求某种新奇的行为方式，导致某种连锁反应。

#### 2. 模仿的特点

(1) 模仿行为的发出者，即热衷于模仿的消费者，对消费活动大都有广泛的兴趣，喜欢追随消费时尚和潮流，经常被别人的生活方式所吸引，并力求按他人的方式改变自己的消费行为和消费习惯。他们大多对新事物反应敏捷，接受能力强。

(2) 模仿是一种非强制性行为，即引起模仿的心理的冲动不是通过社会或群体的命令强制发生的，而是消费者自愿将他人行为视为榜样，并主动努力加以模仿。模仿的结果会给消费者带来愉悦和满足的心理体验。

(3) 魔方可以是消费者理性思考的行为表现，也可以是感性驱使的行为结果。生疏度高、消费意识明确的消费者，对模仿的对象通常经过深思熟虑，认真选择。相反，消费观念模糊缺乏明确目标的消费者，其模仿行为往往带有较大的盲目性。

(4) 模仿行为的发生范围广泛，形式多样。所有的消费者都可以模仿他人行为，也都可以成为他人模仿的对象。而消费领域的一切活动，都可以成为模仿的内容。只要是消费者羡慕、向往、感兴趣的他人行为，无论流行与否，都可以加以模仿。

(5) 模仿行为通常以个体或少数人的形式出现，因而一般规模较小。当模仿规模扩大，发展成为多数人的共同行为时，就衍生为从众行为或消费流行了。

## 三、从众行为

从众行为，是指个体在群体的压力下改变个人意见而与多数人取得一致的倾向。与模仿相似，从众行为也是在社会生活中普遍存在的一种社会心理和行为，以保持自身行为与多数人行为的一致性，从而避免个人心理上的矛盾和冲突。

### (一)从众行为产生的原因

从众行为的产生是由于人们寻求社会认同感和安全感的结果。在社会生活中，人们通常有一种共同的心理倾向，即希望自己归属于某一较大的群体，被大多数人所接受，以便得到群体的保护、帮助和支持。才外，对个人行为缺乏信心，认为多数人的意见值得信赖，也是从众行为产生的另一重要原因。有些消费者由于缺乏自主性和判断力，在复杂的消费活动中犹豫不定、无所适从，因而，从众便成为他们最便捷、安全的选择。

## (二)影响消费者从众行为的因素

### 1. 群体因素

1) 群体的一致性

如果其他群体成员的意见完全一致，此时持不同意见者或感到巨大的压力，从众的可能性大大增加。相反，如果群体中有不同的意见，不管这种意见来自何方，也不管其合理性和可信的成分有多大，个体从众的可能性都将降低。

2) 群体的规模

在一定范围内，个人的从众性随群体规模的气势扩大而增加。

3) 群体的专长性

群体及其成员在某一方面越有专长，个体遵从群体意见和受群体影响的可能性就越大，反之则减弱。

### 2. 个体因素

1) 消费者的自信心

自信心既与消费者的个性相关，也与消费者在决策时所拥有的知识和信息有关。研究发现，消费者的自我评价越高，处理事务越果断，其从众性越低。知识和信息的缺乏，会降低消费者对决策的自信心，从而增加其从众倾向。

2) 消费者的自我介入水平

如果消费者对某一问题尚未表达意见和看法，他在群体压力下可能做出和大家一致的意识表示。但如果他已经明确表达了自己的态度，此时如果说屈服于群体压力而从众，他在公众面前的独立性和自我形象均会受到损害。在这种意识下，他会产生抗拒反应，从而不轻易从众。

3) 消费者对群体的忠诚度

个体对群体的忠诚程度是由群体的吸引力与个体的需要两方面因素所决定的。当消费者强烈的认同某一群体，希望成为它的一部分，那么与群体保持一致的压力会越大。相反，如果他不喜欢这个群体，或认为该群体限制了它的社会生活，从众的压力就会降低。

**【案例 6-4】 消费者从众心理及商业应用**

李女士偶然路过某一家炸糕店，发现店门前排起长队，好奇一问，才知道这家炸糕特别好吃，供不应求，每天都是这样排队等候购买。李女士看时间还早又即将到晚饭时间，就索性也排起队买两个尝尝。在排队过程中与人闲聊得知，由于买一次不容易，大家都一次性买 10 个，“这东西可以放两三天都不容易坏，10 个都不够一家三口吃一顿地”前面的

大姐说。李女士想，可能炸糕很小，或太好吃，那不如我也……于是，等排到李女士的时候，她喊到　“来 10 个!”等到付钱装好的时候，拎到手里，才发现，每一个都很大，好似一个馒头。她趁热吃了一个，发现味道不错，只是油腻腻的，吃不下第二个，只得带回家慢慢吃。等回家炸糕凉了，表面不脆，硬邦邦的，还有冷油味，实在难吃，只得扔掉。(资料来源：新浪博客 2009-05-29，http://blog.sina.com.cn/s/blog_56d5cd460100e1bl.html)

**案例分析：**由于消费者和商家对同一产品信息不对称，商家利用消费者从众购物这样的消费心理，恰到好处地采取了促销手段，营造了一种“大家都购买”的火爆氛围。

# 第五节　消费习俗和消费流行

## 一、消费习俗

### (一)消费习俗

所谓习俗是指风俗习惯。一般来说，风俗是指历代相沿积久而形成的一种风尚。习俗是指由于重复或练习而巩固下来的并变成需要的行动方式。习俗也是一种社会现象。因此它的范围极其广泛，不仅有政治、生产、消费等方面的，而且也有思想、语言、感情等方面的。而消费习俗是指一个地区或民族的人们在长期的经济活动与社会活动中约定俗成的消费习惯。它是社会风俗的重要组成部分。

### (二)消费习俗的特点

#### 1. 长期性

消费习俗都是在漫长的生活实践中逐渐形成和发展起来的。一旦形成就会世代相沿，稳定的、潜移默化地影响着人们的购买行为。

#### 2. 社会性

消费习俗是在共同的社会生活中相互影响而产生的，是社会生活的有机组成部分，带有浓厚的社会色彩。也就是说，某种消费活动在社会成员的共同参与下，随着社会的发展，才能发展成为消费习俗。

#### 3. 地域性

消费习俗是特定地域的产物，带有强烈的地方色彩，适合当地的生活传统相一致的。如扬州人喜欢喝早茶、湖南人喜好吃辣椒等。消费习俗的地域性使得我国不同的地区形成了各不相同的地域风情。

4. 非强制性

消费习俗的产生、流行，往往不是强制推行的，而是一种无形的社会习惯，通过社会约束力量发生作用，具有强大的影响力，以潜移默化的方式影响着人们，使生活在其中的人们自觉或不自觉地遵守这些消费习俗。消费习俗也会随着社会经济生活的变化而变化，一些不文明、不健康的生活习惯，只有依靠耐心地说服，长期的教育才能改变。

## (三)消费习俗的类型

1. 喜庆类消费习俗

这是消费习俗中最主要的一种形式。它往往是人们为了表达各种美好愿望而引起的各种消费需求。例如，各国的传统节日等都属于这类消费习俗。

2. 纪念类消费习俗

纪念类消费习俗是指人们为了表达对某人或某事的纪念之情而形成的消费风俗和习惯。这是一种十分普遍的消费习俗形式。例如，我国人民在清明节扫墓祭祀祖先，在农历五月初五划龙舟吃粽子纪念战国时期的爱国诗人屈原等。

3. 信仰类消费习俗

这是由于宗教信仰而引起的风俗习惯，这类习俗受宗教教义、教规、教法的影响，并由此衍生而成。如由宗教信仰引起的禁食习惯、服饰习惯等。

4. 社会文化性的消费习俗

这类习俗是在较高文明程度基础上形成的。它的形成、变化、发展和社会经济、文化水平有着密切的关系。例如，上海的国际电影节、青岛的啤酒节、东北的冰雪节等。

5. 地域性的消费习俗

这是由于地理位置的差别而形成的消费风俗习惯。例如，在我国就有“南甜、北咸、东辣、西酸”的俗语，反映了各地不同的饮食口味习俗。

## (四)消费习俗对消费者心理的影响

随着社会的进步，人们的生活方式不断发生变化。新的消费方式进入人们的日常生活，给消费习俗带来了许多冲击，但是消费习俗对消费者心理的影响是非常深远的。

1. 消费习俗给消费者心理带来了某种稳定性

消费习俗是长期形成的，对社会生活、消费习惯的影响是很大的，据此而派生出的一些消费心理也具有某些稳定性。消费者在购买商品时，由于消费习俗的影响，会产生习惯性购买心理，往往较长时间地去购买符合消费习俗的各种商品。

### 2. 消费习俗强化了一些消费者的心理行为

由于消费习俗带有地方性，很多人产生了一种对地方习惯的偏爱，并由一种自豪感，这种感觉强化了消费者的一些心理活动。

### 3. 消费习俗使消费心理的变化减慢

在日常生活的社会交往中，原有的一些消费习俗有些是符合时代潮流的，有些是落伍的，但是由于消费心理对消费习俗的偏爱，使消费习俗的变化比较困难。适应新消费方式的消费心理变化也减慢了，变化时间延长了。有时生活方式变化了，但是由于长期消费习俗引起的消费心理仍处于滞后状态，迟迟不能跟上生活的变化。

## (五)消费习俗对购买行为的影响

### 1. 由消费习俗引起的购买行为具有普遍性

任何消费习俗的形成都必须有一定的接受者。由此决定，它能够在某些特定的情况下引起消费者对某些商品的普遍需求。比如，在中国的传统节日春节里，人们都要购买各种商品，糖果、糕点、蔬菜、禽肉及各种礼品保健品。这一时期，消费者的需求比平时增加了好几倍，几乎家家如此。这就是消费习俗的普遍性引起的购买行为的普遍性。

### 2. 消费习俗不同于消费流行

因为人们的消费习俗一旦形成之后，消费习惯就固定了下来，并周期性的出现。

### 3. 由费习俗所引起的购买行为具有无条件性

消费习俗是社会风尚或习惯，它不仅反映了人们的行动倾向，也反映了人们的心理活动与精神风貌。一种消费方式、消费习惯之所以能够继承相传并形成消费习俗，重要的原因是人们的从众心理。每个人都习惯做同样的事情，想同样的问题。因此，有消费习俗引起的购买行为几乎没有什么条件限制。

# 二、消费流行

## (一)消费流行的概念和成因

### 1. 消费流行的概念

消费流行是指在一定时期和范围内，大部分消费者呈现出相似或相同消费行为的现象。当某种商品或时尚同时引起大多数消费者的兴趣和购买意愿时，对这种商品或时尚的需求在短时间内会迅速蔓延、扩大，并带动更多的消费者争相仿效、狂热追求。此时，这种商品即成为流行商品，这种消费趋势就成为消费流行。

#### 2. 消费流行的成因

消费流行的产生大致原因：①某种新产品的性能特点适合大多数消费者的需求、欲望，所以形成了流行。②由所谓的“时髦领袖”带头，引发许多人的仿效，如影视明星、体育明星的榜样作用。③有产品的宣传所引起的。

### (二)消费流行的特点

#### 1. 突发性和集中性

消费流行往往骤然发生，没有任何的前兆。令人始料不及，随后迅速扩张，表现为大批消费者竞相购买；但随着人们消费热情的退却，流行商品很快受到冷落，无人问津。消费流行的这种突发性和集中性特点，会给企业的生产和销售带来了不小的困难。

#### 2. 短暂性

从某种意义上来说，流行意味着短暂。因为人们对流行商品的追求，除了功能的实用性，更主要是获得精神上的满足。因此，追求流行，也就是感受新鲜事物、获得新体验。这注定了当流行商品不再是新事物时，它对人们的吸引力就会消失。

#### 3. 周期性和重复性

新中国成立前曾经风靡的旗袍，在经历了短暂的沉寂过后，又成了新时期东方女性衣柜中的宠儿。消费流行在自身运动的过程中也表现出鲜明的周期性和重复性特色。这种情况的发生可能受到某些因素的诱导，也可能是人们审美观念的复古。

### (三)消费流行的分类

#### 1. 按照消费流行的性质分类

按消费流行的性质分类，可分为吃的商品、穿的商品和用的商品的流行。

#### 2. 按照消费流行的速度分类

按照消费流行的速度分类，有迅速流行、缓慢流行和一般流行。商品流行的速度和商品的市场寿命周期有关，也和商品的分类和性质有关。

消费流行速度和商品价格形成相关现象。流行商品价格高，流行速度较慢；流行商品价格低，流行速度就快。

#### 3. 按照流行的范围分类

按照流行的范围来分类，有世界性、全国性、地区性消费流行，还有阶层性的消费流行。

### (四)消费流行的周期

流行消费与其他经济现象一样，都有一个发生、发展和消亡的过程。尽管流行的内容不同，流行的时间有长有短，但这一过程基本都要经历“酝酿期、发展期、高潮期和衰退期”这四个阶段。在不同的阶段，消费者的心理、态度和表现行为都是不同的。

#### 1. 酝酿期

酝酿期是指某种新产品刚刚投入市场，通过广告宣传及消费“带头人”的购买使用，开始为消费者所知晓的阶段。

#### 2. 发展期

发展期是指相当规模的消费者对某种流行商品有所认识、开始接受，由羡慕、赞赏到模仿消费，产生大量需求的阶段。这一时期，消费流行迅速蔓延，消费者争相购买，时常出现供不应求或抢购的局面，竞争者纷纷加入，产品开始推广普及，

#### 3. 高潮期

高潮期是指某种商品在市场中普遍流行的阶段。此时流行商品已失去了新潮的意义，在市场上大量普及，流行范围扩大，但势头已经开始减弱。购买者多为经济收入低、信息反馈较为迟缓的消费者。

#### 4. 衰退期

衰退期是指某种消费流行已经进入过时或被淘汰阶段，人们对商品的新奇感消失，消费“带头人”转向追求另一样流行式样，消费者对商品的需求急剧下降，商店开始廉价抛售，企业销售额、利润大幅度下降。

### (五)消费流行对消费者心理的影响

#### 1. 认知态度的变化

按正常的消费心理，顾客对新商品，往往在开始时持有怀疑态度。按照一般的学习模式，对这个事物有一个学习的过程。但是由于消费流行的出现，大部分消费者的认知态度会发生变化，首先是怀疑取消，肯定倾向增加；其次是学习时间缩短，接受新商品时间提前。

#### 2. 驱动力的变化

人们购买商品，有时是为了生活需要，有时是因为人们为了维护社会交往而产生的消费需要。但是在消费流行中，购买商品的驱动力会发生新的变化。有时明明没有消费需要，但看到时尚商品，也加入了购买商品的行列，对流行商品产生了一种盲目的购买驱动力。

### 3. 在消费流行中，会使原有的一些消费心理发生反方向的变化

在正常的生活消费中，消费者往往要对商品比值比价，心理上做出评价和比较后，再去购买物美价廉、经济合算的商品。但是，在消费流行的冲击下，这种传统的消费心理受到冲击。一些流行商品明明因为供求关系而抬高了价格，但是消费者却常常不予计较而踊跃购买。

### 4. 有些顾客原有的偏好心理受到冲击

有些消费者由于对某种商品的长期使用，产生了信任感，购物时非此不买，形成了某种购买习惯，或者对印象好的厂家、商店经常光顾。在消费流行的冲击下，这种具体的消费心理发生了新的变化，虽然这些人对老牌子、老产品仍有信任感，但是整天不断耳濡目染的都是流行商品，不断受到家人、亲友使用流行商品时那种炫耀心理的感染，也会逐渐失去对老产品、老牌子的偏好心理，转向流行商品。

**【案例 6-5】 ALS“冰桶挑战”：席卷全球的公益病毒**

游戏规则很简单：参与者只需将一桶冰水从头向下浇下，或者向美国 ALS 协会捐赠 100 美元。成功完成挑战的人可以公开点名 3 个人参与挑战，点名者要么在 24 小时内应战，要么向美国 ALS 协会捐款 100 美元，以此继续接力。

两周内，冰桶挑战风靡美国，成为社交媒体的热门话题，Facebook 创始人马克·扎克伯格、富豪比尔·盖茨、微软 CEO 纳德拉、苹果 CEO 蒂姆-库克及篮球明星、社交名媛等各界名人纷纷参与。ALS 迅速进入美国公众视野。

在中国，雷军接受挑战后，通过其官方微博公布：已向美国 ALS 协会捐款 100 美元，同时向中国“瓷娃娃罕见病关爱基金”ALS 项目捐款 1 万元人民币。雷军的 1 万元人民币，很可能是“瓷娃娃罕见病关爱中心” 6 年来收到的数额最大的单笔捐款之一。在冰桶挑战进入中国的一天半时间内，瓷娃娃共计收到善款 4 万多元。(资料来源：福布斯中文网，2014 年 8 月 19 日)

**案例分析：**流行就是能在短时间内很多人疯狂地去追求，去体验的现象。冰桶挑战从美国到中国恰恰是流行现象的生动写照。

## 本 章 小 结

本章主要介绍了消费者群体及相关的暗示、从众、习俗和流行。消费者群体的概念是从社会群体的概念引申而来的。消费者群体是指具有某些共同消费特征的消费者所组成的群体。消费者群体的共同特征，包括消费者收入、职业、年龄、性别、居住分布、消费习惯、消费爱好、购买选择、品牌忠诚等因素。

暗示又称为提示，是指在无对抗条件下采用某种含蓄、间接地方法对消费者的心理和行为施加影响，从而使消费者产生顺从性反应的过程。暗示是一种客观存在的心理现象。暗示又分为他人暗示和自我暗示两种。

从众行为，是指个体在群体的压力下改变个人意见而与多数人取得一致的倾向。与模仿相似，从众行为也是在社会生活中普遍存在的一种社会心理和行为，以保持自身行为与多数人行为的一致性，从而避免个人心理上的矛盾和冲突。

所谓习俗是指风俗习惯。一般来说，风俗是指历代相沿积久而形成的一种风尚。习俗是指由于重复或练习而巩固下来的并变成需要的行动方式。习俗也是一种社会现象。因此它的范围极其广泛，不仅有政治、生产、消费等方面的，而且也有思想、语言、感情等方面的。而消费习俗是指一个地区或民族的人们在长期的经济活动与社会活动中约定俗成的消费习惯。它是社会风俗的重要组成部分。

消费流行，是指在一定时期和范围内，大部分消费者呈现出相似或相同消费行为的现象。当某种商品或时尚同时引起大多数消费者的兴趣和购买意愿时，对这种商品或时尚的需求在短时间内会迅速蔓延、扩大，并带动更多的消费者争相仿效、狂热追求。此时，这种商品即成为流行商品，这种消费趋势就成为消费流行。

## 自 测 题

1. 形成群体的基本条件和特征有哪些？
2. 什么是参照群体？
3. 青年消费群体的心理特点有哪些？
4. 面向老年消费者群体的市场营销心理策略有哪些？
5. 消费流行的成因有哪些？
6. 消费流行对消费者心理的影响有哪些？

## 案 例 分 析

### 泸州老窖：一生情 一坛酒

近来，一部名为《生命中的那坛酒》的微电影在网上引起广大网友的热议和互动。无独有偶，与之同期进行的“泸州老窖‘生命中的那坛酒’大型认购活动”在全国范围内开枝散叶，短短月余，销售破亿元。

“生命中的那坛酒”是何寓意？背后蕴藏什么创新故事？泸州老窖首创的“情感+酒”模式将为当前偏冷的中国酒市带来哪些影响？为此，记者采访了泸州老窖集团总裁张良、泸州老窖集团副总经理、总工程师沈才洪。

创意由来在优酷网，记者观看了这部名为《生命中的那坛酒》的微电影。片中，讲述了20世纪60年代“我”退伍、结婚、生子、嫁女、重逢的故事。在“我”每一个生命中的感动瞬间，与老战友、妻子、父母、儿女喝下见证真情故事的那一杯酒，封藏属于“我”生命中每一份真情的那一坛酒的故事。

在微电影引起广大网友关注的同时，不少网友询问“生命中的那坛酒”究竟出自何处？其寓意又是什么？

泸州老窖集团副总经理、总工程师沈才洪为记者揭开了谜底：“每逢农历二月初二龙抬头，泸州老窖都要举办封藏大典，来自全国各地的文化名人、艺术大师、专家学者及爱酒人士群贤毕至，出席大典。大典上的一个大型访谈互动节目叫《生命中的那坛酒》，由嘉宾们讲述他们与酒的故事，每一个故事都令人难以忘怀。”

沈才洪说：“因为酒，我和很多人成了朋友，从大师鸿儒到社会精英，从各界政要到市井乡邻。在和朋友交往的过程中，我听过最多的就是人与酒的故事。每个人的生命中都有那么一坛酒，盛满了情意。”

在沈才洪心中，“生命中的那坛酒”是倾听和见证。而在深圳创业成功的深圳市信宇实业有限公司总经理刘科心里，“生命中的那坛酒”却盛满了父爱。

“从小，你就允许我在家乡的小河里游泳，教会我们一群小男孩弹弹珠、下象棋、滚铁环。第一次你送我出远门上学，看到离开时的背影，我泪眼婆娑。你夏天卖雪糕，冬天磨豆腐，挣足了我的学费。你在厨房里和妈妈为我准备好丰盛的晚餐。你是一位了不起的丈夫，成功的父亲，慈爱的爷爷。如果父亲和母亲都不值得送去一坛‘生命中的那坛酒’祝福他们健康长寿，那还有谁值得？”刘总对记者诉说自己“生命中的那坛酒”。

“一份亲情、一份孝心、一份关爱，人生总会有几次感动。‘生命中的那坛酒’是你生命中每一次感动的‘见证者’。”这是泸州老窖集团总裁张良对“生命中的那坛酒”的理解。

其实，每个人都有“生命中的那坛酒”，或洞房花烛，或金榜题名，或父母长寿，或功成名就。而人生的这坛美酒，积聚了挫折与失败，也沉淀了岁月和光荣。

**1. 首创“情感+酒”模式**

当微电影《生命中的那坛酒》在各大网站热播的同时，泸州老窖“生命中的那坛酒”线下认购活动在成都、上海、广州、深圳等全国多个城市悄然展开。

在深圳举办的首场泸州老窖“生命中的那坛酒”认购会上，短短两小时，200余坛定制酒被抢购一空。这只是泸州老窖在全国开展数十场认购会中的一个缩影。有消息灵通人士透露，泸州老窖开展定制酒认购活动近一个月来，全国销售额破亿元。

自去年开始，国内酒业进入调整期。各大酒厂无论是产能、产品结构、增长方式、品牌都在进行自我调整和重塑。与此相应的是，以高端白酒为代表的各大酒系价格下滑、销量缩水。此刻，泸州老窖的逆势增长，引起行业内广泛关注。

“将情感文化概念植入高端定制白酒的‘情感+酒’，是泸州老窖首创的营销新模式，也是今年新的增长点。”泸州老窖集团总裁张良直言不讳。那泸州老窖为何创立“情感+酒”

模式？新模式将对当前偏冷的国内酒市带来什么影响？张良为记者一一解析。

“当前市场环境不好，很多酒品牌降价销售，这对品牌损害很大。而泸州老窖的国窖1573坚决守住价格底线，哪怕一瓶不卖，也不会损害品牌的高端性。与此同时，我们另辟蹊径创立‘情感+酒’新营销模式，大力推进‘生命中的那坛酒’活动来寻找新的增长点。”张良坦言。

记者调查发现，自酒业调整期以来，部分酒品牌只是采用降价销售、买赠、送小礼品、开盖奖励等简单的营销手段来应对。而泸州老窖“生命中的那坛酒”通过将生命中亲情、友情、爱情等情感概念植入品牌中，让高高在上的高端定制酒更具“人情味”和“亲民化”，开拓新市场，拉动增量。

“这是泸州老窖首创的，其他品牌虽然可以模仿，但谈到人生中第一次因酒而感动，这是任何品牌都无法取代泸州老窖的地方。在9月底之前，我们将在深圳限时限量举办多场认购会，将‘生命中的那坛酒’高端定制酒超值回馈给喜爱泸州老窖的VIP客户，与深圳消费者一起分享这份高品质的喜悦和经典。”张良豪情直言。

**2. 受消费者青睐**

“今天，我为才15岁的女儿买了10坛酒。我会把这10坛酒都封藏起来，等10年后，女儿披上嫁衣的时候，我再开封这10坛酒，与亲朋好友一起分享这10坛‘嫁女酒’。”20世纪90年代中期就南下深圳创业的宋先生在舞台上动情地对现场嘉宾说。这是泸州老窖在深圳举办的多场认购会上一个缩影。

近一个月来，记者全程见证了多场认购会。在每场认购会现场，消费者买下的是美酒，收获的是感动和眼泪。

家住福田区的马女士，高个、长发、端庄。2001年她离开东北老家到深圳寻梦，如今收获了爱情和事业。

说起自己的老父亲，马女士哽咽了起来：“记得小时候，一个寒冷的冬天，我高烧不退。凌晨3点，父亲背着我步行4公里到镇上医院看病。那时我感觉父亲的后背温暖、宽厚。如今父亲68岁了，白发苍苍，笔直的后背已经弯曲。今天，我为父亲买下5坛长寿酒，等我父亲70岁大寿日子和亲朋好友一起分享美酒。祝愿父亲健康长寿！”

家住龙岗的安徽人马先生戴着眼镜，显得格外斯文，在观众的起哄下，马先生拉了老婆黎女士的手走上舞台。“你嫁到我们家9年了。9年来，我大部分时间都是早出晚归，一心扑在公司和事业上，而你从来没有一句埋怨。照顾父母，教育子女，你是个默默付出的人。我今天买了一坛酒，等我们结婚10周年的时候，开酒相庆，感谢你为这个家的付出！”

谈起子女，平头、矮个、皮肤黝黑的四川汉子刘先生一脸自豪。

“我小时候家里很穷，兄妹又多，所以我初中毕业就辍学了。我一辈子的遗憾就是没读过大学。我儿子很听话，从小成绩就好，不需要我操心。今天，我为读高二的儿子买两坛状元酒，希望儿子能考上北大或者清华，为我圆大学梦。”

酒不醉人人自醉。截至发稿前，泸州老窖“生命中的那坛酒”认购活动还在深圳持续上演。每一个在现场认购定制酒的消费者，都为这坛酒倾注了一份感动和真情。(资料来源：深圳新闻网-深圳商报，2013 年 8 月 6 日)

**案例讨论：**

1. 泸州老窖在营销过程中运用了哪些新兴的推广手段？

2. 在营销过程中面对不同的消费群体，泸州老窖迎合了他们的哪些消费心理？

## 阅 读 资 料

### 个性定制产品的消费心理解读

时下，一些消费者越来越倾向于个性化消费。于是为满足这部分消费者的需求，定制消费应运而生。那么消费者为何热衷个性化定制产品，其消费心理又是怎样的？

**1. 随心所欲的心理实现**

时尚的一个主要特征是，消费者可以按照自己喜欢的方式来展现自我，而对于标准化和规模化的产品，一些消费者总会觉得有缺憾。因此这些消费者更希望企业可以按照自己喜欢的方式来设计和开发产品，这已成为当前的一种新消费需求。

从很多领域的 DIY 设计开始，消费者越来越希望有一些能够实现自己想法的个性化产品，电脑、家居用品的 DIY 模式就是这种消费趋势的代表。而作为能够彰显消费者气质和审美情趣的标志产品，如珠宝首饰和其他奢侈品，定制自然也就成了满足消费者需求变化的方式之一。因此，商家能够按照消费者的要求来定制产品，是对其寻求个性梦想的一种实现。同时也是更好地将消费者个性元素融入时尚潮流的表现。

**2. 求异是时尚核心要素**

时尚是社会阶层之间进行区隔的标志，作为时尚主导者来说，求异是时尚的一个核心要素。

从时尚的发展进程来看，最早的贵族消费就是以定制为主的。几十万元的晚礼服，上百万元的顶级珠宝首饰，这些只被划归在上流阶层的定制服务，曾经一度使富贵豪门生活充满神秘感与奢侈性。而时尚化，个性化，昂贵的专业制作更把这项服务推至顶峰。

**3. 稀有、独特的情感价值表达**

为了防止奢侈品贬值，很多生产商目前都已经通过为顾客量身定做产品、销售限量版制衣或推出非销售版手袋等策略来保持领先地位。对于消费者来说，稀有的数量、独特的设计和特别的纪念意义极具吸引力，这甚至超越了产品本身的价值。因此，定制版、限量版的产品常常会让一些消费者无法拒绝，这与人们希望收藏一个产品，并在未来传世的心理有关。同时，也体现了消费者希望抬高身份及通过消费产品来体现自身特权的心理，或者说，这与人们的占有欲有紧密联系。在这些追随定制版或者限量版的消费者身上，独一无二的个性，对生活品质的追求，以及满心狂热的态度被表现得淋漓尽致。

4. 简单而时尚的生活方式

随着人们生活和消费水平的提高，定制服务目前已经不再是富豪和贵族的专属，个性化的新一代和追求生活品质的消费者已经成了定制化生活的主要消费群体。因此对于更多消费者来说，定制成了一种简单而时尚的生活方式。特别对于珠宝首饰这样极具个性化的商品来说，似乎没有比定制服务更好的选择了，因为消费者购买产品的时候，不仅需要美观，而且希望能与服装和自己的个性相配。因此，定制本身也是特定消费族群的生活方式的表达。

时尚奢侈品卖的是产品所富含的能够带给消费者情感满足的特殊属性，定制服务让这种情感属性更加发挥到极致。因此，定制是一种消费者个性化价值、参与价值、稀有价值、独占价值的心理体现。(中国消费网·中国消费者报，2011 年 7 月 15 日)

# 第七章

# 影响消费心理与行为的因素

**学习目标：**通过本章的学习，了解影响消费者购买心理与行为的经济因素、文化因素、社会阶层因素、参照群体因素和家庭因素，掌握它们如何影响消费者的购买心理与行为，以及影响的主要表现。

**关键概念：**文化(culture)　社会阶层(social class)　参照群体(reference group)

**引导案例：**

**宝洁的失误**

宝洁公司(Procter & Gamble)作为目前全球最大的日用品公司之一，2008 年，宝洁公司是世界上市值第 6 大公司，世界上利润第 14 大公司，同时也是财富 500 强中第十大最受赞誉的公司。但即便具有这么举世瞩目的成绩，宝洁公司在其经营中也出现过很多失误。宝洁公司的牙膏品牌“佳洁仕”在开辟墨西哥市场时，采取它在美国本土的科学证明的方法，来证明其牙膏的防龋齿功能，结果却失败了，原因是大多数墨西哥人对牙膏的这一好处并不是很看重。宝洁公司另一香皂品牌“佳美”所做的广告是：男人在女人沐浴后当面赞赏女人的美貌，这一广告在很多国家都比较成功。但是在日本，这一广告却不尽如人意，甚至还受到了日本人的抵制。(资料来源：http://www.419.com.cn)

为什么宝洁公司的营销策略针对不同地区的消费者效果差异很大呢？消费者的购买心理与行为如何受到经济环境、文化环境、社会群体和家庭因素等诸多客观因素的影响，将是本章研究的主要内容。

## 第一节　经济因素的影响

经济因素是影响消费者心理与行为的外部因素中最主要的，它对消费者心理与行为的发展变化起着决定性的作用。随着我国经济不断地发展，消费者所处的经济环境发生了较大改变，这种改变也对消费者的消费心理与行为产生了很大的影响。改革开放以来，我国的经济发展水平不断地提高，GNP 增加迅速，人们的生活水平和消费结构也随之发生了变化。具体来看，随着我国经济持续快速的发展对消费心理与行为产生的影响表现在以下几个方面。

## 一、随着物质的不断丰富，人们的消费观念也日益发生着改变

随着人们收入水平的不断提高，生活中新产品的层出不穷，不仅使得人们消费内容得以不断更新，受到各种社会潮流信息的冲击，也使得人们传统的消费心理与行为发生着潜移默化的变化。例如，以前人们强调量入而出，有多少钱，多少事，不愿借钱购物，而现在是“超前消费”，贷款买房、贷款买车、贷款上学等超前消费的观念已被大多数人所接受、认可和推崇，“先享受、后赚钱”已经为一部分人所津津乐道。

## 二、电子商务逐渐改变了人们的消费方式

电子信息网络技术是推动21世纪经济发展的最主要动力，它的迅速发展和广泛应用以及电子商务的出现对传统的商品交易模式带来的巨大的冲击，但也给消费者带来了一种崭新的商品消费方式。人们不需要依赖实体的商场和店面来进行购物，而是可以轻松地实现足不出户在家购物，只要拥有电脑和网络，人们就可以了解各种产品的性能、式样、价格等的商品信息，还可以享受送货上门的服务。如今，网上商店的产品交易已经涉及服装、食品、书籍、化妆品、小家电、电子类产品甚至是大件的床、大家电等耐用消费品。人们所熟知购物网站有淘宝网、易趣购物网、当当、苏宁易购等。网上购物已经成为一部分人主要的购物消费方式。

**【案例7-1】　快速发展的电子商务**

中国电子商务研究中心(100EC.CN)发布《2012年度中国电子商务市场数据监测报告》。从市场交易规模上看，2012年中国电子商务市场交易规模达7.85万亿，同比增长30.83%。其中，B2B交易额达6.25万亿，同比增长27%。网络零售交易规模达13205亿元，同比增长64.7%。占社会消费品零售总额的6.3%。报告发布了2012年中国电子商务城市十强榜单，综合电子商务交易量、网上市场吸引力、基础设施建设、零售业发展、创新、行业活力与垄断六项指数，北京以总分最高位居第一，接下来分别为上海、杭州、广州、深圳、南京、重庆、成都、厦门、宁波。

从电子商务的企业规模和用户规模看，到2012年12月底国内B2C、C2C与其他电商模式企业数已达24875家，较去年增幅达19.9%，中国网购的用户规模达2.47亿人，同比增长21.7%。

从市场份额上看，截至2012年12月中国网络购物市场上，排名第一的依旧是天猫商城，占52.1%；京东商城名列第二，占据22.3%；位于第三位的是苏宁易购达到3.6%，后续4～10位排名依次为：腾讯B2C(3.3%)、凡客诚品(2.7%)、亚马逊中国(2.3%)、库巴网(1.4%)、当当网(1.2%)、易迅网(0.6%)、新蛋中国(0.3%)。(资料来源：http://www.100ec.cn/(中国电子商务研究中心)，2013年3月22日)

案例分析：随着新的销售模式“电子商务”平台的出现及迅速发展，越来越多的消费者选择通过电子商务模式进行产品的购买和消费，对传统销售构成了巨大威胁，也告诉相关企业需要转变销售渠道模式和整体结构布局，这样才能适应新形势的需要。

## 三、个性化消费突出

经济的持续快速发展给消费者心理与行为带来的影响还表现在人们的消费越来越个性化，在人们的收入水平提高到不仅仅只是满足最基本的生活需要后，人们的个性化需求就开始出现了。人们不仅仅满足于可以消费得起某类产品，还希望它们能够满足自身特殊的偏好，具有符合自身喜好的个性化。在消费个性化的时代，品牌影响力会远远地超过产品的影响力，品牌消费逐渐成为消费主流，越具个性化的品牌形象就越能吸引消费者的注意力。

## 四、对绿色产品的需求增加

经济的发展也带来的一些负面的影响，自然资源的过度开采，环境受到的破坏和污染，以及食品安全问题的频发，很多病的低龄化趋势，使得人们越来越关注可持续发展和可持续消费，人们的消费观念与行为正发生着转变，在个人消费方面，环保和绿色健康的产品越来越成为消费者首选考虑购买的对象。

## 五、服务消费需求增加

经济的发展，收入的增加，节假日的增多和产品的日益丰富，人们的生活消费向着更高层次发展。服务设施不断完善，服务网点也不短增多，都为人们增加社会服务消费创造了条件，教育、旅游、美容、健身、娱乐、餐饮、家政服务等社会服务消费大大地增加。各种体育、娱乐休闲、旅游消费可以提高人们的身心素质；家政、餐饮服务可以让人们摆脱家务的劳动，文化和教育服务可以提高人们的文化素质。当今，人们对这些服务的需求越来越大。

## 六、更加注重精神

经济的快速发展带来了快节奏的生活，社会化的服务为人们实现自我、完善自我提供了时间保证，人们有自身全面发展新需求，他们需要进行各种享受和创造活动来满足这种需要。那些提高消费者文化知识水平，陶冶思想性情，愉悦情绪等目的精神产品成为人们消费追求的对象，如观看电影和文艺演出、欣赏音乐、阅读文艺作品等 。

# 第二节　社会文化环境因素

文化对消费者心理与行为有着广泛而深刻的影响。因为每个消费者都是在一定的文化环境中成长和生活的，故不同国家、不同地区、不同种族和不同社会成员，其价值观念、生活方式、消费心理和消费行为必然会受到文化环境的深刻影响，其消费者心理与行为就会表现不同的特点。

## 一、文化的概念

文化是一个非常广泛的概念，很难给它下一个严格和精确的定义。据统计，有关“文化”的各种不同的定义至少有二百多种。不少哲学家、 社会学家、 人类学家、历史学家和语言学家一直努力，试图从各自学科的角度来界定文化的概念。然而，迄今为止还没有一个获得公认的、令人满意的定义。实际上，文化既是一种社会现象，也是一种历史现象，它是人们长期创造形成的产物，也是社会历史的积淀物。确切地说，文化是指一个国家或民族的历史、地理、风土人情、文学艺术、传统习俗、生活方式、思维方式、行为规范、价值观念等的统一。

## 二、文化的特征

文化作为一个群族的标志，其自身是一个意识的综合体，很难通过实物来表现，但通过对其拥有的特征的描述可以使人们更清晰地理解其所包含的意义。文化的特征主要有以下几点。

### 1. 社会性与差异性

文化是人类在社会进程中，与客观世界相互作用的产物，既反映了人类行为与客观世界的趋同，也反映人类对客观世界的改造，故它具有社会性的特点。文化的社会性又决定了它的共享性的特点，文化是由社会成员在生产劳动和生活活动中共同创造的，作为社会交往和人际沟通共同的纽带，使社会成员心理倾向和行为方式表现出某些共同特征，文化对消费者活动的影响表现为消费者通过相互间的认同、模仿、追随等，形成共有的生活方式、消费习俗、消费观点、消费态度倾向、消费偏好忌讳等。而每个国家、地区和民族和其他国家、地区和民族社会生活的相对分离，又产生了区别于其他国家、地区和民族的独特的风俗习惯、价值观、行为准则等，从而表现出文化的差异性。社会性在使得特定社会的每个成员在保持自己行为独特性的同时，又使得不同文化群体的相对独立。因此，社会成员在社会交往和相互沟通的作用下，在保持自己行为独特性的同时，产生了共性。

### 2. 无形性与习得性

文化作为观念形态的精神财富具有无形性。对于人们来说，不能直接地触摸到文化，只有在社会活动中，才能意识到文化差异的存在以及它对个体消费心理与行为的影响。而这种无形性又决定了文化的传承必须依靠个体的习得，个体从出生开始，通过周围人为的教化和环境的影响，慢慢形成其所在群体的一些共有特征，从而实现文化的传承。

### 3. 发展性

文化是在一定的社会和历史环境中形成的。随着社会的发展，文化也不断地发展。当社会面临新的问题或机会时，人们的价值观念、习惯、兴趣、行为方式等就可能发生适应性的改变，形成新的文化内容。

随着文化的不断地发展变化，人们的消费观念、消费习惯、消费行为也会发生很大的变化。例如，在人们收入水平刚刚提高时，提高物质生活水平的愿望比较迫切，消费的热点主要是家电、家具；随着物质生活越来越丰富，人们普遍开始重视精神生活水平的提高，用于书籍、电影、音乐等精神生活的消费支出也越来越高。如今，人们的消费观念发生了翻天覆地的变化，消费者的环保意识、健康意识以及公益意识越来越强。

## 三、文化的主要方面与消费心理及行为

### (一)价值观与消费心理和行为

价值观是消费者对某些问题的观点和看法，一个社会有被大多数成员所信奉，并被认为应为社会普遍倡导的信念，并通过这种社会规范来影响人们行为的，这些社会规范规定了在一定的社会情境下，哪些是人们该做的，或者该持有什么样的态度。价值观对消费者的心理和行为有着明显的影响，每种不同的价值观都会形成相应的消费观念，并最终指导消费者的购买行为。价值观对人们消费心理和行为的影响主要表现在对食品的观念、对时间和空间的观念、对友谊的观念、对审美的观念、对财富的观念、对事业的观念以及对成就的观念等。主要表现以下阐述 5 点。

**【案例 7-2】 速溶咖啡的故事**

20 世纪 40 年代，速溶咖啡脱颖而出，在市场上初露头角。照理，速溶咖啡不仅品质高，口味好，而且饮用方便，不需烧煮，上市后一定大受欢迎。然而，事实却与此相反，这种速溶咖啡投入市场后，消费者反应冷淡，销路不畅。厂方市场营销人员会同广告人员、消费者心理学专家对此进行调查研究，分析结果发现，毛病出在广告上。由于广告词一味强调速溶咖啡的快速简便，使众多家庭妇女产生偏见，认为只有那些懒惰的、生活无计划的、邋遢的人才去购买速溶咖啡，症结找到了，广告设计人员立即改变过去广告的内容中心，从强调使用简便这一特点，转向突出新潮咖啡与新鲜咖啡同样具备美味、清香、质地

醇厚的特点，并配上一幅广告画：一杯美味的咖啡，后面高高地堆着褐色的咖啡豆，上书“100%的真正咖啡”。新的广告问世后，立即引起人们的关注，人们的偏见慢慢地消除了，速溶咖啡迅速地打开了销路，成为西方咖啡消费的主流。(资料来源：http://www.docin.com)

**案例分析：**从消费心理与行为的角度去看速溶咖啡作为新产品刚上市销售受阻的原因，其实主要在于产品消费时与人们固有的价值观产生了冲突，影响了人们对速溶咖啡的购买消费行为，故新产品投向市场时对消费者进行心理与行为的调查是很有必要的，对制定或改进营销策略具有重要作用。

#### 1. 对食品的观念

在 20 世纪 70 年代，在我国因为人们的生活条件差，大家认为大鱼大肉就是好生活，而当今随着环境污染问题和食品安全问题的严重性，人们开始对绿色食品有了更大地兴趣。许多消费者认为，“鸡要吃得叫，鱼要吃得跳”，强调食物要新鲜，“死鱼烂虾，得病冤家”，不愿购买不安全的食品。

#### 2. 对时间和空间的观念

不同国家和地区的人们对时间有不同的观念，一般来说，在比较落后的国家和地区，人们的时间观念大都比较淡薄，而在一些发达国家，如日本、美国等，人们的时间观念非常强，时间就是金钱的观念深入人心，关于空间，不同文化对自然空间的利用是不一样的，如美国公司，往往把经理的办公室安在楼房的顶层，一般办事员、业务员都在楼房的下层；法国人把主管人员的办公室安置在一般工作人员的中间；日本人把百货公司以及交易部、业务科都安排在楼房的顶层。在“个人空间”方面，在美国，商业谈判距离一般在 1.5—2.4 米，高一级的商业个人会晤，间隔从 0.5—0.9 米不等，在部分北欧国家还会相应拉长，但拉丁美洲人却相反。因此，北美商人到南美去谈判，总是尽量往后退想保持他(她)的个人空间，而南美主人却尽量往前靠，也是想保持自己习惯的个人空间，结果便出现可笑的“追逐战”。北美商人会认为他的主人过分热心，而南美主人却认为他的客人冷淡孤僻。所以，了解不同国家和地区人们的空间观念对企业的经营人员也是十分必要的。

#### 3. 对友谊的观念

不同国家和地区的人们对友谊的看法也不一样。在美国结识一个朋友既快又容易，然而转眼间双方拂袖而去也乃人之常情。与美国不同的是，在世界上其他许多地方，人们把友谊视为高于一切，友谊经常取代法律和合同，这些国家的商人在与新客户成交之前总是先建立起个人关系，欧美商人不了解这种友谊观，往往在这些地方失去许多商业机会。与友谊观有关的还有人们对于契约的观念。何时契约成立？北美的习惯是签了合同就算磋商结束，然而，希腊人却认为签了合同只是一系列磋商的开始，要等工程完工才算磋商结束；而对阿拉伯人来说，如果此时让他签合同，会被认为是对他的侮辱，因为阿拉伯人认为口头协议完全具有约束力。

### 4. 对审美的观念

不同国家、不同民族、不同阶层，以及不同的时代的人们往往有不同的审美标准，不同国家的建筑风格和服装款式就是其不同审美观的体现。缅甸的巴洞人以妇女长脖为美；非洲的一些民族以文身为美；我国的“环肥燕瘦”也说明不同时代的不同审美情趣。因审美观的不同形成的消费心理与行为的差异更是多种多样，如中国妇女喜欢把装饰品佩戴在耳朵、脖子和手指上，而印度妇女则喜欢在鼻子、脚踝上配以各种饰物。近几年，随着人们生活水平的提高，特别注重形体的健美，于是，健身房、美容院、各种电子健身器应运而生，这都是新的审美观带来的影响。

### 5. 对财富的观念

在许多“金钱社会”的西方国家，财富被看成是成功的标志，并能获得社会的广泛认可。而在佛教徒和印度教徒看来，“涅”和“无欲”才是理想的境界，提倡清心寡欲，对于财富和物质利益持消极态度。

## (二)亚文化与消费心理和行为

亚文化是指某一文化群体所属次级群体的成员所共有的独特的价值观念、生活方式和行为规范。每一文化都包含着能为其成员提供更为具体的认同感和社会化的较小的亚文化。例如，中国文化按宗教信仰可以区分为佛教、道教、基督教、天主教、伊斯兰教等亚文化。同一亚文化群体的人们具有某些共同的信仰、价值观、爱好和行为，各亚文化群体会表现出不同消费心理和行为。

目前，国内外营销学者普遍接受的是按民族、宗教、种族和地理划分亚文化的分类法。

### 1. 民族亚文化

几乎每个国家都由不同民族所构成。不同的民族有其独特的风俗习惯和文化传统。民族亚文化对消费者心理和行为有着广泛的影响。如东、西方民族的生活习惯、价值观念不同带来的消费习惯、偏好禁忌的不同。在同一个国家或地区内，不同的民族间也会存在截然不同的生活方式和消费观念。如我国，共有五十六个民族，各民族虽然由于受社会文化的直接影响而带有明显的中华民族烙印。但各民族也都还保持着自己传统的宗教信仰、消费习俗、审美意识和生活方式。例如，在我国，朝鲜族人喜食狗肉、辣椒，喜欢穿色彩鲜艳的衣服，群体感强，男子的地位比较突出。蒙古族人的习惯则是穿蒙袍，住帐篷，吃牛、羊肉，喝奶茶、饮烈性酒，奶茶是他们生活中不可缺少的美味饮品。

**【案例 7-3】 民族性格与行为**

民族性格是指一个民族大多数成员共同具有的、反复出现的心理特征和性格特点的总和。每个民族都有自己的民族性格，如中国人典型的性格是含蓄、沉稳、谦让、克制等；

美国人典型的性格则是热情、冲动、活泼、比较外露。由于民族性格不同，因而反映在消费观念和消费行为上就就有所差别。比如，对大多数中国人来说，勤劳、节俭是一种美德。这种民族传统反映在消费行为上就是重储蓄和计划性，因而在购买商品时追求商品的耐用性与实用性；而美国人比较追求物质丰盛，倡导自由与个人主义。因而他们希望生产更奢侈的、数量足够多的能够表现自我的产品。(资料来源：根据百度文库资料整理)

**案例分析：**不同的民族性格必然带来不同的民族行为表现，对于营销人员来说，需要了解目标市场的民族性格及对其行为的影响和具体的表现。

### 2. 宗教亚文化

不同的宗教群体，具有不同的文化倾向、习俗和戒律，从而影响人们认识事物的方式、价值观念和行为准则，影响着人们的消费心理与行为。如我国有佛教、道教、伊斯兰教、天主教、基督教等，这些宗教的信仰者都有各自的信仰、生活方式和消费习惯。一方面，宗教因素对于企业营销有着重要意义。例如，宗教可能意味着禁用一些产品，虽然这种禁忌限制了一部分产品的需求，但往往又会促进替代产品的需求。伊斯兰教徒对含酒精饮料的禁忌，使碳酸饮料和水果饮料成了畅销品；牛奶制品在印度教徒、佛教使中很受欢迎，因为他们当中很多人是素食主义者。又如，宗教活动也可能意味着与一定宗教节假日相联系的高消费期(基督教的圣诞节)的到来。对企业来说，宗教节假日是销售商品的良好时机，也是一个销售旺季。另一方面，有着不同宗教信仰和宗教感情的人们，在消费行为方面也有着明显的差异。如基督教徒忌讳数字“13”，阿拉伯一些国家禁止在广告中使用妇女形象，等等。概括起来，宗教亚文化对消费心理与行为的影响表现为：一是影响消费者对商品种类的选择；二是影响消费者对商品式样及外观等方面的选择；三是影响消费者选购商品的行为方式；四是影响消费者禁忌商品的类型；五是影响宗教信仰者对宗教用品的选择。

### 3. 种族亚文化

白种人、黄种人、黑种人都各有其独特的文化传统、文化风格和态度。他们即使生活在同一国家甚至同一城市，也会有自己特殊的需求、爱好和购买习惯。例如，在美国，黑人文化和黑人市场对企业营销者来说就是绝不容忽视的。黑人消费者在美国是增长最快的细分市场之一，总人口超过 3000 万人。其中，在美国中心城市人口中占 20%以上，在美国南部人口中也占近 20%，在华盛顿特区、底特律、伯明翰、新奥尔良、洛杉矶、亚特兰大等城市人口中更占 40%以上。他们在购买的产品和品牌、购买行为、支付的价格、选择的媒体等方面都有显著的消费差异。就购买的产品来看，在美国的黑种人在衣服、个人服务和家具上的支出比例比美国的白种人要均匀得多。美国的白种人在医疗服务、食品和交通上的花费更多。

### 4. 地理亚文化

由于自然状况和社会经济历史发展的结果，地区上的差异，往往导致人们消费习俗和消费特点的不同。例如，中国闻名的川菜、鲁菜、京菜等八大菜系，皆风格各异，自成一派，就是因地域不同而形成的。长期形成的地域习惯，一般比较稳定。我国北方人由于气候寒冷，有冬天吃酸菜和火锅的习惯，几乎家家都备有火锅、砂锅，而南方人由于气候炎热，养成了吃泡菜、熏肉、腊肠的习惯。同是面食，北方人喜欢吃饺子，南方人喜欢吃包子，西北部人却喜欢吃饼和馍。再比如中东地区，由于气候干燥，人体容易出汗，消费者便喜欢气味浓烈、易挥发的香水，含油脂多的护肤品无人问津。

自然地理环境不但直接决定一个地区的产业和贸易发展格局，而且间接影响一个地区消费者的生活方式、生活水平、购买力大小和消费结构。中国文化的形成和延续以及中国文化的异质性等无不与中国特殊的地理环境有关。以中国文化的异质性为例，有人认为，北方的玉米、大豆和小麦培育了北方人的魁伟与刚健。由于这些作物的耕作需要人们之间的协作，于是人们之间的合作精神与政治意念就突出出来。而南方人吃的是大米，大米养育了南方人的灵巧。由于水稻栽培往往促进分散的离心力而不是合作的向心力，于是南方人的个性就较为突出，且对政治不甚热情。总之，每一个人，每一个群体，都生活在一个特定的区域内，地域、地理、地缘的特性对生活于其中的人们都会烙上深深的印痕。例如我国南、北两个不同的亚文化群体在饮食、穿着习惯方面就有着很大的差异，形成了南甜、北咸、东辣、西酸的饮食习惯。又如，美国的西部人爱喝杜松子酒和伏特加，东部人喜欢苏格兰威士忌混合酒，南方人则偏爱波旁酒。这些都是地域亚文化影响的结果。

## 四、我国的传统文化观念

改革开放以来，随着经济的持续快速发展，我国的社会文化处于急剧的转型期，出现了多元化的倾向，很难概括出一般的特征。但中国的一些传统文化仍然对整个社会和人们的消费心理与行为产生了很大的影响。中国的传统文化有以下几个特点。

### 1. 注重家庭和伦理关系

中国的传统文化一向强调血缘关系，也就是以家庭为本位。中国人非常看重家庭成员之间的依存关系，其次是以血缘为基础扩大的家族关系、亲戚关系。人们相互之间交往频繁、联系密切。个人的消费行为往往与整个家庭紧密地联系在一起，一个人不仅要考虑自己的需要，还要考虑整个家庭的需要。

中国的传统文化也非常注重伦理关系，因为中国人非常重视人与人之间的关系，这与西方人更重视人与神的关系、人与自然的关系以及人与动物的关系是不同的。因此，在消费者行为中，商品和劳务的口传信息备受重视，它往往比正式的信息沟通渠道更为有效。经常是某一家买了一件值得炫耀的商品，邻里也会效仿购买。此外，注重伦理的核心是讲辈分。在中国人的血缘关系中，父母、子女、姑嫂、叔侄都有明确的角色定位，越是辈分高，越具有权威性。

### 2. 重视人情

中国文化一向重视人情关系，在人际交往中，往往把人情视为首要因素，以维系人情作为行为方式的最高原则。表现为一是重视人情往来，凡是婚丧嫁娶之事情，亲朋、好友、同事等都要赠送礼品或现金。二是人之常情，表现为一种求同心理，重视维持人与人之间的关系，要人与人保持一致，不使自己突出于众人之上，也不可使自己落后于众人。所以在中国人的消费中，从众现象比较普遍。“世事洞明皆学问，人情练达即文章。”人生于世，不可避免地要和各种各样的人打交道。在中国的社会文化环境中，人际关系极其重要。只有关系通透、人情纯熟，才能在中国人的社会中左右逢源、游刃有余，才会使管理行为畅达无碍、一顺百顺。普遍重视亲情、友情、爱情、乡情、同事等。我们也常说“卖个人情”“送个人情”或“讨个人情”“求个人情”等。

### 3. 崇尚节欲

崇尚节俭是中华民族的传统民风和民族意识的一个重要方面，节制个人欲望被视为美德。在消费方面，花钱比较慎重，长于计划和精打细算。用于享受的奢侈品的花费相对较少，主要购买生活必需用品，并注重商品的实用和耐用性，这些表现在具有传统文化意识的年纪较大的人身上表现的比较突出。

### 4. 爱面子

爱面子是中国人典型的传统文化特征，如很多中国人把自己生活的目标定为“让别人看得起”“家丑不外扬”“破落户穷极不离鞋袜，新发家初起好炫金饰”“宁可背后受罪，也要人前显贵”，这些语言都很好地表现了中国人爱面子的文化特征。为了面子，婚丧嫁娶铺张浪费，讲排场。为了面子，招待客人，花费越大越说明主人热情，客人也越有面子。

### 5. 崇尚谦逊和含蓄

中国的传统文化比较崇尚谦逊和含蓄。谦逊和尊重他人是中华民族一贯的道德标准，谦称有“敝”“拙”“在下”等，尊称有“您”“君”“阁下”“贵”等。与中国传统文化崇尚谦逊和含蓄相反，西方文化则表现得较为外向和奔放。这种文化差异直接导致了不同的审美情趣。中国人欣赏的是含蓄、柔和、淡雅、内敛、朴素和庄重、和谐的美，而西方人则崇尚张扬、外露、色彩艳丽、极富震撼力的美。

**【案例 7-4】雀巢咖啡和麦氏咖啡**

20 世纪 80 年代初，雀巢咖啡和麦氏咖啡同时在素有“茶叶王国”之称的中国电视媒介上展开广告大战，最终雀巢咖啡的广告取得了成功，并赢得了绝大部分的市场占有率。就其原因，对消费者共鸣点的选择上，雀巢咖啡广告更贴近中国受众的文化心理特点。具体的，雀巢咖啡的三个广告，第一个是抓住中国人好客的文化传统，以待客热情和敬客得

体为主导，以通俗的“味道好极了”为诉求，达到了受众的情感共鸣。第二个是在第一个基础上抓住中国人重礼情的文化特征，提醒大家这是送礼佳品，融入人际交往的礼尚。第三个是抓住中国人注重家庭的文化特征，以家庭主妇为突破点，以爱和温馨作为诉求点，三个广告紧紧相扣，抓住中国人的文化心理，激起了感情共鸣和消费欲望。而反观麦氏咖啡，第一个广告是强调注重健康，第二个广告则是突出“美国名牌咖啡”，虽然广告播出后有了较高的知名度，但市场占有率有限，第三个广告麦氏咖啡开始改变新产品的形态，推出礼品包装，开始注重中国受众的文化特征，以“款款皆精品，浓情由此生”为诉求，才使得麦氏咖啡在中国大陆市场有了部分市场占有率。(资料来源：田义江，戢运丽编著《消费心理学》，科学出版社 2005 年 1 月)

**案例分析：**很显然雀巢咖啡和麦氏咖啡在中国市场的巨大反差，很大程度上和它们在中国市场的广告策略有关系，这一情况说明了解、并运用目标市场当地的文化展开产品经营非常重要。

# 第三节　社会阶层因素

## 一、社会阶层的概念

社会阶层是社会中相对持久和同质的部分，它依据经济、政治、教育、文化等多种社会因素所划分的相对稳定的社会集团或同类人群。个体或家庭在其中享有类似的价值观和生活方式。属于同一社会阶层，要比不属同一社会阶层的，在社会地位上更为接近。在当代社会，社会阶层存在的迹象是普遍的现实，政府公务员、教师、医生、律师、会计师等受过良好教育或享有更多职业声望的人要比农民、工人等更被社会尊重。

社会阶层分类通常是以层级排列，以地位的高低进行排列。因此，对大多数人来说，社会阶层分类意味着其他人与自己相比较，要么是平等的，要么是高于或低于自己。在这一背景条件下，社会阶层的分类为消费者消费心理与行为提供了一个参考框架。

## 二、社会阶层的划分

关于社会阶层的划分，由于个人在社会中所处的地位或阶层受多种因素的影响，所以，一般来说，使用综合指标法来划分社会阶层，涉及的关键变量有收入、职业声望、教育、财产等。就社会阶层与消费者心理和行为的关系，一般来说同一社会阶层的人在购买心理、消费行为特点上有相似性，相邻的社会阶层的消费者在消费心理上有一定的趋同性，社会阶层越高，储蓄(投资)倾向越强，消费倾向越小，消费越理性。社会阶层越低，消费倾向越大，储蓄倾向越小，消费单调。

在美国，进行社会阶层划分时，两类社会阶层是指蓝领、白领，或者是下等、上等；

三类社会阶层是指蓝领、灰领、白领，或者是下等、中等、上等；四类社会阶层是指下等、下中等、上中等、上等；五类社会阶层是指下等、工作阶层、下中等、上中等、上等，或者是下等、下中等、中等、上中等、上等；六类社会阶层是指下下等、上下等、下中等、上中等、下上等、上上等；七类社会阶层是指真正的下下等、人在下等群体中但不是最下等、工作阶层、中间阶层、上中等、下上等、上上等；九类社会阶层划分是指下下等、中下等、上下等、下中等、中中等、上中等、下上等、中上等、上上等。

在我国，于 2001 年年底公布的由陆学艺教授担任组长的中国社会科学院的重大研究项目《当代中国社会阶层研究》表明，我国当代社会阶层结构分为五大社会等级、十大社会阶层。其中，十大社会阶层分别为：国家与社会管理者阶层，经理人员阶层，私营企业主，专业技术人员阶层，办事人员阶层，个体工商户阶层，商业服务业员工阶层，产业工人阶层，农业劳动者阶层，城乡无业、失业、和半失业者阶层。

## 三、社会阶层方面的三种消费心理及行为

(1) 希望被同一阶层成员接受的“认同”的心理与行为。也就是说，每个阶层成员会选择购买符合该阶层特点的产品，以获得认同感。所以只要自认为是“上层社会”的人，不管是否真心喜欢，都倾向于以打高尔夫、钓鱼、打桥牌等为主要的休闲方式。

(2) 避免向下降的“自保”的心理与行为。所以人们大多抗拒较低阶层的消费模式，也就是说，每个阶层成员不会购买比其低的阶层所买的产品，避免失去自己的身份感。

(3) 向上攀升的“高攀”的心理与行为。也就是说，每个阶层成员会努力购买比其高的阶所买的产品，去证明体现自己的价值。如许多人将拥有私家车为身份地位的象征，有些低收入者宁可省吃俭用也要买车，以获得“我是有钱人”的暂时的满足感。

## 四、社会阶层对消费者心理及行为的影响

社会阶层对消费者行为的影响，主要有以下几个方面。

### 1. 商店的选择

一般来说，高档豪华的商店每个消费者都愿意去逛，但大部分消费者在真正购买时，尤其是妇女，喜欢到符合自身社会地位的商店去购买。由此可见，对购买地点的选择，会表现出阶层性。

### 2. 对新产品的态度

对绝大多数消费者来说，对新产品基本上是持欢迎态度的，但下层消费者对新产品一般均持比较慎重的态度。

3. 对信息的利用和依赖程度存在不同

一般来说，高阶层的消费者大都受过良好的教育，他们可以借助读书、看报、翻阅杂志、上网等途径来获取有价值的商品信息；而低阶层的消费者，因受教育的程度较低，他们往往通过电视广告等途径来获取信息。

4. 所消费的产品不同

较高收入者能够购买高档家具、游艇及艺术珍品等，而低收入者只能购买一般的日常消费品。并且，如何将收入在不同商品间进行分配，高阶层也与低阶层的情况有所区别。

# 第四节　参照群体因素

## 一、参照群体的概念

参照群体又称相关群体、榜样群体，是指一种实际存在的或想象存在的，可作为个体判断事物的依据或楷模的群体，它通常在个体形成观念、态度和信仰时对其产生重要影响。和从行为科学里借用的其他概念一样，参照群体的含义也在随着时代的变化而变化。参照群体最初是指与家庭、朋友等个体具有直接互动的群体，但现在它不仅包括具有互动基础的群体，而且也涵盖了与个体没有面对面接触但对个体行为产生影响的个人和群体。现实生活中，对消费者影响较大的参照群体是亲朋好友、单位同事，也可以是联系密切的某些社会团体，或较少接触但对之羡慕并愿意模仿的社会群体。

参照群体对个人的影响在于个人会把参照群体的标准、目标和规范作为行动指南，将自身的行为与群体进行对照，如果与群体标准不符或相悖，个人就会改变自己的行为。

## 二、参照群体的功能与类型

### (一)参照群体的功能

参照群体具有规范和比较两大功能。规范功能在于建立一定的行为标准并使个体遵从这一标准，如受父母的影响，子女在食品的营养标准、穿着打扮、购物地点等方面形成了某些观念和态度。个体在这些方面所受的影响对行为具有规范作用。比较功能是指个体把参照群体作为评价自己或别人的比较标准和出发点，如个体在布置、装修自己的住宅时，可能以邻居或仰慕者的家居布置作为参照和仿效对象。

### (二)参照群体的类型

根据参照关系中的个体地位和对个体的影响程度，参照群体可分为会员群体、热望群体、拒绝群体、回避群体 4 种类型。

### 1. 会员群体

会员群体是指个体已经享有会员资格的群体。会员群体的成员一般对群体价值观持有肯定态度。研究表明，频繁接触的群体成员购买相同品牌的可能性更大，也就是说，有社会关系的人比没有社会关系的人具有更高的品牌一致度。另外一些研究表明，在消费生活中非正式群体比正式群体起着更大的作用，就是说非正式群体对其成员的品牌选择一致度的影响程度更大，其影响程度取决于群体的凝聚力大小。

### 2. 向往群体

向往群体是指热切地希望加入并追求心理认同的群体。向往群体根据接触程度可分为预期性的向往群体和象征性的向往群体。预期性的向往群体是指个体期望加入，并且在大部分情况下经常接触的群体。例如，大部分公司的职员把公司经理层理解为向往群体。因为在当前的市场经济环境下，人们把财富、名誉以及权力看作重要的社会象征。在高级服装、化妆品广告中强调社会成功感或荣誉感就是利用人们向往群体的心理。象征性的向往群体是指个体没有隶属于某一群体的可能性，但是接受所向往群体的价值观、态度及行为的群体。

### 3. 拒绝群体

在拒绝群体中，人们隶属于某一群体并经常面对面地接触，但是对群体的态度、价值观念和行为表示不满，倾向于采取与之相反的准则。例如，有些青少年对父母的过分“教育”感到厌倦，会采取与父母的“要求”相反的行动。

**【案例 7-5】 参照群体下的奢侈品消费行为**

目前，中国奢侈品消费的人群主要有三种，一种是经济实力位于社会上层的人士。他们希望通过购买奢侈品来彰显自己，提高自己的品位，价格因素考虑得较少。第二种是以高级白领为主的人群，他们有着一定的经济实力，购买奢侈品时更多地考虑时尚性，通常会用几个月的薪水来购买一套衣服或者一个皮包。第三种是更为年轻的群体，追求潮流，他们不具有消费实力，但却有很强的消费欲望。中国奢侈品的消费人群属于两种不同的参照群体，奢侈品的第二种和第三种消费群体的相当大的一部分人群都属于拒绝群体，他们相对第一种人群来说也许算不上富有，却是奢侈品的崇拜者。可能全身衣着普通，却肩背昂贵的挎包，也许一连几个月都以盒饭度日，只为购买一套名牌服装。第一种人群也就是富翁及第二种人群的小部分相对于其他人而言是向往群体，他们在经济地位或者社会地位上要高于拒绝群体，因此成为拒绝群体渴望追逐和模仿的目标。但是由于拒绝群体无法或者无法在短期内成为向往群体中的一员，因此他们希望通过模仿向往群体来掩盖自己实际身份或者取得一种精神上的满足。而奢侈品相对于必需品而言，参照群体的影响作用更大，因此成为拒绝群体的消费目标。(资料来源：百度文库)

**案例分析：**按照常理奢侈品不应成为第三种群体，甚至是第二种群体的消费品，但事实是这两种群体的消费者成了奢侈品的重要市场构成，很显然，这是参照群体产生的重要影响及结果。

### 4. 回避群体

回避群体是指人们不愿意与之发生联系，并且没有面对面接触的群体。只要有可能，人们会尽力避开某些群体。例如，人们会在自己身上“点缀”一些能够与之划清界限的标志，如穿戴某种服饰，驾驶某种汽车，使用某种保健品或保洁产品，在某种饭店就餐等。又如，大部分人一般回避吸毒者、黑社会等回避群体的嗜好、行为。大部分消费者在肯定的动机下更容易产生信念或态度，所以企业做广告时一般更多地利用肯定的参照群体。因此，回避群体极少单独在广告上出现。

## 三、影响消费者的主要参照群体

与消费者最为密切相关的基本参照群体主要有家庭成员、同学同事、亲戚朋友、社区邻居、社会团体和名人专家等，下面进行简要介绍。

### 1. 家庭成员

家庭成员包括了消费者的血缘家庭和婚姻家庭的成员，它是消费者最重要的参照群体家庭成员的个性、价值观以及成员之间的相互影响，形成了一个家庭的整体风格、价值观念和生活方式，从而对家庭成员个体消费心理和行为有着直接的影响作用。家庭成员在购买行为和决策中往往承担不同的角色，包括发起者、影响者、决策者、购买者和使用者几个角色。在不同的消费领域，角色有互换的倾向。

### 2. 亲戚朋友

亲戚朋友作为消费者个体的主要社交对象，日常的联系比较紧密，也是影响消费者行为的主要参照群体。根据马斯洛的需要层次理论，人都有一种归属需要，朋友这一群体就是归属需要的一个重要方面。在某些消费品上，如服装、化妆品、饮料等，朋友的意见将对消费者的购买决策起着决定性作用。由于朋友这一群体所造成的从众心理，更能带动群体内部成员的趋同性消费习惯。

### 3. 同学同事

由于长时间共同学习或在组织机构中合作共事，经常交流购物心得、和购物的价值观念，消费者消费心理和行为容易受到来自同学或同事的影响。

4. 社区邻居

我国人民群众受传统文化影响，向来对邻里关系比较注重，那些居住条件比较拥挤的居民，邻里往来更为密切。在消费活动中，左邻右舍的消费倾向、价值评价、选择标准等往往成为人们重要的参照依据。

5. 社会团体

各种正式和非正式的社会团体，如党派、教会、书法协会、健身俱乐部等，也在一定程度上影响着消费者的购买行为。

6. 名人专家

政界要人、专家学者、娱乐明星、优秀运动员、著名作家，以及那些受到人们推崇的名人，都可能成为消费者的参照群体，而且是向往群体，会对消费者消费心理和行为带来较大的影响。

## 四、参照群体对消费心理及行为的影响方式

参照群体对消费者心理与行为的影响方式有三种。

1. 信息性影响

参照群体不断向消费者传递一些消费信息，消费者会将这些信息作为重要的参考依据，并做出消费决策。参照群体的信息影响程度取决于被影响者与群体成员的相似性和施加影响的群体成员的专长性。例如，某人发现其关注的长跑运动员使用了某种品牌的营养品，于是决定试用一下这种品牌的产品。显然，这里的长跑运动员对该品牌的使用提供了间接的信息。有时这种信息的影响更加直接。例如，某广告的内容暗示，某人在使用该产品之前从一位朋友那里搜寻信息，朋友向他推荐该产品并告诉他该产品的效果，这就是直接的信息。

2. 规范性影响

规范性影响是指群体要求成员遵守的规范对消费者产生的影响。参照群体能产生这种影响的前提是：参照群体的行为是明确可知的；参照群体能给予消费者某种奖赏或惩罚；消费者有得到奖赏或避免惩罚的愿望。因此，遵从参照群体的规范要求就成为被影响者的主动行为。例如，为了得到配偶或邻居的赞同，人们或许会专门购买某个牌子的商品，或者因为担心受到朋友的嘲笑而不敢穿新潮服装。这些影响都是规范性影响。又如，广告商声称，如果使用某种商品人们就能得到社会的接受和赞许，或者如果不使用某种产品就得不到群体的认可(如牙刷和除臭剂)，则采用的也是群体对个体的规范性影响。

#### 3. 认同性影响

认同性影响也称价值表现影响。每个参照群体都有一定的价值观和文化内涵。大多数消费者都希望在维持自我的同时被社会认同，因而会按照一定群体的价值观和习惯、规范行事，从而实现社会认同的目标。一个群体能对消费者产生这种影响要有一定的前提，即消费者首先认同这个群体的价值观，并完全接受这个群体的规范。

## 五、参照群体对消费心理及行为的影响程度

具体来说，参照群体对成员的影响程度主要取决于以下两个方面。

### (一)产品的特性

#### 1. 产品使用时的可见性

当产品或品牌的使用可见性很高时，群体影响力很大。对于跑步鞋来说，产品种类(鞋)、类型(跑步)都是可见的。一件衣服的种类和款式是可见的，但品牌则不明显。其他产品，如维生素的消费，一般是隐蔽的。参照群体通常在可见性高的产品上对个体行为产生影响，对于私下使用的诸如油、盐、酱、醋之类的日常生活品，群体对其成员的影响则较小。

#### 2. 产品与群体的相关性

对于一个消费者来说，他所处的群体与某种商品的关联性越大，对商品的知识掌握得越专业，则他在这种商品的消费上越重视群体的意见，从而服从群体的倾向越大。例如，装束对于一个经常在豪华餐厅用餐的群体来说比较重要，而对于只在星期四晚上一起打篮球的参照群体成员来说，其重要性就小得多。

#### 3. 产品是否为必需品

一般来说，消费者日常使用的必需品，如食品、日杂用品等，会由于长期的使用而养成一种习惯，因而群体的影响也相对较小。而对那些非必需品，如金银首饰、高档电器等，消费者则更愿意接受群体其他消费者的建议。也就是说，产品的必需程度越低，参照群体的影响越大。

#### 4. 产品的寿命周期

在产品引入期，消费者的产品购买决策受群体影响很大，但品牌决策则受群体影响较小。在产品成长期，相关群体对产品及品牌选择的影响都很大。在产品成熟期，群体影响在品牌选择上大而在产品选择上小。在产品的衰退期，群体影响在产品和品牌选择上都比较小。

### (二)消费者的个体特征

#### 1. 消费者的经验与信息来源

当消费者对某产品具有丰富的经验或可以取得足够的信息时，消费者受参照群体的影响程度就会很小。

#### 2. 个体在购买中的自信程度

研究表明，个人在购买彩电、汽车、家用空调、保险、冰箱、媒体服务、杂志书籍、衣服和家具时，最易受参照群体影响。这些产品，如保险和媒体服务的消费，既非可见又同群体功能没有太大关系，但是它们对于个人很重要，而大多数人对它们又只拥有有限的知识与信息。这样，群体的影响力就由于个人在购买这些产品时信心不足而强大起来。

自信程度并不一定与个体掌握的产品知识成正比。研究发现，知识丰富的汽车购买者比购车新手更容易在信息层面上受到群体的影响，并喜欢和同样有知识的伙伴交换信息和意见。新手则对汽车没有太大兴趣，也不喜欢收集产品信息，他们更容易受到广告和推销人员的影响。

#### 3. 群体对个体的吸引力

如果个体在其所属的群体中得到了某些方面的满足，诸如归属感、成就感的满足，则这个群体对该成员的吸引力就大。同时，他会出于想要继续留在该群体的愿望，而与群体其他成员的行为保持一致。例如，当一个人渴望留在某一群体中时，在衣服选择上，他就可能更多地考虑群体的期望，选择群体成员要求的或能够接受的服装。

#### 4. 个体对群体的忠诚程度

个人对群体越忠诚，他就越可能遵守群体规范。当参加一个热望群体的晚宴时，在衣服选择上，人们可能更多地考虑群体的期望；而参加无关紧要的群体晚宴时，这种考虑可能就少得多。研究发现，强烈认同西班牙文化的拉美裔美国人比只微弱地认同该文化的消费者更多地从规范和价值表现两个层面受到西班牙文化的影响。

# 第五节　家 庭 因 素

家庭作为社会结构的基本细胞单位，与消费活动有着极为密切的关系。人从一出生，首先接触的是家庭，家庭的价值观念与行为方式会直接影响下一代。

## 一、家庭的含义与结构

家庭是由两个或两个以上的成员，基于血缘、婚姻或收养关系而组成的一个社会生活单元。家庭具有多种功能，与消费心理行为密切相关的功能有:经济功能、情感交流功能、赡养与抚养功能、教育功能等。

家庭结构主要有：

(1) 核心家庭，即由夫妇或其中一方和未婚子女构成，这类家庭也称为两代人家庭。

(2) 复合式家庭，也称扩大型家庭，指由核心家庭和亲属(如父母、祖父母、岳父母等)所组成，一般是三代人或更多代人同堂的家庭。

(3) 丁克家庭，指只由一对夫妇所组成的家庭。

我国目前的家庭在结构上存在着地区上的差异性。一般来说，农村和内陆的家庭成员偏多，而城市和沿海地区的家庭成员较少。从社会经济文化发展的角度来看，我国家庭成员的数量呈现减少的趋势，具体来说，就是核心家庭和夫妻家庭的数量在增多，而复合式的家庭数量在减少。

## 二、家庭消费特点

家庭消费具有以下几个显著特点：

(1) 阶段性。每个家庭都有自身发生、发展、消亡的过程，即生命周期，在家庭生命周期的不同阶段，消费者的购买心理与购买行为有着明显的差异，表现出阶段性特点。

(2) 相对稳定性。很多家庭的收入是相对稳定的，日常消费支出和其他各项支出也相对均衡和稳定，相对来说，家庭的婚姻关系也是比较持久和稳定的，从而家庭的消费也相对稳定。

(3) 传承性。每个家庭都归属于一定的群体和社会阶层，具有特定的消费价值观念，并受到一定经济条件的制约，最终会形成每个家庭的消费特色、消费观念和消费习惯。这些具有家庭特色的消费观念和消费习惯，对家庭成员的日常消费心理和行为具有潜移默化的影响，表现出对下一代的传承性。

## 三、家庭的生命周期阶段

美国学者 P. C • 格里克于 1947 年最早从人口学角度提出了家庭生命周期的概念。他还把一个家庭所经历的各个阶段作了划分，分别是形成、扩展、稳定、收缩、空巢、解体六个阶段。标志每一阶段的起始与结束的人口事件如下：

(1) 形成阶段。由结婚到第一个孩子的出生。

(2) 扩展阶段。由第一个孩子的出生到最后一个孩子的出生。

(3) 稳定阶段。由最后一个孩子的出生到第一个孩子离开父母家。

(4) 收缩阶段。由第一个孩子离开父母家到最后一个孩子离开父母家。

(5) 空巢阶段。由最后一个孩子离开父母家到配偶一方死亡。

(6) 解体阶段。由配偶一方死亡到配偶另一方死亡。

故家庭生命周期(family life cycle，FLC)是指绝大多数家庭必经的历程，是描述从单身到结婚(创建基本的家庭单位)，到家庭的扩展(增添孩子)，再到家庭的收缩(孩子长大分开独立生活)，直到家庭解散(配偶中的一方去世)的家庭发展过程的社会学概念。

家庭生命周期是一个综合性的变量，它通常由诸如婚姻状况、家庭规模、家庭成员的年龄(特别是年幼或年长孩子的年龄)以及户主的职业地位等人口统计变量共同决定。父母的年龄和相对的可支配收入通常也可以根据一个家庭所处的生命周期阶段推断出来。尽管不同的研究人员划分的家庭生命周期阶段不尽相同，但许多家庭生命周期模型都可以综合成5 个基本阶段，即单身阶段、新婚阶段、满巢阶段、空巢阶段和解体阶段。不同生命周期阶段的消费者在购买行为上会产生差异。

(1) 单身阶段由年轻的离开父母独立生活的单身成人所构成。处于这一阶段的部分成员属于有全职的工作的年轻人，部分属于离开父母住所的在校大学生。随着结婚年龄的推迟，这一群体的数量在逐渐增加。这些单身成人倾向于将其收入花费在房租、基本的家用器具、旅行和娱乐以及服装和饰品等方面。因为没有什么经济负担，单身阶段的消费者经常有足够的可支配收入放纵自己。许多产品或服务的目标市场就是这个群体。

(2) 新婚阶段始于新婚夫妇正式组建家庭，止于他们的第一个孩子出生(在我国因为计划生育政策，很多家庭就只会有一个孩子)。在这一阶段，夫妻双方都需要做出调整以适应他们婚后的生活。由于许多年轻的夫妇双方都有工作，他们的共同收入往往允许他们去寻求一种愉快的生活方式。因为刚组建新的家庭，他们会有大量的购买活动。大小家电、起居室和卧室家具、床上用品、地毯、装饰品、厨具、碗碟等，都是他们的购买对象。这类家庭大部分拥有双份收入，相对于其他群体较为富裕。他们是剧院门票、昂贵服装、高档家具、餐馆饮食、奢侈度假等产品和服务的重要市场。

(3) 满巢阶段指从第一个孩子出生，到所有孩子长大成人和离开父母。这一阶段持续时间较长，一般会超过 20 年，所以会进一步表现出阶段性特点。

第一个孩子的出生常常会给家庭生活方式和消费方式带来很多变化。例如，处在这一阶段的家庭需要购买婴儿食品、婴儿服装、玩具等很多与小孩有关的产品。同时，在度假、用餐和家居布置等方面也要考虑小孩的需要。此外，如果妻子停止工作在家哺乳和照看小孩，家庭的收入则会随之减少。如果请祖父母或外祖父母照看孙子、孙女，或者请保姆打理家务，由于住户成员的增加，在生活起居、家庭购买等方面也会发生一定变化。当孩子进入小学或中学阶段，中国的家庭基本上还是以孩子为中心，家庭不仅要为孩子准备衣、食、住、行等方面的各种物品，而且还要带孩子参加各种音乐班、学习班，购置诸如钢琴、小提琴之类的乐器。随着孩子陆续长大，有的已经开始有工作，家庭的经济压力相对减轻，家庭经济状况好转，往往会更新一些耐用消费品，购买一些新潮的家具，在健康、旅游、外出用餐等方面的花费也会增加。

(4) 空巢阶段始于小孩不再依赖父母，也不与父母同住，这一阶段持续的时间也比较长，这一阶段可能是已婚夫妇在财政上最宽裕的时期。与过去相比，现今处于空巢期的夫妇一般享有更多的闲暇时间。他们更频繁地旅行，度更长的假期，还可能在气候温暖的地区购买他们的第二处住所。由于储蓄和投资，也由于花费减少(不再需要返还贷款本息和支付子女的学费)，他们拥有较高的可支配收入。所以，处于空巢阶段的家庭是奢侈品、新车、昂贵家具以及远距离度假等产品或服务的一个重要市场。

(5) 解体阶段当夫妻中的一方过世，家庭便进入解体阶段。如果在世的一方身体尚好，有工作或有足够的储蓄，并有朋友和亲戚的支持和关照，家庭生活的调整就比较容易。由于收入来源减少，此时在世的一方，过上了一种更加节俭的生活方式。他们中的许多人开始从家庭之外寻求朋友关系；或者开始第二次(甚至第三次、第四次)婚姻。处于这一阶段的家庭会有一些特殊的需要，如更多的社会关爱和照看。

## 四、家庭购买决策

在以家庭为单位进行购买时，家庭成员在购买决策中承担什么购买角色是个很复杂的问题，它受多种因素的影响。通常，在购买的过程中，每个家庭成员都会充当一定的角色。一般情况下，在购买过程的发起者、影响者、决策者、购买者和实际的使用者的角色由家庭的不同成员在扮演。一个家庭成员在一项购买中可以充当几个角色，有时一个角色也可由几个人承担。如丈夫提出去购买空调，经与妻子协商后，丈夫决定去购买，并且此空调由丈夫最终去购买，则此购买过程中，丈夫既是提议者、决策者，还是购买者；空调购买回来投入使用后，则使用者是全家。

购买角色的承担与成员在家庭中承担的任务有关。家庭成员因其在家庭中承担的任务不同，他们对购买决策的作用也不相同。如口红、唇膏、香水等化妆品，它们的消费对象主要是女性消费者，购买决策者主要是女性；五金工具等商品，购买者或使用者主要是男性消费者；玩具等商品消费者主要是儿童。

**【案例 7-6】 男性在家用轿车购买中角色**

对北京地区的 106 个已经购买家用轿车家庭的调查表明，有 54 个购买者家庭的“提议购买，行为由 20～34 岁的男性完成，占样本总量的 50. 9%。另有 25 个受访者家庭买车是由 20 岁以下的男性首先提议的，占已购车家庭数的 23. 6%，前两者合计达 74. 5%。由此可见，青年男性在家庭购车中担任着非常重要的角色。(资料来源：王建军《消费者行为学》，西南财经大学出版社，2009 年)

**案例分析：**男性在家庭大件消费品的购买决策中往往扮演重要角色，多数是决策者，故家用轿车的营销策略应有针对性，分析研究男性在家用轿车购买决策的相关影响因素。

## 五、家庭权力结构

家庭权力结构主要说明哪一个成员在家庭消费决策中居主导地位。在传统家庭中，丈夫在家庭消费决策中居主导地位，而妻子与子女则处于附属地位。但近年来，女性在家庭中的地位日益上升，平等成为家庭消费决策中的一种主要模式。当前，根据在家庭消费决策中谁占主导地位，可将夫妻的权力结构分为以下几种类型：

(1) 独立支配型：夫妻双方都能为自己的购物做出决策。

(2) 丈夫权威型：即丈夫在家庭购买决策中居主导地位。

(3) 妻子权威型：即妻子在家庭购买决策中居主导地位。

(4) 共同决策型：即夫妻双方通过民主协商来决定购物。

一个丈夫权威型的家庭，消费决策会带有男性的色彩，比如对家电、机械用品等商品，丈夫在购买中的作用相当明显。在妻子权威型的家庭，对于购买化妆品、服装、家庭室内装饰品等商品，妻子的作用会明显重要得多。而在共同决策的家庭中，购买决策的分工不会很明确，以两方相互商量、相互参谋的决策形式为主。家庭购买权力结构的形成一般受到家庭购买力、家庭的民主气氛、所购买商品重要性、购买时间和可觉察风险等因素的影响。

## 六、影响家庭消费行为的因素

### 1. 家庭收入水平

家庭收入水平包括两个方面：一是家庭的实际收入水平，即某阶段家庭收入情况，它具体影响一个家庭实际的生活水平；二是家庭的预期收入，即家庭未来可能获取的收入，家庭对未来收入水平所持的不同态度切实地影响着一个家庭目前的消费行为。如持乐观态度的家庭可能对某些高档商品提前购买，而持悲观态度的家庭则可能延迟一些商品的购买。

### 2. 家庭规模

家庭规模对消费行为的影响体现在以下两个方面：一是就业人数多的家庭，总收入水平就高；而在总收入水平一定的条件下，家庭规模越大，人均收入水平越低。二是家庭规模的大小直接影响家庭对一些商品需求的数量。如规模大的家庭对生活必需品的需要自然就多。

### 3. 家庭结构

家庭结构的不同使家庭消费需求结构出现差异。如在夫妻型家庭中，年轻的夫妻型家庭因为两人都工作，没有经济负担，购买力比较强，所以，这种家庭对现代生活潮流比较感兴趣，喜欢购买市场上的各种新产品；而年老的夫妻型家庭在消费观念上比较保守，比较重视传统的消费方式和习惯，对那些物美价廉、经久耐用的商品感兴趣。

### 4. 家庭生命周期阶段

如前文所述，在不同的家庭生命周期阶段，家庭的消费心理与行为也是不同的。单身阶段、新婚阶段、满巢阶段、空巢阶段和解体阶段家庭的消费的主要支出是有很大区别的。在满巢阶段，反映在消费活动上，家庭生活的购买不再取决于单身阶段的个人兴趣，家庭基本上日常生活的消费活动都围绕着孩子转。在空巢阶段是家庭经济状况最好的时期，父母的收入比较多，又没有家庭负担，家庭建设也基本完成，此时开始注重生活品质的提高。

## 本 章 小 结

本章主要介绍了对消费者心理与行为产生影响的经济因素、文化因素、社会阶层因素、相关群体因素和家庭因素，它们都对消费者购买心理与行为都有着直接或间接的影响。随着我国经济环境发生的改变，人们的消费观念、消费方式都发生了变化，而个性化消费，及对绿色产品、服务和精神的消费都变得更加突出。

文化具有社会性与差异性、无形性与习得型、发展性。文化对消费心理与行为的影响主要表现为对食品的观念、对时间和空间的观念、友谊观、审美观、对财富观灯的价值观和亚文化方面，常见的亚文化有民族亚文化、种族、亚文化、地理亚文化。我国的传统文化表现为注重家庭和伦理观学习、重人情、爱面子、节欲、崇尚谦逊和含蓄。社会阶层对消费心理与行为的影响表现为消费的产品、对商店的选择、对新产品的态度、对信息的利用和依赖程度。

对消费心理与行为影响参照群体主要有家庭成员，同学、同事，社会阶层，亲戚朋友，社会团体，名人专家；影响的方式主要有信息性影响、规范性影响、认同性影响；而影响的程度取决于产品特性和消费者的个体特征。

家庭是由两个或两个以上的成员，基于血缘、婚姻或收养关系而组成的一个社会生活单元，常见的家庭有核心家庭、复合式家庭和丁克家庭。家庭的消费具有阶段性、相对稳定性和传承性的特点。家庭生命周期是一个综合性的变量，它通常由诸如婚姻状况、家庭规模、家庭成员的年龄(特别是年幼或年长孩子的年龄)以及户主的职业地位等人口统计变量共同决定。家庭生命周期可以分成 5 个基本阶段，即单身阶段、新婚阶段、满巢阶段、空巢阶段和解体阶段。家庭对消费心理与行为影响体现在家庭的收入水平、家庭规模、家庭结构和家庭生命周期阶段几个方面。

# 自　测　题

1. 简述经济环境对消费者心理和行为的影响。
2. 简述文化的概念。
3. 简述我国传统文化的特点。
4. 简述社会阶层对消费者心理和行为的影响。
5. 简述影响消费者的主要参照群体。
6. 简述参照群体对消费者心理与行为的影响方式。
7. 简述家庭消费的特点。
8. 简述影响家庭消费行为的主要影响因素。

# 案 例 分 析

### 男女在家庭消费中的角色

在各项消费品的购买决策中，房子、汽车等大件消费品及其他耐用消费品均由丈夫来决策，而妻子则在家庭日用品的购买决策中居主导地位。通过对房地产市场的研究表明，无论是购买家庭的第一处还是第二处住宅，都有接近七成的家庭主要由丈夫最终决定。同样，对家用轿车研究发现，在购买家庭轿车的决策过程中，39%以上的妻子认为:丈夫在买车的这件事情上影响最大。

丈夫和妻子在不同的消费品类别中各居决策主导地位，他们的决策模式也存在显著差异。丈夫由于生活节奏快、工作忙，在实际的家庭消费决策过程中，除了在住房、汽车等大宗消费品的购买过程参与较多外，对其他的耐用消费品往往只扮演终审者的角色。而在耐用消费品的整个购买过程中，前期的信息搜集和比较的工作往往由妻子负担，丈夫只是最终的拍板人。

女性对购物和商品信息的热衷在 2001 年“前进策略与零点调查的口碑传播研究中”也得到了印证，此项研究表明，男性和女性虽然都乐于汲取并传播信息，但女性对“购买和使用商品的经验”、“生活小常识”、“子女教育”以及“医疗保健”等方面的关注程度明显高于男性，这也使女性更多担当着商品信息把关者和家庭日常消费主宰者的角色。(资料来源:《调查中国生活真相》，航空工业出版社 2007 年 7 月版)

**问题:**

1. 为什么男性和女性在家庭消费决策中承担着不同的角色？
2. 结合案例，实际调查几位女性，分析目前女性在家庭消费中的角色现状。

# 阅 读 资 料

## 美国的化妆品和日本的空调器

在美国的化妆品生产行业有一句名言：日本的化妆品市场是美国商人难以攀登的富士山！什么意思呢？原来美国是生产化妆品的一个大国，出口的化妆品也较多，其中有一些出口到日本市场上。美国化妆品进入日本市场的时候，也对日本人进行了大规模的广告宣传和其他形式的促销活动，但是日本人对此就是无动于衷，化妆品的销售量很少，美国运到日本市场来的化妆品只能大量积压，生产厂家为此十分着急！美国的商人为此委托有关专家认真地研究了日本人购买化妆品的心理，通过大量的调查研究发现，原来是美国人生产的化妆品的色彩不适合于日本人购买化妆品的心理。

在美国，人们对于皮肤的色彩有一种十分普遍的观念，即认为皮肤略为深色或稍黑一些是富裕阶层的象征，因为只有生活富裕的人们才有足够的时间和金钱去进行各种休闲活动，到海滩去晒太阳是一种比较普遍的休闲活动，生活越富裕，去海滩晒太阳的机会越多，皮肤也就越黑，所以皮肤晒得越黑的人，说明其社会地位和生活的富裕程度越高！在化妆的时候，人们习惯于使用深色的化妆品，把自己的皮肤化妆成略为深色，以显示自己的地位。化妆品的厂家在生产化妆品的时候，也就以色彩略为深一些的化妆品为主大量生产。而日本人的皮肤属于东方人的皮肤类型崇尚白色，化妆时不喜欢使用深色的化妆品，所以日本人对于美国人的那种略为深色的化妆品需求量是很少的。

而日本的空调器开拓中东地区市场却和美国的化妆品相反。中东地区的国家一般比较富裕，重视改善居室的舒适性，所以消费家用空调的人比例较高。最先进入中东地区销售空调电器的厂商来自美国和英国等一些国家，这些国家的产品质量一般还不错，所以前期的销售效果也很好，但销售过一段时间之后，发现中东地区的消费者对于这些国家的空调电器并没有太多的兴趣，空调器总是出问题，出现停转的现象。日本厂家在仔细研究了这些情况之后，得出一个结论：他们认为美国和英国一些国家的空调器在中东地区总是出现停转问题的原因在于，中东地区多沙、空调器的防沙能力很差，而美国和英国空调器的生产者没有设计防沙功能的意识，不了解当地消费者已往习惯于各种物品的防沙功能，所以生产的商品不适应于这一地区的消费要求，日本厂商立即着手改进空调器的防沙能力，对空调器的进出口进行了防沙性能的处理，并且在广告中大力宣传日本空调器在中东地区的适应性，结果，日本的空调器一下子把美国和英国等国家的空调器挤出了中东地区的市场，并从此成为中东地区最畅销的产品。(资料来源：http://www.docin.com)

# 第八章

# 商品因素与消费者的心理及行为

**学习目标：**通过本章的学习，掌握影响消费者购买新产品的心理与行为因素，了解企业对于新产品的设计和推广策略，熟悉消费者对品牌的心理作用过程，熟悉商品包装的心理功能，了解新产品设计、推广、命名、商品品牌、商品包装的心理策略

**关键概念：**新产品(new product)品牌(brand)商品包装(commodity packing)

**引导案例：**

**“反常思维”的创意**

日本一造纸厂，每天都要产生大量的纸浆废液，如何处理掉这些废液，以避免污染环境呢?厂里召集职工开展了“头脑风暴”式的研讨活动，但大多数人提出的都是诸如“提高炉温”、“把废液烘干”、“加入燃油一同焚烧”等普通的提案，这些提案经试验后全都没有价值。后来有一位普通职员提供了一项“反常思维”的创意，就是“将砂子混入纸浆废液，从炉子下方喷入空气，使之燃烧”。这项创意，似乎非常荒谬，因为沙子并非易燃物，怎能助燃呢?该厂的科研人员抱着“试一试”的心理，进行了小试。结果却出人意料，废纸浆燃烧得非常充分，效果出奇地好。原来从下方喷入空气后，飞沙可使废浆化为细微的粒子，由于与空气的接触面积大，所以也易于燃烧。此后，这种新型的“流动炉”便告诞生，并很快地在全世界普及开来。兼营这种炉子的造纸厂当然也获利甚丰。一种新的商品的出现及在市场上能受到消费的接受和欢迎，取决于该种新商品能否很好地满足消费者的心理要求，同时和商品有关的商品名称、商标和包装和消费者的心理需求也有一定的关系，本章要研究的就是这些方面的内容。(资料来源：http://www.360doc.com/)

## 第一节　新产品与消费者心理及行为

### 一、新产品概述

#### 1. 新产品的概念

新产品的概念是从整体产品的角度来理解的。在“产品整体概念”中，产品在任何一个层次上的更新，或有了新的结构、新的功能、新的品种或增加了新的变化从而给消费者

带来了新的利益，即可视为新产品。

2. 新产品的特征

(1) 先进性。由于采用了新原料、新技术和新材料，使产品具有新的结构、性能、质量和技术特征。因此新产品比老产品有先进性的特点。

(2) 创新性。由于许多新产品采用了科学技术的最新研究成果，这些成果一般都具有高新技术内涵，使得应用高新技术的新产品具有创新性。如纳米技术、3D 打印技术等。

(3) 经济性。新产品在生产制造过程中可以节省成本，提高生产效率和产品质量，能给企业带来良好的经济效益。同时，新产品在使用过程中能达到降低能耗、延长使用寿命、造作安全简便等效果。

(4) 风险性。新产品在开发、研究、制造过程中，也可能给企业带来一定的风险。具体表现在以下三个方面：

① 技术风险。有时新产品在开发、设计过程中采用的技术不一定很成熟，导致产品存在某些缺陷，不能充分满足顾客的需求。

② 市场风险。新产品最初进入市场时，顾客可能对其性能、用途、功效等缺乏了解，短时间内不一定为顾客所接受。

③ 盈利风险。当新产品尚未被顾客接受时，市场销售状况可能不理想，以致盈利目标不一定能实现。

2. 新产品的分类

根据新产品创新程度的不同，可以将新产品分为 4 类。

1) 全新型产品

这种产品是指那些运用新的科学技术或新材料、新工艺设计生产的，在造型、结构和性能等方面完全创新的产品。全新型产品的出现和使用，往往会在消费者的消费观念、消费方式、消费过程及消费心理等方面产生重要的影响。如第一台手记的问世就属于全新型产品，在它出现之前，市场上没有类似的商品，其功能也是其他产品所不能替代的。

2) 革新性产品

革新性产品是指在原有产品的基础上进行了某些方面的改革而形成的新产品。这种改革主要在产品的设计、结构和性能三个方面。其中主要是性能方面得到了重大改进。革新性产品虽不及全新型产品的社会意义重大，但由于它的性能有重大改善，因为有可能迅速取代旧产品，在社会上形成新产品的消费潮流，但不会形成新的消费方式和生活方式。

3) 改进型产品

改进型产品是指在原有产品的基础上略加改良而形成的产品。这种改良只是在工艺、结构或用料上做部分改进，使产品的性能或效用有某些提高。如，洗发水加入了去屑功能，饮料加入了减肥功效等，它们都保留产品的原有功能，与普通产品差别不大，能在一定程

度上适应消费者渴望变化、刻意求新的心理，所以较容易被消费者所接受。一般来说，这类新产品对消费方式和消费结构影响不大，取代旧产品的能力也较差。

4) 部分改进型产品

部分改进型产品是指在性能、用途及质量上与原有产品相比没有大的改进的产品。这类产品或是在产品外观上，或是在造型上，或是在零部件上有少许变化，在变化中求生存，流行感特别强，流行时间相对较短。这类产品保持了原有产品的某些特点，很容易被消费者接受，对消费方式不会发生影响。

## 二、新产品购买者的类型

由于心理需要、个性特点及所处环境的差异，不同消费者对新产品接受的快慢程度会有所不同。美国学者 E. M. 罗杰斯根据这一差异，把新产品购买者划分为 5 种类型。

### 1. 革新者

任何新产品都是由少数革新者率先使用的，这部分消费者一般约占全部购买者的2.5%。

他们极富创新和冒险精神，收入水平、社会地位和受教育程度较高，多为年轻人，交际广泛且信息灵通。他们人数虽少，但有示范、表率的作用，因而是新产品推广的首要对象。

### 2. 早期购买者

早期购买者是继革新者购买后，马上购买的消费者。这部分消费者一般约占全部购买者的 13.5%，他们追求时髦、渴望变化，有一定的创新和冒险精神。他们一般社会交际广泛，活动能力强，在乎被人尊重，喜欢传播消息，常常是某个圈子的公众意见领袖。他们人数较少但有一定权威性，对带动其他消费者购买有重要的作用。

### 3. 早期大众

早期大众一般约占全部购买者的 34%。他们有较强的从众、仿效心理，乐于接受早期事物，但一般比较谨慎。由于这类消费者数量较多，而且一般在产品成长期时购买，因而是促成新产品在市场上趋向成熟的主要力量。

### 4. 晚期大众

晚期大众的数量约占全部购买者的 31.5%。这部分消费者态度谨慎，对新事物反应迟钝，从不主动接受新产品，直到多数人采用新产品且反应良好时，他们才会购买。他们对于新产品在市场上达到成熟状态作用很大。

5. 守旧者

守旧者约占全部购买者的 16%，是采用新产品的落伍者。这部分消费者思想保守，拘泥于传统的消费行为模式，其社会地位和收入水平一般较低，当新产品过时后他们才会购买，或最终拒绝购买。

## 三、新产品设计的策略

### 1. 根据消费者的生理需求进行新产品功能的设计

(1) 多功能。即增加产品给消费者带来的功能，如多功能手机集上网、拍摄、MP3 功能于一体等

(2) 自动化。自动化产品，如奔驰汽车的自动倒车功能、全自动洗衣机等，为消费者快节奏的生活带来了许多便利。

(3) 绿色产品。随着环境污染的加剧，人们对于无公害、无污染绿色产品的需求明显增加，如绿色有机蔬菜、生态猪肉等产品都越来越受到人们的青睐。

(4) 健康型产品。随着人们生活水平的提高，人们对于自己和家人的健康更加关注。具有补充人体所需的各种微量元素的保健品，各种运动健身器械，都逐渐受到人们的欢迎。

### 2. 根据消费者的个性心理特征进行产品设计

消费者的不同个性心理特征会导致对不同产品的需求，因此新产品设计不仅要注意满足消费者共同的基本需要，同时还应考虑产品的独特个性，使之与消费者的个性心理特征相适应，吸引消费者的购买。

1) 体现威望的个性

体现威望的个性即体现消费者的社会威望或表现其个人成就，如，高档手表、名牌服装及豪华轿车等。为此，设计时应选用上乘或名贵的原材料，产品款式应豪华精美，保证一流的工艺和质量。

2) 标志社会地位的个性

某些产品是专供社会某一阶层使用的，是这一阶层成员的共同标志。使用者可以借此表明自己属于该社会阶层或集团上的身份。不同的社会阶层，其消费习惯及心理特征也有着明显的差别。因此，在设计新产品时，应充分地考虑特定阶层消费者的工作环境、经济收入、社会地位及消费习惯和消费心理。

3) 满足自尊和自我实现的个性

人作为社会中的一员，一方面要求得到他人的认可和尊重，希望在社会交往中给人留下良好的印象；另一方面要求不断提高自身的知识水平和能力，充分发挥其内在潜力，以求得事业上的成功与个人价值的实现。为此，人们会刻意寻找有助于增强自我价值实现的

产品，如装饰品、美容品、学习用品等。在设计这类产品时，应以美观协调、特色鲜明为原则。

4)　满足情感要求的个性

随着人们生活节奏的加快，消费者在强调产品实用性的同时，越来越注重情感消费，如，表达友情、亲情、寄托希望、向往、追求情趣和格调等。某些产品，如工艺品和玩具等，因其设计新颖、造型别致而蕴含丰富的感情色彩，能够满足消费者的情感需要，因而受到消费者的青睐。这类产品的设计应该强调新、奇、美、趣、雅等特点。

## 四、新产品推广的心理与行为策略

新产品上市后，企业面临的重要问题是，如何使消费者尽快认识、承认并接受新产品，使新产品得到推广。消费者接受新产品一般要经过引起注意、产生兴趣、进行联想、产生欲望、实施购买这 5 个阶段。这五个阶段能否顺利发展，一方面与产品质量、价格、性能、款式等密切相关；另一方面又与消费者接受新产品过程中的各种心理与行为因素密切相关。

### 1. 新产品功能与消费者心理与行为

新产品成为畅销品还是滞销品，同产品本身包含的基本功能与心理及行为功能是密切相关的。因此，有必要联系产品特性来分析消费者心理及行为与新产品销售及市场扩散的速度、范围间的相互关系。

1)　新产品的相对优点

新产品的相对优点是指新产品优于老产品的程度。对于消费者来说，这是最有吸引力的一点，也是消费者购买新产品的重要心理动机。新产品的创新程度越高，就越容易在市场上扩散。

2)　新产品使用上的一致性

新产品的使用能否与消费者在长期消费过程中逐步接受形成的消费方式、消费习惯、价值观念保持一致，对新产品能否为消费者承认并接受影响重大。能够与现有消费方式保持一致或基本保持一致的新产品，其市场扩散速度就快，扩散范围就广。反之，二者之间有距离，或者完全相悖，需要消费者调整原有价值观念，建立新的消费方式和消费习惯的，市场扩散的速度就慢，扩散范围就窄。

3)　新产品结构的复杂性

它是指消费者理解和使用新产品的难易程度。对新产品的属性、性能、用途、使用方法等产品说明，消费者越容易理解，就越容易感兴趣，新产品在市场上的扩散速度就越快，扩散的范围就越广。如果消费者要用很多精力和极大的耐心去了解和掌握新产品的用途和使用方法，由于消费者的知识水平不同，理解能力不同，无形中就会给消费者造成心理障碍，影响新产品的推广。因此，在对新产品的性能、用途、工艺等方面创新的同时，要尽量追求产品结构的简单明了，使用方法上的易于操作，最大限度地减少消费者在理解和掌握使用新产品的精力耗费和时间耗费。

4) 新产品的可试用性

有些新产品上市之初，消费者由于不了解其性能的特点，可能反应冷淡，或抱有疑虑，因而影响了新产品的市场扩散。因此，新产品是否可供试用，对消除消费者的疑虑，加快新产品推广速度有重要作用。因为对于消费者来讲，如果能亲自试用某一新产品，亲身体验到产品的特点，比采用其他方式进行促销宣传对其影响大得多。新产品为消费者提供试用机会越多，往往其推广速度就越快。

5) 新产品的可传达性

新产品一般都在性能、用途、工艺及效用上优于老产品。这些优越性能若能准确及时地为消费者认知、想象和形容，则表明新产品可传达性强。消费者购买新产品，不仅要满足使用上的需要，同时还希望自己所购买的新产品的优点也能传达给其他消费者，并得到他们的承认和理解。因此，可传达性强的新产品，在市场上的扩散速度比可传达性弱的新产品要快。

### 2. 影响新产品购买行为的心理因素

1) 消费者对新产品的需要

需要指没有获得某些基本满足的感受状态，是消费者一切行为的基础和原动力。新产品能否满足消费者的需要，使其购买与否的决定性因素。由于不同消费者有不同的需要内容和程度，因而对新产品的购买行为也各不相同。目光敏锐的企业应当善于发现消费者的潜在需要，有效地引导和创造消费。

2) 消费者对新产品的感知程度

消费者只有对新产品的性能、用途、特点有了基本的了解后，才能进行分析和判断。当消费者确信新产品能够为之带来新的利益时，其购买欲望就会收到激发，进而采取购买行为。消费者感知能力的强弱直接影响其接受新产品信息的准确程度和敏锐度，从而带来其购买行为的时间差异。

3) 消费者的个性特征

消费者的兴趣、爱好、气质、性格、价值观等个性心理特征差别很大，这直接影响了消费者对新产品的接受程度和速度。性格富于冒险精神的消费者，往往比性格保守、墨守成规的消费者更易于接受新产品，而且接受速度更快。

4) 消费者对新产品的态度

这是影响新产品购买行为的决定性因素。消费者在感知新产品的基础上，通过对新、旧产品的比较和分析，形成对新产品的不同态度。如果消费者最终确信新产品具有某些优点，能为其带来新的利益及心理上的满足，他就会对新产品持肯定态度，进而产生购买行为。

### 3. 新产品推广的信息传播渠道

1)　口头传播

顾客的家庭成员、亲朋好友、同事、同学、邻居等相互之间传递有关新产品的信息。推销员与顾客直接交谈，向顾客传递新产品信息，对新产品的推广与扩散起了极为重要的作用。口头传播与报纸、电视、路牌等日益上涨的宣传成本相比，成本是最低的。

2)　顾客亲自观察

新产品投入市场后，许多顾客从媒体或者其他人员处获得信息后，常常要通过亲身考察来验证新产品的信息是否准确、可靠，必要时还可以补充更多的信息，并对信息进行处理，如筛选、组合鉴别、正式获取新产品信息。这种方式对其购买决策的影响作用仅次于口头传播居第二位。

3)　广告宣传

广告宣传是企业通过各类媒体向顾客传递新产品信息的主要渠道，如广播、电视、报纸、杂志等。借助这种渠道，新产品信息可以在广大消费者中广泛、迅速的传播，其作用也是相当强大的。但是，广告宣传新产品信息的单向传播性和信息有限性，致使顾客对新产品存在疑问时不能获得解答，以致顾客常常对新产品缺少足够的信任，从而影响他们的购买。因此广告宣传对新产品推广的作用比口头传播和顾客亲自观察的作用要小。

以上 3 种信息传递渠道在新产品推广中都能促进消费者认知、了解、喜爱直至接受新产品，无论哪一种都不容忽视。但是，它们作用的大小并不相同。口头传播影响力最大，亲身经验次之，广告最次。

# 第二节　品牌与消费者心理及行为

## 一、品牌概述

### 1. 品牌的含义

品牌是一种名称、术语、标记、符号或设计，或它们的组合，用以识别一个或若干个生产者(或销售者)的产品或服务，并使之与竞争对手的产品或服务区别开来。其中品牌名称是指品牌中可以读出的部分，如五粮液、蒙牛等。品牌标记是指品牌中可以识别，但不能发音的部分，如标记、颜色、造型、符号或设计等。品牌是企业的一种无形资产，对企业有重要的意义。

品牌所传递出来的信息，能表达一下六个层面的含义：

(1)　属性。一个品牌首先给人带来特定的属性，如“宾利”代表高档、制作精良、声望和地位。因此，品牌带来的属性应当能够符合消费者的需要。

(2)　利益。品牌不只是一种属性，购物时消费者不是购买属性而是购买利益，因此属性应当转换为功能利益或情感利益。如“昂贵”带给消费者的是受人羡慕的情感利益。因而，营销人员应当注意，品牌带来的产品属性是否能够提供消费者需要的利益。

(3) 价值。品牌提供的价值包括营销价值和顾客价值。营销价值是通常所说的“品牌效应”，即品牌若在市场上被广泛接受，则可为企业节省更多的广告促销费用，带来更多的利润。顾客价值主要指品牌的声誉及形象能够满足的消费者的情感需求。

(4) 文化。品牌中所蕴含的文化是使品牌得到市场高度认可的深层次因素。市场对品牌的偏好反映的恰恰是消费者对品牌中所蕴含的文化的认同。每个品牌都会从产品中提炼自己的文化。

(5) 个性。品牌的个性塑造是为了使消费者产生一种认同和归属感。不同的品牌有着不同的个性。如“可口可乐”追求的是“尽情享乐”的个性，就迎合了许多年轻消费者追求自由和快乐的需要。

(6) 使用者。品牌还体现了购买者或使用这种产品是哪一类的消费者，这一类消费者也代表一定的文化、个性，这对与公司细分市场、进行市场定位有很大的帮助。

### 2. 品牌的功能

(1) 识别功能。品牌自身含义清楚，目标明确，专指性强。只要提起某品牌，在消费者心目中就能唤起记忆和联想，引起相应的感觉和情绪，同时使之意识到品牌指的是什么。有些品牌的名称、标识物、标识语，是区别于其他品牌的重要特征，消费者早已铭刻在心。如上海大众桑塔纳的车标。

(2) 信息浓缩。品牌的名称、标识物、标识语含义丰富深刻，幽默具体，以消费者所掌握的关于品牌的整体信息的形式出现，可以使消费者在短时间内获得高度浓缩的信息。

(3) 安全性。一个品牌，尤其是长期在市场竞争中享有崇高声誉的著名品牌会给消费者带来信心和保证，能满足消费者所期待获得的物质功能和心理利益的满足。

(4) 排他性。一般情况下，品牌具有明显的排他性。品牌代表了企业进入市场的一个通行证，在某种程度上，是企业在市场竞争中战胜对手的法宝。因此说品牌具有明显的排他性。企业往往通过在国家有关部门登记注册，申请专利等形式保护自己的品牌。

(5) 附加价值。附加价值是指消费者所欣赏的产品基本功能之外的东西。优秀的品牌一定要给顾客提供比产品更多的价值和利益，使消费者得到超值享受。尽管不同品牌提供的附加价值不同，消费者获得的利益享受不同，但是在价值享受、功能享受、心理利益等关键利益上，起码有一种或几种利益优先于其他产品。

**【案例 8-1】 传情盛物是如何做营销的？**

情人原型可演绎各种人类的情感，从父母之爱、朋友之爱到恋人之爱，但最重要的还是浪漫的爱恋。情人渴望亲密感，渴望被爱、被理解与被尊重，渴望不寻常的经历和体验，向往与对方的默契度与分享度不断提高。任何将美丽、浪漫和性感吸引力作为诉求对象的

品牌都有可能发展为情人品牌。但是，只有将品牌内涵升华为精神之爱的情人品牌，才可能真正获得持久的魅力。情人们希望彼此之间能共享一种比密友之爱更深厚、持久、亲密、排他的精神与情爱维系。这使得以情人为原型的品牌不仅会在外观上富有独特的风情意蕴，还会苦心经营一种“我的眼里只有你”的内涵。

在营造爱情神话的品牌中，来自美国的哈根达斯已发展为不可复制的标杆。无论是在时尚热播的电影、电视剧桥段里，还是在充满小资情调的小说里，哈根达斯如手持弓箭的爱神丘比特，成为“情人之爱”最广为人知的代言之一。

事实上，这一浪漫、性感、充满爱意与情调的品牌形象是多年摸索与培育的结果。“哈根达斯”这个听起来颇具北欧风情的品牌其实是纯正的“美国裔”。移居美国的波兰人鲁本·马特斯(ReubenMattus)于 1961 年创办了这一品牌。虽然马特斯对冰激凌品质有较高的要求，但醇滑精致的口感并不足以使其独树一帜。冰激凌品牌林立，各式各样的品种都在冲击着人们的感官与味觉，要想给人们留下深刻的印象甚至产生明确的情感关联，还需要在品牌形象定位上下足工夫。因此，在之后的几年内，哈根达斯进行了另类而清晰的自我定位——在大部分冰激凌品牌仍在街口流动雪糕车上销售，力图用低廉的价格和相对美好的口味吸引更多回头客时，哈根达斯将自身定位为顶级雪糕的代表，以自我沉醉、愉悦万分的感官享受作为卖点，占领高端成人消费市场。

这种策略迅速收到成效：1981 年，《纽约时报》将哈根达斯称为“冰激凌中的劳斯莱斯”。1989 年，当哈根达斯进军欧洲市场时，采取了比同类竞争品牌高出 30%～40%的定价策略。当时的欧洲正处于经济衰退期，冰激凌市场也已有稳固的竞争格局，但这着险棋后来被事实证明非常明智。哈根达斯将目光对准了出入高级餐厅和高档卖场的奢侈品消费人群，精心为其打造以“尊贵”著称的冰品。它将店面设在繁华的小资生活区，其装修精致的咖啡馆式店面得以迅速脱颖而出。在高级酒店和餐厅，哈根达斯随处可见，对艺术活动的频繁参与同样显示了它对不凡品位的追求。

20 世纪 80 年代哈根达斯在欧美市场大获成功，除了对于“尊贵”、“罕有”品牌气质的强调以外，与浪漫爱情的关联也成为其成功的关键要素。哈根达斯为冰激凌甜蜜香滑的口感赋予各种带有浓情意味的象征——情人的亲吻、指尖的缠绕、绵长温柔的拥抱，进而将品牌的目标顾客从尊贵一族调整为对爱情怀有旖旎幻想的女性族群。一方面抓住了女性群体对于浪漫情调和美味食物往往难以抵抗的特质，另一方面，这种定位使产品与目标客户间产生了深层的情感维系，无论是该品牌广告中对于“爱她，就带她去哈根达斯”的极尽渲染和强调，还是顾客在品味冰品时脑中泛起的种种浮想，都将顾客群体更牢固地锁定在幻想、渴望、尝试和享受中。

围绕着情人品牌形象与尊贵冰品的定位，哈根达斯在营销上的低调路线赋予了其以神秘与矜持感，契合情人间“我在你眼中独一无二”的情感需求。虽然店址通常设在核心商圈或高收入人群汇集地带，但其褚红色为基调的外观在光艳明亮的高档楼宇之间低调地释放魅力。与其他同类品牌相比，哈根达斯鲜少运用铺天盖地的广告攻势。2009 年，哈根达斯推出了“一起融化”(melttogether)的新主题，而且鲜有地推出了一则电视广告，这是哈根达斯继4年之前的“慢慢融化”(slowmelt)后在电视广告上的又一大动作，这在每季频繁推出主打新品并邀请明星代言广告的冰品行业中实属罕见。

同时，哈根达斯也在所传达的情感内涵上进行了延伸，从最初的“爱她，就带她去哈根达斯”对于爱情中“归属感”的强调，到2004年“慢慢融化”中对于“沉醉”时刻的彰显，到2009年“一起融化”中对于“分享”中更深层次情感内涵的传达，意味着这它所传递的“情人之爱”的品牌内涵在不断地升华，现在它则更注重在精神层面培育爱情的意味。由于越来越多的人有机会尝试哈根达斯，为了保持尊贵、神秘的品牌气质，哈根达斯的情感内涵深化使其更贴近目标客户在情感上“与人不同”“体验弥足珍贵”的诉求。

但同时，哈根达斯无法回避的矛盾在于，一方面强调精神之爱持久永恒，另一方面又声称购买了该商品就是表达了爱意。也许商品可以作为符号代表爱意，但永远也不可能完全替代温柔的呢喃、甜蜜的亲吻这些不费分文的动作，甚至日常生活中共同分担的家务。情人品牌不仅活跃在二十几岁的时候，更是一生一世的追求。除了以性为噱头强调情人之间的原始欲望，还需要从精神层面去维系与伴侣的永久关系。哈根达斯似乎也在努力尝试避开情人品牌原型的陷阱，如果说当年的“爱她，就带她去哈根达斯”还带有物质化的熏染，那么鼓励伴侣之间“共同分享”的主题则试图提升到超越物质占有、追求心灵契合的更深蕴意。

与欧美市场相比，哈根达斯在中国等新兴市场获得了更大的成功。1996年，当哈根达斯在上海开第一家店的时候，一句“爱她，就带她去哈根达斯”的广告词瞬间在年轻群体中引发情感共鸣。现在，在消费文化日渐成熟的中国城市中，越来越多的城市居民或因为大跨步地城市化进程得以体验一线城市生活的人们，已经有足够的消费能力回应哈根达斯的品牌内涵。它的尊贵定位和情感内涵在中国已不再是小众得以独享的韵味。(资料来源：http://cj.xfrb.com.cn)

**案例分析：**美国的哈根达斯的成功不得不说是它将品牌“情人之爱”的属性、个性和内涵通过多种方式和手段进行了完美的诠释，而其“浪漫、性感、充满爱意与情调”的品牌形象也是他们多年努力摸索与培育的结果。

## 二、消费者的品牌忠诚度

### 1. 品牌忠诚的含义

品牌忠诚度是指消费者对某品牌情有独钟，以及由此产生的重复购买行为。一个品牌的忠诚度取决于忠诚于品牌的人数及其对品牌的钟爱程度，可用品牌购买顾客的数量及其品牌购买持续的时间来衡量。因此，可以说品牌忠诚度使消费者从一个品牌转向另一个品牌的可能程度。

### 2. 品牌忠诚的心理与行为特点

消费者的品牌忠诚度形成的心理机制是：消费者在品牌认知的基础上，通过试用感到满意，进而对品牌产生积极态度。这种态度经过人与人之间的信息交流和广告以及其他营销手段的强化，就会引发再次购买行为。当顾客又获得高度满意时，先前的肯定态度得以进一步强化，从而增加重复购买和重复使用的动机和行为，顾客对品牌的积极态度进而发展成品牌信念。这时消费者对品牌不仅有一种理性偏好，而且产生了情感上的共鸣，形成依恋感，这就是产品忠诚度的表现。

也就是说，品牌忠诚的有以下两个特点：

(1) 品牌忠诚是一种偏向性的情感。对于消费者选择商品的心理过程来说，可以用理性合肥理性来进行划分。所谓理性忠诚就是指消费者以产品的价格、质量、服务、声誉等指标来进行选择。理性忠诚消费者会随着产品比较利益的变化而转换品牌。非理性忠诚则是指消费者从个人感受角度出发，对人格化的品牌个性的一种偏爱情感。是一种失去理性的“疯狂的爱”。当然，非理性忠诚是理性忠诚的基础，是一种感情的升华。

(2) 品牌忠诚表现为一种重复购买行为。如果仅有对品牌的情感是不足以说明品牌的忠诚的，还必须有购买行为，忠诚的消费者必须是实际的购买者；不仅如此，这种购买行为还必须在时间上具有持续性。在一定时间内，顾客对某一品牌产品重复购买的次数越多，说明对这一品牌的忠诚度越高；反之，则越低。由于产品的用途、性能、结构等因素也会影响顾客对产品的重复购买次数，因此必须根据不同产品的性质区别对待，不可一概而论。

### 3. 品牌忠诚度对消费者购买心理与行为的影响

品牌忠诚表现为购买过程的非理性判断。它使品牌忠诚者不太在乎价格的高低，不会因为市场上出现了质量更好的产品而见异思迁，不会随着外界环境和影响力量的影响而轻易转换。具体表现为以下 4 个方面：

(1) 品牌忠诚度降低了消费者受竞争行为影响的程度。一个消费者对某个品牌形成忠诚后，就很难为其他企业的产品所动，甚至对其他企业的产品采取冷漠和抵制的态度。品牌忠诚使顾客在购买商品时，降低甚至取消对其他品牌商品的搜索，对新的更好的品牌没有太多的兴趣。

(2) 品牌忠诚度缩短了顾客挑选的时间。根据消费者心理活动的规律，顾客购买商品是要经过挑选这一过程。但那是由于信赖程度的差异，对不同产品的购买、顾客挑选的时间是不一样的。因此，购买挑选时间的长短也可以鉴别顾客对某一品牌的忠诚度。一般来说，顾客挑选时间短，说明他对这一品牌的忠诚度越高；反之，则说明他对这一品牌的忠诚度偏低。

(3) 品牌忠诚度降低了顾客对价格的敏感性。消费者对价格都是非常重视的，但是并不意味着消费者对各种产品价格的敏感程度是相同的。事实表明，对于喜爱和信赖的产品，消费者对其价格变动的承受能力强，即价格敏感度低；而对于不怎么喜爱和信赖的产品，消费者对其价格变动的承受能力弱，即价格敏感度高。所以据此可以衡量顾客对某一品牌的忠诚度。运用这一标准时，要注意产品对于人们的必须程度、产品供求以及产品市场的竞争状况。产品的必须程度越高，则人们对于价格的敏感越低。某种产品供不应求时，人们对于价格不敏感，价格上涨往往不会导致需求的大幅度减少；当供过于求时，人们对于价格敏感，价格稍有上涨，都可能导致滞销。产品的市场竞争也会影响人们对价格的敏感度。当某种商品在市场上的替代品很多时，价格上涨则会导致消费者大量的流失，转向其他品牌；若某产品在市场上是垄断地位，无任何直接竞争对手，人们对他的价格往往敏感度低。实际工作中，只有排除了上述 3 个因素，才能通过价格敏感度指标来评价消费者对品牌的忠诚度。

(4) 品牌忠诚度增加消费者对产品质量事故的承受能力。任何一种产品都可能出现质量事故，即使是名牌产品也不例外。顾客若对某一品牌的忠诚度高，对于出现的质量事故会议宽容和同情的态度对待，不会因此而断然拒绝该产品。若顾客对某一品牌的忠诚度不高，产品出现偶然质量事故，消费者也不会原谅，会对该品牌产生反感，转向其他品牌。

### 4. 增强消费者的品牌偏好与忠诚度

1) 提升品牌的知名度

要提升品牌的知名度，营销者必须根据消费者的认知心理规律，做好以下相应的工作。

(1) 产品或服务的质量认知优良。质量是品牌的基础和保证。质量概念包括质量存在和质量认知。质量存在指产品功能、服务等特征，是产品本身的客观反映。一个成功的品牌必然是质量过硬的品牌。质量认知使消费者对产品质量的整体概念，其中加上了主观因素。在现代购买行为中，并不是质量存在决定了品牌选择；而是质量认知决定了品牌选择。因为对于产品物理属性上的好坏，消费者往往并不能做出客观准确的判断，而是基于个人经验、感觉、媒体宣传、社会舆论等因素的综合作用而形成质量认知结果。因而，企业应该首先打造质量优良的产品，并在营销活动中，时刻注意维护产品质量良好的形象，塑造良好的质量认知。

(2) 品牌文化和恰当定位。品牌的文化传统和价值取向已成为品牌不可缺少的因素。一个品牌沉淀的文化传统和价值取向是企业塑造的重心所在。品牌中的文化传统部分是唤起人们心理认同的最重要因素，有时甚至作为一种象征，深入到消费者的心中。未来品牌的竞争力，实质体现在品牌对文化传统的融合能力。意识品牌与传统文化价值的融合；二是融合文化传统的品牌与消费者的文化心理和价值取向的融合。一个品牌的文化，必须立足于本土，包容国际各种文化因素，如可口可乐品牌的中国式命名等。

文化是品牌的灵魂，而品牌定位是品牌文化具体的表现，是营销的灵魂。品牌建设应从目标消费者出发，根据他们的主导需要来确定产品的核心概念。只有迎合消费者需要的品牌，才能进入消费者的深层加工路线，达到品牌回忆水平。

(3) 合理设计品牌形象。合理设计品牌形象分为以下三个步骤：第一部是品牌名称的创意和视觉识别系统的设计，要求能恰到好处地表达品牌的定位，而且要简洁独特，富有内涵和视觉冲击力。这样不但引人注意，而且有利于消费者的读、说、写、听和记。第二步是包装设计，包装好比一个人的脸。应当精心设计包装，使之容易辨认和记忆，具有亲和力，使消费者在提及该品牌时，能立即联想到产品的包装，达到品牌回忆的目的。第三步是推出形象代言人，可以帮助顾客在最短的时间内识别这个品牌。在选择品牌的形象代言人时，应该注意形象代言人的性格、气质、身份等特征符合品牌形象、文化和定位。这样的形象代言人才能活化品牌的个性，增加消费者对品牌的再认或回忆。

2) 提高品牌联想度

提高品牌的联想度，关键是要在消费者的心目中塑造良好的品牌形象。我们可以从主、客观两方面入手做好品牌形象的塑造工作。

(1) 突出品牌的客观特点。突出品牌的客观特点，即通过创新手段使品牌拥有独一无二的、对消费者具有特殊意义的特质。这主要是指产品质量和特色，且应该与消费者的利益相吻合。例如，“海飞丝”洗发水品牌在深入了解消费者在护理头发方面的需求后，确立了“去屑”的品牌定位，并将这一定位贯穿到市场推广的美一个环节，使消费者在接触该品牌时便知晓该产品的特质。通过各种传播手段的强化，海飞丝洗发水品牌的产品特质便在消费者的头脑中形成了牢固的联系。

(2) 赋予品牌主观特性。赋予品牌主观特性，即通过品牌推广赋予品牌一种“后天”的心理特征，使品牌“个性化”。该方法主要通过整合营销传播手段去宣传品牌的文化价值、象征意义或情感效应等，从而在消费者的头脑中形成生动的心力图示。

3) 提高品牌的美誉度

(1) 实现顾客满意。根据菲利普·科特勒的观点，提供顾客让渡价值(customer delivered value)是实现顾客满意、赢得赞誉的根本途径。顾客让渡价值可以看作利润，等于整体顾客价值与整体顾客成本之间的差额。整体顾客价值包括产品价值、服务价值、人员价值和形象价值；整体顾客成本包括货币成本、时间成本、体力成本和精力成本。增加顾客让渡价值有两种方法：一是增加整体顾客价值，二是降低整体顾客成本。

增加整体顾客价值可以通过向顾客提供质量更好、购买更方便、价格更低廉、分期付款、更多地选择、更合适的包装、更多的增值服务等方式来获得；减少整体顾客成本则可以采取减少顾客收集产品信息的难度、降低购买的风险、时间、金钱和精力成本等。

(2) 培养意见领袖，促进人际传播。最先购买该品牌的一批消费者出于各种各样的原因，会有意无意的把自己对新购品牌的看法告诉别人。这种以正式或非正式形式向别人提供品牌意见、影响别人选择品牌的消费者成为意见领袖(opinion leader)。

如果意见领袖对所选品牌有好感，品牌就会被传为佳话，有口皆碑地被散布开来。这种口头传播对品牌选择者具有强有力的影响。因为口头传播是面对面的直接交流，听者不但接受说着传递来的信息，同时能够听到说着的语音语调，观察其面部表情、手势等；另外，口头传播通常是在彼此熟悉或关系良好的人之间发生的，因而有更强烈的信任感。因此，企业必须真诚对待每位顾客，尽力为其提供最高的顾客让渡价值，并在顾客尝试购买阶段着力培养一批意见领袖，通过他们的口头传播来带动其他消费者的购买。

## 第三节　商品包装与消费者心理及行为

### 一、包装的概念及分类

#### 1. 包装的概念

包装属于产品整体概念中的形式产品，是产品的一个重要组成部分。包装是指产品的容器、外部包扎物及装潢。一般包括商标或品牌、形状、颜色、图案、材料等要素。装潢是指对产品包装进行的装饰和美化。

#### 2. 包装的分类

包装是产品生产过程在流通领域的延续。产品包装按其在流通中的作用不同，一般可以分为运输包装和销售包装两种：

(1) 运输包装。运输包装又称为外包装或大包装，主要用于保护产品品质安全和数量完整。运输包装可细分为单件运输包装和集合运输包装。

① 单件运输包装。单件运输包装是指商品在运输过程中以箱、桶、袋、包、坛、罐等单件容器对商品进行的包装。按其使用的包装材料，又可分为纸、木、金属、塑料、化学纤维等容器和绳索；按其包装造型又可细分为箱、桶、袋、包、坛、罐等。

② 集合运输包装。集合运输包装是指将一定数量的单件包装组合在一件大包装容器内而合成的大包装。这种包装方法适应了运输、装卸现代化的要求，可以实现货物包装，有利于降低成本，提高工作效率。

目前常用的集合运输包装有集装包、托盘和集装箱等。

(2) 销售包装。销售包装又称内包装或小包装，它随同产品进入零售环节，与消费者字节接触。销售包装实际上是零售包装，因此，销售包装不仅要保护产品，而且更重要的是美化和宣传产品，便于陈列展销，吸引顾客，方便消费者认识、选购、携带和使用。

### 二、包装的作用

产品的包装最初是为了在运输、销售和使用过程中保护商品。随着市场经济的发展，在现代市场营销活动中产品的包装作为产品整体的一部分，对产品陈列展示和销售日益重

要。包装是商品的“无声推销员”，除了保护商品之外，还有助于商品的美化和宣传，激发消费者的购买欲望，增强商品在市场上的竞争力。

(1) 保护商品。包装是直接影响商品完整性的重要手段，保证商品的内在质量和外部形状，使其从生产过程结束到转移至消费者手中，直至被消费前的整个过程中，商品不致损坏、散失和变质。

(2) 便于储运。商品的包装要便于商品的储存、运输和装卸。如液体、气体、危险品，如果没有合适的包装，商品储运就无法进行。此外，商品的包装还要方便消费者的携带。

(3) 促进销售。包装是“无声的推销员”。通过包装，可以介绍商品的特性和使用方法，便于消费者识别，能够起到指导消费的作用。通过美观大方、漂亮得体的包装，还可以极大地改善商品的外观形象，吸引消费者购买。

(4) 增加利润。商品的包装是整体商品的一个重要组成部分。高档商品必须配以高档次的包装。精美的包装不仅能美化商品，还可以提高商品的身价。同时，由于包装可以降低商品的损耗，提高储存运输装卸的效率，从而可以增加企业利润。

## 三、消费者对包装设计的要求

商品包装要得到消费者喜爱，其颜色、外形等设计很重要，设计也不容忽视。包装设计者必须注意分析消费者对包装的各种心理需求，根据商品性质、目标消费者特点、使用条件等因素进行综合研究。

(1) 便利性。商品包装在购买、携带、储存、使用和信息传递等各方面都要尽可能为消费者提供方便。例如，利于开合的盒盖等，能使消费者感受到企业处处为他们着想的良苦用心，从而产生重复购买行为。

(2) 艺术性。商品包装要想引起消费者的兴趣、博得消费者的喜爱，讲究艺术性是关键的。这就要求包装设计做到实用性和艺术性相结合，在包装造型、图案、色彩各方面表现出艺术创作的美感。

(3) 直观性。对于一些选择性强的商品，其包装应提高透明度。企业应多利用透明包装、开窗式包装、可拆装式包装，给消费者只管、鲜明、真实的心理体验，突出商品形象，以满足消费者挑选商品的心理要求。这种包装在食品类商品中的应用最为广泛。

(4) 新鲜感。包装从选材、工艺、款式到色彩设计都应该体现出与众不同的特点，力求新颖别致，尽量避免模仿、跟风、落俗套。包装符合消费者求新的心理要求，有助于诱发购买动机。

(5) 安全感。“买得放心，用得安心”是消费者最基本的心理要求。因此，在包装上应将可能有损消费者身心健康的安全问题讲清楚，以便消除消费者的顾虑和疑惑。

(6) 尊贵感。包装作为商品整体的一个组成部分，同样能显示主人的身份、地位、尊贵感和优越感。尤其是对于一些礼品和高档商品，华丽的包装可以激发购买者的社会性需求，满足消费者炫耀的心理和求美心理，使他们在拥有高档商品的同时也感到提高了自己的档次。

## 四、商品包装设计的心理及行为策略

商品包装在市场营销中是一个强有力的竞争武器。良好的包装只有符合消费者的心理及行为才能发挥其应有的作用。

### 1. 类似包装策略

类似包装策略是指企业所生产经营的各种产品包装上采用相同的图案、色彩或其他共有特征，从而使整个包装外形相似，使公众容易认识到这是同一家企业生产的产品。

这种策略的主要优点是：①便于宣传和塑造企业的产品形象，节省包装设计成本和促销费用。②能增强企业声势，提高企业声誉。③有利于推出新产品，通过类似包装可以利用企业已有的盛誉，使新产品能够迅速在市场上占有一席之地。

类似包装适用于质量水平档次类同的商品，不适用于质量等级相差悬殊的商品，否则，会对高档优质商品产生不利的影响，并危害企业声誉。其弊端在于，如果某一个或几个商品出了问题，那么会对其他商品带来不利的影响。

### 2. 分类包装策略

分类包装策略是指企业依据产品的不同档次、用途、营销对象等采用不同的包装。比如把高档、中档、低档产品区别开来，对高档商品配以名贵精致的包装，使包装与其商品的品质相适应；对儿童使用的商品可配以色彩和卡通形象等来增加吸引力。

### 3. 组合包装策略

综合包装又称为多种包装、配套包装，是指企业把相互关联的多种商品置入同一个包装容器内，一起出售。比如工具配套箱、家庭用各式药箱等。

这种策略为消费者购买、携带、使用和保管提供了方便，又有利于企业带动多种产品的销售，尤其有利于新产品的推销。

### 4. 再利用包装策略

再利用包装又称多用途包装，是指在包装容器内的商品使用完毕后，其包装还可以继续利用。比如啤酒瓶可以再利用，饼干盒、糖果盒可以用来装小杂物等

这种策略增加了包装物的用途，刺激了消费者的消费欲望，扩大了商品的销售量，同时带有企业标志的包装物在被使用过程中可以起到广告载体的作用。这种商品的包装不仅与商品，有的还可以作为艺术收藏品。

### 5. 附赠品包装策略

这种目前国际市场上比较流行的包装策略，在我国市场上运用也很广泛。这种策略是指企业在某商品的包装容器中附加一些赠品，以吸引消费者购买的兴趣，诱发重复购买。比如儿童食品包装中附赠的玩具、卡片等。

### 6. 更新包装策略

更新包装策略是指企业为克服包装的缺陷，适应市场需要，而采用新的包装材料、包装技术、包装形式的策略。

现代市场营销中，商品的改进也包括包装的改进，这对商品的销售起着重要的作用。有的商品与同类商品的内在质量近似，但是销路却不畅，可能就是因为包装设计不受消费者欢迎所致。推出富有新意的包装，可能会创造出优良的业绩。

### 7. 容量不同的包装策略

容量不同的包装策略是根据商品的性质、消费者的使用习惯，设计不同形式、不同质量、不同体积的包装，使商品的包装能够适应消费者的习惯，给消费者带来方便、刺激消费者购买。

## 本章小结

本章主要介绍了新产品、品牌和包装等商品因素与消费者心理及行为。新产品的概念是从整体产品的角度来理解的。在“产品整体概念”中，产品在任何一个层次上的更新，或有了新的结构、新的功能、新的品种或增加了新的变化从而给消费者带来了新的利益，即可视为新产品。新产品可以分为全新型产品、革新型新产品、改进型新产品和仿制型新产品。消费者的不同个性心理特征会导致对不同产品的需求，因此新产品设计不仅要注意满足消费者共同的基本需要，同时还应考虑产品的独特个性，使之与消费者的个性心理特征相适应，吸引消费者的购买。

品牌是一种名称、术语、标记、符号或设计，或它们的组合，用以识别一个或若干个生产者(或销售者)的产品或服务，并使之与竞争对手的产品或服务区别开来。品牌具有：识别功能、信息浓缩、安全性、排他性、附加价值的功能。品牌忠诚度是指消费者对某品牌情有独钟，以及由此产生的重复购买行为。一个品牌的忠诚度取决于忠诚于品牌的人数及其对品牌的钟爱程度，可用品牌购买顾客的数量及其品牌购买持续的时间来衡量。品牌忠诚度降低了消费者受竞争行为影响的程度；品牌忠诚度缩短了顾客挑选的时间；品牌忠诚度降低了顾客对价格的敏感性；品牌忠诚度增加消费者对产品质量事故的承受能力。增强消费者的品牌偏好与忠诚度主要做到：

提升品牌的知名度：①产品或服务的质量认知优良，②品牌文化和恰当定位，③合理设计品牌形象。

提高品牌联想度：①突出品牌的客观特点，②赋予品牌主观特性。

提高品牌的美誉度：①实现顾客满意，②养意见领袖，促进人际传播。

产品的包装最初是为了在运输、销售和使用过程中保护商品。随着市场经济的发展，在现代市场营销活动中产品的包装作为产品整体的一部分，对产品陈列展示和销售日益重要。包装是商品的“无声推销员”，除了保护商品之外，还有助于商品的美化和宣传，激发消费者的购买欲望，增强商品在市场上的竞争力。商品包装要得到消费者喜爱，其颜色、外形等设计很重要，具体做到：①便利性，③艺术性，③直观性，④新鲜感，⑤安全感，⑥尊贵感。包装的主要策略有：①类似包装策略，②分类包装策略，③组合包装策略，④再利用包装策略，⑤附赠品包装策略，⑥更新包装策略，⑦容量不同的包装策略。

## 自 测 题

1. 新商品的分类有哪几种？
2. 新商品购买者的类型有哪些？
3. 影响新产品购买行为的心理因素有哪些？
4. 什么是品牌？
5. 消费者对包装的心理要求有哪些？

## 案 例 分 析

### 农夫山泉品牌的广告诉求

农夫山泉自1997年面世以来，一直在打造为人类的健康事业做出贡献的品牌概念，发展到今天，以年销售额130亿的成绩领跑中国饮用水的市场，他们是如何做到的？

每当看到农夫山泉这四个字，我的脑海中首先闪现的是那句出色的广告语“农夫山泉有点甜”，这句广告语，是在农夫山泉一则有趣的电视广告中提到：一个乡村学校里，当老师往黑板上写字时，调皮的学生忍不住喝农夫山泉，推拉瓶盖发出的砰砰声让老师很生气，说：上课请不要发出这样的声音。下课后老师却一边喝着农夫山泉，一边称赞道：农夫山泉有点甜。随着“课堂”广告从四月中旬开始在中央电视台播放，“农夫山泉有点甜”的声音飞越千山万水，传遍大江南北，品牌知名度迅速打响。广告还被人民日报等新闻媒体评为1999年最好的广告语，中文有“甘泉”一词，解释就是甜美的水，农夫山泉的水来自千岛湖，是从很多大山中汇总的泉水，经过千岛湖的自净、净化，完全可以说是甜美的泉水，因而说“农夫山泉有点甜”是卖点。“有点甜”以口感承诺作为诉求差异化，借以暗示水源

的优质，使农夫山泉形成了感性偏好、理性认同的整体策略，同样也使农夫山泉成功地建立了记忆点。

根据此则广告不难看出农夫山泉创造显著的差异性，建立自己的个性，当别的同类产品都在表现各自如何卫生、高科技、时尚的时候，农夫山泉不入俗套，独辟蹊径，只是轻轻却又着重地点到产品的口味，也仅仅是“有点甜”，显得超凡脱俗，与众不同，让电视机前的消费者感到耳目一新，这样的产品让消费者忘记是困难的，一个广告能达到这样的效果，这个产品也就成功了一半。

农夫山泉在甜味上并没有什么优势可言，因为所有的纯净水、矿泉水，仔细品尝，都是有点儿甜味的。农夫山泉首先提出了“有点甜”的概念，在消费者心理上抢占了制高点。其思维敏捷令人叹服。

同样消费者只愿意也只能够记住简单的信息，越简单越好，简单到只有一点，最容易记忆。农夫山泉在这一点上同样掩藏不住其非凡的明智，仅仅用了“有点甜”，三个字，三个再平常、简单不过的字，而真正的点更只是一个“甜”字，这个字富有十分的感性，那是描述一种味觉，每个人接触这个字都会有直接的感觉，这个感觉无疑具有极大的强化记忆的功效，而记住了“有点甜”就很难忘记“农夫山泉”，而记住了“农夫山泉”就很难对农夫山泉的产品不动心。农夫山泉就是以简单取胜，简单，使自己能够轻松地表述；简单，也使消费者能够轻松地记忆。

简单的“有点甜”三个字让消费者轻松能够记忆符合产品的特性，突出产品的优良品质。“农夫山泉有点甜”在这一点上表现得无可挑剔。农夫山泉取自千岛湖 70 米以下的深层水，这里属国家一级水资源保护区，水质纯净，喝一口都会感到甘甜。正是这样，用“有点甜”来形容可谓恰当之极，产品的特性；更可谓精妙之极，因为它突出了产品的优良品质。

反复突出农夫山泉的优良水质针对消费者，要让他们感觉美好。“有点甜”无疑是让人感觉美好的，“甜”意味着甜蜜、幸福、欢乐，这是中国人终身的追求，这样的中国人必定会追求感觉甜美的产品。农夫山泉狠狠地抓住这一点，它对中国人说：我，有点甜。这等于说：我，是你的追求。作为广告语，这更等于说：请追求我吧。这是极难抵挡的诱惑，农夫山泉就是用诱惑力赢得消费者的购买力。

农夫山泉还不忘与社会公益活动联系起来“一分钱公益活动”，更加占据了消费者的心理。此外农夫山泉 2008 年的传播策略极其清晰和简单。 概念明确后，就要用简单有力的创意来传达：极简的背景，一杯水，水的倒入与更换“人体中的水，每 18 天更换一次”“水的质量决定生命的质量” 从真实的千岛湖风景“印”入到农夫山泉的瓶标中的照片。“我们不生产水，我们只是大自然的搬运工”这一观点，出乎于消费者常规思维，简洁有力且富有内涵。

本次广告与之前农夫山泉一直在传播的“水源地建厂，水源地灌装”完美的结合，并进行了新的阐释——农夫山泉是健康的天然水，不是生产加工出来的，不是后续添加人工矿物质生产出来的。差异化策略让农夫山泉和竞争对手拉开了距离。

农夫山泉抓住了中国人非常注重健康的心理，大力宣传健康的理念。

大自然的搬运工，农夫山泉是把自然精华带到你身边的人。这更值得感谢。静谧与简洁的画面，在当前广告绚丽纷扰的环境中更显品质和与众不同，得到了另一种关注和认可。该广告迎合了消费者对健康，安全的需求.将农夫山泉天然的产品属性传递给了消费者，使农夫山泉与其他品牌区别开来。树立了农夫山泉良好的企业形象。

大自然的搬运工这一概念让农夫山泉和竞争对手拉开了距离。(资料来源:百度文库)

**问题:**

1. 农夫山泉是如何利用广告宣传来树立自己品牌形象的?
2. 列举一个你所喜欢的或不喜欢的商品名称或商标，并说明原因?

# 阅 读 资 料

## 百年哈雷摩托：如何让几代人都成为死忠粉丝的?

1983 年，哈雷摩托车成立了品牌社区性质的车友会——Harley Owners Group(哈雷车友团)，将其粉丝聚于一堂，并被简称作 HOG。今天，HOG 已发展到 115 个国家，80 多万会员，在中国有数千位死忠粉丝。HOG 的死忠粉丝大多数是消费力极高的中青年男性，对他们来说 HOG 更是一种生命存在的方式。让 i 黑马来告诉你，品牌商是如何在组织之初，分析、调用商品本身的所有人文内涵的?HOG 又是如何发扬自己巨大的组织力和影响力的?

**1. 忠粉特质的最初养成**

1903 年，第一辆哈雷 · 戴维森摩托车诞生。根据官司言记载，它产自威斯康星州密尔沃基市的一个工棚，由威廉 · 哈雷和亚瑟 · 戴维森用杂七杂八的零件拼凑而成。

当这两个毛头小伙在工棚里挥汗如雨的时候，也许偶尔会做过百万富翁的白日梦，但肯定还没有疯狂到把哈雷和所谓的美国精神绑在一起。

直至二战，情况发生了变化。美国人的二战英雄除了麦克阿瑟、艾森豪威尔和巴顿，还有一群定格在电影里的飞行员，他们也是一帮开着摩托车四处轰鸣的亡命徒，路的一端是空中决斗、死亡和勋章。

美国飞行员奠定了摩托车文化的全部基础。除了震耳欲聋的马达，哈雷骑士最重要的行头是黑色皮夹克，那是飞行员的专利。影响之深，还可以从战后蓬勃兴起的摩托车俱乐部中看出。其中的典型，就是“地狱天使”。

奥尔森后来回忆，“地狱天使”这个词，给他的 MC(英文“摩托车俱乐部”的缩写)极大的启示，最后不仅继承了名字，还把白底红字的飞虎队“地狱天使”的标志也抄袭为自己的会标，且一定要缝在黑色皮夹克背后。

随着 MC 的兴起，一出极具美国特色的场景长盛不衰：夕阳下，引擎嘶吼声中，浓烟

滚滚，夹杂着一股烧轮胎的焦味，一群精壮汉子身着一水儿的黑皮夹克，从地平线上飞速驶来，表情木然又透着几丝得意，胯下是清一色的哈雷摩托车。领头那个猛男，名叫马龙·白兰度。这是20世纪50年代电影《飞车党》的经典镜头。

《飞车党》取材于1947年的事实事件，史称“霍列斯特骚乱”。在加州一处小镇的国庆活动中，美国摩托车协会赞助举行年度的“吉卜赛巡游节”，结果从全国涌来4000名摩托车手，场面失控成了打砸抢，最后演变为骚乱。

事后，主办方摩托车协会声称“99%的车手都是守法的好公民，只有剩下那1%的是暴徒。”此语一出，直接后果是在英文中增添了一个词知——“百分之一的人”，专指反社会的摩托车手和摩托车俱乐部。

说来也奇怪，“飞车党”的模仿对象是飞行员，其群体中也有大量复员军人。战斗英雄们刚刚以生命捍卫的这个国家，怎么突然就成他们必欲除之而后快的对象了呢?

只能说，战争越残酷越刺激，和平就越无聊越没劲。心态上的落差让英雄们无法融入正常生活，于是滑入底层。正如某一位“飞车党徒”说的:“我们就是喜欢炫耀，所以弄出一大堆噪音，然后每个人都会看我们。”

**2. “自由”的灌入与强化**

复员军人造反，只是战后美国大变革的胎动。等十几年后婴儿潮一代登上历史舞台，那对现在秩序的挑战才叫凶狠。所有的美国价值观，都在20世纪60年代经历了严惩的动摇，或者干脆重塑，而哈雷摩托，真正地成了“在路上”的流浪者们的圣骑。

这一代哈雷骑士的偶像，显然出自1969年的影片《逍遥骑士》。长发、长须、长鬓角，身着花衬衫和黑皮夹克的男主角彼得，与朋友开着威风凛凛的哈雷摩托车穿越美国。

哈雷出场时，比彼得本人更隆重——通体镀铬的车身银光闪闪，极具视觉冲击力。再仔细看，那车已经被改装得像彼得本人一样瘦长。整部影片里，彼得都拉着一张冷酷麻木的长脸，开上哈雷的第一个动作，就是把手表扔了——标志着和一切社会习俗决裂。

直到这个镜头，“自由”这块闪闪发光的招牌终于钉上了哈雷文化，此前只有青春期的不负责任和放浪形骸。

骑上哈雷，彼得们飞驰在沉睡的美国南方，寻找自由。他们看到了神秘宗教公社里一群绝望的精神病人，他们看到了酿酒成性却又有特权的律师(象征主流人群)。整个美国已经堕落得不可救药，于是彼得们带着妓女去嗑药、乱交。

电影里有一句著名的台词，彼得冷漠地说:“我从来没想变成别人。”

这句话在社会层面上的效果极其荒谬——“逍遥骑士”不想做别人，可别想要变成他。一时间，按电影里的样式改装哈雷摩托竟蔚然成风。

可怕之处就在于此——“追寻自由”，但这一行为不再是自由的，而是模仿。嬉皮士的叛逆，在外观上惊人相似:长须长发不剪，墨镜不摘，黑皮夹克不脱;在精神上，嬉皮士们纷纷求助于东方宗教和毒品;在目的上，追寻到的所谓“自由”，不过是一种复制的心理感受。集大成之体现，是20世纪70年代名作《禅与摩托车维修的艺术》中的一段话:

"它(哈雷摩托)没有什么车窗玻璃在面前阻挡你的视野,脚下飞驰而过的是实实在在的水泥公路，和你走过的土地没有两样。它结结实实地躺在那儿，虽然因为速快而显得模糊，但是你可以随时停车，让那份踏实深深印在你的脑海里。"

**3. 依靠HOG度过"更年期"**

时光荏苒，进入20世纪80年代，当年的飞车党都已老去，哈雷也需要更多的高学历、高收入群体加入，它怎么办?这时，随着汽车工业大发展和更多娱乐方式的勃兴，哈雷似乎不可避免地进入了"更年期"。哈雷如何才能面对社会环境的如此巨大的变革?

它想起了"会员俱乐部"这种方式，这就是HOG诞生的背景。

值得称道的是，哈雷俱乐部的组织者从最开始起，就决心不仅仅是建立一个会员交流互动社区，而是决定建立一个"文化聚合体"——不是仅仅通过哈雷文化去吸引粉丝，而是要赞助、激发粉丝一起互动，发动意旨明确、特征鲜明、轰轰烈烈的文化运动。自然，这些活动也要借助社会事件的威力。

今天，所有熟悉哈雷的人都明白，正是1983年哈雷成立车友会HOG和1987年5月老兵节HOG组织的"滚雷行动"大游行，使哈雷在商业拓展和文化渲染上并行不悖。尤其是大游行活动，发展至今，规模越搞越大，在"9·11"之后，它甚至演变成了美国爱国主义大阅兵。

第20届"滚雷行动"大游行中，共有10万辆哈雷摩托车大游行，组成星条旗的海洋。响彻云霄的引擎声中，车手们无论男女，一律黑皮衣，牛仔裤，扎着大花头巾，一脸以身为美国人而自豪的嚣张。

更有趣的是，在这个队伍中，既可能出现反对当下政策的一派，也可能出现支持总统的一派，哈雷在其间毫发无损、左右逢源。因为两边都信奉着一个早已似是而非的概念——"自由"，这可是哈雷文化最重要的一道光环。

因为信奉自由，所以哈雷骑士在黑皮衣里穿上一件切·格瓦拉头像的汗衫，是最恰如其分，也颇为常见的装束。《纽约时报》上，记者在哈瓦那采访得知，格瓦拉的幼子居然也是一个哈雷车迷。

这些HOG的积极措施都在防止哈雷"变老"。甚至到今天，在各种哈雷庆典会场，人们开始看到了越来越多的女性车手——尽管为了驾驭大体量哈雷，这群女性顾客的块头也不小，而且风吹日晒让她们满脸褶子，但比这更重要的是——她们同样抱有对独立、自由和梦想的追求。

**4. 王菲爱上的，可能是哈雷的他**

刚刚经历轰动式离婚的李亚鹏，就是HOG的一员。这位略显拘谨、收敛的明星，并非HOG的核心群体，但却是哈雷和HOG的标准目标群体。为什么这么说?

李亚鹏实际上很早就爱上摩托，这是缘于周润发主演的那部影片——《阿郎的故事》。片中所表现的那种"摩托车骑士"的精神令他非常向往:"那是一种对梦想和自由的执着追求。"年少的他从中得到了很大的启发。

而后来的访谈显示，哈雷机车对李亚鹏而言，应该更像是一种精神图腾，是一种能让他在短暂时间内逃离正统、释放情感的寄托载体。

“哈雷机车代表着一种无拘无束、独来独往的形象，一种追求真正自由的精神和勇气。这种哈雷精神对充满压力的演艺事业有深刻的辅助作用。”因此，李亚鹏曾说：感觉开哈雷是一种“令自己完全放松和释放自己的方式”。

灵性、自由的王菲所喜欢的，可能也就是这一刻的李亚鹏。

【如何让一个传统品牌通过粉丝团得到新生?】

1. 放下自己，相信顾客

传统品牌领导者经常谈到“口碑”，但他们最不信的，却恰恰是顾客能帮自己创造大规模的推广和大规模的销售。问题在于，他们没有给顾客可以帮自己主动传播的内容和素材。

更核心的是，他们不认为顾客在市场中占有主动性，也不相信基于人文和情感的交流，能激发顾客“自发创造推广内容”的能量。

但是，时代已经变了!

2. 寻找人、产品和文化的融汇点

我们见过太多的“文化营销”，但如果不是落实到与个人生命体验、族群文化精神对接的层面，都只能是放空炮，达不到人的心坎上。

无论多么传统或者多么偏僻的行业，都可以寻找到真正的人文感动点。这些感动点，必然处于人、产品和文化的融汇点上。你可以不像哈雷机车那样，成为美国文化的一个标志，但却可以聚焦细分领域，制造或应用各式各样的亚文化分支。

粉丝，不会为商业疯狂，但却会为人文买单。

3. 组织，组织，再组织

当你痛斥人们精神的空虚和心灵的孤独，就已经表明他们需要精神的填补和心灵的安慰。因此你必须主动去帮助粉丝建设交流、活动的家园。

有时你不需要通过其他渠道建设粉丝团。哈雷车友团各地区分支的主要建设者，是其当地的经销商——分销渠道，在卖货、周转和配送外，其实可以承担更多的品牌文化使命。(资料来源：http://www.yingxiao360.com)

# 第九章

# 商品价格与消费心理及行为

**学习目标：**通过本章的学习，了解消费者的商品价格心理功能；掌握消费者的价格心理表现，价格变动对消费者心理和行为的影响；了解消费者心理中的商品价格的阈限；掌握商品定价的心理策略及商品调价的心理策略。

**关键概念：**心理定价(psychological pricing)　撇脂定价(marketing-skimming pricing)　渗透定价(marketing-penetrating pricing)

**引导案例：**

**美国的“九十九”商店**

心理经营法今天已经成为营销中广为应用的策略。国外很多商人在经营活动中也极善于运用“心战为上”的策略。美国纽约有一家颇有名气的商店，取名“九十九”，它已成为当地老幼皆知的牌号。“九十九”是一家专营日用杂品、家用小五金、文教用品等的商店。这里出售的商品琳琅满目，品种齐全。更独特之处，其定价从不用整数，均用“九十九”。如 20 根缝衣针装成一个包，售价九十九美分；10 支铅笔装成一盒，售价九十九美分；一个煎鸡蛋锅，售价九十九美分；一袋糖果九十九美分等等。“九十九”商店自开业以来，生意长盛不衰。究其原因，奥妙在哪里？商品价格对于大多数人来说是一个相当敏感的购买因素，企业的定价或调价会直接刺激消费者，激励和抑制消费者的购买动机和购买行为。反之，消费者的价格心理也会影响企业的价格决策。(资料来源：李晓霞、刘剑主编的《消费心理学》，清华大学出版社。)

## 第一节　商品价格的心理功能

商品价格心理是商品价格这一经济现象在消费者头脑中的一种意识反应。实践证明，在影响消费者心理与行为的诸因素中，价格是最具刺激性和敏感性的因素之一。一种商品的价格制定得是否合理，会直接影响消费者对该商品的认可程度和购买行为。

消费者在购买活动中的各种心理反应，都同商品价格密切相关，都受商品价格心理功能的影响。所谓价格的心理功能是指在社会生活和个性心理特征的影响下，在价格一般功能的基础上而形成的并对消费者的购买行为起着引导作用的一种价格心理现象。营销人员

在研究价格心理，研究制定合理适当的商品价格时，首先就要了解和熟悉价格心理功能。价格心理功能主要有以下几个方面。

## 一、商品价值认识功能

商品价格在一定程度上体现了商品价值的大小和质量的高低，是商品效用程度的一个客观尺度，具有衡量商品价值的功能。在现实生活中，人们用价格作为尺度和工具认识商品，通常情况下，商品价格高，其价值就大，质量就好，适用性就强。价格这种衡量尺度的心理功能，在现实生活中经常表现为消费者普遍具有“一分价钱一分货”“便宜没好货，好货不便宜”的心态。在实际购买活动中，同样一件商品，质地看上去相似，款式也相近，但如果其中一件包装精美，标价 200 元，另一件只用塑料袋包装，标价 168 元，顾客的第一反应就认为 200 元的那件品质好、价值高，168 元的那件相对品质差、价值低。

当科学技术飞速发展的今天，商品更新速度日益加快，新产品不断投放到市场上，一般顾客商品专业知识不足，鉴别能力不强，难以准确分辨新产品质量的优劣和实际价值的高低，这时价格就成为他们衡量商品质地好坏与价值高低的尺度。例如，对汽车价格和质量关系的一项研究发现，消费者认为较高价格的汽车有较高的质量。当消费者能够通过检查产品或是根据过去的经验对产品的质量进行判断时，他们就会较少依赖价格作为衡量质量的尺度。当消费者由于缺乏信息或是技术而无法判断质量时，价格就成为一种很重要的质量信号。

## 二、自我意识的比拟功能

心理学认为，自我意识是意识的形式之一，是个人对自己心理、行为和身体特征的了解、认识，它表现着认识自己和对待自己的统一。商品价格的自我意识比拟，是商品价格人格化的心理意识，即借助商品价格反映消费者自我的一种心态。

价格不仅体现商品的价值，还象征着消费者的社会经济地位。消费者在购买商品时，往往还通过想象和联想，把商品价格与情趣爱好、生活品质、价值观、文化品位等个性特征联系起来，以满足自身的社会心理需求。这就是商品价格的自我意识比拟功能。商品价格自我比拟功能有着多方面的内容。

### 1. 社会地位比拟

有些人在社会上具有一定的地位，因此其服装、鞋帽、箱包、手表、甚至于领带、皮带等服饰用品都追求高档、名牌，认为穿着一般服饰有失身份。即使经济收入有限，其他方面节俭一些，也要保持自己良好的社会形象，并以此获得心理满足。

### 2. 经济地位比拟

有些人收入颇丰，追求时尚欲望强烈，是社会消费新潮的倡导者。如，许多白领、高收入阶层往往是高档服装忠实购买者，经常出人高档酒店、咖啡馆、茶馆，热衷于国外旅行，他们往往以率先拥有高价的私人轿车、高档的商品房等为消费追求的目标，对低价商品不屑一顾，把商品价格与自身的经济地位联系在一起。也有一些消费者在购买活动中总是喜欢选购廉价商品或是削价商品，认为价格昂贵的商品只有那些有钱人才能买得起，这也是消费者将自己的经济地位与商品价格联系起来。

### 3. 生活情操比拟

有些消费者以具有高雅的生活情趣为荣，即使不会弹钢琴，也要在起居室里摆放一架钢琴；即使不会欣赏，也会经常听音乐会、歌剧等，获得心理上的满足。也有些消费者对古典文物知识并不通晓，却宁可付出巨资去收藏一些古董作为家中摆设，以拥有这些稀奇的古物为巨大的心理满足，希望通过昂贵的古董来显示自己崇尚古人的风雅，这也是一种生活情操的比拟。

### 4. 文化修养比拟

有些消费者尽管对书法和字画没有什么研究，但仍愿意花一大笔钱去购买一些名人字画挂在家中，以拥有这些名人字画为自豪和满足，并希望通过拥有这些字画来显示自己对文化的重视。也有些消费者虽然并不经常阅读，但是却喜欢大量购买图书，摆放在家中，这些都是一种文化修养上的比拟。

## 三、调节需求的功能

商品价格对消费需求量的影响甚大，价格的高低对需求有调节作用。一般来说，在其他条件既定的情况下，消费需求量的变化与价格的变动呈相反的趋势。即价格上涨时，消费需求量减少；价格下降时，消费需求量增加。所以，价格和需求相互影响、相互制约。价格调节需求的功能要受到商品需求价格弹性的制约。需求价格弹性是指因价格变动而引起的需求量的相应变动率，它反映了需求变动对价格变动的敏感程度。需求价格弹性的大小，会因为商品种类的不同和消费需求程度的不同而有所差别。有些商品价格稍有变动，其需求量就发生大幅度变化，即需求价格富有弹性，奢侈品如金银首饰等即属于这一类；有些商品价格变动很大，而需求量变化很小，即需求价格缺乏弹性，食品、日用品等生活必需品属于这一类。

# 第二节　消费者价格心理与行为

## 一、消费者价格心理与行为特征

消费者的价格心理与行为是消费者在购买活动中对商品价格认识的各种心理反应和行为表现。它是由消费者的个性心理及其对价格的知觉判断等共同构成的。此外，价格心理与行为还会受到社会生活各方面的影响。消费者的价格心理与行为主要表现在以下几个方面。

### 1. 习惯性

习惯性是指消费者根据以往的购买经验和对某些商品价格的反复感知，来决定是否购买的一种心理与行为定势。特别是一些需要经常购买的生活消费品，在顾客头脑中留下了深刻的印象，更容易形成习惯性价格心理与行为。虽然商品价格有客观标准，但是在现代社会里，由于科学技术的飞速发展，决定商品价值的社会必要劳动时间变化莫测，消费者很难清楚地了解商品价值量，在多数情况下他们只能根据自己反复多次的购买经历对商品价格进行判断。因为消费者对商品价格的认知，是在多次的购买活动中逐步体验的，长期、多次的购买和消费活动，会使消费者在头脑中会渐渐地形成某种商品需要支付多少金额的习惯价格，并把它当作衡量商品价格高低、质量好坏、合理与否的标准。

消费者对价格的习惯性心理影响着购买行为。这是因为消费者往往从习惯价格中去联想和对比价格的高低涨落，以及商品质量的优劣差异。消费者在已经形成的习惯价格的基础上，一般情况下对商品的价格都有一个上限和下限的概念。一旦某种商品价格超过了消费者心目中的价格上限，则认为太贵；如果价格低于消费者心目中的下限，则会对商品的质量产生怀疑。也就是说，某种商品的价格如果违背了习惯性价格，消费者就会产生舍不得买或是拒绝购买的心理。但是，如果商品价格恰好在购买者的习惯价格水平，就一定会博得他们的信赖和认同。

商品的习惯性价格一旦形成，就被消费者认可而不容易改变。一旦变动，对消费者的价格心理影响很大，对企业甚至于对于整个社会经济生活都会造成一定影响，因此，若进行调整必须十分谨慎。

### 2. 感受性

感受性是指消费者对商品价格及其变动的感知强弱程度。它表现为消费者对于通过某种形式的比较所出现的差距，对其形成的刺激的一种感知。

商品价格的高与低、昂贵与便宜都是相对的，消费者对商品价格高低的判断，总是在同类商品中进行比较，或是在同一售货现场中对不同种类商品进行比较而获得的。但是消费者的价格判断常常会出现错觉。如，在东京乘地铁约合人民币 15～40 元。而在南京坐地铁只需要 2～4 元，从东京回到南京坐地铁的人自然感觉非常便宜。又如，2014 年小龙虾的价格每斤 8 元，而 2015 年每斤需 15 元，就感觉非常昂贵。再如，同一价格商品放在价格都比它高的系列商品中，其价格就显得低；而将其放在价格都比它低的系列商品中，其价格就显得较高。

消费者一般通过三种途径感受商品价格高低的：一是消费者对同一购买现场、同一价格，不同组合商品的价格感受不同， 如同一商品价格在高价格系列中显得较低，在低系列价格中显得较高；二是消费者对同一商品， 由于销售地点的不同，其价格感受也不同， 如 100 元的服装，放在自由市场和放在时装精品屋出售，给人的消费感觉是完全不同的；三是消费者对同样使用价值的商品， 由于商品的商标、式样、包装、色彩不同， 会引起不同的价格感受。

### 3. 敏感性

敏感性是指消费者对商品价格变动做出反应的灵敏和迅速程度。消费者对商品价格的敏感性是相对于商品价格稳定的习惯心理而言的。因为商品价格的变动直接影响消费者的自身利益，影响到消费者的需求的满足，所以，消费者对价格的变动一般都比较敏感。

衡量消费者价格敏感性的常用指标是消费需求价格弹性， 即用消费者购买量变化的百分率与价格变化的百分率之比来测量。如果购买量减少的百分率大于价格上升的百分率，则说明消费者对价格反应比较敏感；如果购买量减少的百分率小于价格上升的百分率，则说明消费者对价格反应不敏感。

消费者对价格的敏感性因人而异，还会因商品种类或档次的不同而表现出程度上的差异性，对与日常生活关系较为密切的商品价格敏感性高，对耐用消费品价格的敏感性较低。但是，消费者对价格变动的敏感心理是因人而异、因商品而异的。一般来说，像食品、蔬菜、肉类等生活必需品需要程度高，购买频繁，敏感度就强；家用电器、家用汽车、高级化妆品等商品，购买频率低，敏感度相对较弱。如学校师生每天在餐厅就餐，即便饭菜价格只变动了 0.5 元，他们也会议论纷纷。而市场上空调价格就是上涨了 500 元，他们也不会太注意。

### 4. 倾向性

倾向性是指消费者在购买过程中对商品价格选择所呈现出来的趋势和意向。商品一般都有高、中、低档之分，不同档次分别标志商品的不同价格与质量。不同类型的消费者，出自不同的价格心理，对商品的档次、质量和商标等都会产生不同的倾向性。

消费者对商品的价格倾向性大致可以分为两大类：一是不同消费者对同一类商品价格的选择具有不同的倾向性。如果消费者对不同价格的同类商品的性能、质量、外观造型及所用材料等方面，没有发现明显的差异，那些求廉务实的消费者往往倾向于选择价格较低

的。如，超市中牛奶类制品品牌较多，大多数消费者往往选择价格低的那种品牌购买。但是，那些慕名求新的消费者就会倾向于购买价格较高的品牌。二是同一消费者对不同种类的商品的价格选择也具有倾向性。一般来说，对于那些耐用品、礼品或高档商品、时令商品，消费者会倾向于选择价格较高的。而对于那些日用品，选择倾向一般是低价。

由于消费者在经济收入、文化水平、价值取向以及性格等方面的差异，使得他们在购买中表现出来的价格倾向不尽相同。消费者会根据自己对商品价格的认知程度来做出判断。

5. 消费者对价格的逆反性

正常情况下，消费者总是希望买到价廉物美的商品，对于同值的商品总是希望其价格越低越好，但是在某些特定情况下商品的畅销性与其价格呈反向表现，即并非价格越低越畅销，出现“买涨不买跌”的情况，这就是由于消费者对价格的逆反性。

**【案例 9-1】 买涨不买跌，奢侈品牌进军中国之道**

继 2010 年 7 月上调部分产品价格后，奢侈品品牌风向标法国奢侈品巨头：路易威登-轩尼诗集团，再次启动了新一轮调价。从 3 月 1 日起，国内所有 LV 专卖店上调了价格，Neverfull 大号手袋从之前的 5000 多元涨到了 6435 元，中号手袋上涨到 6100 元，涨幅近 1000 元。Dior 的经典款包今年涨幅 5%左右，其他如手表、饰品等也有提价。而 Celine 的笑脸包 Luggage 也在今年初上涨了 1000 元。

尽管如此，这也丝毫不影响中国市场涌动的消费热情。世界奢侈品协会的调查显示，2010 年，几乎所有在中国落地的奢侈品牌都获得了两位数增长，中国市场占全球奢侈品消费市场的份额已达 15%。

从最初的水土不服到如今的如鱼得水，洞悉中国式消费心理的奢侈品品牌正在创造一个个销售奇迹。截至 2011 年 3 月底，中国奢侈品市场消费总额高达 107 亿美元(不包括私人飞机、游艇与豪华车)，占据全球销售份额的四分之一，中国已经成为全球第二大奢侈品消费国。从 3 月至今，包括 Chanel、Dior、Burberry、LV、Celine、Loewe 在内的奢侈品品牌掀起了新一轮涨价潮，涨价幅度为 5%～30%。(资料来源：阿里巴巴 http://info.1688.com/detail/1020050284.html，2011 年 9 月 20 日《买涨不买跌，奢侈品牌进军中国之道》)

**案例分析：**奢侈品每年要涨 5%～30%是约定俗成的规矩。顶级厂商们的营销策略就是让奢侈品变成可以增值和保值的东西。这种涨价行为在奢侈品爱好者的心中产生了双重影响：“幸好我出手快，早知道要涨价就该多买几件。”在“买涨不买跌”的消费心理影响下，许多消费者担心继续涨价，赶快出手购买。

## 二、价格变动对消费者心理与行为的影响

当企业进行价格变动的时候，首先考虑的是价格调整后消费者能否接受，对消费者的行为会产生什么影响，消费者将如何理解商品价格调整的行为。企业调整商品价格，向消费者让利可能被理解为商品销售不畅，或企业面临经济困难，有时，企业以一个良好的动机变动价格却相反会产生对自己不利的结果。因此，企业变动价格必须关注消费者对价格调整的反应。

### 1. 消费者对价格变动的直观反应

消费者对原产品低价调整的反应

消费者对原产品降低价格的心理反应，一般有以下几种：企业薄利多销；该产品低价销售是企业竞争的结果，企业打价格战，消费者可以低价购买高品质的产品，厂家、商家减少库存积压；该产品质量下降或出现质量问题；该产品市场销售不畅；该产品将被新产品替代；该产品货号不全；该产品式样过时；该产品为季节性较强的商品；企业财务困难，不能继续生产经营。

**【案例 9-2】 “一角钱”促销**

在一个菜场有几家卖豆制品的摊点，可总是只有 A 店主的生意火爆，大家宁可排队等也不到旁边的店子里买同样的东西。是 A 店的价格比起旁边店铺便宜许多吗？不是，你要问他卖的价格和别人都是一样；是所卖产品的质量比别人好很多？也不是，质量差不多，很多东西估计和别人在同一个地方进货；是有买赠促销手段吗？更不是，小本生意不可能有这么大的利润。原来只有一个非常简单的原因：这个店主无论顾客买什么东西都主动的少收一角钱。例如顾客问好豆腐是 1 元一斤，挑了块豆腐，他把豆腐放到电子秤上一称显示 1.7 元，他就会说：“就收 1.6 元吧。”就这小小的一角钱让他获得了顾客的信赖，使他的生意越来越火红。(资料来源：中国企业管理文库《“一角钱”的成功促销的奥妙》数据编号：K7-F152896)

**案例分析：**豆腐属于生活必需品，价格不高，经常购买，消费者对价格的敏感度相对较强。在品质基本相同的情况下，虽然只让利一角钱，却让消费者感到真实可信。在价格变动的时候应将幅度控制在合理的范围以内，如果摊主卖一块豆腐可以便宜 0.5 元，不光自己不赚钱，顾客更要怀疑这个豆腐肯定有问题，要不怎么可能这么便宜。

### 2. 消费者对原产品提价调整的反应

消费者对原产品提高价格的心理反应，一般有以下几种：该产品数量有限，或供不应求，或产品稀少；提价说明该产品畅销，质量已经得到消费者的认可；该产品有特殊的用途，或产品能增值，或产品有收藏价值；该产品生产成本上升；该产品广告宣传费用较高；

卖方以为购买者的急需程度高经济承受能力强而漫天要价；受到通货膨胀的影响。

### 3. 消费者对价格变动的理性反应

消费者随着消费经验的不断积累，有关商品的专业知识及商品的一般常识，也在不断地增长，消费日趋理性化。由于消费者的需求既存在同质性又存在异质性，所以，对购买的总支出与对产品成本的关系有着不同的理解，这就造成了购买者对价格调整的变动反应也存在着差异。一般情况下，消费者对于那些价值较高、经常购买的生活必需品的产品价格调整变动较敏感，而对于那些价值较低、不经常购买的小商品，即使单位价格调整幅度再大，消费者也不会太在意。成熟理智的消费者在关注产品价格调整变动的同时，更注重产品的核心价值、形式价值和附加价值。消费者不仅仅是为产品的价格而去购买产品，而是在购买产品的使用价值、服务价值以及企业的保证和承诺。

**【案例 9-3】 家电消费不迷“概念”，迷“实效”**

随着中国式的 ROSH 指令的出台，环保成为中国各家电企业不得不考虑的因素之一。继去年 8 月 13 日欧盟正式开始执行 WEEE 指令(《关于报废电子电气设备指令》)之后，从今年 7 月 1 日开始，欧盟的 ROSH 指令(《关于在电子和电气设备中禁止使用某些有害物质指令》)又将正式实施。

随着生活水平的不断提高，伴随着追求健康、节能、环保的消费心理，消费者对家电产品的选择呈现多元化消费趋势，更注重个性的张扬和产品的内涵，追求的是健康与享受，而不再单纯地考虑价格因素。家电产品的质量、性能已经取代价格成为消费者首先关注的要素。正是这种消费需求的变化，使当年许多家电厂商措手不及，导致整个市场出现真空，恰好也促使当前高端家电市场旺销。

以冰箱为例，大容量的冰箱逐渐成为消费热点。现在人们买的房子越来越大，特别是对于刚刚结婚的新人来说，平日繁忙的工作，使得他们购买食品的次数减少，数量增多。市场上现有的大冰箱普遍都带有小吧台和自动制冰功能，功能更加人性化。变频技术的投入使用，也使得空调、冰箱等家电的生产成本增加，价格提高。然而，由于消费心理的转变，这种高价格是消费者能够认可的，这些高端产品都备受消费者的青睐，逐渐成为消费的主流。(资料来源：中国家电商务网 www.jydq.net《白电消费不迷“概念”，迷“实效”》)

**案例分析**：面对家电产品，我国的消费者变得更加成熟理智。消费者在关注产品价格调整变动的同时，更注重产品的核心价值、形式价值和附加价值。家电产品的质量、性能已经取代价格成为消费者首先关注的要素。消费者不仅仅是为产品的价格而去购买产品，而是在购买产品的使用价值、服务价值以及企业的保证和承诺。

# 第三节 消费者的价格阈限

## 一、绝对价格阈限

消费者的感觉存在阈限，商品价格也有阈限，但其含义不同。价格阈限是指消费者心理上所能接受的价格界线，即所谓的绝对价格阈限。绝对价格阈限可分为上绝对阈限和下绝对阈限两种。绝对价格阈限的上限是指可被消费者接受的商品的最高价格；绝对价格阈限的下限是可被消费者接受的价格的最低价格。在日常生活中，消费者根据自身感受的传统价格印象、自身的价格评价标准，加之消费者之间的相互影响，对每种商品都有一个心目中的价格范围。商品价格若高得超过上限，就会抑制购买，使消费者感到销售者在漫天要价而却步；价格若低得低于下限，则会引起消费者的负反应，导致对该商品的种种疑虑心理。例如，如果有人愿意以 10 元钱的价格卖给你一颗钻石，你肯定会认为这是赝品或是来路不明的商品。

绝对价格阈限的上限或下限会因不同的因素作用而不同，可能因为消费者的不同而不同。这两种阈限虽然在一定条件下处于相对稳定，但又都可以通过市场力量加以改变。例如，大量的广告宣传可以使消费者觉得某种品牌的商品更值钱，于是价格的上绝对阈限便会因此而提高；消费者假如遇到一种低于下限的不平常的价格，常常需要经过紧张地思考，加以分析判断。如果此时消费者把商品价格的降低归为销售情况而不是质量问题，即认为是市场需求所造成的，则可能降低下限，接受这一价格。于是价格的下限就会因此降低。

在现实生活中，价格阈限是一个随着时间变化而变化的动态心理因素。因为随着经济的发展，商品中技术成本含量在增大，资源减少造成供求紧张，因而价格上升，由于工资提高造成的成本费用增加，价格刚性及生活水平的提高等，都会促使商品价格呈稳步上升的趋势。特别是在通货膨胀时，价格上限全部向上移动，今天的正常价格，可能成了明天美好的记忆。20 世纪 50 年代，街头小贩沿街叫卖的“5 分钱一个”的茶叶蛋，在今天消费者心中早已成了遥远的“神话”。随着价格的不断上涨，消费者在价格再次上涨前会产生一种抢购的“通货膨胀心理”。从价格意识上看，通货膨胀会增加消费者的价格意识，但会降低价格敏感性及其对高价的抵抗力。商品价格的轮番上涨最初会遭到消费者的强烈反应，但久而久之，则可能使部分消费者变得麻木起来，反应迟钝。这可能是由于消费者适应了价格上涨的缘故。此时，消费者反而会对价格下降表现出高度的敏感性，由此可见，价格绝对阈限的概念实际上只有相对的意义，因为在市场条件下，这种“绝对价格阈限的界线”是可以波动的。

## 二、差别价格阈限

即使商品的两种价格在客观上不一样，但不能假定消费者实际上知觉的价格也不同。据有关研究，只有当价格差别达到某一定水平时，消费者才能知觉到两种价格刺激之间的差别。刚刚能够引起消费者差别感觉的两种价格刺激之间的最小强度差称作差别价格阈限或差异阈(differential threshlod)。这一改变称为最小可觉察差异(jnd)。根据韦伯法则(Weber's law)，激发差异阈或者获得 jnd 取决于改变的量。假设一种产品一般售价 2 元，现在以 1 元出售。大部分消费者都会认为这是一种降价。现在假设一种产品一般售价为 200 元，现在以 199 元出售。虽然节省的数量绝对值相同，但消费者不会同样地对待这两种降价措施。

研究表明，消费者对价格上涨要比下降更为敏感(这里不包括通货膨胀时期)。会因为因商品的不同而不同。而对于某些商品(如威信商品)，则在涨落两方面的较大的价格变化可能都没有什么关系。价格的适应水平理论则认为，消费者价格知觉的基础是最后所付的实际价格，即可接受的价格或公平的价格。由此，学术界提出了价格适应水平理论关于价格知觉的有关结论是：价格知觉与别的价格和使用价值有关；对于每一商品种类、每一可辨质量水平，都存在一个标准价格；标准价格是判断其他价格的基准；存在一个标准价格的中性区，在此区内价格变化不引起知觉变化；标准价格是一些相似商品的平均价格；购买者并非单一判断每一个价格，而是把每一价格同标准价格或价格系列中的其他价格作比较进行判断的；标准价格无须同任一实际价格或者名牌商品的价格相符。

例如，一个人要一客饭，就有公平价格的问题出现。假设一块牛排价格为 3.50 美元，可接受的范围是 2.50 美元到 4.50 美元；一杯咖啡价格 0.20 美元，可接受的价格范围是 0.15 美元到 0.25 美元。实际价格如果落在这个范围内，消费者则会认为“公平”而不产生明显的负反应；假如超出这个范围，咖啡收费 0.30 美元(超过最大公平价格 20%)则会引起“不公平感”，产生严重的负反应。由于消费者对许多商品往往不注意它们的精确价格，因而，在许多情况下，就会存在一个可接受的价格范围。如果商品价格落入这个范围，价格就有可能不被作为一个尺度。然而，若价格超出可接受范围的上限或下限，价格就变得很重要，同时，有问题的产品将被拒绝。

# 第四节　商品价格的心理与行为策略

## 一、商品定价的心理与行为策略

价格是企业竞争的主要手段之一，企业除了根据不同的定价目标选择不同的定价方法外，还要根据复杂的市场情况，采用灵活多变的方式确定产品的价格。商品定价的心理与行为策略主要有以下几种类型。

### 1. 撇脂定价策略

撇脂定价策略是指以在鲜牛奶中撇取奶油，指在新产品上市初期，价格定得很高，利用消费者“求新”、“猎奇”等心理与行为，在短时间内获得最大利润。当最初的销量下降时，或者竞争者纷纷出现时，企业就会逐步降低价格，以便吸引对价格敏感的新顾客。比如，1992年春，呼啦圈开始出现在北京市场，由于舆论宣传的力量，人们认定呼啦圈有着健美身体的奇妙作用。于是成本一元左右的产品，价格提高到七、八元，还是吸引了许多早期使用者，通过他们使呼啦圈广为流行。靠这小小产品，北京有30多家工厂挣足了钱。

撇脂定价法只在一定的条件下才具有合理性。其一，新产品有明显的、突出的优点，产品的质量和形象必须能够支持产品的高价，并且有足够的购买者。其二，企业在生产方面有专利技术，竞争者不能轻易进入该产品市场和压下高价。其三，宜采用这种策略的产品，一般都缺乏价格弹性，制定高价也不会减少需求，小批量生产的成本也不会提高很大。

这种策略的优点有：高价能获取高利润，可以尽快收回成本；新产品刚上市时，消费者缺乏对其的理性认识，较高的定价塑造了优质产品的形象；扩大了价格的调整余地增强了价格的适应力，提高了企业的赢利能力。这种策略的缺点是：价格大大高于价值，不利于市场的开发与扩大。

**【案例 9-4】 哈根达斯在中国的撇脂定价策略**

在美国市场哈根达斯和和路雪是同档次的品牌，但是在中国，哈根达斯以“高价质优”成为冰激凌市场的高端品牌。虽然从来没有大张旗鼓地做过广告，但是每一个小资的中国人没有不知道它的大名的，“爱她就请她吃哈根达斯”的广告促成多少热恋中男男女女的消费动力，成为人们心目中幽雅、情趣、甜蜜的代表，是冰激凌消费的圣地。哈根达斯1996年进入中国大陆，在上海开了首家专卖店。哈根达斯(中国)已经走过17个年头了，分别在上海、北京、广州、深圳、杭州、大连等地开设连锁分店，始终都是高价策略，在美国同样的大桶家庭装2.99美元/桶的在中国要买100多元。一般的冰激凌球都是30元左右，一些特色的产品如“抹茶”等的48～68元，“冰火情缘”之类的套餐一般在120元～160元。外带的消费一般平均在40～60元/人，餐厅消费平均在60～80元/人。(资料来源：百度文库 http://wenku.baidu.com/view/be0654f6f90f76c661371add.html《哈根达斯的定价策略分析》)

**案例分析：**哈根达斯在中国之所以这么昂贵，瞄准的目标消费者是处于收入金字塔顶峰的、追求时尚的年轻消费者，尤其是小资产阶级，情侣等。这类人追求时尚，对价格敏感性相对较低。哈根达斯的高价定价策略，正是依据营销学的两条经典理论：品质较高的产品，价格可以不成比例地提高；定价较高的产品，则会使消费者认为产品的品质较高。

### 2. 渗透定价策略

渗透定价策略与撇脂策略相反，是指在新产品投放市场时，价格定得较低，只求保本或微利，迎合消费者求廉、求实的消费心理与行为，让消费者很容易接收，从而使产品在

市场上迅速渗透，提高市场占有率，快速占领市场。较高的销售额能够降低成本，使企业能进一步减价。如 2011 年 8 月 16 日，作为首款全球 1.5G 双核处理器，搭配 1G 内存，以及板载 4G 存储空间，最高支持 32G 存储卡的扩展。小米手机的硬件材料加在一起价格也不低于 1200 元，而超强的配置的小米手机却仅售 1999 元。这对消费者来讲是一种很大的诱惑，小米手机第一次网上销售被一抢而空更能说明高性价比对消费者的诱惑，这为小米手机提高市场占有率，快速占领市场提供支撑。

采用这种低价策略的情况有：市场必须对价格高度敏感，才能使低价促进市场的增长；生产和销售成本必须随着销量的增加而减少；低价能帮助企业排除竞争对手，否则价格优势只能是暂时的。

这种策略的优点有：低价能迅速打开市场，提高市场占有率，扩大销量，从多销中增加利润；低价薄利，可以阻止竞争对手加入，有利于控制市场。这种定价策略的缺点是：投资的回收期限较长。因此，生产能力较小的企业不宜采用。

**【案例 9-5】戴尔直销 999 元打印机**

戴尔宣称其在中国市场的第一款专门针对个人用户的激光打印机，价格是 999 元，让打印机行业的巨头们倒吸了一口凉气。戴尔中国公司打印机市场经理章越称，此次推出的个人激光打印机型号为 1100，主要针对家庭以及 soho 办公人士，每分钟最快可以打印 15 张，每个墨盒可打印的数量为 2000 张。目前市场上同类打印机的价格普遍在 1500 元左右。由于戴尔在打印机领域坚持了直接销售模式(即消费者直接通过免费电话或者网站订购，没有中间经销商环节)，戴尔能够给消费者提供更优惠的价格和更好的服务，同时，戴尔的耗材也是全部通过直销模式销售的。(资料来源：全民业务网 http://study.qmvip.com《戴尔直销 999 元打印机 为家电产品进中国探路》)

**案例分析：**目前国内入门级打印机市场其实已经在萎缩，爱普生、惠普等品牌的市场占有率也已经比较稳定，戴尔想要进入这个市场，低价是最有效的手段。

### 3. 声望定价策略

声望定价策略是根据消费者对某些商品的信任心理或“求名”心理与行为，制定的高价策略。多数消费者购买商品时不仅看重质量，更看重品牌所蕴含的象征意义，如身份、地位、名望等。该策略适用于知名度较高、广告影响力大的名牌或高级消费品。消费高价商品是现代人身份地位的象征，如戴劳力士手表，使用 LV 的包等，被认为是有地位的成功人士。用于正式场合的西装、礼服、领带等商品，且服务对象为企业总裁、著名律师、外交官等职业的消费者，则都应该采用声望定价，否则，这些消费者就不会去购买。微软公司的 Windows98(中文版)进入中国市场时，一开始就定价 1998 元人民币，便是一种典型的声望定价。因此，企业可利用名牌、极品的声望，制定出能使消费者在精神上得到高度满足的价格。另外，声望定价策略还被广泛运用在零售业、餐饮、娱乐、维修服务等行业。

当然，声望定价和其他定价方法一样，也有其适用范围和界限。正确使用必须明确其适用条件，而不能照抄照搬。在使用声望定价时应注意以下两点：首先，必须是具有较高声望的企业或产品才能适用声望定价；其次，声望定价的价格水平不宜过高，要考虑消费者的承受能力，否则，顾客只好“望名兴叹”，转而购买替代品了。

#### 4. 零头定价策略

零头定价策略又称非整数定价策略或尾数定价策略。这种定价策略是企业将进入市场的产品制定一个带有零头数结尾的非整数价格，是企业针对消费者的求廉心理与行为，在商品定价时有意定一个与整数有一定差额的价格。这是一种具有强烈刺激作用的心理定价策略。如，宝洁公司将其日常护理的飘柔洗发水价格定为9.9元，而不是10元，意味着更便宜的价格。这是一种适应消费者愿意购买便宜货的心理而使用的价格策略。因为在消费者看来，零头价格是经过细心计算的最低价格，甚至于使一些高价商品看起来也不太贵。另外，尾数定价还会给人们一种定价精确的感觉，从而使消费者产生信赖感，激起购买欲望。

心理学家的研究表明，价格尾数的微小差别，能够明显影响消费者的购买行为。一般认为，5元以下的商品，末位数为9最受欢迎；5元以上的商品末位数为95效果最佳；百元以上的商品，末位数为98、99最为畅销。

由于受到民族习惯、社会风俗、文化传统差异的影响，各个国家或地区在实际使用此法时有所不同，某些数字还会被赋予一些独特的含义。如，美国市场上零售价为49美分的商品，其市场占有率比50美分和48美分要多。在我国，尾数为8的价格较多见，“8”与“发”谐音，人们往往乐于接收这个有吉祥意义的数字。采用零头定价策略时，可有意识地选择消费者偏爱的数字，则其产品因而也得到消费者的喜爱。

#### 5. 整数定价策略

这种定价策略是把商品的价格定成整数，不带零头。整数定价又称方便价格，是指企业有意识地将商品价格的尾数去掉，适用于某些价格特别高或特别低的商品。如，一台电脑的价格定为5000元，而不是4999.9元。高档服装将价格定为300元，而不是298元，尽管只相差2元，但是心理差异却是相当大的。298元看起来更像是一个较便宜的价格，而300元则可以给商品赋予高档、优质的形象，意味着更多的价值。而对于某些价值低的日用品，如采用1元、2元定价，较之0.99元、1.98元，在付款时消费者更方便。

#### 6. 习惯定价策略

这种定价策略是按照消费者的习惯心理与行为来制定价格。对于某些已经进入市场成熟期的产品，由于长期以来市场上这些产品的价格一直维持在某个水平上，消费者心目中已经形成了一个习惯性的价格标准。这些商品价格稍有变动，就会引起消费者不满，如降

价易引起消费者对品质的怀疑，涨价则可能受到消费者的抵制。因此，对这类商品企业可采用消费者习惯的价格定价。日常生活中的饮料、食品一般都适用这种策略。

### 7. 招徕定价策略

这种策略是指多品种经营的企业将一种或几种商品的价格定得特别低或特别高，以招徕消费者。如，超市出售 1 元一只烧鸡，或是卖出天价月饼、极品茶叶等。这种策略目的是吸引消费者在来购买招徕商品时，也购买其他商品，从而带动其他商品的销售。这一定价策略常为综合性百货商店、超级市场甚至于高档专卖店所采用。例如，日本创意药房在将一瓶 200 元的补药以 80 元超低价出售时，每天都有大批人潮涌进店中抢购补药，按说如此下去肯定赔本，但财务账目显示出盈余逐月骤增，其原因就在于没有人来店里只买一种药。人们看到补药便宜，就会联想到其他药也一定便宜，促成了盲目的购买行动。

采用招徕定价策略时，必须注意以下几点：①降价的商品应是消费者常用的，最好是适合于每一个家庭应用的物品，否则没有吸引力。②实行招徕定价的商品，经营的品种要多，以便使顾客有较多的选购机会。③降价商品的降低幅度要大，一般应接近成本或者低于成本。只有这样，才能引起消费者的注意和兴趣，才能激起消费者的购买动机。④降价品的数量要适当，太多商店亏损太大，太少容易引起消费者的反感。⑤降价品应与因残次而削价的商品明显区别开来。

高价招徕与低价招徕恰恰相反，它是利用人们的好奇心理将产品标以高价来吸引顾客的。与低价招徕的出发点相同，这种策略也是通过“特价”产品来推动普通产品的销售量的。人们总是有着探寻新奇事物的倾向，当市场上推出一种“高价”的商品，而这种商品又为人们所熟悉时，人们总会产生这样的疑问：为什么这件商品会以这样高的价格出售？他们会在心中做出种种猜测，并希望一探究竟。例如，珠海九州城里曾经出售过一种价格高达 3000 港币的打火机，引起了许多人的兴趣，慕名而来，大家都想看看这种“名贵”的打火机究竟怎样特别。当然，购买此种高价打火机的人寥寥无几，但是它旁边柜台售价 3 元一只的打火机却因此打开了销路。在使用高价招徕策略时，应当注意：①所使用的商品应当是顾客所熟悉的，这样才可以引起他们的好奇心理。②这种高价商品应当确实有其与众不同之处，否则这种定价策略便不免有些“哗众取宠”了。

### 8. 折价定价策略

这是利用货币错觉的增值效应，在制定商品的折价价格时，采取“花低价格买高价的商品”的宣传手段，而不是“高价商品卖低价的钱”的宣传手段。这种定价方法针对的是消费者“降价没好货”的购买心理与行为。例如，日本三越百货公司就利用了“货币错觉”，实行“100 元买 110 元商品”的推销术，第一个月就增销 2 亿日元，这是一种高超的折价术。

### 9. 折扣定价策略

这种方法是指在特定条件下，为了鼓励消费者及早付清货款，大量购买或淡季购买，企业的酌情调整商品的基本价格，以低于原定价格的优惠价格销给消费者。这一定价方法的理论基础是利用消费者求廉、求实、求新的心理与行为。例如，日本东京银座美佳西服店为了销售商品采用了一种折扣销售方法，颇获成功。具体方法是这样：先发一公告，介绍某商品品质性能等一般情况，再宣布打折扣的销售天数及具体日期，最后说明打折方法：第一天打九折，第二天打八折，第三、四天打七折，第五、六天打六折，以此类推，到第十五、十六天打一折，这个销售方法的实践结果是，第一、二天顾客不多，来者多半是来探听虚实和看热闹的。第三、四天人渐渐多起来，第五、六天打六折时，顾客像洪水般地拥向柜台争购。以后连日爆满，没到一折售货日期，商品早已售缺。这是一则成功的折扣定价策略。妙在准确地抓住顾客购买心理，有效地运用折扣售货方法销售。人们当然希望买质量好又便宜的货，最好能买到二折、一折价格出售的货，但是有谁能保证到你想买时还有货呢？于是出现了头几天顾客犹豫，中间几天抢购，最后几天买不着者惋惜的情景。

### 10. 分级定价策略

这种定价策略是指把不同品牌、规格及型号的同一类商品划为若干个等级，对每个等级的商品制定一种价格。这种定价策略的优点在于不同等级商品的价格有所不同，能使消费者产生货真价实、按质论价的感觉，能满足不同消费者的消费习惯和消费水平，既便于消费者挑选，也使交易手续得到简化。在实际运用中，要注意避免各个等级的商品标价过于接近，以防止消费者对分级产生疑问而影响购买。

**【案例 9-6】小米手机的定价策略**

2015 年 5 月 6 日小米正式发布了小米 Note 顶配版，这款被雷军称为“安卓机皇”的手机采用了高通骁龙 810 处理器、515PPI 的 2K 屏、4GB 运存和 64GB 内存的顶级配置，安兔兔跑分高达 63424 分，确实秒杀大部分的安卓旗舰机。不过，在定价上，雷军却很小心地将小米 Note 顶配版的价格定在了 2999 元，而不是今年年初公布的 3299 元。

在 2011 年 8 月 16 日小米 1 的发布会上，雷军将小米的第一款手机定价为 1999 元。此后，小米发布的每一款旗舰机型如小米 2、小米 2S、小米 3、小米 4，其中的基本款的定价均为 1999 元。此后，小米先是通过推出定价为 1499 元的小米青春版往下试探，然后又推出定价为 999 元的红米抢占千元机市场。

目前小米各款手机的价格：小米 Note 顶配版 2999 元；小米 Note 标准版 2299 元；小米 4 为 1799 元；红米 Note 为 899；红米 2 为 699；红米 2A 为 599 元。(资料来源：冀勇庆《看小米手机的价格锚点：999、1999 和 2999 元》http://www.weste.net/2015/05-08/103255.html)

**案例分析：**小米手机的尾数定价策略有什么特点，是否能达到厂家所预期的效果？

## 二、价格调整的心理与行为策略

根据消费者对商品降价和提价的心理与行为反应，企业可以采用相应的降价和提价策略。

### (一)降价的心理策略

企业要达到预期的降价目的，应当注意了解消费者的心理与行为，准确把握降价时机和调整的方式。

#### 1. 企业降价条件

企业降价的条件大致有以下几点：生产成本下降后，为了扩大产品市场占有率，企业可以采取降价策略；市场上同类商品供过于求，经过努力仍然滞销时，企业可以考虑降价销售；当竞争激烈时，如果竞争对手采取降价措施，企业也应进行相应的调整，以保持较高的竞争能力；产品市场占有率出现下降趋势后，降价竞销是企业对抗竞争的一个有效办法；需求弹性较大的商品，提价后会失去大量顾客，总利润也将大幅度减少，相反，降价则会吸引大批顾客，实现规模生产和销售；商品陈旧落后时，企业应该降价销售，以收回占用资金；残损变质的商品更需要采取降价措施，最大限度地减少现有损失。

#### 2. 低价调整的时机

确定何时降价是调价策略的一个难点，通常要综合考虑企业实力、产品在市场生命周期所处的阶段、销售季节、消费者对产品的态度等因素。比如，进入衰退期的产品，由于消费者失去了消费兴趣，需求弹性变大、产品逐渐被市场淘汰，为了吸引对价格比较敏感的购买者和低收入需求者，维持一定的销量，降价就可能是唯一的选择。由于影响降价的因素较多，企业决策者必须审慎分析和判断，并根据降价的原因选择适当的时机，制定最优的降价策略。

一般认为，日用消耗品可不定期地进行低价调整，如洗化产品，食品等；季节性较强的产品可选择节令相交之时进行低价调整；弹性较小的产品可不定期进行低价调整，如超市的时令新鲜果品蔬菜，经常从高价到低价进行一次调整，防止因新鲜果蔬商品品质下降而造成经济损失；与节日相吻合的产品可选择节日的前后进行低价调整；时尚和新潮的商品，进入模仿阶段后期就应降价；接近过期的产品、滞销品，要在最短的时间内低价调整销售。

#### 3. 低价调整的方式

降价最直截了当的方式是将企业产品的目录价格或标价绝对下降，即产品价格明降；但企业更多的是采用各种折扣形式来降低价格，即产品价格暗降。如数量折扣、现金折扣、回扣和津贴等形式。此外，变相的降价形式还有：赠送样品和优惠券，实行有奖销售；给中间商提取推销奖金；允许顾客分期付款；赊销；免费或优惠送货上门、技术培训、维修咨询；提高产品质量，改进产品性能，增加产品用途。由于这些方式具有较强的灵活性，在市场环境变化的时候，即使取消也不会引起消费者太大的反感，同时又是一种促销策略，因此在现代经营活动中运用越来越广泛。

应当注意的是，商品降价不能过于频繁，否则会造成消费者对降价的心理预期，或者对商品正常价格产生不信任感。降价幅度要适宜，应以吸引消费者购买为目的，幅度太小不能刺激消费者的购买欲望；幅度过大则企业可能亏本，或者引起消费者对商品质量的怀疑。

**【案例 9-7】奥克斯空调降价策略分析**

2003 年 4 月，空调行业有黑马之称的奥克斯空调宣布：从 4 月 10 日起，其 60 余款主力机型将全线降价 30%。按照奥克斯公布的价格，目前在消费市场占 90%份额的 1p、1.5p 挂机降价了 1700 元以下，2p 柜机也降到 2000 元以下，对比市场上的售价，奥克斯打出的价格比几大传统老品牌同等机型价格要低 30%以上。一向以价格杀手著称的奥克斯空调此次降价似乎没有什么悬念。为了实现自己的目标自 2000 年以来，奥克斯就一匹黑马的身份频频挑起价格战。在空调行业的竞争中实力本不太强的奥克斯不断举起价格大旗以对抗强有力的竞争对手如美的、格力、海尔、LG 等。我们不禁要问：奥克斯发动空调价格战的优势在哪里？

空调行业经过多年的发展，出现了两个极端：高质高价和低质低价。高质当然是消费者所推崇的，但是高昂的价格使得消费者望而却步，只能望“价”兴叹。低价纵然是大势所趋，但低劣的质量似乎有点不尽人意。空调行业鱼龙混杂的状态，影响着空调行业的健康发展。奥克斯走出了一条优质平价的“民”牌路线，采取优质平价的超值战略符合消费者的心理和需求。(资料来源：http://study.qmvip.com/198/93782.html《奥克斯空调价格策略分析》)

**案例分析：**价格战的发动是企业综合能力的体现，是综合分析企业成本、公司目标、竞争对手定价和消费者行为的条件下所制定的策略，只有当几大部分成熟时，价格战的发动才有可能取得预期的效果。奥克斯空调发动价格战与其区隔的产品定位——中低端(优质平价)定位是分不开的。消费者最需要的、最受欢迎的当数优质平价的空调产品。采取优质平价的超值战略符合消费者的心理和需求，这才是其取胜的关键。

### (二)提价的心理与行为策略

一般来说，提价确实能够增加企业的利润率，但却会引起竞争力下降、商品价格的提高会对消费者利益造成损失，引起消费者的不满。消费者对产品提价一般持观望、等待态度，在短期内不会实施购买行为。消费者的不满、经销商的抱怨，甚至还会受到政府的干

预和同行的指责，这些都会对企业产生不利影响。虽然如此，在实际中仍然存在着较多的提价现象。

### 1. 企业提价的条件

企业提价的条件一般有以下几条：大多数企业因成本费用增加而产生提价意向时，企业可以适当提高产品价格；当市场上商品供不应求时，企业在不影响消费需求的前提下可以采取提价措施；需求弹性较小的商品，由于代用品较少，企业适当提价不但不会引起销售的剧烈变化，还可以促进商品利润的提高和总利润的扩大；当企业改进生产技术，增加产品功能，加强售后服务时，可以在广告宣传的辅助下，以与增加费用相适应的幅度提高产品价格；市场上品牌信誉卓著的产品，如果原定价格水平较低，可考虑适度调价。

### 2. 提价的时机

应准确把握商品提价的时机：产品进入成长期；季节性商品达到销售旺季；一般商品在销售淡季；商品在市场上处于优势地位；竞争对手提价。

### 3. 高价调整的方式

产品价格明涨，即直接把产品价格调高；产品价格暗涨，即在不改变原产品价格的基础上，减少附加产品、取消优惠条件，如减少部分出品的功能或产品服务，降低产品折扣、折让的幅度，减少部分产品的重复包装等。

那些因商品价值增加而造成的商品提价，企业要尽量降低其幅度，同时要努力改善经营管理，减少费用开支，尽量让利于民。属于因商品短缺、供不应求而造成的商品提价，企业要在遵守国家政策的前提下，从维护消费者利益出发，积极发掘商品货源，努力减轻消费者的负担，在充分考虑到消费者心理承受能力的前提下，适当提高商品价格。切忌利用供求紧张的机会，大幅度提价，引起消费者的不满。属于国家政策需要而提高商品价格，企业要多做宣传解释工作，尽快消除消费者的不满情绪，同时积极做好替代商品的经营，更好地满足消费者的需求。对于那些属于供货渠道、进货环节而造成的商品提价，企业要积极说明原因，并热情周到地做好消费者的服务，以取得消费者的信任和谅解。属于企业为获利而提高销售价格，严格地说，是应该禁止的。如果是征得了上级主管部门的同意，也必须搞好销售服务，努力改善售货环境，增加服务项目，要靠良好的商店声誉来适量提价，应使消费者切实感到此商店买东西，虽然贵些，但心情舒畅，钱花得值。

应当注意的是，提价幅度不宜过大，速度不宜太快，否则会失去大批消费者。提价幅度要有统一的标准，一般视消费者对价格的心理承受能力而定。为使消费者接受上涨的价格，企业还应做好宣传解释工作，组织替代品的销售，提供热情周到的服务，尽量减少消费者的损失等，以求消费者的理解和支持。

总之，消费者对价格的心理与行为反应是纷繁多样的，企业应针对不同商品、不同消费者群体的实际情况，在明确消费者心理与行为变化的趋势下，采取切实可行的定价和调价策略，以保证企业营销活动的成功。

**【案例 9-8】西门子欲实施涨价市场策略**

从 2005 年 1 月起，西门子家电产品全线涨价 3%—5%。“如果把损失产品品质作为价格战的代价，家电业的未来将成为泡影。”在中国家电市场上，“价格战”是一个提及率很高的词。很多企业希望通过降低价格的方式扩大市场占有率，扩大生产规模，从而进一步降低成本，如此循环不已。但是，虽然西门子家电近年来也在不断地扩大规模，但价格一直维持平稳，这曾经被不少业内人士称奇。

在追求行业平均利润的过程中，企业要不断地推出新产品，运用新科技来满足市场的需求，要在研发方面不断地投入，“这才是真正的市场行为。”以降价来扩大市场占有率赢得的是一种短期利益，西门子会生产不同的产品满足消费者不同的需求，但不会因应部分消费者对低价产品的需求而去生产低价质劣的产品。“不是没有能力生产出最低价格的产品，而是因为西门子的竞争策略是倡导消费、引导需求，坚持走技术路线。”(资料来源：http://study.qmvip.com/198/93783.html《西门子欲实施涨价市场策略》)

**案例分析：**以损失起码利润为代价的价格战已经使家电业的竞争步入了恶性循环，最终失去的，将是企业长期树立起的品牌和市场的信任。在中国家电市场有着举足轻重地位的西门子家电此次涨价之举，必然引起众多家电企业的思考，进而引发市场变局。

# 本 章 小 结

商品价格的心理功能有商品价值认识功能、自我意识的比拟功能、调节需求的功能。消费者价格心理有消费者的习惯性心理特征、消费者的敏感性心理特征、消费者的倾向性心理特征、消费者的感受性心理特征。当企业进行价格变动的时候，必须关注消费者对价格调整的反应，包括消费者对价格变动的直观反应和消费者对价格变动的理性反应。消费者对价格变动的直观反应又包括消费者对原产品低价调整的反应，消费者对原产品提价调整的反应两方面。

价格阈限是指消费者心理上所能接受的价格界线，即所谓的绝对价格阈限。绝对价格阈限可分为上绝对阈限和下绝对阈限两种。即使商品的两种价格在客观上不一样，但不能假定消费者实际上知觉的价格也不同。据有关研究，只有当价格差别达到某一定水平时，消费者才能知觉到两种价格刺激之间的差别，即差别价格阈限。

针对消费者的价格心理与行为，商品定价的心理与行为策略主要有撇脂定价策略、渗透定价策略、声望定价策略、零头定价策略、整数定价策略、习惯定价策略、招徕定价策略、折价定价策略、折让定价策略、分级定价策略。企业调整商品的价格也要遵循消费者的心理与行为反应，商品降价时要做到降价的幅度要适宜、准确地选择降价时机，提价时

应充分考虑消费者的心理与行为承受能力，严格控制提价幅度，不能造成对消费者的伤害，引起消费者的不满。

## 自 测 题

1. 格的心理功能有哪些？
2. 简述消费者的价格心理与行为特征。
3. 变动价格会影响消费者哪些心理与行为反应，原因是什么？
4. 商品定价的心理与行为策略有哪些？
5. 商品调价的心理与行为策略有哪些？

## 案 例 分 析

### 低成本定位—美国西南航空成功的秘诀

“9·11 事件”及经济衰退使美国航空业遭受了沉重打击，众多航空公司收入锐减，亏损猛增，裁员不断。2001 年，美洲和联合两家美国航空公司创下了亏损 38 亿美元的最高记录。然而，在同样严峻的条件下，美国西南航空公司却仍保持着盈利记录。在被认为经营环境最为恶劣的 2001 年第 4 季度，西南航空毛利润为 2.46 亿美元，净利润 6350 万美元；2002 年 2 月，公司正式宣布今年计划新招聘 4000 名员工，这与美国各大航空公司 2001 年裁员达 10 万人的记录形成了明显对比。长期以来，西南航空一直在美国航空行业独领风骚。有关记录显示，西南航空自从 1973 年公司首次盈利以来就一直保持着良好记录，至今已有 29 年，其中有 9 年的利润都比上一年度有所增长。无论是在机票价格战或经济衰退的年份，还是在遇到石油危机或其他意想不到的灾难之时，西南航空都没有亏过一分钱。

西南航空成立之初主要经营得克萨斯州内的短途航线，后来逐步开通美国州际航班，业务范围扩展到美国 30 个州的 58 个城市。西南航空目前约有 85%的航班飞行时间少于 2 小时，飞行距离少于 750 英里，其目的地多为不太拥挤的机场，这样可以减少机场使用费。此外，西南航空还通过不提供饮食等多种方式降低成本，并且通过提高飞机使用率来最大限度地获得利润。为节省费用，西南航空开业初期就采取了一些与众不同的经营方式：一是公司不设立专门的机修后勤部门，所有机修包给专业机修公司。二是使用单一机型，全部采用波音 737 机型，以适应西南航空市场定位的需要，同时节约了飞机维修费用。三是视飞机为公共汽车，不设头等舱，全部皮座椅，登机不对号入座，以此满足乘客有急于上机的心理，缩减等候乘客的误点率。这样一来，西南航空的登机和下机时间只有 20 分钟，明显提高了飞机使用率。西南航空公司的登机等候时间比其他各大航空公司要短半个小时左右，而等候领取托运行李的时间也要快10分钟左右。这样，西南航空公司的飞机日利用率30年来一直名列全美航空公司之首，每架飞机一天平均有12小时在天上飞行。此外，西南航空主要经营短途航班，其飞行计划是全行业最简单的，班机从一个城市飞到另一个城市，不像其他大型航空公司那样将飞机集中飞到某个航空中心然后再从该中心起飞。西南航空现有358架飞机，以非常复杂但安排紧凑的时间表在全美飞来飞去，飞机利用率在全行业中是数一数二的。所有这一切使西南航空每天都能让更多的飞机投入运营，吸引更多的乘客，从而能够大大降低运营成本和有能力与竞争对手展开低价竞争。西南航空以向顾客提供最便宜的机票而著称，比如从纳什维尔到新奥尔良的单程机票只要56美元，而其他航空公司的同等票价却要100美元甚至更高。正是由于这种薄利多销的经营战略，使西南航空成为美国经营最好的航空公司。

据美国运输部统计，美国航空业90%的价格战都是由西南航空发起的。面对西南航空的低价竞争，其他航空公司也采取了多种应对手段，如向乘客送食品券、宝丽来相机以及各种各样的纪念品等。有的则提供各种机票优惠，甚至向乘客免费赠送机票。然而，在价格竞争中，西南航空往往是胜者。因为在实施低价竞争战略时，西南航空并非一味硬拼价格，而是采取一些奇招，让对手难以招架。西南航空投入运营后不久，就与布兰尼夫航空公司展开了一场激烈的票价大战。有一段时间，布兰尼夫航空将其从休斯敦到达拉斯的单程机票从26美元打对折至13美元。西南航空的应对之策是让乘客自己进行选择：购票时可以付13美元，也可以付26美元，但同时免费获得一瓶威士忌酒。由于美国的公务旅行者数量不少，这部分人乘飞机不用自己购票又可白得一瓶威士忌酒，当然求之不得。结果西南航空吸引了不少乘客，也因此在当时成为得州最大的威士忌酒批发商。

低价竞争并非无限度。西南航空董事长凯莱赫始终认为，如果过度地低价竞争，则最终会导致赔钱，因此应该赶快放手，绝不可意气用事，更不能让自负情绪蒙住自己的眼睛。西南航空公司还避免与各大航空公司正面交手，专门寻找被忽略的国内潜在市场。在《北美自由贸易协定》签署后，人们普遍认为总部位于得克萨斯州的西南航空公司最有条件开辟墨西哥航线，但最终，西南航空公司还是抵御了这一“诱惑”。西南航空公司遵循“中型城市、非中枢机场”的原则，在一些公司认为“不经济”的航线上，以“低票价、高密度、高质量”的手段开辟和培养新客源，取得了巨大成功。

**问题：**

1. 西南航空公司为什么能在美国航空业处于危机之中仍保持盈利？

2. 结合我国实际，说一说“价格大战”是不是在任何行业、对任何产品都屡试不爽，都能获得成功？

# 阅读资料

## 房地产价格的心理策略

在形形色色的价格策略应用中，利用楼盘本身的条件，结合消费者的心理定价作组合，并根据销售进程的变化巧妙地对价格进行调整，这样的价格策略可称之为“心理定价突破法”，是房地产价格策略组合中比较常用而且杀伤力较强的一种方法。

应用之一：顺着走，突破心理价格障碍，创造销售势能

一般情形下，任何消费者在购买一件商品特别是价值较高的商品以前，都会有意无意地通过种种信息渠道得到有关此类商品的一些信息(包括价格、规格、质量等)，然后根据这些信息及对于这件商品的直观了解，在心里先衡量这个东西到底值多少钱。这个价格就是我们常说的心理价格。

“势能”原本是物理学中的概念，指物体因处于一定高度而具备的能量。销售势能指消费者对其所购买的商品所感觉到的心理价格与实际价格之间的差距。消费群心理价格比实际价格高得越多，由此引发的销售势能就越大，销售速度与销售数量都会得到很大的提升。

案例一：成功运用价格策略的典范

在广州市工业大道南端有一著名的金碧花园，自1997年秋推入市场后，声誉鹊起，以自己独特的价格策略运用，成为广州市房地产营销策略的典范。

从进入市场的最初期开始，开发商及策划者们对于楼盘价格竞争的特殊性就有了一个清醒的认识。首先，房地产的价格与区域概念是紧密相连的，不同地理区域除了有实际价格的差异外，在心理价格上，往往也有较大差异；其次，房地产属于特殊的高价商品，只有在大幅度调整价格的情形下，价格才可能成为销售过程中决定性的“杀手锏”；再次，个体购买过程中往往存在一个“比较价格”的问题，即消费者对于楼盘的价格，除了会拿来和自己原有的心理价格作比较外，还会货比三家，与同区域其他楼盘的价格做比较。如果一个楼盘希望在价格上做文章，只低于“比较价格”是不够的，最好是远低于心理价格。实际价格与心理价格二者之间差距拉得越大，就越有可能创造更大的势能，释放出来后引起势不可挡的销售风暴。基于以上的认识，开发商及策划者们制订了一整套的价格策略：

首期推出在1997年8月初，通过市场调查获知，工业大道南端区域内楼盘均价在4000～4500元之间，而消费群对此区域心理定价在3600～4000元左右。金碧花园针对性地以3000元均价一口气推出12万平方米现楼，同时提出“六个一流”和“八个当年，一定实现”的目标，造成了市场轰动，吸引了大量买家排队购买，很快将楼盘销售一空，而且获取了极高的市场知名度。

第二期在1998年6月初推出，以最低价2500元，最高价4000元，均价3500元推入

市场。此时，前期资金的快速回笼使得金碧花园在绿化环境、配套等规划上有能力做得更为大胆、更为出色，有力地增强了买家的信心，并强化了心理价位。第二期售价虽然比第一期稍贵，但仍低于比较价格与心理价格，加上第一期销售势能尚未完全释放完毕，因此第二期推出后，再次产生强烈的市场效应，不但在正式发售日一口气将 256 套现楼售卖一空，而且使金碧花园的市场地位空前牢固、强大。1998 年 9 月，金碧花园趁热打铁，一口气以均价 4000 元推出 1000 多套高层单位。此时，金碧花园已聚集了很旺的人气，形成了强大的品牌影响力，并在消费者中形成了一个忠实的“追捧群”。此时，4000 元均价与周围楼盘价格虽然相近，因其品牌影响力、小区配套的不断地完善，提升了金碧花园的档次和心理价位，所以 4000 元的均价仍然形成了相当强的价格势能，进入市场后，销售业绩不凡。

由这个案例我们可以分析出，系统地有节奏地规划价格策略，特别是以“突破心理价位”障碍为主导的策略运用，即便是在大市看跌、竞争激烈的情形下，也能形成强大的销售势能，创造非凡的销售业绩。

应用之二：倒着走，提升心理价格，积聚销售势能

这同样是一条通过巧妙价格策略，获得销售势能的妙招，即：通过实际调查获取楼盘大致心理定价后，不是急于压低楼盘实际销售价，而是通过科学的小区规划、一流的设计装修、完美的管理配套等举措，以一种主动的姿态提升楼盘在消费群中的“心理价格”，从而逐渐拉开心理价格与实际售价的差距，积聚起销售势能。这两种价格策略同样是在实际售价与心理价格之间的差距上做文章，与前面的做法有异曲同工之妙。

其实，一些高素质的楼盘在进入市场后，即便实际售价略高于比较价格或心理价格，市场仍是可以接受的，但其销售速度一定会受到相当大的影响。偏偏房地产经营的绩效就在于资本运营的效率，加上房地产市场瞬息万变，因此，提升销售速度，以快打慢，做好资金回笼工作便成为地产项目成败的关键因素之一。在大市看跌、竞争激烈的状态下，巧妙运用价格策略也就顺理成章了。

案例二：积聚价格势能，销售水到渠成

1997、1998 年间，“锦城现象”一直是广州房地产行业内外都十分关注的热门话题。几度发售，锦城花园都引来了滚滚“买家潮”，销售热浪一波强过一波，在整个大势趋于疲软的状态下，取得了令无数开发商眼红心热的销售业绩。而令人津津乐道的关键成功因素，应该是开发商对价格策略的巧妙运用，即：“提升心理价位，积聚销售势能”，迅速占领市场制高点。

锦城花园推入市场的时候，别墅豪宅一类的楼盘销售正处于一片萧条的困境，偏偏锦城花园又是作为新一代的豪宅推向市场的，其销售阻力可想而知。如果没有好的营销方式作指引，一着不慎就可能满盘皆输。为此，开发商确定了以上述的价格策略作为营销指引后，在项目设计、规划配套和推广手法上下了很多功夫，力图由此抬高锦城花园在消费者心目中的心理价位，然后以远低于心理价格的实际售价推出，以形成巨大的销售势能，从

而使销售水到渠成。

针对如何提高消费者心理价位的问题，开发商做了大量的工作：

第一，楼盘的设计独特且具超前意识，内部典雅大气，外形华美富丽，兼具古典与现代美；第二，环境与配套上，小区绿化率超过20%，楼宇都环绕中心花园而建，绿意盎然，环境优雅。小区内商场、小学、生活娱乐设施一应俱全；第三，现代化的物业管理，使小区内不但提供完备的硬件保障设施，而且拥有一支现代化、高水准的物业管理队伍，为业主提供全方位、全天候服务；第四，品牌形象包装上，力图使小区成为21世纪都市家居生活的典范，在买家心中形成良好的印象。

通过各种手段，在正式入市前，开发商已经不声不响地将小区素质提升到了一个非常高的档次，根据对买家心理价格的调查，大家都认为锦城花园价格完全有可能达到每平方米1万元以上。不料，就在大家没有一点思想准备的情形下，开发商冷不防抛出一个每平方米7500元均价的低价位，与心理价格之间的差距达到3000元以上。一时间，锦城花园售楼部被潮水般拥来的买家挤得水泄不通，一连几次发售，都在几天内将所有单位全部卖完，在当时波澜不惊的豪宅市场上掀起了几波巨浪。尽管后来锦城花园几次提价，但销售业绩一直独占鳌头。

在应用这种价格策略的时候，由于开发商是主动出击，通过一点一滴的前期投入来积聚价格势能，创造销售奇迹，所以在最终利润的攫取和市场主动性的把握上，有更大的控制力度。但这对开发商的实力与耐心，也是一个严峻的考验，毕竟，为提升消费者心理价位所做的努力和资源投入，不是每个开发商都能承担的。

随着房地产市场的进一步规范化，开发商们将不得不面对"微利时代"的来临，价格策略运用将显得更为重要。消费群对于房地产价格的心理定位，是一道开发商们必须要突破的障碍。是"顺着走"，突破心理价格障碍以创造销售势能呢，还是"倒着走"，绕过价格心理障碍，以积聚销售势能，开发商可根据自己的综合实力及市场状况做出甄选。但运作的核心是一定要记住的，那就是不管走哪条路，都应将心理价位与现实价位的距离尽量拉大，以形成强大的销售价格势能，然后通过配套建设、品牌推广等举措保证其释放的安全性，再行引爆，便能形成巨大的销售推动力。(资料来源：《销售与市场》2000年第3期赵智敏《房地产价格的心理策略》)

# 第十章

# 营业场景与消费心理及行为

**学习目标：** 通过本章的学习，认识到营业环境的重要性，掌握营业场所外部环境与消费心理行为间的关系；掌握营业场所内部环境与消费心理及行为间的关系。

**关键概念：** 营业场景(market scene)　招牌(advertisement)　商品陈列(commodity exhibition)

**引导案例：**

**余萌为什么喜欢逛商场**

余萌是典型的逛街一族。她喜欢逛商场，每逢周末，只要没有其他的事情，逛街总是她的首选。她最喜欢去的商场是太平洋百货，因为她喜欢那里的风格，名牌林立，淡雅的色彩，背景舒缓的轻音乐，空气中弥散的沁人心脾的香味，售货员化了妆的青春的面容，还有许多从身边走过、打扮入时的女孩子，从她们身上，她可以轻而易举地知道今年流行什么样的鞋子，什么样的长裤，还有裙子的长短、款式，这为她如何装扮自己提供了很好的参考……她并不是每次都会买东西，但即使是闲逛，她也喜欢待在这里，因为她觉得置身这样的环境中，就是一种享受。无论她有多疲惫，或是心情有多糟，只要一跨进商场的大门，她就会立刻精神焕发、力量倍增。连她自己也不知道这股神奇的力量从何而来。在越来越多的都市女性把逛商场作为休闲、享受的一种方式的时候，一个好的购物环境会给消费者留下美好的印象，吸引消费者流连忘返，引起消费者的购买欲望，进而影响其购买行为。因此，研究购物环境场所的内外环境对消费心理的影响，是消费心理学所要研究的一个重要的问题。(资料来源：李晓霞、刘剑主编的《消费心理学》，清华大学出版社。)

消费者通常在一定的购物场所或环境中实现购买行为，购物环境的优劣对消费者购买过程中的心理感受和购买行为具有多方面的影响。在营销活动中，一个好的购物环境会给消费者留下美好的第一印象，引起消费者的购买欲望，进而影响其购买行为。因此，研究购物环境及其对消费心理与行为的影响，是非常必要的。

# 第一节　营业场所外部环境与消费心理及行为

## 一、周边环境对消费心理与行为的影响

营业场所的周边营业环境主要影响消费者对营业场所的认识，也会影响消费者购物的便利程度。像营业场所周围的商业气氛、交通情况、距离消费者的地理距离等都和对消费者购买心理及行为产生影响。

### 1. 购买便捷的心理

购买便捷主要取决于交通条件。公共交通条件无疑是影响营业环境最重要的外部因素。交通条件越方便，消费者购买商品越方便；交通条件越差，消费者购买商品的难度越大。当前，很多经营单位已为购买大件商品的顾客提供了免费送货上门的服务，但是经营单位要为所有的顾客解决商品运输问题较为困难。所以营业场所的选址要选择交通比较便捷、进出道路比较畅通、商品运输安全省时、主要顾客购买路程不远或乘坐公共汽车站数不多且不必换车的地方。对于拥有自己交通工具的消费者，营业场所还要考虑向他们提供存放交通工具的场地。这样才能够吸引更多的消费者前来购物消费。

### 2. 商场集聚效应

消费者购物行为付出的成本除了金钱以外，还有其他的，如时间和精力成本。当消费者在一处购物时，他可能希望就在附近不远处消费其他的商品，实现一站式的购物，节约一次出门消费的时间和精力成本。而像商店林立的商业街，由于商家聚集，就能够满足顾客上述的消费心理和行为，容易形成一个规模大、密度高的顾客群，商业经营中具有明显的“马太效应”。很多顾客有浓厚的从众心理，人越多，认为商品越吸引人，购买兴趣就越高。但营业环境形成马太效应的条件，一般是这些营业单位的地理位置接近、营业性质比较接近或者相互兼容，消费者才有可能在这个营业圈内保持持续消费的动机。所以，人口密集、商家聚集是设置营业场所理想的区域。营业场所选址首先要了解人口是否密集，顾客人数是否足以形成市场，规模性的目标顾客群是否存在。

**【案例 10-1】　万客隆的选址策略**

万客隆创办于 1968 年，是世界著名的零售集团之一，主要是采用会员制销售。万客隆在荷兰语中是“Makr.”，本意是“宏大”、“远大”，它也是世界上第一家仓储商店。1997 年万客隆被麦德龙集团收购，欧洲的万客隆全部改名为麦德龙。

万客隆于 1996 年进入中国大陆。1996 年 9 月 29 日，由泰国正大集团、荷兰万客隆和广州佳境公司三家共同投资兴建的正大万客隆佳境仓储商店在广州三元里开业。1997 年 11

月 8 日，由中国中土畜产品进出口总公司、荷兰万客隆和中国台湾丰群投资公司三家合资经营的北京万客隆也正式开业。1998 年 12 月 11 日，万客隆在北京的第二家店——酒仙桥店开业，该店营业面积 1 万多 $m^2$，商品品种约 14 000 种，并配有可容纳 500 多辆汽车的大型免费停车场。截至 2001 年 6 月底，万客隆在中国共有 5 家店开张。

万客隆作为仓储商店的最早创建者，在中国的选址策略有其独到之处。国外传统的仓储式商场选址通常在租金低廉的城乡接合部，这是以发达国家交通便利、私家车普及为前提条件的。但是在中国，万客隆并没有选择这种传统的选址方式。因为中国的国情不同于西方发达国家，简单照搬外国经验肯定行不通。

万客隆认为，在中国开仓储式商场选址既不能太偏，又不能在繁华的闹市区。闹市区固然客流量大，但地价也昂贵，成本过大，不符合万客隆这样的仓储商场的经营模式。万客隆在北京的第一家店选在了洋桥地区。尽管南城是北京历史上消费水平较低的地区，并远离市中心繁华地带，但随着北京市老城区改造的深入，众多的拆迁户会逐渐迁到远离闹市的郊区。而洋桥地区已发展得颇具规模了，交通的便利，克服了由于地方远，必须有汽车购物的弊端。

从万客隆在全球的选址策略来看，有一条选址原则是尽量选在城市边缘的高速公路附近。万客隆在北京的第二家店(酒仙桥店)和未来的第三家店(大钟寺地区)，由于有机场高速公路和京昌高速公路，交通更加便利，这也迎合了北京汽车家庭化的趋势。如果第三家店开业成功，在北京的万客隆就构成了一个等边三角形的形状，这是城市销售连锁的稳定状态。万客隆的另一选址策略，即注意商场的辐射作用及商圈战略。以广州正大万客隆为例，该店建在广州三元里地区绝非偶然。除了地价因素外，广东省作为我国改革开放的龙头，经济发展在全国是首屈一指的，当地的购买力非常强，广州市的人均年消费在万元以上(1997 年统计数据)，加之广州是全国陆路交通的中心，公路四通八达，将万客隆设在广州三元里地区不仅对广州市民具有吸引力，对广州市周边地区消费者也具有吸引力。这就产生了“万客隆商圈”。由于广州以北地区的经济相对落后，目标顾客相对较少，所以这一“万客隆商圈”是呈扇形的，绝大多数的目标顾客在广州市及其以南地区。该商圈又分成 3 个层次，其核心商圈是广州地区，次级商圈包括广州、周边地区的花都、南海、佛山等地，边缘商圈涉及顺德、番禺、东莞等地。这一商圈的形成大大超过了辐射方圆 5km 的范围，为万客隆的知名度打下了基础。北京第一家万客隆洋桥店也是辐射作用和商圈战略的体现。洋桥店的顾客除了北京市顾客之外，郊区的门头沟区、房山区，河北省的廊坊、涿州都有客人光顾。万客隆的设店投资，不像其他商家那样追求廉价地租，而是采取购买土地使用权的方式。这样做，虽然一次性投资较大，看起来是增大了成本，不易尽快收回投资，但实际上，这样有两方面因素对于投资商更为有利:

(1) 一次性投资完毕后，必然省去了今后每年的土地租金，对投资各方的实力是很好的检验，并且省去了今后的再投资。从企业长远发展考虑，尤其在我国，这样做可以避免投资商的短期行为。

(2) 万客隆投资的重点基本上为发展中国家的大中城市，选址的地段都是很有发展前途的。各地的地价上扬，几乎是无可争议的事实。若是用租地方式，租金的多少几乎是每年谈判的惯例，这必然会耗费相当的人力、物力、财力，并且不稳定；而买地投资，谈判只需一次，省人省力不说，今后地价上涨，就会增加固定资产，即降低经营成本。即使万客隆将来不在此地开店，仅仅靠土地出让的手段，它也不会亏本。(资料来源：http://www.docin.com)

**案例分析：**万客隆的选址遵循了交通便利和商场聚集效应的原则，使得它顺利地打开了中国市场，它的具体做法对国内的相关企业具有重要的借鉴作用。

## 二、营业场所的建筑影响

营业场所的建筑是企业的营销要素之一，是企业进行营销活动不可缺少的物质设施条件。建筑，主要是指商业企业营销场所，包括出售商品和对顾客进行服务的营业场所；保管商品和进行出售前准备工作的辅助场所；企业行政管理人员执行管理职能的行政办公场所，以及职工的活动场所等。

营业场所的建筑如何，直接关系商品实体运动的畅通和效率，也直接关系商品使用价值的保持状况是否完好无损，更关系消费者是否愿意经常惠顾。对营业场所的建筑进行科学决策和合理使用，对于美化环境，改善营销人员的劳动条件，提高劳动效率，加快商品出售过程，提高服务质量，吸引更多的消费者前来购买，提高企业营销效益，有着十分重要的作用。商店建筑的基本要求是：适用、坚固、经济、美观。

### 1. 适用

适用是指营业场所的建筑和设计应最大限度地满足为广大消费者服务的需要。一个营业场所的建筑和设计，从采光到通风都必须适应最合理布置营业现场的要求，这样，既便于消费者参观和选购商品，又可为职工创造良好的劳动环境。当然，在不同的经济发展水平的条件下，不同规模的营业场所建筑和设计的适用标准有所不同，各种类型营业场所在建筑和设计上也存在着较大的差异。

### 2. 坚固

坚固和适用是一致的。因为营业场所的建筑和设计如果不坚固，就达不到适用的要求，而坚固的标准是按照适用的要求来确定的。所以，坚固是适用的一个不可分割的方面，与适用是密切联系的。

### 3. 经济

营业场所的建筑和设计，还必须符合经济原则。经济，是指在建筑和设计中花钱要少，收到的效果要大。当然，不同类型营业场所的建筑和设计，应该有不同的建筑标准和设计的规格，对经济合理的要求也不相同。

4. 美观

在适用、坚固、经济的条件下，营业场所的建筑和设计还要美观。营业场所的建筑和设计比一般建筑物更要注意美观。因为一个营业场所的外观造型、建筑形象、各个部分是否保持一定的比例，是否均衡对称，色彩是否协调等等，都会给消费者以不同的感觉。一座好的建筑会给人们以美的、协调的、生气蓬勃的感觉，从而能在消费者心中产生一种好的印象，吸引消费者前来购买，有利于扩大销售。同时，营业场所建筑设计的美观与否，不仅直接反映国家基本建设、建筑业的发展水平、市政建设水平，而且也反映人民的生活面貌和精神面貌。

## 三、营业场所的门面装潢

门面装饰就像人的脸一样重要，美好的面孔使人越看越喜欢。招牌和门联是加强消费者对营业场所印象的主要门面装饰。

1. 门联

我国的商业门面装饰自古以来就有悠久的历史，常常利用精练的对联作门面装饰，以给消费者以美好的第一印象。“客上天然居，居然天上客”，天然居是北京海淀区的一个餐馆，对联的上句较为通俗易懂，而对联的下句用了一个极有震撼性回文句式，把上一句的每一个字从尾向头倒过来，“居然天上客”充分体现了对用餐客人的尊敬。

2. 招牌

招牌是经营单位的名称及相应的装潢广告牌子。同一条街上，经营同一类商品的商店有很多，一般顾客是不记门牌号码的，但设计独特的商店标识与门面、橱窗摆放，广告宣传都能给消费者留下深刻的印象。

对对招牌来说首要的问题是命名。其实商店招牌的命名和商品命名在某些地方具有类似的地方。主要要做到以下几点。

1) 要鲜明、醒目和言简意赅，便于顾客识记

这里要避免字数过多，读起来拗口，名称意义费解、怪僻俗气。字迹醒目、规范，颜色对比突出。晚上可安装霓虹灯或灯箱，并迎向“人流”方向。

2) 要突出主营业务

有的酒店招牌上除企业名称外，把经营项目列出许多。其实顾客并不在意那些繁杂的项目，反而认为这是宣传广告手段，其结果，酒店的特色和主营项目被淡化了。

3) 名称要有行业特点，且寓意祥和温馨

如武汉的福庆和酒楼、祁万顺酒楼；北京的“全聚德”、沈阳经营川菜的“荣乐园”，

经营东北菜的“鹿鸣春”等。有的名称还体现企业经营风格，如武汉曾经有家饭馆起名为“好再来餐馆”，此名即表现店主的自信，又委婉地表达了对顾客邀请之情。好的名称既可给顾客留下深刻的记忆，也能调动顾客美好的情感，现在还有一种倾向，新式酒店多起洋名，如“拉斯维加”、“波顿”等。虽然它们适应部分顾客求新奇心理，但如果过滥，甚至，出现“拿破仑酒店”、“罗浮宫酒店”，则使人有媚“洋俗”之感。

**【案例 10-2】　果脯的销售**

20 世纪 90 年代初，许多外地人到北京总愿意买些果脯带回去馈赠亲友。由于当时果脯经营利润大，于是北方十三省一下子上了百十个果脯厂，而且全部把北京作为主攻市场。各果脯供应商为了打开市场，使出了五花八门的促销手段。在这场市场争夺战中，一直是北京果脯市场主要供应商的北京某公司采用了独特的方式。首先，他们把北京六大商场的果脯柜台更新为铝合金玻璃柜，既明亮又气派，商标醒目，文字简练清晰；接着，他们在两年内投资 40 万元，为北京的 30 家大中型商场装饰了 36 个专柜、64 个灯箱广告、20 多个防尘柜。随之而来的是，公司利润净增 840 万元，产出投入比为 21∶1。(资料来源：百度文库 http://wenku.baidu.com/)

**案例分析：**招牌和橱窗在产品销售中具有重要的作用，醒目明亮的商店标识、橱窗摆放及相应的广告宣传都能给消费者留下深刻的印象，对其购买心理与行为会产生积极的影响。

## 四、营业场所的橱窗

美轮美奂、特色吸引的橱窗设计，不但能令人驻足观赏，更能烘托出所售商品的卓越品质，有助于推销橱窗中所展示的货品。美观得体的橱窗设计能即时地提高顾客的购买欲望，是影响零售业绩的主要因素之一。戴比尔斯进行的调查结果显示，80%成功出售的钻戒都是顾客直接从橱窗中挑选出来的，这足以证明橱窗的促销作用不容忽视。

### 1. 橱窗的功能

1)　唤起消费者注意

随着新产品不断推向市场，商品品种越来越多，人们面对琳琅满目的商品，不免要眼花缭乱，视野被淹没在商品的海洋中。橱窗既是装饰商场店面的重要手段，也是商场直接向顾客推介商品的不可或缺的广告宣传形式。当一个人漫无目的地走在商业街上时，一个醒目的、色彩绚丽的橱窗很容易吸引住他的视线。

2)　引发消费者兴趣

经营者会根据消费者的兴趣，将流行的商品或新推广的商品摆在显眼的位置上，这不但能给消费者对商场所经营的商品产生一个整体的印象，还能给消费者以新鲜感和亲切感，从而引起消费者对商场的注意和对商品的兴趣。

3) 激发消费者的购买欲望

橱窗展示具有特殊的丰富表现手法，光线、色彩、造型手段全方位的运用，可以淋漓尽致地将商品的形象、性能、功用加以渲染，让人产生这是一种无与伦比的美妙商品的感受。注意和兴趣的积累，往往会逐渐形成一种欲望，想象中的自己也变成了画面中的主角，身临其境该有多么的潇洒自如，于是忍不住产生“心动不如行动”的焦虑，促使人们最终想要掏钱购买。

### 2. 橱窗的设计

经营者应该充分发挥橱窗对消费者心理和行为的积极影响，进行橱窗设计时应该注意做到以下几点：

(1) 突出主营商品，展示商品的特色。橱窗一般设在闹市马路两旁，过往的行人非常容易看到。人们透过橱窗便能一目了然地了解到商场经营的是哪些商品。如果这些商品能引起消费者的兴趣，消费者便会进入商场观察选购商品。为此，橱窗所陈列的商品一定要是企业的主营商品，具有鲜明的特色与自己的风格，这样，才能打动消费者的心。

(2) 注意橱窗的整体效果，给消费者统一协调的感觉。首先，橱窗的大小、位置及数量等要与商场的主体建筑相协调。一般小型商场设一至两个橱窗，大型商场则可设十几个至二十个。其次，橱窗本身的装饰性要高于建筑的装饰性，要使橱窗成为整个建筑外观中最醒目的部分。

(3) 运用现代技术，动静结合展示。橱窗在设计时，在费用支出经济的前提下，要尽可能地使原来静态的商品、模型活动起来，使展示的商品显得有生气，使之具有感染力与吸引力。当然，动态展示会增加费用支出，所以商场在确定展示方式时，具体应根据商品特点与商场的条件而定。

(4) 合理选择橱窗形式，迎合消费者的心理需求。橱窗按其建筑结构有：独立橱窗，即只有一面透明，其他侧露均呈封闭状态；透明橱窗，这种橱窗与商场的内部连为一体，可以使消费者直接看到售货现场，从而突出现场感，同时获得对商场外观和内部状况的整体感受；半透明橱窗，除正面外，侧面或背面也部分透明的；特写橱窗，这种橱窗通常只陈列一种商品，或虽有其他商品，但都处于从属地位，陈列它们的目的仅仅是为了烘托主要商品；分类橱窗，是把有连带性的、用途相同或相近的商品摆放在一起陈列，这种摆放易于引起消费者的联想，激发起潜在的购买欲望；综合橱窗，这类橱窗中什么样的商品都摆放，没有什么主次之分，所以很难取得艺术效果。在橱窗形式设计中，商场选择何种方式来陈列商品，应根据所陈列商品的特征、商场的整体结构布局、消费者的需要等因素综合考虑和选择。

【案例 10-3】 独具匠心的橱窗设计

橱窗的设计布置是许多著名的大商店非常重视的一件大事，特别是珠宝商家。美国最有名的珠宝公司“蒂菲尼”，它坐落在纽约第五大道最繁华的路段，大门外两侧墙壁的面积，足足有 12 幅宽银幕大，而它的橱窗却仅仅只有一个手提公文箱那么小，里面只摆了一件首饰，毫无疑问，墙壁与橱窗颜色的对比、情调、比例及格局，都是经过艺术家精心设计的。一种神秘感油然而生，过往行人都要驻足探秘。距此名店不远处还有一家家“劳伦泰勒”的高档珠宝礼品店，更是争奇斗艳，它的橱窗在每年的圣诞节前一个多月就蒙上了彩布，艺术家按其一年一度的设计方案，在里面精心布置，一周左右后，当圣诞节购物高潮开始时，在乐队的伴奏下，摄影师镁光灯的闪烁中，翘首期盼的观众的欢呼声里，橱窗帷幕徐徐拉开向人们显示，瞬间产生的轰动效果是令人惊奇的，报纸、杂志的记者争相报道这一橱窗的艺术丰姿。这种充满精心设计、创意独特的橱窗，营造了一种令人感觉到高档、雅致的营销环境和购物氛围，并且已经无形之中吸引了广大消费者的注意，起到了最好的广告效果。(资料来源：根据 2014 年全国高等教育自学考试《消费心理学》试卷相关内容改编。)

**案例分析：**橱窗会影响消费者的心理及行为，而对于首饰和珠宝等产品来说，橱窗对消费者的购买心理和行为具有更强的影响力，独具匠心的橱窗设计极大地激发了消费者的注意、好奇和好感，企业要善于利用橱窗来影响消费者的购买行为。

## 第二节　营业场所内部环境与消费心理及行为

就消费者心理而言，营业场景内部环境在整体购物环境中起到主导决定性的作用。理想的营业场景内部环境，应该尽可能地为顾客购物或消费提供方便，使顾客获得最大程度的满意，并且在顾客购物或消费后，还能吸引他再一次光顾这个场所，让他们把满意的体会转告给其他顾客，为这个营业场所传播美誉。要达到这样的效果，营业场所内部的总体环境对于吸引顾客并留下良好的印象具有十分重要的意义。营业场所内部环境是商场总体布局、内部建筑、设施、柜台摆放、装饰风格、色彩、照明、音响、空气质量等状况的综合体现。

【案例 10-4】 深受儿童喜爱的 D 品牌餐厅

D 品牌餐厅几乎成为全国儿童的乐园，店内窗明几净，餐桌椅色彩鲜艳，灯光柔和，儿童游戏区气氛热烈；店内 POP 广告和儿童音乐吸引儿童，那里有好吃的，更有好玩的，还可以举办生日庆祝活动，金黄色的 D 标志和笑容可掬的儿童形象大使，成为欢乐和美味的象征。(资料来源：作者根据相关资料整理)

**案例分析**：正是D品牌餐厅内部营业场景无论从布局、整洁度，还是色彩及背景音乐方面都迎合儿童的心理行为需求，D品牌餐厅才会深受儿童喜爱。

## 一、营业场所内部的整体布局

整体布局是指营业环境内部空间的总体规划和安排。良好的总体布局不仅方便顾客，减少麻烦，而且在视听等效果上给人们产生一定的美感享受，这是吸引回头顾客、保持顾客忠诚度的因素之一。总体布局的原则是视觉流畅、空间感舒畅、购物与消费方便、标识清楚明确、总体布局具有美感。

## 二、商品陈列

商品陈列是指柜台及货架上商品摆放的位置、搭配及整体表现形式。商品陈列是商场内部环境的核心内容，也是吸引消费者购买商品的重要因素。商品本身就是最好的广告，营业场所内商品丰富、陈列整洁美观、摆放醒目得体，都有利于商品的销售。消费者进入商店，最关心的自然是商品，商品陈列是否得当，往往影响消费者的购买心理。实践证明，商品陈列必须适应消费者的选择心理，习惯心理，并努力满足其求新、求美的心理要求。

**【案例10-5】 小儿感冒咳嗽药**

一顾客去药店买治疗小儿感冒咳嗽的药物，进药店后，看到左边是中草药柜橱，正面货架上有一些医疗器械，柜台里有一些药品。他近前看了看，没有他要买的药。经右走，经过一些成人药品后，他看到了治疗儿童感冒的药。柜台里摆放着3、4种儿童感冒用药，但药的使用说明、成分、功效等都看不到，而且价格标签也不分明。顾客问营业员这几种药的价格和功效，但营业员却回答说："这些药都治感冒，价格也都写着。"顾客又问有没有儿童用的咳嗽和抗菌药。营业员用手一指说："在那边"。顾客按指点来对面柜台靠近拐角处。柜台里有几种咳嗽用药，但没有抗菌消炎药。消炎药在其他柜台里。顾客看到药品拥挤地摆放着，很难看到它们的说明、功效、价格等。顾客想问营业员，但营业员正接待其他顾客，于是他就走出了药店。(资料来源：百度文库)

**案例分析**：顾客没有在该药店买药，正是该药店商品陈列上存在着问题：首先，商品陈列没有很好的分门别类；其次，没有把人们需要的信息有效地进行传递。而且营业员也不够热情，服务水平低下。

### 1. 商品陈列的心理与行为效应

1) 首应效应

优先效应是指人们常常对其最先接触到的事物形成较为深刻的印象，即先入为主的第一印象。因此商品陈列时，应使消费者一进门便能对商场的商品产生良好的第一印象，这样才能对消费者的购买行为产生积极的影响。优先效应有正负之分，商场应尽力提升正面

优先效应。

2) 近因效应

近因效应是指人们完成某项行为时，最后接触到的事物易给人们留下深刻的印象。近因效应也有正负之分。所以商场在出口处的商品陈列也十分重要，要尽可能地给消费者留下良好的印象，使消费者产生正向的近因效应。

3) 晕轮效应

晕轮效应是指人们常常会通过对某件事或某一事物的一个部分的印象来推断整体的心理与行为效应，即以点及面效应。如人们在认识客观事物时，对象物所具有的某些特征给人们留下影响很大，以致使人产生非常突出的印象或知觉，从而掩盖了对象物的其他特征。为此，商场商品陈列应注意晕轮效应对消费者的影响，力求局部的陈列能给消费者留下良好的印象。

### 2. 商品陈列的一般要求

为了能符合消费者的购买心理和行为特点，商品陈列应符合以下基本要求。

1) 商品陈列要能引起消费者的兴趣与注意

这就要求商品的陈列必须做到：要醒目；形象突出；要有美感。尤其是商店经营的主要商品，陈列时一定要吸引消费者的注意力，通过布置和其他陪衬的烘托能引起消费者的兴趣。

2) 商品陈列要给消费者以洁净、丰满的感觉

商品陈列不仅要讲究造型美观新颖，还要摆放整齐，错落有致，给消费者以品种齐全，数量充足、丰满的感觉。但又不能显得拥挤或杂乱。

3) 商品陈列要使消费者能一目了然

商品陈列要尽可能做到裸露摆放，同时要有价格，货号，产地，规格，性能，质量等级说明，便于消费者通过观看，触摸和比较，以增强对商品的感性认识。使消费者心明眼亮，可增强消费者对商店和商品的信任感和安全感。如果消费者不能直接看到或触摸商品，陈列中只有价格，而较少有其他说明，这样容易使消费者产生怀疑或不信任，导致购买欲望下降，转移或消失。其中 2/3 的购买决定是消费者在通道里做出的。如果商品陈列合理，可以增加 10%的冲动型购物。

### 3. 商品陈列的基本形式

不同的零售业，因其经营特点、出售商品和服务对象的不同，在商品陈列上也表现出不同的形成。总的来说，针对顾客的消费心理，商品的陈列可采用以下的方法。

1) 醒目陈列法

它是指商品摆放应力求醒目、突出，以便迅速引起消费者的注意的方法。为此应做到：

(1) 商品陈列的高度要适宜：通常，消费者走进商场要环视一下四周，以便对商场产

生一个整体的印象，而商品摆放的位置高低会直接影响消费者的视觉注意和感受范围及程度。瑞士专家塔尔乃教授认为，消费者进入商场后无意识展望的高度为 0.7～1.7 米，上下幅度为 1 米左右，与人视线约成 30° 角以内的物品最容易被消费者感受到。一般情况下，从人的腹部到头顶的高度范围是商品的最佳陈列位置。因此，商品摆放高度要根据商品的大小和消费者的视线、视角来综合考虑。一般讲，摆放高度应以 1～1.7 米为宜，与消费者的距离约为 2～5 米，视场宽度应保持在 3.3～8.2 米。在这个范围内摆放，可以提高商品的能视度，使消费者较易清晰地感知商品形象。

(2) 保持商品量感。量感是指陈列商品的数量要充足，给消费者以丰满、丰富的印象。量感可以使消费者产生有充分挑选余地的心理感受，进而激发购买欲望。

(3) 突出商品特点。商品的功能和特点是消费者关注并产生兴趣的中心点。将商品独有的优良性能、质量、款式、造型、包装等特性在陈列中突出出来，可以有效地刺激消费者的购买欲望。例如，把名牌和流行性商品摆放在显要位置；把多功能的商品摆放在消费者易于观察、触摸的位置；把款式新颖的商品摆放在最能吸引消费者视线的位置；把气味芬芳的商品摆放在最能引起消费者嗅觉感受的位置，都可以起到促进消费者购买的心理效应。

2) 裸露陈列法

裸露陈列法也称敞开陈列法。目前，超市的绝大多数商品和百货商场的部分商品采用此种方法。这种陈列方法允许消费者直接接触商品，以便消费者亲自检验商品的质量、功能与使用效果等。裸露陈列法适用于普通日用商品或大件耐用消费品。如服装、化妆品、袋装罐装食品、大件家用电器、家具等商品，而不适用于金银首饰、珠宝等贵重商品。

3) 季节陈列法

商品的陈列应按季节变化及时调整。将应时应季的商品放在最显著的位置，以吸引消费者的注意，明显落季的商品应暂停上货架或者放置在不太引人注意的地方。这样，消费者能感受到商场的环境与自然环境相协调，增加对商场的信任感。

4) 分类陈列法

它是指先按商品的大类划分，然后在每一大类中，再按档次、价格、性质、产地等进行二次划分的不同方法。如可先将商品划分为食品类、服装类、纺织品类、箱包类、化妆品类等几大类，纺织品中，可再按毛呢、化纤、纯棉、丝绸等划分。这种分类陈列法便于消费者集中挑选、比较，也有利于反映商店特色。因此，分类陈列法是一种广泛使用的形式，大中小型的综合商店均可采用这种形式。它方便了消费者的购买，很便捷地让顾客找到自己目标商品，适应一般消费者的购买心理和购买习惯。

5) 连带陈列法

许多商品在使用上具有连带性，如牙膏和牙刷、香皂和香皂盒等。为引起消费者潜在的购买意识，方便其购买相关商品，可采用连带陈列方式，即把具有连带关系的商品相邻摆放。

6)　专题陈列法，又称主题陈列

它是指结合某一特定事件、时期或节日，集中陈列应时适销的连带性商品的方法。或根据商品的用途在某一特定环境中陈列某些系列商品。如端午节，超级市场中的粽子专售区；或时逢中小学开学初，商店开设的中小学生用具专柜等。这种陈列形式适应了消费者的即时消费心理，往往能引起某类商品的购物热潮。这种陈列方式既适用于综合商场，也适用于特色商店。

7)　艺术陈列法

它是指通过商品组合的艺术造型进行摆放的陈列形式。各种商品都有其独特的审美特征，如有的造型独特；有的色泽艳丽；有的款式新奇；有的格调高雅；有的气味芬芳；有的包装精美等。在商品陈列中，应在保持商品独立美感的前提下，通过艺术造型使各种商品巧妙组合，相应生辉，艺术布局，达到整体美的艺术效果。为此，可采用直线式、立体式、图案式、对称式、折叠式、形象式、均衡式、艺术字式、单双层式、多层式、斜坡式等多种方式进行组合摆布，赋予商品陈列以高雅的艺术品位和强烈的艺术感染力，以求对消费者产生较强的吸引力。

在实践中，上述方法经常可以灵活组合，综合运用。同时要适应环境的需求变化，不断调整，大胆创新，使静态的商品摆放充满生机和活力。

**【案例 10-6】　家乐福的商品陈列**

商场里的商品极其丰富，而顾客首先接触的就是商品，如果没有一个良好的商品陈列，就不会有温馨舒适的购物环境。其商品陈列的适当与否，直接关系到商品销售量的多寡。而商品陈列的最大原则就是要促使产品产生“量”感的魅力，使顾客觉得商品极多而且丰富。家乐福的商品陈列一般从以下几个方面进行考虑。

(1)　视野宽度：视野一般是指消费者站在一定的位置，其所看到的范围。根据医学报告，人的视野宽度可达 120 度左右，但看得最清楚的地方却是在 60 度左右。

(2)　视野高度：一般消费者视线的高度，男性是 165 ~ 167cm，女性则是 150 ~ 155cm，因此，黄金陈列位置即为视线下降 20 度左右的地方，也就是大约 70 ~ 130cm 之间的位置。

(3)　粘贴标价重点：价格标签粘贴位置，一定力求固定，但绝对不宜贴在商品说明或制造日期标示处上。

因此，为了方便顾客挑选，家乐福在货品的陈列上下功夫：一是有效利用陈列空间。依据销售量来决定每类商品的陈列面，而不同商品的摆放高度也不同，一切以方便顾客为原则。如家电的最佳视线位置为 1.25 ~ 1.65m，这样选看起来方便，而货架下层多用于放包装箱。二是陈列上具有量感。家乐福信奉“库存尽量放在卖场”的原则，堆头、端头、货架顶层均安放货品。三是尽力打破陈列的单调感。卖场内每隔一段，货架就有不同的高度，有时还用吊钩、吊篮来调剂陈列样式。四是展示商品诱人的一面。通过主通道沿线设计和副通道的搭配，使顾客巡行所经之处，有大量的存放和不断显示的“特价”品等，凸现商品的色、香、味，给人以强烈的视觉、味觉、嗅觉等多方面的冲击。

家乐福陈列商品的货架一般是 30cm 宽。如果一个商品上了货架销售得不好，就会将它的货架展示缩小到 20cm，以便节约货架位置，给其他商品用。如果销售数字还是上不去，陈列空间再缩小 10cm。如果还是没有任何起色，那么宝贵的货架就会让出来给其他的商品用。

家乐福还将卖场中的每种商品的陈列面积夸张地加大，利用突出陈列将卖场的气氛发挥到极致。每类商品的尽头都有特价商品，顾客不仅能一饱眼福，而且也容易寻找到自己需要买的东西。家乐福大卖场的特卖商品都陈列于商场十分显眼的位置上，如端头、堆头和促销区，为了更好地吸引消费者注意，在商品的标价签上用旗形、矩形或者是一些有创意的设计，以显示其有别于其他的促销商品。此外，特卖商品在标价签上还用各种不同的颜色来突出其特卖价格。

另外，在家乐福的商品陈列中也遵循本土意识，按当地的消费习惯和消费心理进行摆设，在中国市场上，为了迎合消费者有挑选比较的习惯，家乐福在货架上专门增加了同类商品的供应量，以方便顾客的选购。在成都家乐福卖场内，有不少的装饰品都采用四川特有的竹器及泡菜坛子等本地特有的容器。这充分地显示了家乐福为了顾客的方便而别出心裁的商品陈列。

在家乐福超市里，糖果被放在两排有近 2m 高的竖筒式透明钢化塑料容器里，每一竖筒里堆同一种颜色的糖果，远远看去就像两排不同色彩的竖灯。这样顾客就很容易被诱惑近前，而一走到两排竖筒容器中间，那鲜亮的糖果马上激起食欲，只要有钱，谁都会忍不住往购物篮(车)里抓的。而国内许多商家就很不重视糖果区的陈列布置：家用水桶一样的容器上面，糖果如谷堆一般垒成小山，靠在场内一根柱子周围，如果消费者不仔细寻觅，恐怕难以发现这种甜蜜之源。家乐福非常清楚，顾客在商场的冲动购物远大于“计划购物”，因此，如何刺激消费者的购买欲望，让其忘乎所以地、不看钱袋地购买则是家乐福生意兴隆的关键。

家乐福还将水果、蔬菜全部摆放在深绿色的篮子里，红黄的水果和绿的、白的蔬菜在绿篮的映衬下，让消费者有种环保卫生的感觉，潜意识会认为这些果蔬都是来自大自然的新鲜的东西，对身体健康很有好处；再加上挂在篮子上空的照明灯的灯罩也是同一绿色，消费者徜徉其中，仿佛回到大自然。此种刻意营造的氛围树立了生鲜卖场环保新鲜的形象，消费者自然开心、放心地在此采购生鲜食品。这种迎合了当今消费者进超市买生鲜食品以保干净、卫生、安全心理的措施，受到欢迎是理所当然的。(资料来源：趁广著《家乐福超市攻略》，南方日报出版社，2004 年版)

**案例分析：**家乐福超市作为世界零售业的巨头，很多方面值得相关企业学习，就商品陈列来说，它充分考虑到了消费者的心理和行为习惯，国内相关企业可以借鉴家乐福超市商品陈列的具体做法。

## 三、营业场所内的音响

用音乐来促进销售，可以说是古老的经商艺术。旧中国一些商号用吹号敲鼓或用留声机放歌曲来吸引顾客，小商小贩利用唱卖或敲击竹梆、金属器物等音乐形式招徕生意。

心理学研究表明，人的听觉器官一旦接受某种适宜音响，传入大脑中枢神经，便会极大地调动听者的情绪，造成一种必要的意境。在此基础上，人们会萌发某种欲望，并在欲望的驱使下而采取行动。这是因为人体本身就是由大量振动系统构成的。优美、轻快的音乐，能使人体产生有益的共振，促使体内产生一种有益健康的生理活性物质，这种物质可以调节血液的流量和神经的传导，使人精神振奋。但是，并不是任何音响都有利于唤起消费者的购买欲望。相反，一些不合时宜的音响会使人产生不适感。所以，现代企业在利用音响促销时应当注意以下原则。

### 1. 音响要适度，即音响度高低要合适

人对音响高低的反应受到绝对听觉阈限的限制。音量过低，难以引起消费者的听觉感受；音量过高，会因刺激强度过大形成噪音污染，给消费者带来身心不适，产生不良效果。

### 2. 音乐要优美，并尽量体现商品特点和经营特色

运用音乐或广告音响，一定要优美动听，并与所销售的商品及企业经营特色相结合，促使消费者产生与商品有关的联想，激起对商品及商店的良好情感，从而诱发购买欲望。

### 3. 音响的播放要适时有度，播放音乐与不播放音乐相结合

人们对任何外界刺激的感受都有一定的限度，超过限度便会产生感觉疲劳，进而产生抵触情绪。所以，音乐的播放要适时有度，切忌无休止、无变化地延续。

## 四、营业场所内的照明

照明直接作用于消费者的视觉。营业厅明亮、柔和的照明可暨充分展示店面，宣传商品，吸引消费者的注意力；可以渲染气氛；调节情绪，为消费者创造良好的心境；还可以突出商品的个性特点，增强刺激强度，激发消费者的购买欲望。因此讲求灯光照明的科学性、艺术性是非常有必要的。营业场所的内部照明分为自然照明、基本照明和特殊照明 3 种类型。

### 1. 基本照明

基本照明是为了保证顾客能够清楚地观看、辨认方位与商品而设置的照明系统。目前，商场多采用吊灯、吸顶灯和壁灯的组合，来创造一个整洁、宁静、光线适宜的购物环境。

基本照明除了给顾客提供辨认商品的照明之外，不同灯光强度也能影响人们的购物气

氛。基本照明若是比较强，人的情绪容易被调动起来，这就好像在阳光普照的时候或在阳光明媚的海滩上一样令人心旷神怡。美国麦当劳或肯德基的连锁店，其基本照明都很充足，人们一进入营业环境里立即感到一种兴奋。基本照明若是比较弱，人不容易兴奋起来，可能让人产生平缓安静的感觉，也有一定程度的压抑感，商品的颜色看起来有些发旧。所以销售古董一类商品的场所可以把基本照明设计得暗一些，但在日用品营业场所的设计中应该避免这样做。

2. 特殊照明

特殊照明是为了突出部分商品的特性而布置的照明，目的是为了凸显商品的个性，更好地吸引顾客的注意力，激发起顾客的购买兴趣。特殊照明多采用聚光灯、实行定向照明的方式，常用于金银首饰、珠宝玉器、手表挂件等贵重精密而又细巧的商品，不仅有助于顾客仔细挑选，甄别质地，而且可以显示商品的珠光宝气，给人以高贵稀有的心理感受。国外有的商店还用桃红色作为女更衣室的照明。据说在这种灯光的照射下，女性的肤色更加艳丽，试衣者感觉这件衣服穿在身上能使自己更显美丽，大大增加了服装的销售量。另外，在橘子、哈密瓜、电烤鸡等水果、食品的上方采用橙色灯光近距离照射，可使被照食品色彩更加红艳，凸现新鲜感，激起顾客购买食用的心理欲望。

3. 装饰照明

在整个商店的商品陈列中起着重要作用，它可以把商店内部装饰打扮得琳琅满目、丰富多彩，给消费者以舒适愉快的感觉。但对于装饰照明的灯光来说，对比不能太强烈，刺眼的灯光最好少用，彩色灯和闪烁灯也不能滥用，否则令人眼花缭乱、紧张烦躁，不仅影响顾客，而且会对销售人员心理产生不利影响。

## 五、营业场所内的温度与湿度

营业场所的温度与湿度是评价营业场所室内环境的主要因素，对人们购买的影响最为直接。商场的温度受季节和客流量的影响。温度过高或过低都会引起人们的不舒适感。现在，商场里安装冷暖空调已不是奢侈之举，它是满足人们生理和心理双重需要的基本设施，适宜的温度对购物情绪和欲望有着良好、直接的影响。

湿度是表明空气中水分含量的指标。人们一般对湿度的注意程度要远远低于对温度的注意程度。湿度与季节和地区有密切的关系，南方在夏季时气候异常潮湿，北方的冬季气候出奇地干燥。如果是在高温季节里，再加上潮湿的空气，会使人更加觉得不舒服，购物情绪将荡然无存。空调系统可以有效地降低空气中的水分，提高人们的舒适度。

## 六、营业场所内的色彩

色彩指商店内部四壁、天花板和地面的颜色。心理学研究表明，不同的色彩能引起人们不同的联想和情绪反应，产生不同的心理感受。例如黑色给人以严肃、庄重感；红色给人以热情、喜庆、燥热感；白色给人以纯真、圣洁感；蓝色给人以宁静、淡漠感；绿色给人以青春、生命、新鲜感；紫色给人以高贵、神秘感；橘红色可以刺激人的情绪高涨；淡蓝色可以抑制人的情绪发展；各种浅淡色会造成扩大的感觉；各种深色会产生缩小的感觉。在营业场所内部环境设计中，色彩可以用于创造特定的气氛，它既可以帮助顾客认识商场形象，也能使顾客产生良好的回忆和深刻的心理感受，激发人们潜在的消费欲望，同时还可以使顾客产生即时的视觉震撼。

一般而言，商场内部装饰的色彩以淡雅为宜。例如，象牙白、乳黄、浅粉、浅绿色等，会给人以宁静、清闲、轻松的整体效果；反之，配色不适或色调过于浓重，会喧宾夺主，使人产生杂乱、沉重的感觉。

# 本章小结

消费者通常都是在一定的购物场所或环境中实现购买行为，购物环境的优劣对消费者购买过程中的心理感受和购买行为具有多方面的影响。营业场所的内外部环境都对消费者购买心理与行为有直接的影响。交通状况和商场聚集效应是营业场所周边环境的主要体现，营业场所的设置要充分注意这两个方面的情况；营业场所建筑要做到适用、坚固、经济和美观。营业场所的招牌名称和设置要鲜明、醒目和言简意赅，便于顾客识记，要突出主营业务等。营业场所的橱窗具有唤起消费者注意、引发消费者兴趣和激发消费者的购买欲望的功能。进行橱窗设计时应该注意做到突出主营商品，展示商品的特色，注意橱窗的整体效果，给消费者统一协调的感觉，运用现代技术，动静结合展示，合理选择橱窗形式，迎合消费者的心理需求。营业场所内部的总体布局应做到视觉流畅、空间感舒畅、购物与消费方便、标识清楚明确、总体布局具有美感。商品陈列应注意能引起消费者的兴趣与注意，要给消费者以洁净、丰满的感觉，要使消费者能一目了然。商品陈列的基本形式有：醒目陈列法、分类陈列法、裸露陈列法、连带陈列法，季节陈列法、专题陈列法和艺术陈列法。营业场多内背景音乐是音响设计的重点，在播放背景音乐时切忌音量过大和过于强劲，音乐要优美，音响的播放要适时有度。基本照明光度一般应较强，以让顾客有兴奋的心情，特殊照明是为了凸显商品的个性，应视具体的商品而定，装饰照明的对比不能太强烈，刺眼的灯光最好少用，彩色灯和闪烁灯也不能滥用。商场的温度和湿度适宜对购物情绪和欲望都有着良好、直接的影响。一般而言，商场内部装饰的色彩以淡雅为宜。

# 自 测 题

1. 营业场所的外部环境主要通过哪几个方面影响消费者购买心理与行为的?
2. 橱窗的主要功能有哪些?
3. 橱窗设计应注意哪些问题?
4. 商品陈列应注意哪些问题?
5. 商品陈列的基本方法有哪些?
6. 音响促销时应注意些什么?

# 案 例 分 析

## 红叶超级市场

红叶超级市场营业面积 260 平方米，位于居民聚集区内的主要街道上，附近有许多各类商场和同类超级市场。营业额和利润虽然还过得去，但是与同等面积的商场相比，还是觉得不理想。通过询问部分顾客，得知顾客认为店内拥挤杂乱，商品质量差、档次低。听到这种反映，红叶超市经理感到诧异，因为红叶超市的顾客没有同类超市多，每每看到别的超市人头攒动而本店较为冷清，怎会拥挤呢？本店的商品都是货真价实的，与别的超市相同，怎说质量差、档次低呢？经过对红叶超市购物环境的分析，发现了真实原因。原来，红叶超市商品柜台位置不合理，顾客不易找到所需的商品，因而显得杂乱；为了充分利用商场的空间，柜台安放过多，过道太狭窄，购物高峰时期就会造成拥挤，顾客不愿入内，即使入内也是草草转一圈就很快离去；商场灯光暗淡，货架陈旧，墙壁和屋顶多年没有装修，优质商品放在这种背景下也会显得质量差档次低。为了提高竞争力，红叶超市的经理痛下决心，拿出一笔资金对商店购物环境进行彻底改造。对商店的地板、墙壁、照明和屋顶都进行了装修；减少了柜台的数量，加宽了走道，仿照别的超市摆放柜台和商品，以方便顾客找到商品。整修一新重新开业后，立刻见到了效果，头一个星期的销售额和利润比过去增加了 70%。(资料来源：http://www.419.com.cn)

讨论题:

1. 红叶超市原先的购物环境中哪些因素是不利的?
2. 结合该案例谈谈购物环境对顾客的影响。

# 阅读资料

## 改善营销环境，满足“上帝”的感情需求

20 世纪 90 年代的广大消费者，再也不满足以往进商场仅仅是为了购物的单纯需求，他们开始对商场的环境美化提出更高的要求。诸如希望商场提供憩息之地，建议商场摆设花卉草木，渴望商场增添文化氛围……如此看来，商场环境美化对顾客心理的影响作用之大。顾客逛商场，不仅仅要和营业员进行有声的直接交际，更重要的是在双方之间还要进行一种无声的间接交流。这就是通过商场美化，来向顾客进行心理服务，以满足顾客对商场多功能、全方位的较高要求。因此，无论大小商场，都可根据顾客这一心理变化，展开新的经营战略、讲究环境景观，商场设施和场内气氛等有形、无形的机能，从而为顾客提供高品位的心理服务。

顾客对商场美化的大致要求，表现在商场的趣味化、科学化、公园化、舞台化、复合化和生活化 6 个方面。

商场的趣味化指的是商场的环境应满足顾客轻松、愉快的心理要求。

由于现代人生活节奏的加快，时间观念的加强，神经整日处于紧张绷紧的状态，即使逛商场，也大多带有明确目的，时间一长，难免疲倦困乏，为了消除顾客的疲惫感，商场不妨安排些幽默风趣事宜，以缓和顾客的紧张心理。目前在国外的一些大商场，决策者们在场内的果皮箱上设置感应器。每当垃圾丢进箱内，感应器就会自动启动录音机，播出一则故事或笑话，内容可定期更换。这样做可谓一举两得，既保持了商场环境卫生，又使顾客开怀大笑，心情舒畅，解除劳累，以至于流连忘返。

商场的科学化指的是商品摆放位置有利于顾客观看欣赏。细心观察的人们会发现，顾客进入商场，眼睛会不由自主地首先射向左侧，然后转向右侧。这是因为人们看东西是从左侧转向右侧的，即印象性地看左边的东西，安定性地看右边的东西。凡是注意到人类工程学的这个特点的商场，总是将引人注目的物品摆在商场左侧，以吸引顾客的目光。

为了让顾客走进拥挤的商场也能享受到大自然的温情，消除购物时的压力，并使整个商场气氛显得舒适温馨，注重商场的公园化已是不可或缺。比如在商场大厅修建喷泉，楼层阳台摆放花卉、树木等，使顾客如置身于公园，能在精神和物质上获得充分地享受。

商场的舞台化是顾客对商场的又一心理愿望。从某种意义上讲，商场就是一个剧场，商品就是这个剧场的主角，因此灯光的投射直接打在商品上，犹如舞台上的表演者，而光顾的顾客就好比观众。商品在灯光的照射下，或色彩明亮，或神秘朦胧，从而具有了舞台效果，为“观众”带去美的熏陶。深知这一关系的商场，无一不投入大量的财力，安装灯具，以变化多端的灯光效果，赢得广大顾客的青睐。

商场的复合化同样是为了满足顾客的心理需求，而今顾客进入商场大都希望用较少的时间取得较多的收获，而不愿频繁地往返走动。根据这一心理特点，商场不妨为顾客提供更多的商品服务，在商品结构层次上，增加其他业种，如将饮食、服饰融为一处，玩具和文具相应地摆放一店，使之成为复合型、立体型、多层次的一条龙或配套服务，以招徕更多的顾客，扩大销售量，实现商场的复合化。

至于做到商场生活化，对目前的商场来说，已属区区小事。相当多的商场都注意到了将所出售的系列商品组成一个生活场景，给顾客以完整的、全面的、系统的直观印象。如销售厨房用品，便可将抽油烟机、炊具、锅碗瓢盆等一一陈列，让顾客一目了然地看出这些商品与设备是厨房所必需的，进而产生购买欲望。(资料来源：http://www.cnki.com.cn)

# 第十一章

# 营销信息传播与消费心理及行为

**学习目标：**通过本章学习，了解广告作用机制与功能，掌握广告创意、策划和实施的心理与行为策略，掌握营销信息沟通的形式及对消费者心理与行为的影响。

**关键概念：**广告诉求(Advertising Appeal)　广告媒体(Advertising Media)　营销信息传播(Marketing information communication)

**引导案例：**

**"牛奶香浓，丝般感受"**

德芙巧克力的"牛奶香浓，丝般感受"的广告语可以够得上经典。之所以经典，在于能够把巧克力细腻滑润的感觉用丝绸来形容，意境高远，想象丰富。"丝般感受"的心理体验，充分利用了联想感受，把语言的力量发挥到极致。德芙巧克力的"漩涡篇"广告更是配合了"丝般感受"的广告语。当低沉、感性的旁白，配合优美的吟唱音乐，渐渐引出缓缓旋转的巧克力漩涡，它有丝般润泽的质感，如清泉般流畅的律动，又如巧克力色的丝绸形成好看的皱褶，让人想起跳舞时旋转的裙摆。这个地地道道的巧克力漩涡不停地旋转，加上纯美的牛奶、巧克力加牛奶的美妙结合，犹如跳着一首慢板爵士舞一般的优美动人，它渲染出的美妙感受吸引你进入一个纯粹牛奶巧克力的世界。之后成型的巧克力块从香浓诱人的漩涡中飞出，使人想先尝为快的冲动再也按捺不住。这则广告将视觉与味觉的诱惑带到最高点，宛如经历了一场美好的巧克力饕宴，这就是德芙想呈现给观众的巧克力体验与全新的感觉。

在当今社会，企业为了有效地促进销售，通过公开宣传的形式，将其产品和服务的信息利用适当的营销信息沟通方式传递给消费者，其中最主要的就是广告这种方式。我们大多数人几乎每天都会接触到各种各样的广告：电视、广播节目中，杂志、报纸上，车厢内外，还有满大街的广告灯箱、手机短信等，铺天盖地，随处可见。有的广告我们能注意到，有的我们却视而不见、听而不闻；有的广告能让我们喜欢、记住，而有的广告却让我们厌烦。这些，都和广告活动的组织策划水平、广告设计制作水平及对消费者心理的把握有密切关系。不同的营销信息的沟通方式要取得良好的沟通效果，也依靠对人们心理活动的把握。(资料来源：根据百度文库相关资料整理。http://wenku.baidu.com/view/2d4a4e166bec0975f465e289.html)

# 第一节 广告的作用机制与心理功能

## 一、广告的作用机制

### (一)广告心理机制

广告的心理机制是指在广告通过其特有的手段作用于人们心理活动的过程中，心理活动的反应方式和发展环节，以及各环节之间的互相联系和相互影响。有关广告心理机制的模型，影响比较大的主要有以下几种。

#### 1. AIDA 模型

这一模型是由路易斯(Louis)在 1898 年提出的，他认为广告作用于人们心理的过程由四个步骤组成：注意(Attention)、兴趣(Interest)、欲望(Desire)、行动(Action)。路易斯认为 AIDS 既是消费者接受广告的心理过程，又是广告作品创作时应遵循的原则。

A 代表注意，指广告吸引了受众的注意力，使得消费者开始关注广告中的产品或品牌。I 代表兴趣，指广告成功地使受众对广告和广告中的商品或品牌产生兴趣，愿意了解相关资讯。D 代表欲望，指受众开始产生购买商品的欲望和动机。A 代表行动，指消费者在动机和欲望的驱使下，实施购买商品的行动。AIDA 模式是广告人最常用的反应模式，简单明了，清晰易懂。例如，“咦，那是什么？”——Attention：注意到商品广告信息。“嗯，还不错。”——Interesting：产生进一步研究商品的兴趣。“真想把它买下来。”——Desire：产生拥有商品的欲望。“好吧，买！”——Action：采取行动。

后来，人们注意到广告效果的累积性，特别是迟效性和延续性的特点。消费者的购买行为在多数情况下不是在广告暴露后立即进行，而是在之后的某个情景中，受到一定刺激才发生的。在此过程中，消费者对广告的记忆是产生迟效和延续的心理基础。于是，在 AIDA 的基础上，加进了 Memory(记忆)因素。广告的心理过程就成了 AIDMA：注意—兴趣—欲望—记忆—行动。

AIDMA 说提出在 19 世纪末，处于绝对卖方市场时期，这一理论忽略了人对刺激反应的主动性，没有充分考虑到消费者本身的需要所起的作用。一个人只有有了某种需要，才可能在环境中寻找可以满足需要的对象。如果没有潜在的需要，广告作用的一系列过程是难以完成的。

#### 2. DAGMAR 模型

DAGMAR 是美国学者柯里(R. H. Colley)于 1961 年发表的著名文章《为测试广告效果而确定广告目标》(Defining Advertising Goal for Measured Advertising Results)标题首字母的缩写。文中将广告作用的心理过程分为如下 5 个阶段：未察觉某商标或企业—觉察到该商

品或企业—理解(如理解商品的用途、价值等)—信念(引起购买商品的意向或愿望)—行动(即购买行为)。

DAGMAR 模型认为，广告纯粹是对限定的受众传播信息并刺激其行动，广告的成败应视其是否能有效地把要想传达的信息与态度在正确的时候，花费正确的成本，传达给正确的人。他认为，没有一种广告做一次就能打动一位潜在的顾客，促使他对品牌名称从一无所知，一下子走到采取购买行为。

AIDMA 把广告视为作用者，受众为广告的作用对象，受众受到广告影响，被动地产生一系列心理活动。而 DAGMAR 则把受众视为作用者，广告为作用对象，消费者主动地对广告作一系列的信息加工。DAGMAR 模型持“以买方为中心”的市场观。

### 3. 六阶梯说

这一模型又称 L&S 模型是 20 世纪 60 年代社会心理学家勒韦兹(R. J. Lavidge)和斯坦纳(G. A. Steiner)提出的。该模型注意到了情绪因素在决策中的作用，认为消费者对广告的反应包括 3 个部分：认知反应、情感反应和意向反应。因此在广告作用过程阶段中，增加了“喜欢(Liking)”和“偏好(Preference)”两过程。见图 11-1 所示。

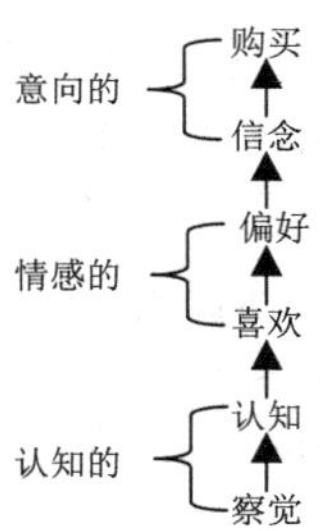


图 11-1

在六阶梯中，前两个阶梯即觉察与认识相联系的信息和智能状态。中间两个阶梯涉及对广告商品的积极态度和感受，即喜欢与偏好。最后两个阶梯即信念与购买联系到行动，即购买广告商品。在这些阶梯之间的并不一定是等距离的。对于某些商品来说，可能存在明显的风险因素，另外一些商品也许凭借品牌的忠诚性或其他因素，无须作自觉的决策就去购买了。

## (二)广告心理过程的重要环节

### 1. 引起注意

注意是心理活动或意识对一定对象的指向与集中。注意不是一个独立的心理过程，而是弥散性的，伴随着各种心理过程。注意又两个特点：指向性和集中性，是广告整个心理过程的起点。在一般情况下，只有产生了对某一商品的注意，才有可能进而引起一连串的心理反应过程，形成购买欲望，最终导致购买行为的发生。

1) 消费者注意广告的形式

根据产生和保持注意的有无目的和意志努力的程度不同，在心理学上把注意分为无意注意和有意注意两种形式。研究注意的这两种形式，对于广告人员来说，搞清楚人们如何注意，怎样引起人们的注意，有莫大的价值。

无意注意指事先没有预定的目的，也不须作任何意志努力的注意。无意注意是一种定向反射，是由于环境中的变化所引起的有机体的一种应答性反应。当外界环境发生的变化作用于有机体时，有机体把相应的感觉器官朝着变化的环境。借助于这种反射通常可以全面地了解刺激物的性质、意义和作用，使有机体适应新的环境变化，并确定活动的方向。

引起无意注意的原因，可分为客观刺激物的本身和人的主观状态。在设置广告时，这是必须考虑的两个因素。其中，刺激物的特点包含有几项内容：刺激物的绝对强度和相对强度，同时起作用的各种刺激物之间的对比关系，以及刺激物的活动、变化和新异性。人的内在主观状态，则包括人对事物的兴趣、需要和态度，人的精神状态和情绪状况，以及人的知识经验等。凡是能够使刺激物在这些方面迎合消费者的广告创意，几乎都能取得利用人们的无意注意的功效。

有意注意是一种自觉的、有预定目的的、在必要时还需要付出一定的意志努力的注意。有意注意是根据人的主观需要，把精力集中在某一事物上的特有的心理现象。其特点是，主体预先有内在的要求，并注意集中在已暴露的目标上。有意注意是一种主动服从于一定的活动任务的注意，它受人的主观意识的自觉调节和支配。相对而言，有意注意对于广告刺激的要求，没有无意注意要求的那么高。

2) 广告能否引起人们的注意，所提供的信息应具备以下因素

(1) 信息的刺激性。心理物理学研究表明，刺激要达到一定的强度才能引起有机体的反应。刺激性强的广告信息的特征除了与广告大小和强度有关外，还具有变化性、活动性、新异性、悬念性等特点。例如，德国的拜耳公司为了做阿司匹林的广告，把一座高达 122 米的大楼整个用布包了起来，为此还动用了直升机和登山运动员。有些网络广告采用 flash 动画循环播放，比一般的普通平面广告更吸引人们的注意，因为活动的、变化的物体更容易引起人们的注意。悬念广告一般是指通过系列广告，逐步将广告信息充实、完整的广告。运用欲言又止、欲扬先抑的手法制造悬念，引发受众的好奇心，使得他们对广告从被动的状态转为主动的状态，让他们主动去注意，广告效果更好。

(2) 信息的趣味性。人们倾向于注意有趣的、自身感兴趣的信息。例如，有人调查了美国一份刊物上的广告读者，结果显示，男性阅读汽车广告比阅读妇女服装广告的多出 4 倍，大约是其阅读化妆品广告、保险广告、建材广告的 2 倍；而对于女性来说，阅读的广告类别最多的是电影和服装，比阅读旅游广告和男式服装广告多出 1 倍，比阅读酒类广告、机械广告多出 3 倍。

(3)　信息的有用性。在某一个特定时期，消费者往往有自己的特定需要。广告可以提供给消费者相应的产品信息，如果这些信息是消费者需要的，那他们自然非常关注。例如，还没有买房的消费者，会很关注报纸杂志中日益增多的房地产广告，而对于大多数已经买了房子的消费者来说，这些印刷精美的彩页广告已经没有太多吸引力。

### 2. 增强记忆

记忆是在头脑中积累和保存个体经验的心理过程。人们在日常生活、工作或社会实践中，凡是感知过的情绪、演练过的动作都可以成为记忆的内容。记忆有助于人们加深对广告商品的认同。广告能否在受众心目中留下深刻的记忆，受到以下一些因素的影响。

1)　广告的简洁性

米勒用实验证实：短时记忆的容量大概为 7±2 个组块，即在刺激快速呈现的条件下，大脑能短时记住的数量最多是 9 个组块，最少是 5 个组块。当然这是平均水平，大脑对于不同的记忆材料，其记忆量是不同的。因此，我们在设计广告时就必须考虑到大脑的记忆能力，注意广告的简洁性，易于记忆；不要一次性陈述过多的信息，人们对过多信息不仅无法加工，而且还会因为超过记忆负荷而引起记忆疲劳。脑白金的“送礼就送脑白金！”飘柔洗发水的“今天，你洗头了吗？”可口可乐的“要爽由自己！”雪碧的“晶晶亮，透心凉！”这些广告词字数都在 7±2 范围内，在消费者的短时记忆容量内，减少了他们的记忆负担，从而提高了消费者对广告的记忆效果。

2)　重复程度

心理学研究表明，人的感觉记忆时间很短暂。要增强记忆效果，克服遗忘，一种常用的策略就是重复学习。在广告传播中，不断地重复广告，在一定程度上说明该产品仍是富有竞争力的，能够给消费者以信心，同时，能够帮助消费者识记广告中的信息，并且保持对这些信息的记忆。因此，即使是著名的品牌也需要运用广告重复策略，一方面给老顾客以信心，另一方面又可以吸纳新生代消费群体。当新产品问世时，如果想尽地快打开市场，可以采用在一段时间内密集播放广告的策略；如果希望产品销售有后劲，则可以采用广告频率稍低但延续时间长的方式。广告重复并不等于广告没有更新。对某一产品，用具有不同创意的广告加以介绍，可以达到广告重复的效果，帮助增强记忆。

**【案例 11-1】　脑白金广告中隐含的广告传播理论**

耶鲁学派提出，指由于时间间隔，人们容易忘记传播的来源，而只保留对内容的模糊记忆。显然，倘若广告内容不源于现实世界和实际生活，就不能感动受传者而容易被遗忘；相反，传播内容真实且有道理，即使人们忘记了传播来源，同样也能最终改变人们的态度而且被接受。在信息的实际传播和流动中，媒介以传播内容取胜的例子并不少见。与短期效果相对照的是长效“睡眠者效应”。经过一段时间，由广告引发的情感反应会与产品名称发生分离。因此，一则通过不愉快的情绪而使人集中注意力的广告也会产生记忆的效果。

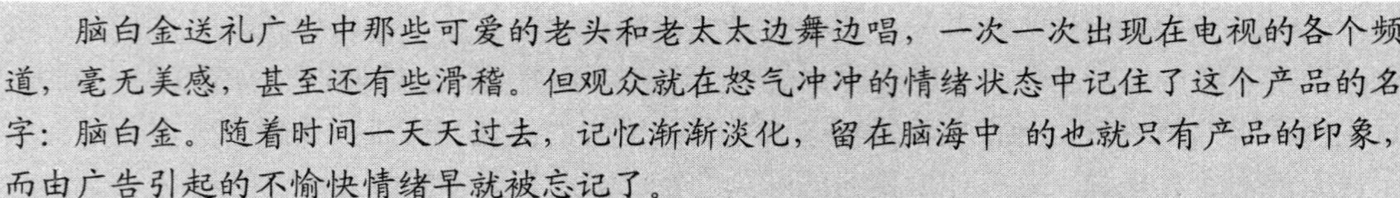

脑白金送礼广告中那些可爱的老头和老太太边舞边唱，一次一次出现在电视的各个频道，毫无美感，甚至还有些滑稽。但观众就在怒气冲冲的情绪状态中记住了这个产品的名字：脑白金。随着时间一天天过去，记忆渐渐淡化，留在脑海中 的也就只有产品的印象，而由广告引起的不愉快情绪早就被忘记了。

“反复曝光”效应是20世纪60年代晚期由罗伯特·再因茨发现的“反复曝光”效应。指反复暴露在哪怕没有意义的符号面前，也会让观看这些符号的人产生熟悉感和愉快的反应。在广告中，产品品牌和标识简单的反复曝光，哪怕没有合理的解释和费时费力的辩论，也会使观看它的人产生动摇。(资料来源：http://www.brandgoo.com/html/95/t-1695.html《脑白金广告中隐含的广告传播理论》)

**案例分析：**脑白金广告的策略之一就是反复传播，其实它的广告内容十分单调：简短的广告词，没有深意的画面。但就是这样一个简单的创意，反复出现，却能在让受众感到枯燥乏味甚至反感的同时，记住了“脑白金”这3个字。

3) 信息编码组块

信息的组块是指比较独立的、有一定意义的信息加工基本单位，信息的组块化指的是把零散的信息组织为组块。在广告信息编码组块中，需要结合大众已有的文化知识或习惯。在一些产品或服务行业的广告中，常常向消费者提供电话号码，枯燥无味的号码很难记住，但如果我们可以提供利用人们已有的文化知识加以组块化的电话号码，将有助于人们的记忆。例如，62580000叫车电话以谐音“老让我拨四个零”作顺口溜，可帮助人们容易记忆。

4) 利用汉语特点组织编码

当广告中的信息用汉语表示时，汉字的形音义均可以成为利用的对象，对广告信息进行有效的编码，使其容易被记住。如著名的饮料品牌“可口可乐”，它的英文商标味“CocaCola”，在引入中国时需要有一个汉语名称，将其翻译成“可口可乐”，它大致体现了英语语音，更重要的是这一汉语名称本身表达了一定的含义。蚊香广告语“默默无(蚊)闻的奉献”利用了汉字之间的谐音。这些都有利于促进人们对广告的记忆。

**【案例11-2】 伊利纯牛奶的平面广告**

伊利纯牛奶的平面广告用了三则系列广告，这些广告主要由画面中心的象声词构成，再配以角落里的品牌标识及产品包装，以及下方的广告文案说明。分别是：

第一则“咕咚咕咚、呼噜呼噜、滋溜滋溜”。文案为“无论怎么喝，总是不一般的香浓！这种不一般，你一喝便明显感到。伊利纯牛奶全乳固体含量高达 12.2%以上，这意味着伊利纯牛奶更香浓美味，营养成分更高。”

第二则“嘎嘣嘎嘣、咔嚓咔嚓、哎哟哎哟”。文案为“一天一包伊利纯牛奶，你的骨骼一辈子也不会发出这种声音。每1100ml伊利纯牛奶中，含有高达130ml的乳钙。别小看这个数字，从骨骼表现出来的会大大不同！”

第三则“哗啦啦，啾啾啾，哞哞哞”。文案为“饮着清澈的溪水，听着悦耳的鸟鸣，吃着丰美的青草，呼吸新鲜的空气。如此自在舒适的环境，伊利乳产出的牛奶自然品质不凡，营养更好!”。(资料来源：《中国广告作品年鉴》，2001 年版第 241 页)

**案例分析：** 伊利牛奶广告中的象声词，分别表现了人们迫不及待地喝牛奶的声音，因为缺钙而导致的骨骼碎裂的声音以及乳牛在舒适的环境中惬意地吃草鸣叫的声音。通过这些象声词，结合品牌标识和产品包装的视觉形象，以及广告文案说明，充分地调动受众的想象和联想，似乎让人闻到了牛奶诱人的浓香，感受到其纯真精美的品质和饮用后的效果。

### 3. 产生联想

广告在人们心理活动过程中的作用还表现在联想上。联想是由当前感知的事物回忆起另一种有关的事物，或者由想起的一种事物联想起有关的另一种事物。许多事物之间存在着不同程度的共性，以及人们对于事物之间存在着某种认识上的关联性，这些构成了联想的客观基础。例如，雪碧汽水的广告词 “晶晶亮，透心凉”；又如，“滴血的太阳”是一幅日本广告招贴画，画面上是一个略呈椭圆的太阳，血淋淋不断往下淌着血，说明是：“日本应付出更多来抵御艾滋病。”一般来说，联想包括以下 4 种类型：

(1) 接近联想。在时间或空间上接近的事物形成相近联想。比如，由计算机显示器联想到主机，由火柴联想到香烟、煤气灶等。

(2) 对比联想。由某一事物的感知或回忆引起和它性质或特点上相反的事物的联想，称为对比联想。比如，金纺柔顺剂广告，画面以“使带硬刺的仙人掌变成柔软的毛袜”，“使长满硬刺的刺猬变成蓬松柔软的帽球”作对比。

(3) 类似联想。对某一事物的感知或回忆引起的和它在外形或内涵上相似的事物的联想。比如，飞雪与杨花；看到排球联想到足球等。例如，西班牙反种族歧视电视公益广告用一双手在黑白两色琴键上弹奏悦耳动听的曲子，表达“黑与白也能够和睦相处”。

(4) 因果联想。在逻辑上有着因果关系的事物产生的联想。比如，太阳想到温暖，由咖啡联想到提神、醒脑，由下雨想到路滑等。例如，曾获戛纳平面广告全场大奖的奔驰的“刹车痕”：因为它是辆过于惹目的跑车，同行的车辆都要“急刹车”停下，往后看个究竟。久而久之，刹车痕一度又一度地留在了道路上。

一个事物可能引起多种联想，但广告受众引起什么样的联想，受联想的强度和个人特点的制约。比如，年龄、文化程度、职业等方面各有不同，引起的联想也会有不同。儿童受思维发展水平的制约，其联想大多是身边的具体事物，在时间和空间上接近的东西联想的比较多，而成年人的联想则能以抽象的观念表现出来。由于职业的关系，各行各业的人接触面不同，对各种事物的熟悉也不相同，所以不同的人可能对同一事物有不同的联想。

**【案例 11-3】 联想律在广告设计中的运用**

不用吞服的安眠药(舒眠乐)获得了全国第五届广告作品展全场大奖。广告画面的焦点集中在两只造型有别的枕头上，一只是皱巴巴的枕头，借喻主人辗转反侧的情形，失眠的痛苦；一只是平整饱满的枕头，借喻主人使用舒眠乐后可以获得舒畅、安详的睡眠。两只普通的枕头，简单对比，联想自然，理解容易，不失含蓄委婉的味道，对失眠者而言，确有引起共鸣的震撼力。(资料来源：http://www.arft.net 转载青年记者 2006 年第 6 期《联想律在广告设计中的运用》)

**案例分析：**这则广告运用了接近联想，即由某一刺激而想到在空间上与该刺激相接近的刺激，由此达到“情理之中，意料之外”的创意效果。

#### 4. 诱发情感

顾客在购买活动中，情感因素对最终购买决策起着至关重要的作用。情感是客观对象与主体需要之间关系的一种反应。情感可表现为多种相反的形态，如愉快与不快、轻松与紧张、喜爱与厌恶、理智与冲动、美与丑等。广告在引起注意、增强记忆、产生联想的过程中，注重艺术感染力，讲究人情味，能诱发人们积极的情感，压抑消极的情感。

一般来说，积极的情感有利于强化购买的欲望，坚定购买信心。顾客对不同的广告所做的文字、图像和内容介绍，怀有一定的态度，认知也不尽相同，并总是以某种带有特殊感情色彩的体验形式表现出来。符合自己需要的，会感到喜欢；不能满足自己愿望的，会感到失望。这里的态度以广告商品能否满足顾客需要味中间环节。只有那些与顾客需要有关的、能满足顾客需要的商品，才能引起人们积极的情感体验，然后成为产生购买行为的动力。

## 二、广告的心理与行为功能

广告的功能是指广告对消费者所产生的作用和影响。是借助信息的传递来产生影响以唤起消费者的注意，在激发消费欲求的过程中对消费者的心理与行为活动产生影响。广告作为促成企业与消费者之间联系的重要媒介，具有以下几方面的功能。

#### 1. 诱导功能

好的广告或以理服人或以情动人，它可以吸引消费者的注意，建立或改变他们对企业或产品原有的偏见或消极态度，争取好感和信赖，激发其潜在的购买欲望，劝导和说服消费者实现购买行为。如十六和弦的一款手机的广告为“出色、出众、出彩”，并配有适当大的美人图，让女士们心想神往。

广告的诱导功能有以下两层含义：一是唤起消费者美好的联想，给消费者以某种美的享受，从而改变其对商品的态度，激发其购买欲望和动机；二是能迅速有效地吸引消费者的注意力，进而激发其对新产品的兴趣和向往，形成新的消费需要，促进购买实现。

#### 2. 认知功能

广告是为传递商品信息服务的，认知功能是指营销广告向消费者公开传递有关商品的

品牌、商标、性能、质量、用途、使用和维护方法、价格、购买时间与地点、服务的内容等信息，使消费者对其有所认识，并在头脑中形成记忆、留下印象。消费者通过广告可以得知商品的各方面信息。广告采用多种传播渠道和形式，能够打破时间、空间的限制，及时、准确地将产品信息传输给不同地区、不同层次的消费者，从而影响广大消费群体，增强他们对产品和服务的认知。

3. 教育功能

广告不仅指导消费，而且影响人们的消费观念、文化艺术和社会道德。文明、健康的广告，对于扩大消费者的知识领域、丰富精神生活、陶冶情操、引导消费者树立合理的消费观念、丰富人们的精神生活、进行美育教育和促进社会公德等都有潜移默化的作用。它可以增加消费者的产品知识，使消费者能够正确地选择和使用商品，并引导消费者树立合理的消费观念；它还可以给消费者以美的教育，设计巧妙、制作精良的广告，通过各种各样的表现形式，使消费者在获得信息的同时，能够丰富精神文化生活，得到美的享受。

4. 促销功能

促销功能是广告的基本功能。广告是促销组合中重要而不可缺少的因素。广告通过对产品的宣传，把有关信息传递给目标消费者，达到引起消费者注意和产生购买动机的目的。然而，并非任何一则广告都能具备上述的功能，获得良好的社会效果。许多消费者对那种司空见惯的“王婆卖瓜，自卖自夸”式的广告产生了抵触心理及行为。

5. 便利功能

现代生活节奏越来越快，人们面对无数的产品，特别是层出不穷的新产品，如果没有广告的介绍和指引，消费者可能无所适从。广告能及时、反复地传播产品信息，便于消费者收集有关资料，在较短的时间内对各种产品进行较为详尽和有效的对比，为购买决策提供依据，从而为消费者节约搜索和购买产品的时间和精力。

## 第二节　广告创意和策划的心理与行为策略

### 一、广告创意

广告设计需要不断创造出新意。广告创意是在一定的广告主题范围内，进行广告整体构思的活动。广告创意是形成关于广告表现的基本概念的过程，是广告制作的依据。

#### (一)广告创意的素材

广告作品的构思建立在众多具体素材的基础上，这些素材包括两个方面，一是客观事物中的实物或图片，二是来自创作者头脑中已经存储的客观事物的形象。对当前事物的直接感知，在我们头脑中形成了知觉映象。而当感知过的事物不在面前，我们头脑中依然有其映象，称为表象。

表象是在知觉的基础上产生的，构成表象的材料来自过去知觉过的内容。比如，没见过老虎的人不会有老虎的表象，没有吃过辣椒的人不会有其味觉表象。总之，无论视觉、听觉、触觉、味觉、嗅觉和运动等方面的表象，都是建立在感知基础上的。但表象与知觉又有所不同，它只是知觉的概略再现。现在的很多房地产广告在争相刊登精美的彩色图片的同时，也会加上诸多描述，目的是在人们的心中营造一幅美丽的画面。如，“开门见山，紫气徐来，帘卷晨曦，鸟鸣、风飘，阳光普照，还有山上朝霞。”

### (二)广告信息的再造想象

再造想象是根据词语的描述或是图示，在头脑中形成与之相符合或者相仿的新形象的过程。通过再造想象，人们可以在头脑中形成从没有见过的事物的形象。一个富有创意的广告形象设计，可以使广告的接受者虽未遇到过这种事物，也可以依据广告作品的描述而在人们的头脑中形成相应形象。

广告作品大都是通过视觉和(或)听觉来传递信息，广告受众正是凭借着自己的想象，得以正确领会广告所欲传达的各种信息，并且由此唤起一定的情感体验。受众想象什么、如何想象都要受到广告作品的制约。但是广告受众的再造想象不是被动地简单接受、机械复制，而是用自己的表象系统去补充、发展。因而每个人对同样的广告信息的再造想象可能就不一样，有的再造想象就会偏离原作品所创造的形象。另外，如果广告在描述实际情况时含糊其辞，受众的想象就更有可能与实际情况不相符，出现误解。例如，有的房地产公司打出广告“离地铁站500米，交通便捷”。有些消费者在头脑中就会出现这样的情景：窗外不远处即是地铁站入口、出口，人潮涌动嘈杂；地铁开过时，房屋家具微微晃晃动。这样做广告的效果会适得其反。又比如，某房地产公司打出广告“在你的家，推开窗子就看得见大海”。受众很有可能在脑海中浮现出海边别墅的景象：房子就在海边，从窗户望出去，或是站在阳台，一望无际的大海就在眼前，海潮声清晰可闻，阵阵海风吹起窗帘，带来大海的清新气息。可是如果当消费者真的站在房子里的时候却可能发现，房子离大海还有一段距离，只有一个窗户能远远地看到海湾的一角，房子周围的小环境也没有海的感觉，这时候消费者就会很失望，感到受了欺骗。

**【案例 11-4】 解读地产广告——论北京地产广告的文字游戏现象**

做市场的人用来描述商业运作境界时常说的一句话就是：低手做事，中手做市，高手做势。做势，就要概念先行。在概念上做文章的广告，文字初读时要朗朗上口，细细品味时，意思则要含含糊糊。许多概念也并不是首创，而是通过将其他概念变形、替换、延展、中翻英、英译中，再创造出能够为自己所用的观点，既借势，又讨巧。从SOHO一族到BOBO、SOLO一族，从炫特到巨库(酷)，从上东到上西，从现代城到后现代城、西现代城，

从莱茵河畔、米兰天空到水岸长桥、站前巴黎、雅舍香桥，从早安·方庄，到北京·印象、朝阳·无限，特色的楼盘名字一串挨着一串，房产商致力通过文字的花样翻新吸引消费者的眼球。

打“血统”牌——“我们不是一般公民” 继 SOHO、BOBO、CPD 等概念风靡之后，房产商们又打出了文化牌，如比邻高校，就把此包装为一种生活方式和态度，称之为学院派生活；坐落于市中心附近，就强调自己的京城文化；眼下最时尚的是开始追溯血统：国外的，有北欧的、意大利的、法国的、西班牙的、美国的，如果是国内的就是江南的，苏州园林、徽派风情等，一般都是大家不常体验或者根本无法尝试的一种生活，于是，就用这种永远处在“等明天”状态的描述，吸引消费者的青睐。

正所谓没什么想什么，所以平常的建筑形式会被冠以不平常的生活情结，如被称作德式纯板，因为这板楼结合了德国建筑的简洁、稳重、明快；坡屋顶会被称作法式坡屋顶；两居室户型会被称作尼米亚……当然，也不乏有些楼盘确实血统纯正、一脉相承，但消费者在看广告时就一定要仔细分辨了。

除了上述的地产广告文字游戏外，常见的“10 分钟就可到达”、“起价××××元”等语言就不多举例了。面对这些诱惑性的文字，消费者应该理智一些。入住以后，也许许多层面并不像广告中描述的那般完美。当遇到生态健康住宅不生态、不健康、会所高收费拒人门外等烦恼时，你就会发现地产广告中所描述的林林总总美妙不过是自己当时上了虚幻符号的当而已。(资料来源：中国企业管理文库《解读地产广告——论北京地产广告的文字游戏现象》)

**案例分析：**房地产广告商已经把消费者摸透了，其内在的模式是：并不是所有的消费者都在单一经济理性的支配下购买房子，消费者会为“理想”这个词语而买单——我们不卖产品，只卖理想——把理想找一个符号代替，如美学、艺术、文化以及超功利的“精神追求”等——强势灌输和传播给消费者。作为消费者，我们必须要明白并时刻提醒自己：幻想代替不了现实。因为住宅不是空中楼阁，不是用来看的，而是用来住的。要想住宅生态健康，不是因为说生态健康就生态健康了，而是必须要由实实在在的环保建材来保证的。如果地产广告能用有情节的事实陈述自己楼盘的生态、健康、环保，则比空喊这些口号更有说服力。看清文字游戏，最好是拿着计算器和尺子，更多地去关注自己已经中意房子的细节：地段、材料、质量、配套服务，这才是消费者的一种最理智的选择。

### (三)广告构思中的创造想象

不依据现成的描述，独立创造新形象的过程，称作创造想象。创造想象具有首创性、独立性和新颖性的特点，是广告构思中最重要的心理活动之一。创造想象可以通过以下途径获得。

#### 1. 原型启发

原型启发是创造想象产生的契机。根据任务的需要，创造者思索和寻找解决问题的途径和方法。这时某些事物或表象对要解决的问题具有启示的作用，这样的事物或表象就成为创造发明的原型。例如，举重是力量竞技项目，举重运动员常常被称为“大力士”。受举重运动的杠铃启发，华联东方汽车销售公司的系列广告把汽车的轮胎做成了举重用的杠铃，表现强强联合的实力。和本系列的其他广告相呼应，运用汽车的元素表现企业的经营领域，在标题上用数量表现程度。

### 2. 跳跃性合成

把不同对象中部分形象粘合成新形象，通过设计者跳跃性的思维方式进行合成，形成一个以往不曾有过的、全新的形象；或是把两件并不相关的物品，融合在一个画面里，使人产生视觉失衡的冲击感。例如，把老妇人的脸和年轻女孩的好身材黏合在一起，形成强烈反差。

### 3. 创造性综合

把不同对象的有关部分组合成一个完整的新形象，这个新形象具有自己独特的结构，并体现了广告的主题。这里不同形象的组合是经过精心策划的、有机的结合，而不是简单的凑合、机械的搭配。例如，把网线和铝制易拉罐巧妙结合，充分表达“铝业在线”的概念。

### 4. 渲染性突出

渲染性突出是为了使人们对广告推介的商品加深印象，利用各种手段进行渲染，以突出其所具有的某种性质，在此基础上塑造出崭新的形象。例如，在策划哈撒韦牌衬衫(Hathaway Shirt)的全国性广告活动方案时，被誉为现代广告之王的美国广告大师大卫·奥格威(David Ogilvy)想了 18 种方法把有魅力的“作料”掺进广告里去，其中第 18 种方法是给模特戴上一只眼罩，穿上这种衬衫，以示与众不同，具有独特个性。后来这一形象应用在不同的场景，引起较大的反响。

### 5. 留白

在某些广告画面的构思和表现手法中，常常使用在画面上一定的空间留出空白的手法。中国画技法中有“留白”的技法，留白可以使观看者依据画中的形象展开想象，正所谓“无画处皆成妙境”。例如，“丰田”汽车公司在《时代周刊》上所做的汽车广告，这则全页广告大胆运用留白，只在画面的中上部露出了丰田高级轿车的极少边缘部分，其余车身全部隐去，只保留了车头的丰田标志，然后设计者在画面的右下角写上广告词及打上鲜明的丰田汽车标志，全部画面有色彩部分不足 1/4。在《时代周刊》众多的汽车广告中，产生了无法比拟的效应。

## 二、广告诉求

广告诉求(Advertising Appeal)是指用什么样的广告内容和表现方式对消费者进行说服，它要解决的是“说什么”、“怎么说”的问题。广告诉求通过对人们的知觉、情感的刺激和调动，对人们观念、生活方式的影响，以及对厂商、商品特点的宣传，来迎合和诱导人们，以最终激发消费者购买动机的过程。广告诉求的基本目标，就是唤醒或激发顾客对自身潜在需求的意识和认识。广告诉求的基础是消费者的心理需要。广告诉求的两大基本方式为理性诉求与情感诉求。

### (一)消费者需要与广告诉求策略

#### 1. 消费者的优势需要与广告诉求的选择

消费者的需要是多种多样的，不过其中往往有一种是优势需要。能否满足优势需要，直接影响到消费者对面前商品的态度和购买行为。广告的作用就是在商品的特性与消费者的优势需要之间建立最佳匹配，把商品特性“翻译”成提供给消费者的利益与好处。例如，国外有家制鞋商认为，消费者对鞋子的关注顺序首先是式样，其次是价格、料子及小饰件，于是将广告主题定在鞋的式样上，但销路一直打不开。后来进行实地调查，询问了 5000 名消费者，结果发现，消费者对鞋的关注点按人数比例依次是：穿着舒适(42%)、耐穿(32%)、式样好(16%)、价格合理(10%)。厂商根据调查结果，立即更改了广告主题，由原来突出鞋的式样改变为突出舒适、耐穿，结果销路直线上升。

#### 2. 对不同消费群体的广告策略

不同年龄、性别、职业、教育背景和社会经济地位的消费者往往有不同的消费倾向。如何对这些具有不同兴趣点的消费群体采取有针对性的广告诉求策略，直接影响广告的效果。例如，社会经济地位较高的消费者会更关注商品的心理附加值，社会经济地位较低的消费者则更关注商品的实用价值，因此针对这两种不同的人群广告诉求点的选择就应该有所侧重。

#### 3. 需要的动态特征与广告主题的变化

随着时代的变迁、社会经济的发展，甚至于季节性的变化，人们的需要都会不断发生变化，对同类商品的要求和关注点也会有所不同，甚至于优势需要与非优势需要之间也会互相转化，总体来说是由低级的需要层次逐步向高级的需要层次发生转移。例如，过去购买洗衣机主要关注洗涤效果好而且保护衣物、省电省水等，随着科技进步和生活水平的提高，人们对健康、环保等因素愈来愈重视，于是抗菌、消毒成为新产品研发的重点和新的广告诉求点。

**【案例 11-5】 肯德基全国推行新快餐概念**

日前，肯德基在全国同步推行“新快餐”概念。在新闻发布会上肯德基宣布：脱离美国模式，跳出“传统洋快餐”框架，全力打造“新快餐”，并与中国烹饪协会等一起向同行发起推行“新快餐”的倡议。据悉，所谓“新快餐”将弥补“传统洋快餐”的六大不足：并针对国人口味，研发不同蔬菜产品；不断推出新产品，均衡营养；打造中国模式的食品安全体系。一时间，肯德基“新快餐”的概念俨然成为健康饮食的“代名词”。(资料来源：http://www.enorth.com.cn《肯德基全国推行新快餐 洋餐饮开玩“新概念”》)

**案例分析**：许多广告没有收到预期的效果，正是由于没有正确地把握消费需求和消费倾向的变化。广告诉求的基本目标，就是唤醒或激发顾客对自身潜在需求的意识和认识。广告诉求的基础就是消费者的心理与行为需要。

**4. 根据竞争对手的广告主题选择适当的广告诉求点**

需要层次理论认为，没有一种需要是已经完全得到满足的。因此，从竞争对手的产品广告中，也可以寻找到尚未被占领的位置，从而期待消费者能被自己的广告产品所吸引。例如，许多高档轿车的广告诉求点经常定位在消费者身份地位的需要上，或是定位于社交需要上，但却很少有突出安全需要的广告。奔驰的广告果断占领这一空挡，把安全需要与社交需要结合起来：“当您的妻子带着两个孩子在暴风雨的漆黑夜晚开车回家时，如果她驾驶的是奔驰轿车，您尽可放心。”

## (二)广告的理性诉求

广告的理性诉求是以商品的功能利益或相关属性为主要诉求点。在广告中突出自己商品的特性及优越性，提出事实或进行特性比较，通过展示商品的固有特性、用途和使用方法等，提供关于商品的事实性信息而使消费者形成一定的品牌态度。

理性诉求策略包括写实、对比、权威、示范 4 种形式。

(1) 写实。是直接陈述广告信息，通过商品展示、性能说明、购买地点和价格等的介绍将产品推荐给消费者。可能采用的手段有：第一，叙事，即通过平实的文字叙述把产品信息直接告诉消费者。第二，有偿新闻，将产品信息以新闻报道的方式在媒体刊登出来。第三，展示，在商店橱窗或展会上直接展示商品，并辅之以介绍商品的传单、画册、说明书等。第四，布告，利用固定的格式在相应的场所发布有关产品的信息。

(2) 对比。通过商品之间的对比关系来突出广告产品的差异性，以引起消费者的关注。对比策略的运用容易引发企业之间恶性竞争，所以“反不正当竞争法”对此有明确的规范。对比策略的运用必须谨慎小心。具体有：功效对比，品质对比，价格对比，创新对比等。

(3) 权威。即利用社会名流、公众人物和专家来推荐或证明产品的品质，提高产品的知名度，增加消费者的信任，激发顾客购买的欲望。

(4) 示范。通过实物的表演性操作与示范，来宣传产品的特点，介绍产品的性能，证

明产品的品质。

USP 理论(Unique Selling Proposition)是由罗瑟·瑞夫斯(Rosser Reeves，1961)在其著作《Reality in Advertising》中提出的，意思为独特的销售主张或是独特卖点。其核心内容是：第一，每则广告必须向消费者传达一个销售主张，这个主张必须让消费者明白，“买这样的商品，你将得到什么样的特殊利益”；第二，这一主张必须是竞争对手做不到的或是没有、无法提出的，在品牌和诉求方面都是独一无二的；第三，这一主张必须聚焦在一个点上，集中强力打动、感染和吸引消费者来购买广告产品。

任何商品都有许多特性，但消费者的记忆力是有限的，因此，必须找出最能吸引消费者的商品属性，才能最大限度地发挥广告效能。M&M 巧克力豆的广告语就是罗瑟·瑞夫斯运用这一原则的经典案例。M&M 巧克力豆在当时是第一种用糖衣包装的巧克力，于是创造了一条“只溶在口，不溶在手”的广告语(M&M’s melt in your mouth，not in your hands.)。鲜明地突出了产品不粘手的特点，一直流传至今。

UPS 的基本前提是将消费者视为理性思维者，认为他们在做出购买决策时追求利益最大化。由此出发，广告应建立在理性诉求上，宣传能带给消费者的实际利益。

### (三)广告的情感诉求

情感诉求是广告诉求的另一种基本方式。广告诉求的基础是消费者的心理需要。消费者不仅有物质上的需要还有精神上的需要，如尊重的需要、爱与归属的需要、自我形象表达的需要，等等。消费者对商品的需求，除了功能上的需求和期待之外，往往还有情感上或其他精神层面的需求。在当今广告实践中，感染力已经成为消费者评价广告优劣的一个重要因素。许多成功的广告表明，富有情感色彩和人情味的广告更具有感染力，更能让人接受。

情感诉求策略包括想象、威吓、夸张和文艺 4 种形式。

(1) 想象。运用各种背景资料和类似事物，使人产生对产品的美好联想；或者运用有关事物来间接表现产品主题，启发人们去思考和领会。

(2) 威吓。运用某种不幸的遭遇，引起人们的恐惧心理，敦促人们听取广告的劝告。

(3) 夸张。将产品所包含的某种独特的信息，运用夸张的手段突显出来，给人们以强烈的印象。

(4) 文艺。使广告具有娱乐性、趣味性，而运用相声、戏剧、说唱、动画等形式来加以表现。

**【案例 11-6】 雕牌广告策略“从理性诉求向感性诉求的转变”**

雕牌系列产品的广告策略就经历了一个从理性诉求向感性诉求的转变。初期，雕牌洗衣粉以质优价廉为吸引力，打出“只买对的，不买贵的”口号，暗示其实惠的价格，以求在竞争激烈的洗涤用品市场突围。结果使这则广告效果一般。而其后的一系列的关爱亲情，关注社会问题的广告，深深地打动了消费者的心，取得良好效果，使消费者在感动之余而对雕牌青睐有加，其相关产品连续四年全国销量第一。

"妈妈，我能帮您干活了"，这是雕牌最初关注社会问题的广告。它通过关注下岗职工这一社会弱势群体，摆脱了日化用品强调功能效果等差异的品牌区分套路，对消费者产生深刻的感情震撼，建立起贴近人性的品牌形象。其后跟进的"我有新妈妈了，可我一点都不喜欢她"延续了这一思路，关注离异家庭，揭示了"真情付出，心灵交汇"的生活哲理，对人心灵的震撼无疑是非常强烈的。(资料来源：http://wiki.mbalib.com/wiki/《雕牌广告策略"从理性诉求向感性诉求的转变"》)

**案例分析**：消费者的消费行为有时是非理性的，但也是可以理喻的。关键是广告能否真正拨动他们心理的那根弦。透过雕牌产品的广告策略，我们可以看出：要是广告深入人心，诉诸人的情感是一种有效的方式。

#### 1. 受众对广告的情感反应

消费者对广告可能产生两方面的反应：认知的反应(也称思维的反应)和情感反应。通常，认知反应导致对该广告信息的了解，即学习、记忆和评价。而广告的情感反应，分为肯定的和否定的两类。肯定的情感反应(也可以理解为积极的情绪体验)，如热情、快乐、精力充沛、轻松、主动等；否定的情感反应或消极的情绪体验，则如沮丧、懊恼、压抑、焦虑、愤怒、恐惧等。情感的影响有以下几个方面。

(1) 影响认知。它们能够影响认知的反应，进而间接地中介消费者对商标的态度。一个亲切感人的广告可以使人对其产生好感的同时，愿意重复接受，进一步了解有关的内容，加深对其的印象，从而获得较多的认知。

(2) 影响态度。这些情绪体验，通过经典发射过程与特定品牌相联系，其结果影响到品牌态度或品牌选择行为。由广告引起的情感，进而导致对广告的态度。例如，飞利浦的广告词"让我们做得更好"含有自豪、鞭策、奋发向上、永不停步的深刻内涵，使人感觉它的虚怀若谷、含而不露，增加了人们对它的好感。

(3) 影响体验。情感的作用还可以转化到使用体验上。当人们感受到广告主人公使用特定商品产生的积极情感，并通过该广告与自己的使用体验的重合，由该广告引起的同感就可能融入自己的实际体验当中去。例如，对万宝路的广告，吸烟者会把自己的情感和幻想充实到该情景中，比如，他们想象出的广袤的西部、漂泊不定的牛仔、大草原、自由、独立、坚强、勇敢、强壮的男子汉等等，构成了一副多姿多彩的世界，这些关联的新增想象和情感体验正好迎合了许多人的自我形象，于是这些情感和想象就可能与吸万宝路香烟的体验建立起持久的联系。

**【案例 11-7】 百事可乐广告策略分析**

百事可乐配方、色泽、味道都与可口可乐相似，绝大多数消费者根本喝不出二者的区

别，所以百事在质量上根本无法胜出，百事选择的挑战方式是在消费者定位上实施差异化。百事可乐摒弃了不分男女老少“全面覆盖”的策略，而从年轻人入手，对可口可乐实施了侧翼攻击。并且通过广告，百事可乐力图树立其“年轻、活泼、时代”的形象，而暗示可口可乐的“老迈、落伍、过时”。

百事可乐着力研究年轻人的特点。精心调查发现，年轻人现在最流行的东西是“酷”，而“酷”表达出来，就是独特的、新潮的、有内涵的、有风格创意的意思。百事可乐抓住了年轻人喜欢酷的心理特征，开始推出了一系列以年轻人认为最酷明星为形象代言人的广告。在美国本土，1994 年，百事可乐花费 500 万美元聘请了流行乐坛巨星麦克尔·杰克逊做广告。此举被誉为有史以来最大手笔的广告运动。杰克逊果然不辱使命。当他踏着如梦似狂的舞步，唱着百事广告主题曲出现在屏幕上时，年轻消费者的心无不为之震撼。在中国大陆，继邀请张国荣和刘德华做其代言人之后，百事可乐又力邀郭富城、王菲、珍妮·杰克逊和瑞奇·马丁四大歌星做它的形象代表。两位香港歌星自然不同凡响，郭富城的劲歌劲舞，王菲的冷酷气质，迷倒了全国无数年轻消费者。在全国各地百事销售点上，我们无法逃避的就是郭富城执着、坚定、热情的渴望眼神。

百事可乐年轻、活力的形象已深入人心。在上海电台一次 6000 人的调查中，年轻人说出了自己认为最酷的东西。他们认为，最酷的男歌手是郭富城，最酷的女星是王菲，而最酷的饮料是百事可乐，最酷的广告是百事可乐郭富城超长版。现在年轻人最酷的行为就是喝百事可乐了。(资料来源：中国企业管理文库《百事可乐广告策略分析》)

**案例分析：**百事可乐作为挑战者，没有模仿可口可乐的广告策略，而是勇于创新，通过广告树立了一个“后来居上”的形象，并把品牌蕴含的那种积极向上、时尚进取、机智幽默和不懈追求美好生活的新一代精神发扬到百事可乐所在的每一个角落。

### 2. 广告中常见的情感类型

从喜、怒、哀、乐到道德感、荣誉感、成就感，人类的情感可分为多种基本类型。在广告中，最为常见的是美感、亲热感、幽默感和害怕感。

1)　美感

美感是一种积极的情感体验。追求美是人所共有的心态，尤其是年轻人。因此，善于进行美感诉求，也可获得以情动人的效果。一个令人赏心悦目的广告，可以通过搭配和谐的广告色彩，通过使人心情舒畅的音乐，通过丰富的广告想象力和优美的背景等等广告元素，给人带来美的享受。也可以通过对自然、轻松、青春活力等等美感体验的追求来设计广告情景，达到美感诉求的效果。

2)　亲热感

亲热感反映了肯定的、温柔的、短暂的情绪体验。它往往包含着生理反应以及有关爱、家庭、朋友之间关系的体验。在这个维度上，经常使用的形容词有：和谐的、温柔的、真诚的、友爱的、安慰的，等等。其中，爱的诉求是常见的一种，将亲情、友情、爱情等情感地融入，往往更容易让广告和产品打动观众，引起共鸣。孔府家酒以其主题曲“千万里，千万里我回到了家……”和《北京人在纽约》的主演王姬的一句“孔府家酒，让人想家”打动了全国的观众。

3) 幽默感

幽默广告使人发笑，产生兴奋、愉快等情绪体验。它可以导致这些积极体验在此与特定品牌发生联系，从而影响受众对品牌的态度，还可能影响到人们对品牌的联想、信念等。麦柯克伦·施皮曼研究机构对 500 则电视广告作过调查，结果表明，逗人发笑的广告容易记忆和更有说服力。

法国一家化妆品商店的广告词为：“千万不要向从本店走出来的少女递媚眼儿，小心她是你奶奶！”十分夸张幽默。一则餐馆广告是这样的：请来本店用餐吧！不然你我都要挨饿了。一语双关，使人发出会心的微笑。

但是，幽默广告也有危险性。一是逗人发笑但可能缺乏说服力，这将直接影响促销的效果；二是可能使人觉得应当严肃对待的事情却被当成儿戏。资料表明，银行、保险公司等较少采用幽默广告。因为金钱、财产、生命和死亡都不是取笑的对象。

**【案例 11-8】 幽默在广告创意中的运用**

一架警用直升机正监视着一场快速追捕。地面上一辆警车紧追一辆车，穿梭在大街小巷。直升机里不断传来最新战况，“喂，看！他又去哪儿了”，一会儿，坏蛋转入了一家停车场……是一家 Dunkindonuts 快餐店。坏蛋停了车冲进了快餐店，警车紧随而至……突然，坏蛋拿着一杯咖啡和一只 Dunkindonuts 快餐袋跑了回来，驾车而去。警察却没有跟上，而是也跑进快餐店，拿了同样的东西，再开车尾随。最后的结语是：不管这个上午多么疯狂，吃我们的硬卷面包、奶油乳酪和咖啡总还是有时间的，Dunkindonuts 快餐店。(资料来源：策动中国网 http://www.imcko.com《幽默在广告创意中的运用》2008-3-20)

**案例分析：**幽默广告有“两乎”之说，即合乎情理，出乎意料。Dunkindonuts 快餐店警匪篇就是如此。人总是要吃饭的吧，坏蛋要吃饭，警察也不例外，这合乎情理，但出乎人意料的是，它竟然是出在追与被追这样一个极端的场景。这就极其鲜明地透射出了幽默广告创意的特性消费者的消费行为有时是非理性的，但也是可以理喻的。

4) 害怕感

害怕的诉求，是指通过特定的广告引起消费者害怕及其有关的情绪体验，如惊恐、厌恶和不适等，利用广告中的不幸事件，敦促人们要听从广告的劝告，来避免这种不幸的发生。这类广告应用最多的是那些有关人身安全和免受财产损失的商品。具体来说，家庭保险的广告诉求旨在提醒人们免受财产损失，而各种药品、保健品和护肤品的广告诉求，则是为了满足人身安全或是身体健康的需求。还有一些商品广告涉及损害友谊、身份、职业的一类轻微的恐惧诉求，诸如防狐臭剂、防晒霜、防盗门、安睡枕等。

当然，并不是所有“害怕”诉求的广告都能达到预期效果，它的有效性取决于诉求的适宜强度。然而，说服过程中威胁的“适当”也是依目标消费者和产品的不同而不同的。例如应用害怕的诉求宣传戒烟，如果目标群体是青少年(不会吸烟者)，强诉求更有可能利于他们遵照宣传中的要求去做；如果目标群是那些有烟瘾的吸烟者，强诉求则可能引起他们的心理防御和知觉回避机制。最典型的是美国的一则戒烟广告：美国著名的光头演员尤伯·连纳身患绝症，面对摄影机说了一段话：“我将不久于世。我吸烟太多，吸烟会致癌，请不要吸烟。”他死后，电视台立刻推出了这则广告。尤伯·连纳蜡黄的脸，深沉的语调，实在令人悲伤和恐惧，给人留下难忘的印象。

### 3. 广告元素的情感诉求

在广告设计中，颜色、插图、字体、广告歌、文案广告语等元素，都有可能于一定的情感体验发生联系，因此，它们常被用来诱发特定的情感。

(1) 颜色。人类生活在一个五彩缤纷的世界中，颜色使人产生各种各样的联想和情感体验。不同的颜色，常常和一定的对象和心境联系在一起。由于社会文化的长期积淀与习俗的影响，许多颜色都具有一定的象征，能产生某种情感体验，引起联想。红色常同节日喜庆联系在一起，给人以兴奋、激动、热烈的感觉，另外还可能与火、血、危险等建立联想；橙色、黄色引起阳光明媚、希望、轻松、幸福、朝气蓬勃的感受，容易使人联想到橘子、水果等；绿色使人联想到春天。万象更新、青草、田野和森林，感受生机和希望；蓝色与海洋、天空发生天然的联系，使人安静和轻松；紫色常使人联想到寂寞、不安、忧郁；白色象征纯洁；灰色、黑色则令人感到严肃、不安和伤感，分别容易联想到阴天、灰色建筑物、黑夜、黑纱等等。现在的杂志，从头到尾，全是彩色照片，如果采用黑白照片，有时反而吸引人的注意。美国色彩研究中心在一项调查中，发给家庭主妇们三种不同包装的清洁剂，让她们试用，然后对三种清洁剂的性能作出判断。试用之后，主妇们认为，黄色瓶装的清洁性能过强，往往会损伤衣物；蓝色瓶装的成分不足，洗过后有时还会留下污痕；底色为蓝色，略带黄色瓶装的得到一致好评。事实上，三种瓶装的清洁剂是完完全全一样的。

(2) 插图。插图是广告设计中最形象化的元素。广告插图包括绘画和照片。它更容易直接展示和唤起人们的各种情绪、情感体验。例如，“希望工程”招贴画中，小姑娘瞪大眼睛渴望求知的神情特写，表现出强烈的情感冲击力，深深地打动了千万人的心。插图可以表现语言文字不容易表现的内容。有些商品，如家具的式样、房间的结构、皮鞋的模样等，很难用语言或文字表达清楚。但如果拍一张实物照片或画一张图，人们就会一目了然，不言自明。

(3) 字体。广告中的字体和情绪色彩也有一定联系：愉快的心境往往与弯曲、明亮的美术体相对应；悲伤、严肃的心境则更容易与角形的、粗体形的字体相联系。从图形与心理反应的关系来看，带有折线的图形容易使人联想到尖刻、不悦，而平缓弯曲变化的图形更能给人带来舒缓、快活的心境。

(4) 文案广告语。心理学家发现，情感词对人的情绪会造成冲击，并造成一定的认知倾向和生理指标的变化。广告语常常具有鼓动人心的作用，利用广告语营造的气氛或其中蕴藏的真挚情感常引起人们的共鸣。例如，澳大利亚的大型葡萄酒公司 Hardy 通过调查发现，澳大利亚葡萄酒消费者中的 44%是 20～29 岁的女性，7%是 30 以上的女性。于是，该公司旧专为年轻女性设计了富有个性化、名为“淘气”的低酒精葡萄酒系列包装。这款包装由“热望”、“激情”、“酷妹”、“我爽”和“都要”组成，采用 750ml 流线型玻璃瓶，颜色各异。许多年轻女性喜爱这款包装就像喜爱自己的口红和香水一样，销量直线上升。

(5) 广告歌。在视听媒介中，音乐能以其优美而富有感染力的旋律，深深打动听众，发挥其他广告元素难以发挥的独特作用。例如，麦当劳的“更多选择，更多欢笑，就在麦当劳”和新近推出的“I am loving it”的背景音乐。它一方面配以歌词来表现广告主题，另一方面作为背景来渲染气氛，加强效果。

## 三、广告媒体与实施

广告经策划、设计、制作以后，在实施中必须借助各种广告媒体，才能向消费者传递产品与服务的信息，才能引起消费者的注意并形成消费刺激。广告实施要符合受众的接受心理，使目标受众有效的获取信息，并取得好的感受效果。

### (一)广告媒体

#### 1. 报纸媒体

报纸始终是高居所有媒体首位的广告媒体。报纸本身也有全国性、区域性和地方性之分；按其内容有综合性和专业性之分；按其出版周期，则可分为日报、晚报、周报和旬报等。报纸广告的心理特征有以下几点：

(1) 报纸的消息性。报纸的版面大，篇幅多，凡是要向消费者做详细介绍的广告，利用报纸做广告是极为有利的。报纸广告是推出新产品的捷径，能全面介绍新产品研制成功和上市的消息。同时由于报纸具有特殊的新闻性，从而使广告在无形之中也增加了可信度。新闻与广告的混排可以增加广告的阅读率，对广告功效的发挥也有直接影响。

(2) 报纸的新闻性和准确可信度，是其他媒体无法比拟的。由于读者对报纸的信任，无形中也使报纸广告显示出正确性和可信度，提高了读者的信心。报纸的信誉，对报纸广告来说是至关重要的。一般来说，严肃而公正的报纸可信度高，广告效率也好。

(3) 报纸的权威性使读者产生信赖感。许多报纸经常会为政府或社会团体发布公告，这在无形之中提高了报纸的社会地位，使之更具有权威性，从而对公众产生强大的影响力，增加了读者对报纸的信任感。可以大大地加深读者对广告内容的信任。

(4) 报纸具有保存价值，其内容无阅读时间的限制，便于消费者反复阅读。另外，印

刷精细的广告可以把商品和服务的特点逼真地反映出来，对读者具有情感上的影响力。同时，由于画面逼真，因而能对消费者产生强烈的劝诱力，刺激其购买欲望。

(5) 报纸的经济性与广泛性。报纸本身售价低，有利于广告的传播。同时，由于报纸发行量大，广告制作成本较低，因此其广告费用相对低廉。报纸的发行量大、传播广、渗透力强，因此报纸广告的传播范围越来越广。且由于报纸大众化的特点适合于任何阶层的读者，并由于报价低廉，读者数量众多。

报纸广告的局限性在于：时效性短；内容繁杂，容易分散广告受众的注意力；有些报纸印刷技术欠佳，美感不强，缺乏对产品款式、色彩等外观品质的生动表现，广告效果较差；现代社会人们生活节奏较快，无法对报纸进行详细阅读，造成广告浪费。

### 2. 杂志媒体

杂志是视觉媒体中比较重要的媒体。它以精美的图案来吸引消费者的注意力，杂志广告具有以下特征。

(1) 杂志编辑精细、印刷精美，宣传效果好。杂志广告具有精良、高档的特色，多用彩色摄影技巧，使产品的外在品质得以生动、逼真的展现。精美的印刷品无疑可以使读者在阅读时感到是一种高尚的艺术享受，达到良好的宣传效果。

(2) 杂志的读者集中、针对性强。专业性杂志由于具有固定的读者层面，可以使广告宣传深入某一专业行业。目前，杂志的专业化倾向也发展得很快，其发行的对象是特定的社会阶层或群体。因此，对特定消费阶层的商品而言，在专业杂志上做广告具有突出的针对性，适合广告对象的理解力，能产生深入的宣传效果，而且很少有广告浪费。

(3) 杂志的发行量大，发行面广。许多杂志具有全国性的影响，有的甚至有世界性影响，经常在大范围内发行和销售。运用这一优势，对全国性的商品或服务的广告宣传，杂志广告无疑是占有优势的。

(4) 杂志具有比报纸优越得多的保存性，因而有效时间长，没有阅读时间的限制。这样，杂志广告的时效性也就很长，消费者可以用充裕的时间详细地阅读。同时，杂志的阅读率、传阅率也比报纸高。因而，杂志广告的稳定性强，有利于扩大或加深广告宣传的效果。

杂志广告的局限性在于杂志的时效性不强，不能刊载具有时间性要求的广告；现代商业服务越来越地方化和区域化，产品的地方分片销售机会远比全国性销售机会多，这在一定程度上限制了杂志广告的发展，杂志广告的全国发行会造成广告浪费；不少综合性杂志由于缺乏专业化特色，又缺乏广泛的影响力，宣传效果不是很突出，与其他媒体相比缺乏竞争力；专业性太强的杂志，读者有一定的限制，阅读范围相对较小，广告传播面有限。

### 3. 电视媒体

电视在所有的媒体中是具有很强的发展势头和发展潜力的一种。由于其发展势头强劲，在广告市场上具有很强的竞争力。电视媒体具有独特的心理特点，其主要表现为：

(1) 表现力强。电视广告声形兼备，娱乐性强，既能听又能看，可以让观众看到富有表情和动作变化的动态画面，生动活泼，因而对观众具有广泛的吸引力。电视广告更主要的是可以突出展现商品个性，如外观、内部结构、使用方法、效果等，在其突出商品诉求重点方面是任何媒体表现不了的。

(2) 传播范围非常广泛。尤其在城市，几乎每个家庭都拥有电视，通过电视对掌握购买权的家庭主妇进行广泛的广告宣传，能为一般日用品及耐用消费品的销售奠定基础。

(3) 电视受众的购买力水平高。由于拥有电视的消费者主要是城镇居民或是农村较富裕者，因而其购买力水平都在中等以上，而拥有平均购买力水平高的受众意味着这种媒体对商品的推销功效高。

(4) 电视具有强制广告的特点，这是其他媒体都难以做到的。

(5) 电视媒体重复性高。电视广告可以重复播出，对消费者起着潜移默化的作用，使商品在消费者心目中形成牢固的印象。

但电视广告要受到时间、地点、设备和条件的限制，而且费用昂贵。广告占用时间过长还会引起电视观众的反感，其适应性不如其他广告。

#### 4. 广播媒体

广播媒体的发展是20世纪初的事。在其后的多种媒体的竞争中，无线电广播凭借其独特的功能而保持其竞争力，在广告市场中占有相当地位，发挥着较为重要的作用。其特征如下：

(1) 广播具有速度快、传播范围最广、不受时空限制的特点。广播可以不需要任何加工，直接播出，因而广播的传播速度最快，时效性最强。广播电台遍及城乡，收音机价格低，几乎每家每人都可以拥有一台，从而使广播具有相当广泛的传播范围和覆盖率。尤其广播是通过对听觉功能的刺激来传递信息的，因此，对各个文化阶层的人都有效，一般听众都能接受其信息传递。

(2) 广播的针对性强。广播节目的设定是针对特定层次的消费者的，因此，在专题节目时间播送针对特定消费者阶层的广告就更有针对性，能使广告宣传深入某一层次的听众。如，在房地产节目中，插播楼盘、二手房信息，广告宣传的效果较好。

(3) 广播的表现力较强。广播广告通过声音传递信息，配以音乐，穿插对话、情节等独特的广播艺术，使人们产生娱乐情感。同时，由于广播的发送时间长，每天都有十几个小时的节目，因此，可供传播的信息容量大，选择余地大大增强。

(4) 广播具有交流性，而且费用低。现在许多电台在广播中，经常采用开通热线电话答疑的形式与听众进行交流，请专家、顾问答疑解惑，受到互动交流的效果。如，许多保健品厂商都采取设专栏，宣传产品的同时介绍保健知识。与报纸、杂志、电视广告相比，广播广告制作便捷，费用最低。

广播在具有以上优点的同时，还存在一些缺点。一是在城市的传播能力弱，而在乡村的传播能力强。但是，一般商品的主要消费市场都在城市，城市的消费能力也比乡村的高得多。二是广播广告的时效极短，不能留存，很容易消失，听众记忆中的印象比较模糊，因此，很难传达清楚广告的内容，难以给消费者留下深刻的印象。三是广播广告的很少被听众主动接受，听众一听到广告往往很快换台，转而收听其他节目，达不到宣传效果。

5. 售点媒体

售点媒体又称现场销售促销广告(Point of Purchase，简称 POP 广告)，是指在超级市场、百货商店、连锁店、药房、杂货店等零售店的橱窗里、走道旁、货架、柜台、墙面甚至于天花板上，以消费者为对象设置的彩旗、海报、招贴、陈列品等广告物。POP 广告的使用，可以弥补其他广告媒体的不足，强化零售终端对消费者的影响力。

现场的 POP 广告能唤起消费者的记忆，进一步激发购买欲望，特别是在自助商店、超级市场等无人售货的销售场所，POP 广告可以代替销售人员起到直接诱导和说明的作用。售点广告还具有小型化、制作简单、成本低廉的特点，又能在最确切的销售地发挥作用。首先，售点广告可以美化销售环境，增加零售点对顾客的吸引力，并烘托销售气氛。其次，可以提醒消费者购买已有印象的商品，并进行指牌购买。最后，由于 POP 广告简单易懂、便于识别，所以适合不同阶层的消费者，可长期反复使用，消费者每次进入商店，都会重复看售点广告，有利于加深对广告的印象。

6. 户外媒体

户外媒体广告是一类综合性的广告形式，它包括户外的路牌广告、灯箱广告、招贴广告甚至于交通广告等形式。这类广告的特点是影响面大，传播信息的时间比较长，户外广告一经设置，往往要经过较长时间才能重新更换。在设计上因独具特色，能使消费者产生新奇感，吸引消费者的注意；由于路牌广告和霓虹灯广告渐趋趣味化、艺术化，可以增加消费者对商品品牌的印象。由于画面简洁，内容简单易懂，易为各个阶层的消费者接受，影响面宽。户外媒体广告引人注目，内容突出便于吸引人的注意和记忆。

## (二)基于消费心理与行为的广告媒体选择

广告媒体众多，功能各异。在选择中应综合考虑各种因素，从媒体种类的确定，到时间、频度、栏目的安排，权衡比较，做出精心的选择，尽可能满足顾客心理与行为需要，取得理想效果。

1. 广告媒体选择

(1) 特定顾客接触频度。广告是做给顾客或是潜在顾客看的，广告媒体选择首先要考虑特定的诉求对象，如消费者的性别、年龄、文化程度、心理、爱好、职业和生活规律等，这些决定了对某类媒体的接触程度。分析研究他们喜欢阅读什么报纸、杂志，喜欢收听广播还是看电视；消费对象是儿童还是成年人，是老年人还是妇女。如果人们没有接触这类媒体的习惯，或是接触不多，兴趣不高，则广告设计得再好，发送得再多，也没有多大意义。如晚间电台广播拥有大批学生听众，时装杂志大部分是女性读者。

(2) 了解广告媒体的性质特点。广告媒体多种多样，特点各不相同，因此传播信息的作用以及对消费者心理的影响也有很大的区别。每一种广告媒体，其传播范围的大小、发行量的多少，直接影响视听的人数；媒体的社会文化地位，是否和消费者文化阶层相适应；媒体的社会威望等等，这些对广告的传播效果，对广告的社会影响力和可信度都有着重要的影响，因此，应该了解各种媒体的特点，才能有的放矢选择适当的媒体。

(3) 广告商品的性质、销售空间和时间。广告商品的种类繁多，不同的商品应采用不同的媒体，如日用品、生活用品最好选择视听媒体；商品如果在全国推广就要选择覆盖全国的媒体；时令商品、流行品、时装等，如中秋月饼，宜选择宣传传播速度快、面广的报纸、广播和电视；大型机械、设备等宜选择印刷媒体。

### 2. 广告版面、栏目和时间选择

(1) 版面大小的影响。版面大小对受众的影响首先是对注意力的吸引程度。显然，在同样的创意设计下，版面越大，其对人们的吸引力越大、除了版面的绝对大小以外，相对版面的大小也对人们阅读的概率有影响。有研究表明，1/3 版面的阅读概率为 1%，1/2 版面的阅读概率则上升到 10%，1 页、2 页版面的阅读率分别为 20%和 31%。当然，版面越大，厂商所要支付的费用相对也越高。

(2) 版面位置的选择。在同样大小的版面上，广告所处的位置会对人形成不同的刺激，产生不同的知觉效果。有研究表明，第一眼所看到的字母或文字，最多集中在左侧，最少集中在右侧，上方处于两者之间。左上方易受人们注目的这一现象，对于广告版面的安排具有一定的参考价值。

(3) 栏目内容的选择。人们对不同的栏目也会有不同的偏好与兴趣，广告应尽可能刊载在潜在顾客关心的相关内容栏目内。按照时间顺序进行播放的广播、电视媒体，其不同的栏目(节目)对人们的影响力也是不同的，主要的决定因素是收视率。除此以外，还应考虑不同栏目所吸引的特定观众群体。

(4) 广告时间的选择。广告时间应考虑的因素是传播时机的选择、播放时间段的选择、刊载频度的选择。传播时机应视产品生命周期所处的阶段来定，在投入期和成熟期以及同行竞争比较激烈的时期，应加强广告的投放。视听媒体的黄金时间段是不一致的。一般来说，广播以早晨、午间和傍晚为最佳时段，而电视则最好是晚上七点到十点。为加深顾客的印象，广告投放的频度在一定时期需要适当提高，如选择多种媒体投放，则需要掌握好各种媒体相互之间的配合。

**【案例 11-9】　如何选择家具广告媒体**

在传统的四大媒体中，杂志是家具广告的首选，也是运用得最广泛的媒体。杂志的装订和印刷精美，一般专门的彩页适宜于表现家具的色彩、造型等特质，完整真实地展现视觉要素，具有强烈的冲击力。杂志便于保存，有利于消费者长期稳定地获取广告信息。因为对于家具这类耐用消费品来说，消费者总是要经过深思熟虑或吸收周围人的意见才最终确定，杂志的特点很适合家具消费者理性的购买行为和心态。

杂志的种类较多，目标消费者群明晰，对消费者的引导作用强而广泛。一般而言，家具厂家商家选择的杂志分为时尚消费类和专业类两种。前者偏重于对女性消费者的感性诉求，注重用感性的文字和华美的图片来博得消费者的心动。后者则除了有感性的广告外，更多的是专业知识的介绍，理性诉求的方式用得较多，或者便于行业人士的交流和行业信息的传递，或者便于消费者获得具体详细的商情信息和相关的购买使用知识，做出理性的判断和购买。(资料来源：全球品牌网 2008 年 7 月 3 日潘利平《如何选择家具广告媒体，家具广告策划全方案》)

**案例分析：**广告媒体多种多样，特点各不相同，因此传播信息的作用以及对消费者心理与行为的影响也有很大的区别。每一种广告媒体，其传播范围的大小、发行量的多少，直接影响视听的人数。广告是做给顾客或是潜在顾客看的，广告媒体选择首先要考虑如何能接触到特定的诉求对象，通过合适的媒体可以达到这一目的。

# 第三节　营销信息的沟通对消费心理与行为的影响

## 一、营销信息传播

### (一)营销信息传播的概念与特点

英语中的传播——“Communication”原义为“分享”和“共有”，现代词义包括“通信、会话、传达、沟通”以及“交流、交往、交通”等等。人类社会的信息交流过程又称为传播或沟通。我们认为，传播是社会成员相互传递信息、观念和感情，彼此进行传播的社会性活动。营销信息传播是社会传播的一种特殊形式，是市场营销者和目标公众之间传递特定的营销信息、生活观念，进行感情交流以及与此相联系的交往传播的社会活动。

信息传播有如下特点：

(1)　信息传播是一种信息共享活动。这里的共享概念意味着社会信息的传播具有交流、交换和扩散的性质。营销信息传播中，传播者与接受者共享的是代表某种生活方式、生活态度的商品信息。

(2)　信息传播是在一定社会关系中进行的，又是一定社会关系的体现。社会关系是人类传播的一个本质属性，通过传播，人们保持既有的社会关系并建立新的社会关系。营销信息传播扩大了客户关系的范围，同时也加深了原有的客户关系。客户关系是商业关系的表现形式，是一种重要的社会关系。

(3) 就信息传播的社会关系性而言. 它又是一种双向的社会互动行为。这就是说，信息的传递总是在传播者和传播对象之间进行的。 营销信息传播的对象必须十分明确，传播的内容必须是在与顾客的交流中逐步形成并不断改进的。如果没有与顾客的互动，营销信息传播必然失败。

(4) 信息传播成立的重要前提之一，是传、受双方必须要有共通的意义空间。从广义上看，共通的意义空间包括人们大体一致或接近的生活经验和文化背景。 营销信息传播的内容、方式如果不符合顾客的生活经验和文化背景，效果就会受到影响，甚至失败。

(5) 信息传播是一种行为，是一种过程，也是一种系统。 营销信息传播也具有这一特征。

## (二)信息传播过程的要素

信息传播过程的要素包括：

(1) 传播者。又称信源是指以发出信息的方式主动作用于他人的人。在营销信息传播中，传播者是主动市场营销者，可以是卖方，也可以是买方。

(2) 受传者。又称信宿，即信息的接收者和反应者，传播者的作用对象。在营销信息传播中，受传者是目标公众，可以是卖方，也可以是买方，还可以是企业的“公众”。

(3) 信息。信息指的是由一组相互关联的有意义符号组成，能够表达某种完整意义的信息。营销信息可以是通过图像、文字、声音、身体语言表达的商品信息、企业形象信息等。

(4) 编码。把信息转换为符号的过程叫信源编码，把符号转换为信号的过程叫信道编码。编码应当注意信息的结构和格式。营销信息的编码往往由专业人士完成，是一种高度专业化、商业化的操作。

(5) 媒介。又称传播渠道、信道、手段或工具。媒介是信息的搬运者，也是将传播过程中的各种因素相互连接起来的纽带。 营销传播中，传播渠道有人员和非人员两大类型。

(6) 译码。把接收到的信号转换为符号的过程叫信道译码，把符号转换为信息意义的过程叫信宿译码。译码能力受到接受者的态度、氛围、知识、技能、经验文化系统的限制。

(7) 噪声。指对传播信息的干扰和歪曲，它可以产生于信息传播过程的各个环节中。

(8) 反馈。是指受传者对接收到的信息的反应、回应，也是受传者对传播者的反作用。营销信息传播中的反馈，包括反应、回应或不反应、不回应。

(9) 效果。表现为知识信息的增加、态度行为的改变、科学技术的进步等。营销信息传播的效果表现了消费者态度的改变，最终实施购买行为。

## 二、营销信息沟通的几种形式

通过广告可以传播信息以外，营销信息沟通也可以传播信息，常见的营销信息沟通方式有人员推销、营业推广、公共关系、直复营销和网络营销几种。

### 1. 人员推销

人员推销是企业通过销售人员与消费者的口头交谈来传递信息、说服消费者购买的一种营销活动。在沟通过程中，人员推销在建立消费者对产品的偏好、增强信任感及促成行为方面卓有成效。因为是面对面的交谈，所以推销人员可以与顾客进行双向式的沟通，保持密切联系，还可以对顾客的意见做出及时的反应。但是人员推销成本较高，而且优秀的推销人员较难寻觅。

### 2. 营业推广

营业推广又称为销售促进，是指在短期内采取一些刺激性手段，如免费样品、优惠券、赠券、折扣、现场购物促销等，来鼓励消费者购买的营销活动。营业推广可以使消费者产生强烈的、及时的反应，从而提高产品的销售量，但这种方式通常只在短期内有效，如果时间过长或过于频繁，则很容易引起消费者疑虑和不信任。

### 3. 公共关系

公共关系是指企业拟订计划利用各种公共媒体来传播有关信息，以促进或保护企业形象或其个别产品的营销活动。这种营销活动，一般是通过不付费的公共报道来传播，传播的信息带有新闻性，因而消费者的一般感觉是有权威性的、公正可靠的，所以比较容易相信和接受。但不如其他方式见效快，而且信息发播权掌握在公共媒体手中，所以企业也不容易进行控制。

### 4. 直复营销

直复营销源于英文词汇 Direct Marketing，即“直接回应的营销”。它是以营利为目的，通过个性化的沟通媒介向特定目标市场成员发布发盘信息，以寻求对方直接回应(问询或定购)的社会和管理过程。

美国直复营销协会(Direct Marketing Association， DMA)对直复营销的定义是：直复营销是一个互动的营销系统，它运用一种或多种广告媒介在任意地点产生可衡量的反应或交易。

### 5. 网络营销

网络营销(Cyber Marketing， Online-marketing)是以计算机互联网的使用为基础，企业直接与顾客接触，并根据顾客需要，以比竞争对手更有效的手段向顾客提供所需要的产品或服务的营销。

## 三、各种营销信息沟通方式对消费心理与行为的影响

### (一)人员推销对消费心理与行为的影响

人员推销作为一种营销人员与客户之间面对面进行的营销活动，从心理及行为学角度分析，具有以下特点。

#### 1. 心理及行为互动的直接性

在人员推销中，营销人员与客户之间是面对面直接交往的，双方的心理影响是交互进行的，并且是不借助媒介直接实现的。所以，尽管人员推销是费钱的营销手段，但是由于具有心理互动的直接性，使得它可以最有效且无误地传递信息，特别是能充分地进行各种感情融通，最大限度地满足客户的友谊、尊敬、自我实现等多种社会心理及行为需要，有利于长期合作，因而仍成为商家广为采用的营销手段。

#### 2. 心理及行为反应的及时性

由于是面对面沟通，营销人员可以及时获得各种营销行为与手段所引起的客户心理及行为反应，及时得到相关的信息反馈，并可以根据客户的不同态度和特点随时进行推销策略调整，从而更有针对性地开展营销，使推销步步深入。

#### 3. 心理及行为影响的复杂性

在推销过程中，客户的心理及行为既受到商品与服务因素的影响，又受到营销人员语言、感情、动作的影响，还要受到客户自身素质、社会角色、心理特征等因素的制约，此外，还受到推销过程中各种环境、氛围等因素的影响。特别是心理及行为规律只是一个大致的规则，在各种主观因素的作用下，客户心理及行为变化趋势带有相当大的偶然性和不确定性。因此，推销过程中客户的心理及行为受到的影响是极其复杂的。

决定和影响推销过程中客户心理及行为的因素主要包括以下几种：

(1) 企业与产品的形象。客户对企业形象，包括对其提供的产品或服务的认知程度，直接决定其印象与信任程度。这是推销能否取得成功的最基本心理因素。企业形象或其产品质量受到怀疑，客户是不可能同意购买的。

(2) 营销人员的形象。客户对商品或企业是否信任，来自对营销人员的认知和态度。营销人员作为企业的代表，作为商品或服务的提供者和信誉担保人，在客户心目中有举足轻重的位置。营销人员的仪表风度，一言一行，一举一动，都会对客户产生重要的心理影响。客户对营销人员产生信任感，才会对其所推销的商品产生信任感。

(3) 商品推介。人员推销的过程，在本质上是一个有关商品或劳务信息传播的过程。营销人员只有采取正确的策略、有效的手段，令人信服地向客户推介商品，真正解决客户

对商品或劳务的认知问题，才能有效解决客户的各种疑虑和犹豫，从而使客户采取购买行动。商品推介过程是影响客户心理最直接的因素。

(4) 人际关系与情感。客户对推销过程的期望，不只限于对物质利益的满足，还特别注重对社会心理需求的渴望。因此，在人员推销过程中，感情融通、关系管理，是影响客户心理，最终使其进行购买决策的至关重要的因素。特别是当交易中的物质利益在市场中趋于平均化之后，购买哪家的商品，最终将取决于情感与关系。

(5) 购买群体的行为与倾向。当客户是个体购买者时，其心理在相当程度上受相关群体消费观念、习俗、购买行为等诸多因素的影响。突出的表现为从众购买、逐新购买等。

### (二)营业推广对消费心理与行为的影响

营业推广的目的是鼓励购买的积极性，营业推广手段被制造商、批发商、零售商等诸多组织采用。通过免费样品、优惠券、赠券、折扣、实物奖励、广告特制品、常客回报、现场购物促销、竞赛、抽彩和游戏等方式，针对消费者进行促销，可以鼓励消费者试用一种新产品，可以把消费者从竞争对手的产品那里吸引过来，可以促使消费者购买一种开发已久的产品，也可以保持并奖励那些忠实的顾客。

事实上，近些年来营业推广的大量使用已经造成了消费者开始抗拒销售促进，从而减弱了营业推广激发顾客购买兴趣的能力。因此，营销人员在进行营业推广活动时应注意避免只顾价格的快速成交式促销，而应该将促销成为一种建立与消费者关系的手段。

### (三)公共关系对消费心理与行为的影响

公共关系是通过获得有利的公众宣传而与公司的不同客户建立良好的关系，建立良好的“公司形象”，对付或消除不利的谣言、传闻或事件。公关可以用来宣传产品、人、地方、活动、组织，并以远远低于广告的代价而对公众心理产生较强的影响。它通过雇用一批专职人员创作并传播信息及对付一些情况。如果一个企业能够“制造”出一些新闻，可能会有好几家不同新闻机构来“炒”这些故事。这与花费巨资做广告带来的效果相当，但是它的可信度要比广告高得多。

公关的主要工具，也是对消费者影响最大的就是新闻。新闻具有准确性、权威性使消费者产生信任，有利于营造产品和企业的知名度，树立企业形象。另一个普遍的公关工具是特别活动，包括新闻发布会，大型的开幕式，焰火表演，热气球升空、多媒体展示，以及各种展览会等。特别活动能吸引消费者的注意，关注企业与企业的产品。另外，企业还可以准备企业形象的书面材料，如年度报告、小册子、文章及公司的新闻小报和杂志、文具、招牌、制服等，这些能帮助创立企业形象地位并能很快被公众接受。企业还可以通过向公益活动捐钱来提高在公众中的声誉。

**【案例 11-10】 天猫懂营销，更懂心理与行为学**

正常人是不会相信天上掉馅饼这样的美事的，这是个通俗易懂的问题，就像耳熟能详的白雪公主童话故事，苹果是有毒的。好事不会轻易送上门，更不会让你白白捡了这便宜。所以，当那些在网络上大打价格战的产品，人们在选择上总会心有余悸的，他们把商品说得天花乱坠，把价格说的是史无前例，这样，反而是为产品在顾客的心中打下了不真实不可靠的烙印。天猫在降价方面便不会如此直白降价，而是先让消费者进行一些“劳动”，从而感受到“有付出就会有回报”。消费者会觉得这些价格的降低是自己争取来的，绝不是“天上掉下来的馅饼”。去年双十一，天猫的顶红包、捉猫、整点抢红包活动吸引了众多消费者的参与，不知又敲坏了多少键盘。今年，天猫又另辟新径，玩起砍红包，首先给出 36 款商品，商品本身给出的价格就很低，但是还可以更低，只要你肯“砍”，哪个被砍的次数越多？排名越靠前你买的时候返还你的红包也就越大。排在第一名的商品返还 8%，依次递减到排名第十八位返还 4%结束，如果你看中的商品排名不够理想怎么办？别着急，天猫会给你拉出一个菜单，让你去微博拉朋友，大家一起砍。

小便宜不贪白不贪，这是大众又一心理与行为，天猫相对于其他商家给消费者派发的红包比较实在，它就相当于支付宝里的钱，如果你的红包比较大，你可以直接在天猫上换购自己想要的商品，如果你的红包较小，那么，你也可以把几个红包加起来用在一件商品上，除了不能提现，不能购买充值卡等虚拟产品，它的限制也较其他商家较少。一旦你拥有了红包，你就会直观地去想自己还要购买什么，如果不使用，消费者可能会觉得损失了一笔钱，所以总会千方百计地把它花掉才罢休。(资料来源：http://www.97tui.com/html/ZhongQiKeHu/ChuangYiZhanShi/2084.html,《网络营销，天猫懂营销更懂心理学》2013-06-24)

**案例分析：**天猫不光有专业的网络营销技能，更重要的是它深谙消费者的心理与行为，知道如何运用并符合消费者的心理与行为，很好地把握并结合实事事件吸引消费者，从而实现促进消费的终极目标。天猫网络营销成功地将专业的网络营销知识和消费者心理与行为结合，不断创新，走出自己的特色，将自身优势发挥的淋漓尽致。

## 本 章 小 结

广告心理机制模型主要有以下几种：AIDA 模型认为广告作用于人们心理的过程由四个步骤组成：注意、兴趣、欲望、行动。DAGMAR 模型将广告作用的心理过程分为如下 5 个阶段：未察觉某商标或企业—觉察到该商品或企业—理解—信念—行动。六阶梯说这一模型又称 L&S 模型认为消费者对广告的反应包括 3 个部分：认知反应、情感反应和意向反应。因此在广告作用过程阶段中，增加了“喜欢”和“偏好”两过程。广告心理过程的重要环节包括引起注意、增强记忆、产生联想、诱发情感。广告的心理与行为功能包括诱导功能、认知功能、教育功能、促销功能、便利功能。

广告创意是形成关于广告表现的基本概念的过程，是广告制作的依据。它包括广告创意的心理素材，广告信息的再造想象，广告构思中的创造想象。广告诉求的基础是消费者的心理与行为需要，广告诉求的两大基本方式为理性诉求与情感诉求。情感的影响有以下几个方面：影响认知、影响态度、影响体验。广告中常见的情感类型美感、亲热感、幽默感、害怕感。在广告设计中，颜色、插图、字体、广告歌、文案广告语等元素，都有可能于一定的情感体验发生联系，因此，它们常被用来诱发特定的情感。在广告实施中，各类媒体对受众心理的影响力各有其长处与短处。广告媒体的选择要考虑特定受众的接触频率、广告商品固有特征，及媒体本身所具有的性质。

通过广告可以传播信息以外，营销信息沟通也可以传播信息，常见的营销信息沟通方式有人员推销、营业推广、公共关系、直复营销几种。

# 自　测　题

1. 如何理解广告心理机制的 L&S 模型？
2. 广告有哪些心理与行为功能？
3. 广告的情感诉求有哪些方面，如何进行？
4. 举例比较主要媒体广告的特征。
5. 如何选择商品的广告媒体？
6. 人员推销有何心理与行为特点？
7. 什么是信息沟通？如何运用信息沟通？
8. 直复营销与网络营销在信息沟通方面具有哪些优势？

# 案 例 分 析

### 新媒体上演奥运报道争夺战

2008 年初，央视国际正式与国际奥委会签约，成为 2008 北京奥运会官方互联网及移动平台转播机构，这是百年奥运史上，首次将互联网、手机等新媒体作为独立的转播机构，与传统媒体一起列入奥运会的转播体系。

腾讯近 3 亿 QQ 用户的市场占有率、新浪体育的老牌号召力、搜狐的互联网赞助商身份、网易 2.4 亿邮箱注册用户、央视网及人民网的国家级身份……精明的新媒体拉弓备战奥运报道时，仍冷静的在自己已有的老本优势资源上使劲做文章。“奥运期间，用户只要登录 QQ，就能知道金牌诞生的最新情况”，腾讯公关告诉《中国新闻出版报》记者，“我们会在 30 秒内将奥运新闻推送至腾讯近 3 亿用户桌面。此外，将有超过 100 名奥运代表团主力队员的博客在腾讯网发布。

自1998年成功报道世界杯后，新浪体育在业界一直处于领先地位，大部分网民形成了“看体育，上新浪”的阅读习惯。据《中国新闻出版报》记者了解，2008奥运会，新浪将建立近600人的前后方报道团队，“其中很多由资深编辑与业内专家组成，他们都经过了报道悉尼奥运会、雅典奥运会、德国世界杯的磨炼。”新浪公关介绍。同时，新浪将构建英语、法语、德语、阿拉伯语和西班牙语5大外文奥运站；新浪还与中国排球协会、中国网球协会、国家体育总局水上运动管理中心等6家运动协会达成了战略合作伙伴关系，这6家运动中心管辖下的13支国家运动队将指定新浪作为优先信息发布平台，对其奥运战况、选手信息、获奖感言等进行第一时间报道，部分明星运动员也将个人官网落户新浪，比如刚刚签约新浪的中国男篮领军人物易建联。

网易将利用其2.4亿邮箱注册用户的优势，集合旗下博客、相册、游戏、POPO、播客产品全面配合奥运报道。

作为2008北京奥运会唯一互联网赞助商，搜狐承担了北京奥运官网beijing2008.cn的建设，搜狐认为，近半年来，跟奥运相关的搜狐品牌知名度已遥遥领先其他网站，同时，据CTR调查，在整个奥运品牌关联度方面，国航排第一，搜狐与中国移动并列第二。作为奥运互联网赞助商在报道奥运方面的优势，搜狐表示是记者证与快速两点。搜狐称，由搜狐、华奥星空、中体在线以及全国奥运媒体联盟组成的联合报道体共拥有120多张记者证；作为奥运赞助商及奥运官网承建方，搜狐还拥有300多张工作证件。届时搜狐奥运报道团队将覆盖各个奥运赛场、奥运村、奥运会主新闻中心、奥运会非官方新闻中心、北京奥运大厦等所有奥运场所，在媒体人员覆盖上，除了中央电视台、新华社外，其他媒体都无法比拟。此外，搜狐在奥运赛事报道中，凭借奥运会互联网内容赞助商的独家权益，搜狐在网站中将独家使用INFO系统，将以领先其他网站至少1分钟的速度进行实时比分直播、比赛赛程和比赛结果发布。

作为国家重点新闻网站，央视网将依托中央电视台奥运报道团队650多名持证记者、主持人、编导的强势资源，结合网络电视、手机电视、IP电视、公交移动电视等四大传播平台，全程转播28项、3800小时奥运赛事节目。据央视网介绍，手机电视奥运台的概念是第一次浮出水面，届时，手机电视将同步转播CCTV-1、CCTV-2、CCTV-5、CCTV-7及CCTV新闻频道，开设15路主题赛事直播频道；提供中央电视台奥运头条、夺金瞬间、今日之星、中国军团、荣誉殿堂等节目的视频点播。此外，IP电视和公交移动电视将对奥运赛事和资讯提供回放、时移等功能服务。

同为国家重点新闻网站的人民网将在2008奥运报道中强调全球视野。奥运时，人民网每天将以中文(简体、繁体)、英文、法文、日文、俄文、西班牙文和阿拉伯文，以及藏语、朝语、蒙古语发布新闻；人民网将借助人民日报驻世界各地记者资源及时关注各国政要、民众及媒体对北京奥运的评价；人民网已经联络的“世界各国写手团”将组成“合众国”

博客圈从不同国角度看奥运；人民网还将邀请外国教练、运动员甚至政要做客人民网，与网民在线交流。(资料来源：新华网 http://news.xinhuanet.com/《“战争”即将打响 新媒体上演奥运报道争夺战》2008-08-05)

**讨论题：**

1. 分析新媒体如何利用自身的优势参与奥运赛事传播的。
2. 新媒体介入奥运赛事传播对消费者会产生什么影响？

# 阅读资料

## 广告影响大学生的消费欲望与奢侈品的消费认知

广告传播信息，扩大了人们生活空间，特别是对大学生们，由于更容易接受新鲜事物，更能构想心中的美好生活蓝图，所以广告若使用了恰当的修辞表白，凝聚甚至是制造、生产出种种欲望，将有利于转化成为大学生消费的动力。关注大学生消费状况，把握大学生消费心理与行为特征，实行与之相适应的营销策略就显得尤为重要。

迄今为止，广告已经是文化空间最为强大的符号系统之一。广告是一种妇孺皆知的艺术；形象生动，朗朗上口。这使广告的亲和力远远超出了通常的文化类别。现代社会，商业广告令人们见多识广。即使没有见到实物，我们仍然意识到了丰盛的物质世界。这个意义上，广告扩大了我们想象生活的空间。

启用明星偶像加盟是广告制作的常见手段之一。通常的想象之中，明星是这个时代最惬意的一批人。他们周游世界，收入丰厚，香车豪宅，绯闻不断，他们所从事的艺术或者体育带有很大的娱乐成分，他们赢得的崇拜使他们成为一个最有感召力的阶层。对于那些没有足够的经济资本或者家族背景出人头地的少男少女说来，明星梦是最大的幻想。如果某种品牌的洗发剂、矿泉水或者移动电话可能与明星的生活沾边，那么，慷慨解囊就是进入这种幻想的中介。几乎所有的大学生都有自己喜爱的明星，于是为了达到广告的目的，明星们成了广告要制造这些幻象的最好的载体。他们不仅有着让人赏心悦目的美丽外形，更重要的是他们是万人心目中的偶像，有这张熟脸的出现，会让更多的人因注意到这张脸而注意到这则广告，会因日后回忆这张脸而回忆起这个商品，明星的魅力投射到商品上，让这个我们原本陌生的商品陡然间身价倍增。于是，刘翔驾驶凯迪拉克 CTS，时尚成熟；张曼玉用力士香皂，典雅高贵；章子怡用潘婷洗发水，光泽亮丽；王力宏、周杰伦等等代言各种饮料，粉丝成群；还有后来的各种选秀新星们也开始拍各种广告。当代大学生们被各种广告包围着，满眼都是想买的商品，于是消费、消费再消费。

有的商家做广告还让我们消费者亲身体验梦想，启发隐藏在我们内心的欲望，一方面让消费者从品牌表现及传播的信息中，建立独特的印象，使消费者产生想要追求、体验、拥有的动力及无限的想象空间；另外一方面在产品的销售渠道建立体验梦想的平台，最常见的就是商场一楼满眼的高档化妆品专柜，都是可以试用的，还可以给你免费化妆，这让爱美的女孩子们无法抵挡。再例如：SONY 专卖店的数码梦工厂的体验，让消费者亲身感受梦想的模拟实现；也可以定期举行一些体验营销的活动，例如安踏运动鞋每一年举行的攀岩比赛，使消费者从了解转换成亲身经历，就能够促成更多的实际消费者的产生，从而借着强化梦想品牌的印象，让产品具备创新、美感、乐趣与热情，在消费者心中建立不可取代的地位。不断的创造梦想，引导前沿消费时尚。

我们经常看到的广告，除了以电视为媒介，还有杂志、报纸、户外展板、公交车体等等。众多的都市女性时尚杂志就是非常典型的例子，《世界服装之苑－ELLE》、《时尚－COSMO》、《瑞丽－伊人风尚》等数十种大同小异的女性杂志以骄人的姿态越来越多地占据着书店、服装店和都市女性芳闺中的优势地位。当然，它们也成了现代时尚女大学生的最爱。它们的种类越来越多，定价越来越高，但却越来越好卖，女性杂志即占据了大约 16% 的市场份额。以广告收入作为盈利渠道的模式使消费者们在掏钱买书的同时. 还欢天喜地地抱回了一大捧广告。这些充斥着时尚广告的华丽杂志的终极目的实乃——营造女性欲望消费的全景图。这一目标从《瑞丽》的宣言上就可见一斑：实用时尚优雅面向都市职业女性——提供白领美丽必读，提升女性成熟气质，时尚与实用兼具，优雅与智慧的完美融合，俨然一副“美丽智慧的百科全书”模样。看着这些精美又昂贵的商品，女大学生们宁愿省吃俭用也要去购买来装扮自己，就算现在买不起，也会朝着那个“美丽智慧”去努力争取。

通过资料搜集和问卷调查发现，广告对大学生消费欲望产生了影响，在广告的一遍一遍地诉求下，大学生原有的欲望膨胀了，原没有的欲望也被一个一个制造出来。很多广告拍的或是浪漫，或是奢华，或是温馨，对当代大学生消费欲望带来了巨大的影响，于是他们就在欲望的驱使下，去进行消费，甚至是奢侈消费。

从调查结果来看，现今大学生的月消费额主要集中在 500～800 元，此消费水平的学生人数占所有被试学生人数的 51.67%，其次就是 800～1200 元，人数占 35%。这跟前两年的大学生消费调查结果相比，现在的大学生消费水平明显高于过去，当然这和商品多样化，人民生活水平提高，还有近期物价一涨再涨等原因是分不开的。

在所有被试中，25.83%的被试觉得自己的月消费偏高，70.83%的被试感觉消费额刚刚好，也有个别人感觉自己月消费额非常高或者非常低。虽然在问到是否喜欢看广告时，只有少数被试报告说喜欢看广告，而大部分被试要么不喜欢看广告，要么就是无所谓态度，但是在调查结果显示，广告还是对大学生的消费产生了明显影响的。例如：71.67%的被试都报告，曾经看到某个广告，会情不自禁地兴奋地想要得到广告上的那个产品；75%的被试会选择购买做过广告的熟知的产品。

现如今，大学生们不但是庞大的消费群体，更是潜在的奢侈品消费群体，因为我们拥

有很强的接受能力和新鲜的生活理念，并且将成为未来的较高学历和较高收入的人群。在铺天盖地的广告刺激下，大学生们的消费欲望当然是不会不改变的。数据显示，只有 13.33%的被试不喜欢广告中的精美商品或者理想的生活方式；61.67%的被试梦想过广告中的精彩人生和理想生活；51.67%的被试报告虽然现在买不起，但有决心要通过努力，将来成为奢侈品的消费者。

虽然据调查，现在的大学生消费水平有所上升，广告对他们的消费欲望有推波助澜的作用，且让他们早早就对奢侈消费有了蠢蠢欲动的心，但是大学生们还是比较理性的。例如：近 60%的被试在购物时，会买最适合自己的商品，而不买最喜欢的；75.83%的被试认为大学生应该合理消费，23.33%的被试认为只要经济允许，可以买一切自己想要的，只有一个被试认为大学生应该朝前消费；80%的被试表示，如果自己的偶像代言了某品牌的服装，就算价位能接受，也只是有合适自己的才会购买；只有 27.5%的被试认为广告中的奢华生活是真实的；68.33%的被试表示，如果自己的手机不旧也没坏，就算有钱也不会换个心仪的新款手机的。当然，消费不合理的大学生还是大有人在的，只挑选自己喜欢的商品，肯定购买偶像代言的商品，喜新厌旧地更换更新的商品。

由于消费的功能发生了变化：它越来越注重追求不必要的欲求满足，使消费与“需要”和“使用价值”渐渐背离，消费不再是目的，它成了满足欲求的一种手段。“需要”是所有人作为同一物种的成员所应有的东西，“欲求”则代表着不同个人因趣味和癖性而产生的多种喜好。在消费社会，消费已经构成一个欲望满足的对象系统，成为获得身份的商品符码体系和符号信仰的过程。(资料来源：中国营销传播网，《广告影响大学生消费欲望与奢侈品消费认知的调查》作者：丁家永 2008-06-13)

# 第十二章

# 营销服务与消费心理及行为

**学习目标**：掌握营销服务的特点与心理效应；掌握营销服务售前、售中、售后三阶段的心理及策略；理解营销人员对顾客心理及行为的影响；了解消费者的权益与保护情况；掌握消费者投诉心理及消费者投诉的沟通与处理方法、技巧。

**关键概念**：营销服务(marketing services)　顾客满意(customer satisfaction)

**引导案例**：

**海尔空调服务理念**

海尔空调的服务承诺：只要您拨打一个电话，剩下的事由海尔来做。服务宗旨：用户永远是对的。服务政策：海尔集团公司郑重向消费者推出海尔“全程管家 365”服务新概念，将海尔服务直观地传达给消费者。海尔家电“全程管家”服务人员一年 365 天为用户提供全天候上门服务，海尔“全程管家 365”的具体内容包括：售前：上门设计；售中：咨询导购、送货到位；售后：安装调试、电话回访、指导试用、征询用户意见并及时反馈到生产开发部门，不断提高产品的设计。另外，根据用户的预约为用户提供上门维护、保养等服务。消费者只需直接拨打海尔 24 小时服务热线，即可预约海尔“全程管家”为消费者提供的先设计后安装、保养、清洗、维护家电的全方位服务。同时通过在全国售后系统建立“一站到位，一票到底”的服务流程，树立起“我代表海尔集团，我就是海尔服务”的意识，实现“一次服务，用户全部产品受益”的服务目的。海尔“全程管家 365” 这种深入人心、饱含亲情化星级服务的推出，不仅能带动国内同行业服务水平的提升，更能在国际上较好地树立中国家电企业的新形象。

营销服务在企业核心产品中起着什么作用？营销服务对消费者心理及行为有什么影响？这就是本章将要探讨的内容。

## 第一节　营销服务心理

营销服务是指各类企业为支持其核心产品所提供的服务。企业的营销服务是由售前、售中、售后服务构成的体系。营销服务是在功能营销的基础上，通过加强“服务”这一手段来达到扩大销售的目的。这是企业越来越认识到服务在销售中的重要作用而必然采取的

措施。营销服务在整个营销体系中越来越显得重要。

# 一、营销服务的特点与心理效应

## (一)营销服务的特点

在营销服务活动中，营销人员与消费者的关系本应该是对等的，但由于营销人员的特定角色以及消费者所处的特定地位，在双方的交往过程中二者的关系却又是迥然不同的，由此决定了营销服务活动具有一系列特点。

### 1. 服务性

服务性是营销人员的重要职业特征。营销人员所从事的是不仅与物打交道，而且与人打交道的服务性工作。因此，营销服务是一种劳务交换，是一种信息传递，是一种感情交流，是一种心理沟通，是在服务过程中实现的商品向消费领域的转移。

### 2. 短暂性

营销服务中的人际交往是一种短暂性和公务性的交往。在一般情况下，营销人员与消费者的接触只限于满足消费者购物活动的服务需要。双方都立足于各自眼前的利益，完全是一种商品买卖关系。

### 3. 主导性

营销人员服务活动的对象是人，消费者有着千差万别的消费行为与心理，营销人员不可能采用单一的标准模式进行接待。在双方交往过程中，营销人员要注意观察消费者行为，揣摸分析消费者的心理，了解消费者的需要，解答消费者关心的问题，并对消费者进行提示与诱导，这些活动都使营销服务工作具有了主导能动作用。

### 4. 不对等性

营销服务中的人际交往通常是一种不对等的交往过程。“顾客是上帝”的特定地位，决定了营销人员必须服从和满足顾客的意愿。只有顾客对服务人员提出要求，而不存在服务人员对顾客提出要求的可能性。这是对特定职业角色的要求。因此，营销服务人员要正确理解双方之间的“平等”、“不平等”的含义，不能与顾客争输赢，要接受“顾客总是对的”这一观点。

## (二)营销服务的心理效应

在营销服务中，营销人员与消费者的关系是一种双方相互作用的人际知觉关系，营销人员的主体形象对消费者的行为和心理将产生一定的影响。这种影响作用所产生的心理效应表现在以下几个方面。

1. 首因效应

首因效应又称优先效应，是指在某个行为过程中，最先接触到的事物给人留下的印象和强烈影响，也称第一印象，是先入为主的效应。首因效应对人们后来形成的总印象具有较大的决定力和影响力。在现实生活中，先入为主和首因效应是普遍存在的，例如，消费者到某商场购物，第一次和某位销售人员接触，由于双方的首次接触，总有一种新鲜感，都很注意对方的仪表、语言、动作、表情、气质等，并喜欢在首次接触的瞬间对一个人做出判断，得出一种印象。如果这种印象是积极的，则会产生正面效应；反之，则会产生负面效应。市场营销活动中，商品展示丰富多彩，购物环境舒适宜人，销售人员礼貌热情，会使消费者产生“宾至如归”的积极情感。良好的第一印象为营销沟通和消费行为的实现创造了条件；反之，则会使消费者产生消极的情绪，影响购买行为的进行。消费者许多重要的购买决策和购买行为，都与服务人员的第一印象有关。

2. 近因效应

近因效应是指在某一行为过程中，最后接触到的事物给人留下的印象和影响。消费者完成购买过程的最后阶段的感受，离开零售点之前的所见所闻和印象及评价，最近一次购买行为的因果等都可能产生近因效应。与首因效应类似，近因效应也有正向与负向之分，对下次购买行为也会产生积极或消极的影响。优质的服务所产生的近因效应，是促使顾客经常光顾的动因。

3. 晕轮效应

晕轮效应也称光环效应或印象扩散效应，是指人们在观察事物时，由于事物所具有的某些特征从观察者的角度来看非常突出，使他们产生了清晰、明显的知觉，由此掩盖了对该事物其他特征的知觉，从而产生了美化或丑化对象的印象。人们常说的“一俊遮百丑”、“一好百好，一坏百坏”的知觉偏差，即是晕轮效应的典型例子。晕轮效应发生在消费者身上，表现为消费者根据对企业某一方面的突出知觉做出了对整个企业优劣的判断。如企业对售后服务的承诺兑现程度如何、接待顾客投诉的态度及处理方式是否认真负责等，这些都会使消费者产生晕轮效应，使之形成对整个企业的总体形象的知觉偏差。

4. 定势效应

定势效应是指人们在社会知觉中，常受以前经验模式的影响，产生一种不自觉的心理活动的准备状态，并在其头脑中形成固定、僵化、刻板的印象。消费者对不同的营销人员的个体形象及其评价也有一些概念化的判断标准。这种印象若与消费者心目中的“定势”吻合，将引起消费者的心理及行为的变化。例如，仪态大方、举止稳重的营销人员，给消费者最直观的感受是“真诚”、“可信赖”，与消费者的心理定势相吻合，消费者则愿意与其接近，征询他们的意见和接受他们的指导，容易促成交易。反之，消费者对于闪烁其词、

解答问题含糊不清、急于成交的营销人员，最直观感受是“不可信赖”，若与消费者的心理定势吻合，消费者则会产生警觉、疑虑、厌恶的情绪并拒绝购买。

## 二、营销服务三阶段的心理及行为

**【案例 12-1】 摩托罗拉公司营销服务的三阶段**

市场运作是全方位地为顾客创造更多的优质服务，包括售前、售中和售后各个环节上的服务运作。进入 21 世纪，摩托罗拉在营销新观念的支持下，在市场运作的各个层面更进一步创新。

售前服务方面，摩托罗拉特别重视做好向新闻界朋友、经销商及消费者的宣传服务工作，最近又在宣传服务的创新上大动脑筋。以近两次的新品牌手机新闻发布会为例，一次是采用了交响乐的形式推出的，一次是采用室内剧的形式推出的，这些创新的表现手法不仅显示了摩托罗拉对于每个新品牌浸注的全部热情和力度，而且表达了摩托罗拉对于新闻界朋友与经销商的服务热情，进而也表达了摩托罗拉倾力为消费者做好售前服务工作的热情。因为只有让新闻界朋友及经销商首先清楚准确地认识和理解摩托罗拉新品牌和新产品所表达的理念，并产生认同感，才能更迅速、更有效地帮助广大消费者清楚准确地了解摩托罗拉所要传递的信息。

售中服务方面，摩托罗拉不仅重视对其专卖店的服务和支持，同时，也注意支持移动通信公司或联通公司的营业厅以及逐渐成为主流的手机零售店。为了提高摩托罗拉手机在售中的服务质量，摩托罗拉对专卖店的店主和店员做了大量的培训工作，并且在店面装潢上给予很多实在的支持。比如摩托罗拉为各专卖店制作了灯箱、招牌，这样即使是一家很土的专卖店，顾客一走进店铺也会感受到很专业的气氛。这样做能够帮助顾客消除其在质量与服务水平上的顾虑，让顾客感受到这是一家由摩托罗拉支持的零售网点。通过对这些专卖店的服务和支持，也间接地向广大消费者提供了良好的售中服务，使他们能够在更方便的地点选购到称心如意的手机。

售后服务方面，摩托罗拉早在 1998 年就成立了全质量服务中心，使消费者能同时享受到手机、寻呼机的高质量维修服务。目前摩托罗拉已在上海、沈阳、广州、成都、北京、天津等地建立了全质量服务中心，以支持遍布全国的各类维修中心和特约快速连锁店。摩托罗拉在推广“全质量服务”过程中，又对广大手机消费者做出承诺：所有摩托罗拉手机的保修，在其特约全质量服务中心，从受理到完成，可在 1 个小时内进行完毕。(资料来源：http://wiki.mbalib.com/《摩托罗拉公司》)

**案例分析：**一个完整的销售流程应当至少包括售前服务、售中服务和售后服务三个部分。在当前市场环境下，售后服务被放到特别突出的位置。而实际上，在整个营销和销售系统链条中，售前服务是营销和销售之间的纽带，作用至关重要，不可忽视。

## (一)售前服务心理及行为

### 1. 售前服务与顾客心理及行为

售前服务是整个商品交换过程的重要活动，是争取顾客的重要手段，因此，售前服务对顾客的心理影响是非常重要的。它是指产品从生产领域进入流通领域，但还没有与顾客见面的这段时间里的各种服务，主要包括货源组织、商品的运输、贮存保管、再加工、零售部门的广告宣传、拆零分装、柜台摆布、橱窗陈列、商品卫生等。在这一过程中，为顾客服务的工作主要体现在为顾客买好、用好商品所做的准备与预先控制上。顾客购买商品的心理活动，首先总是从对商品或商店的注意开始的，进而逐步对商品产生兴趣，产生购买欲望。而售前服务的心理影响正是要达到引起顾客注意，并对商品产生兴趣和购买欲望的目的。售前服务心理主要体现在利用售前广告引起顾客的注意，商品陈列力求使顾客产生兴趣。

### 2. 售前顾客心理分析

顾客由于需要产生购买动机，这种购买动机受时空、情境等因素的制约，有着各种各样的心理取向。

(1) 顾客认知商品的欲望。售前，顾客最关注的是有关商品的信息。他们需要了解商品的品质、规格、性能、价格、使用方法以及售后服务等内容。这是决定是否购买的基础。

(2) 顾客的价值取向和审美情趣。随着社会经济的发展，人们的价值取向和审美情趣往往表现出社区消费趋同的现象。所以，通过市场调研了解社区顾客的价值取向和审美情趣，并以此作为标准来细分市场，对销售大有帮助。

(3) 顾客的期望值。顾客在购买以前，往往对自己要购买的商品有所估量。这种估量可能是品牌，可能是价格；可能是性能，也可能是其他因素。这种估量就是所谓的期望值。随着时代的发展，人们对产品的要求越来越高，企业生产与销售产品，一方面要满足顾客的物质需要，另一方面要满足顾客的心理需要。顾客的购买从生理需求占主导地位正逐渐转变为心理需求占主导地位，心理需求往往比物质需求更为重要。因此，服务除了要考虑产品的质量等各项功能外，还要考虑人们引申的需求。营销人员在售前服务中应根据顾客的心理特征，有效地把握顾客的期望值。

(4) 顾客的自我意识。自我意识并非与生俱来，它是个体在社会生活过程中与他人相互作用、相互交往、逐渐发展所形成的。所以，要了解顾客的自我意识，为进一步开展营销活动奠定基础。

### 3. 售前服务心理策略

掌握了顾客的心理需要及特征之后，就可以有针对性地采取相应的心理策略。

(1) 建立目标市场服务档案，把握顾客心理需要。市场经过细分之后形成多个子市场，

相同的细分市场具有相同的性质，不同的细分市场具有异质性。企业可以通过建立数据库，储存目标市场顾客的心理特征、购物习惯等方面的信息，为做好更有针对性的服务提供依据。

(2) 最大限度地满足顾客相关需求。顾客的需求往往不是单一的，有时除了主要需求以外，还有许多相关需求。最大限度满足顾客的相关需求，会让顾客产生一种意外惊喜的感觉，从而促使其购买商品。

(3) 促使顾客认知接受商品。这也是售前服务中最为重要的策略。顾客认知接受商品需要一个过程，消除顾客的戒备心理，使顾客认知企业所销售的商品，需要通过三个途径来解决：

- 提供情报。它具有双重性，一方面沟通企业和顾客的联系，为企业提供目标市场的顾客的有关情报，引导企业开发新产品，开拓新市场；另一方面，通过沟通企业和顾客的联系，企业可以为目标市场的顾客提供有关情报，让顾客更好地了解企业的产品或服务，诱导消费。
- 利用广告宣传与咨询服务等手段突出特点，增强顾客注意力。在同类产品竞争比较激烈的情况下，许多产品只有细微的差别，消费者往往不易察觉。企业通过富有特色的一系列售前服务工作，一方面可以使自己的产品与竞争者的产品区别开来，树立自己产品或劳务的独特形象；另一方面可以使消费者认识到本企业产品带给消费者的特殊利益，吸引更多的消费者。
- 解答疑问，引发需求。企业要在激烈竞争中，不断开拓新的市场，吸引更多的顾客，就要解除顾客的后顾之忧。一般的顾客在决定购买某一种产品而尚未决定购买某种品牌之前，其购买决策在很大程度上取决于顾客对某种品牌熟悉的程度。因此顾客在购买决策之前，就要搜集该品牌产品的性能、结构、技术、功能等情报，甚至要掌握产品的操作使用规则或技巧。企业只有满足了顾客的这些供其决策之用的情报需要，才能使他们从准顾客转化成现实的顾客。

**【案例 12-2】 辉瑞制药公司的售前服务**

从理论上说，美籍拉美人最有可能是辉瑞制药公司的胆固醇药物利皮特天生的消费群体。因为辉瑞公司的调查显示，美籍拉美人的胆固醇含量普遍过高，并且大多数都没有得到治疗。同时，研究人员还发现了一个问题：很多美籍拉美人并不认为胆固醇含量过高是个问题——他们并没有意识到它的危害性。看来传统的广告策略在他们身上不起作用。

“在我们谈论利皮特之前，我们必须让人们相信胆固醇含量过高是不好的。”辉瑞营销部副总裁桃乐茜·维采尔说。

所以，作为一体化营销战略的一部分，辉瑞公司决定首先投资一个健康教育项目——Sana La Rana。他们首先搜集关于高胆固醇危害方面的资料，然后通过电视、报纸、广播和网络等方式把它们传递给美籍拉美人。为此，他们还专门设立了针对拉美人的网站

(www.sanalarana.com)。同时，公司还与拉美人全国委员会(NCLR)建立了合作关系。

“在美籍拉美人社区中，人们一般从社区的非专业健康工作者那里寻求医药卫生知识。” 维采尔说，“所以我们就和拉美人全国委员会合作，派非专业医务人员深入各个拉美人社区，一对一地向他们解释胆固醇含量过高的危害。”

“这种做法极大提高了降胆固醇类药物的销量，当然也包括利皮特的销量，所以水涨真的能使船高。” 辉瑞发言人称， 自 2003 年 6 月这项活动在迈阿密和休斯敦发起以来，Sana La Rana 帮助三万多患有高胆固醇症的美籍拉美人完成了检测，占患有高胆固醇症美籍拉美人总数的 10%。(资料来源：中国服务营销网 2006-2-5《药品销售新方法》)

**案例分析：**售前服务在很多情况下，被大多数的企业所忽视。但是售前服务在帮助顾客认知接受商品，消除顾客的戒备心理，使顾客认知企业所销售的商品有着重要的作用。售前服务应帮助顾客树立新的消费观。随着科学技术的飞速发展，新产品不断出现，商品中的科技含量越来越高，顾客通过自身认知较为困难，这就需要不断引导顾客学习新的知识和技术，帮助消费者树立新的消费观，准确选购和使用商品。

### (二)售中服务心理及行为

#### 1. 售中服务与顾客心理及行为

售中服务是指商品买卖过程中，直接或间接地为销售活动提供的各种服务。现代商业销售观念认为，销售过程既是满足顾客购买商品欲望的服务行为，又是不断满足顾客心理需要的服务行为。服务的好坏不但直接影响买卖成交与否，更重要的是影响顾客的购买的欲望。售中服务在更广泛的范围内被企业家们视为商业竞争的有效手段。售中服务主要包括介绍商品、充当参谋、交货与结账。

#### 2. 售中顾客心理分析

顾客在接受售中服务的过程中，大致有以下期望希望得到满足：

(1) 希望获得详尽的商品信息。顾客希望营销人员能对顾客所选购的商品提供尽可能详细的信息，使自己准确了解商品，解决选购的疑惑与困难。期望主要表现在：营销人员提供的信息是真实可靠的，不能为了推销而搞虚假信息；提供的信息够用、具体、易于掌握。

(2) 希望寻求决策帮助。当顾客选购商品时，营销人员是他们进行决策的重要咨询和参与者。特别是顾客拿不定主意时，非常希望营销人员提供参谋建议，帮助顾客做出正确的购买决策。期望主要表现在：营销人员能站在顾客的角度，从维护顾客利益的立场上帮助其做出决策；能提供令顾客信服的决策分析；能有针对性地解决顾客的疑虑与难题。

(3) 希望受到热情的接待与尊敬。顾客对售中服务的社会心理需要，主要是能在选购过程中受到营销人员的热情接待，能使受人尊敬的需要得到满足。这种期望主要表现在：

受到营销人员的以礼相待；营销人员满怀热忱，拿递商品不厌烦，回答问题耐心温和；言谈话语之间，使顾客的优势与长处得到自我表现。

(4) 追求方便快捷。顾客对售中服务期望的一个重要方面是追求方便、快捷。这种期望主要表现在：减少等待时间，尽快受到接待，尽快完成购物过程，尽快携带商品离店；方便挑选，方便交款，方便取货；已购商品迅速包装递交，大件商品能送货上门。

了解顾客心理对于售中服务至关重要，只有顾客对他们在销售过程中受到的接待完全满意，销售活动才算成功。如何使接待工作符合顾客的心理需要，将在下一节具体阐述。

## (三)售后服务心理及行为

### 1. 售后服务与顾客心理及行为

售后服务是指生产企业或零售企业为已购商品的顾客提供的服务。传统观点把成交或推荐购买其他商品的阶段作为销售活动的终结。在市场经济条件下，商品到达顾客手中，进入消费领域以后，企业还必须继续提供一定的服务。因为这样可以有效地沟通与顾客的感情，获得顾客宝贵的意见，以顾客亲身感受的事实来扩大企业的影响。它不是一种简单的形式，而是把顾客的利益看成是自己的利益，竭力为顾客提供完美的服务，促进销售的手段。

售后服务作为一种服务方式，内容极为广泛，目前愈来愈受到企业的重视，服务的范围也不断扩大。售后服务主要有两个方面：一是提供知识性指导及咨询服务，通过实行“三包”服务使顾客树立安全感和信任感；二是帮助顾客解决安装与运输大件商品服务等常常使顾客感到为难的问题，为顾客提供方便。

企业需要熟悉了解顾客对商品使用后的感受和意见。业内专家分析，面临激烈的市场竞争，维持一个老顾客所需的成本是寻求一个新顾客成本的 0.5 倍，而要使一个失去的老顾客重新成为新顾客所花费的成本则是寻求一个新客户成本的 10 倍。维持当前的消费者的成本远小于得到新的消费者。一个五年来一直忠诚的消费者对商家来说　可以产出 7.5 倍的利润——相对于第一年的消费来说。因此，在营销的环节中，保持或培养顾客的忠诚度至关重要。良好的售后服务有助于维持和增加当前顾客的忠诚度。

### 2. 售后顾客心理分析

顾客在进行购买以后，无论是要求退换商品，还是咨询商品使用方法，或是要求对商品进行维修等，他们的心理活动是各不相同的。其心理状态表现为以下几个方面：

(1) 评价心理。顾客在购买商品后，会自觉不自觉地进行关于购买商品的评价，即对所购商品是否满意进行评估，进而获得满意或后悔等心理体验。

(2) 试探心理。由于主观和客观的多种因素，顾客对所购商品的评价在购买的初期可能会出现不知是否合适的阶段，尤其以大件和新产品居多，甚至有些顾客希望退换商品。但他们来到商店提出要求退换商品的问题时，往往具有试探的心理状态，即先来试探商店的态度，以便做出决断。

(3) 求助心理。顾客在要求送货安装、维修商品、询问使用方法和要求退换商品的时候，多会表现出请求商场给予帮助的心理状态。

(4) 退换心理。当购买的商品被顾客确定为购买失误或产品质量出现问题时，顾客就会产生要求退换商品或进行商品维修的心理状态。

### 3. 售后服务心理策略

随着市场由卖方市场向买方市场的转变，售后服务必将成为企业竞争的关键因素之一，并会对顾客的心理产生深远的影响。完美的售后服务能同顾客建立起亲密的关系，其心理策略就是要针对售后顾客的心理状况，调节顾客的心理平衡，努力使其建立信任感与满足感。

(1) 提供优良的售后服务。许多顾客挑选商品，在其他条件相当的情况下，售后服务的优劣往往成为决定是否成交的关键。企业应当提供下列传统的售后服务项目包括：

- “三包”服务。“三包”服务是指包修、包换、包退。包修是指对消费者购买的本企业的产品，在保修期内实行免费维修，超过保修期限则收取维修费用；有的企业对大件产品还提供上门维修服务。
- 安装服务。消费者购买的产品，有的在使用以前需要在使用地点进行安装，由企业派人上门服务，免费安装并当场试用，以保证出售产品的质量，这也是售后服务的一项主要内容。
- 包装服务。产品包装是为消费者提供的服务当中不可缺少的项目。产品包装的形式多种多样，如单独产品包装、组合产品包装、散装产品的小包装、礼品包装等。企业对礼品的包装应格外重视，要讲究包装的精美。同时，企业可以使用印有本企业名称、地址的包装物，这既满足了消费者求美的心理需求，又是企业无形的广告宣传形式，不失为两全其美的包装服务策略。
- 提供知识性指导及产品咨询服务。消费者在购买之后使用产品的过程中，可能会遇到这样或那样的问题，企业应当负责解答、指导，以保证产品的正确使用，延长其使用寿命。此外，企业还可以印制一些有关产品的小册子或单页资料，分发给前来咨询的消费者。

**【案例 12-3】如何做好汽车的售后服务？**

在德国大众汽车流传着这样一句话：对于一个家庭而言，第一辆车是销售员销售的，而第二、第三辆乃至更多的车都是服务人员销售的。现在，汽车售后服务逐渐成了每一个品牌不得不关注的热点，因为它直接关系到一个产品品牌形象的确立，关系到一个企业的生存与发展。与此同时，几乎每一个品牌都发出了这样的感叹，那就是汽车售后服务难做，客户的要求越来越细、越来越高、越来越多。如何让汽车售后服务成为持续交易的基础，

首先要解决三个方面的关键问题：

(1) 服务场景和有形展示方面。除了装修风格和人员着装之外，服务价格的公示、收费的合理性、不输于正品质量的配件品质、原厂的配件等都在传递品牌价值。

(2) 服务流程方面。顾客在汽车售后服务方面最需要的是公平和便捷，特别是服务补救的时候，例如，丰田的召回门，都需要在流程上体现出来。正确的流程才有正确的结果，没有事前拟定的处理原则、设计好的预案和确保执行的制度，很难仅仅依靠现场服务人员的应变去回应顾客而令其满意。

(3) 高素质的服务人员。没有顾客不喜欢热情、积极、善于倾听、愿意解决问题、有权利解决问题、经过培训知道如何解决问题的服务人员，他们可以有效弥补有形展示和流程的不足。不幸的是没有无缘无故的爱，如果没有良好的作业环境、持续有效的培训支持、足够的激励政策，则很难想象一位满腹怨言的服务人员能提供优质的服务。(资料来源：《如何做好汽车的售后服务》http://jingyan.baidu.com/article/a501d80cf2e0dcec620f5e71.html)

**案例分析：**企业竞争发展到现在，客户汽车售后服务已经不是简单的、最低要求的礼貌问题，光说应酬话或光说“是”已经不够了——绝大多数企业早已可以在这一点上做得很好。对于处于激烈竞争中的现代企业来说，客户汽车售后服务方面的竞争直接决定着企业市场运营的成败。除了优良的产品，良好的汽车售后服务品质也已经成为企业的一种核心竞争力，汽车售后服务品质必须作为基本素质要求加以重视。一个重视汽车售后服务，不断改善汽车售后服务品质，提供汽车售后服务质量的企业必然会得到客户的认可，满意度的提升会使客户成为忠诚客户，直至成为永久客户。

(2) 提升 CS 经营理念，进一步完善企业服务工作。

CS 是英文 Customer Satisfaction 的缩写，译为顾客满意。作为现代企业的一种经营手段，常被称为 CS 战略，或顾客满意战略。其基本指导思想是：企业的整个经营活动要以顾客的满意度为指针，从顾客的观点而不是企业的观点来分析考虑顾客的需求，针对顾客需求个性化、情感化的发展趋势，尽可能全面尊重和维护顾客的利益。

美国市场营销大师菲利普·科特勒在《营销管理》一书中指出：“企业的整个经营活动要以顾客满意度为指针，要从顾客角度，用顾客的观点而非企业自身利益的观点来分析考虑消费者的需求。”科特勒的观点，形成了现代市场营销观念的经典名言。顾客满意对企业来讲至关重要。良好的产品或服务，最大限度地使顾客满意，成为企业在激烈竞争中独占市场、赢得优势的制胜法宝。只有让顾客满意，他们才可能持续购买，成为忠诚顾客，企业才能永远生存，财源滚滚。所以，顾客满意是企业战胜竞争对手的最好手段，是企业取得长期成功的必要条件。可以说，没有什么其他的方法能像让顾客满意一样在激烈的竞争中提供长期的、起决定作用的优势。

在 CS 理论中，顾客满意代表如下含义：顾客满意是顾客在消费了企业提供的产品和服务之后所感到的满足状态，这种状态是个体的一种心理体验；顾客满意是以顾客总体为出发点的，当个体满意与总体满意发生冲突时，个体满意服从于总体满意，顾客满意是建立在道德、法律、社会责任基础上的，有悖于道德、法律、社会责任的满意行为不是顾客满意的本意；顾客满意是相对的，没有绝对的满意，因此企业应该不懈地追求，向绝对满意靠近；顾客满意有鲜明的个体差异，因此不能追求统一的满意模式，而应因人而异，提供有差异的满意服务。

热情、真诚为顾客着想的服务能带来顾客的满意，所以企业要从不断完善服务系统，以便利顾客为原则，用产品具有的魅力和一切为顾客着想的体贴去感动顾客。谁能提供消费者满意的服务，谁就会加快销售步伐。在我国越来越多的企业，尤其是大公司都积极行动，开展服务营销。例如，长虹公司的“阳光网络”服务工程宣言，海尔公司的“三个服务”；小天鹅公司的“一、二、三、四、五”独特服务规范；武汉中商集团的个人服务品牌；格兰仕服务的“三大纪律，八项注意”等。有一位成功的企业家曾写下过这样一个颇具哲理的等式：100−1=0，其寓意是：职员一次劣质服务带来的坏影响可以抵消 100 次优质服务产生的好影响。在 21 世纪的服务经济社会，消费者变得挑剔、精明，其消费行为也日趋成熟，平庸的服务再也不能赢得消费者手中的货币选票，优质服务正成为企业走向成功的一把金钥匙。海尔集团总裁张瑞敏在推行星级服务工程后深有感触地认为：“市场竞争不仅要依靠名牌产品，还要依靠名牌服务”。

(3) 与消费者保持长久联系。

在成交之后，销售人员应继续不断地关心消费者，了解他们对产品的满意程度，虚心听取他们的意见；对产品和推销过程中存在的问题，采取积极的弥补措施，防止失去消费者。与消费者保持密切的关系，可以战胜竞争对手。因为在市场景气时，这种关系能将生意推向高潮；在市场萧条时，它又能让企业维持生存。

美国著名推销大王乔·吉拉德每月要给他的 13000 名顾客每人寄去一封不同大小、格式、颜色的信件，以保持与顾客的联系。与消费者保持联系应有计划性，以下几条建议可供销售人员参考：

- 对于一次新的交易，在交易达成后的第二天寄出一封短函或打一个电话表示感谢，向消费者确认你答应的发货日期，并感谢他的支持。在货物发出后再进行联系，询问消费者是否收到货物，以及产品是否正常工作。
- 记住消费者的生日，并寄上一张生日贺卡，这是一种非常有效的接触方法。
- 建立一份消费者和他们购买的产品的清单，当产品用途及价格出现任何变化时，及时通知消费者。有的推销员在免费维修期满之前，会及时通知消费者，告诉他们带着产品来做最后一次检查。
- 做好路线计划，以便能够在访问老顾客的途中，去访问那些不经常购买的顾客。
- 如果消费者不是经常购买，可进行季节性访问。总之，销售人员应当记住永远不要忘记消费者，也永远不要被消费者忘记。

# 第二节　营销人员对顾客心理及行为的影响

## 一、营销人员影响力对顾客心理及行为的影响

在营销活动中，营销人员所承担的商品销售工作，是在与顾客的双向沟通中完成的，这是营销活动的关键部分。因为在顾客眼中，营销人员是生产企业的代表，是销售企业的窗口和形象的化身，营销活动的成败，在很大程度上取决于他们的工作效率与行为规范。随着现代零售业的发展，营销人员的内涵也在发生改变。他们包括所有与顾客直接交流沟通的各类人员，如营业员、收银员、理货员、生产企业的终端促销人员等等。营销人员对顾客的心理有着较强的影响力。

### (一)营销人员影响力的表现

商品的陈列和营销人员的作用，是影响零售营销活动的两个重要因素，它们会引发消费者的不同态度情感，从而最终影响顾客的购买行为。作为在购物场所为顾客提供服务、推动顾客购买行为进行的营销人员，在服务中的影响力表现在以下几方面。

#### 1. 营销人员是信息的沟通者

当顾客进入零售场所后，营销人员亲切的服务态度会使顾客产生良好的信赖感，有利于两者之间的交流与沟通。同时，通过与顾客的接触，可以成功地了解顾客。对于零售企业来说，营销人员是代表企业收集顾客信息最有效的途径。

#### 2. 营销人员是商品的推介者

营销人员可以通过对顾客施加良好的影响来引导顾客观看商品，向他们展示商品，表现商品的特殊性。有些营销人员太急于展示商品，往往适得其反吓走顾客，就是不能准确理解顾客心理的原因。反之，顺应顾客的心理展示动作，是增进顾客信赖感的有效方法。

#### 3. 营销人员是选购的指导者

营销人员不仅是商品的出售者，优秀的营销人员还应该是顾客购买商品的指导者，在介绍中可以为顾客提供全面的有关商品消费的知识，能正确解答消费中的问题，能正确评价不同商品品种之间的优缺点等。这样，对顾客的影响是增强了其购买商品的决心。

#### 4. 营销人员是感情的融通者

营销人员优良的服务还可以化解销售中的许多矛盾与冲突。在这里，营销人员自然、诚恳的微笑代表这位营销人员真心实意地欢迎顾客的到来。希尔顿饭店的创始人纳·希尔顿说：“如果我是顾客，我宁愿住在只有破地毯，但处处充满微笑的旅馆，而不愿意走进有一流设备却不见微笑的地方。”

**【案例 12-4】 海底捞火锅营销秘诀**

但凡来过海底捞的人，恐怕都很难不对细致入微的服务留下强烈的印象，有人夸张地称之为“变态伺候”。更深的感触是服务员个个精神饱满，快乐感染了每位顾客。很多顾客对这种贴心服务感到“受宠若惊”。海底捞的服务从你到达海底捞门前的那一刻开始，当您来到海底捞的门前的时候，专门的泊车服务生，无车型歧视地周一到周五的中午，免费擦车。然后，您走进海底捞的餐厅时，如果此时人很多，会提供免费的瓜子、茶水水果，点心(爆米花)；免费的报纸、杂志、上网扑克、跳棋、军棋、擦鞋、美甲、儿童专区，专人陪玩宝宝。就餐中：给每个人送上围裙；给有手机的人送上小塑料袋，套上手机以防进水；给长头发的女士，提供橡皮筋和小发夹；给戴眼镜的朋友，送来擦镜布。微笑的服务员，近在身边(每桌都至少有一个服务员)推荐半份菜，不推荐的酒水服务员定时为顾客送毛巾、续饮料，服务员可以帮忙下菜、捞菜、剥虾皮，服务员熟悉客户的名字，甚至记得一些人的生日、纪念日，洗手间专人伺服(水龙头、洗手液、毛/纸巾)，提供美发护肤用品餐厅设置“电话亭”，就餐客人可以在里面享受免费电话，现场有抻面表演，一根宽宽的面条在空中挥舞成各种漂亮的弧线，还不时抛向某个客人，表演欲极强。餐厅经营的项目别的餐厅也许可以马上效仿，但是员工的热情和对用户的贴心服务却不是一朝一夕可以模仿复制的。(资料来源：百度文库 http://wenku.baidu.com/view/34248207650e52ea55189878.html《海底捞火锅营销秘诀》)

**案例分析：**来过海底捞的人，恐怕都很难不对细致入微的服务留下强烈的印象，更深的感触是服务员个个精神饱满，快乐感染了每位顾客。其实往往打动顾客的不是产品本身，也不是我们所谓的广告概念，更多的是与顾客沟通时的细节。

### (二)顾客、营销人员、商品三者的关系

美国心理学家从顾客、营销人员、商品三者的关系上来解释营销人员在销售中的影响力，通过研究，可以把三者之间的关系分为以下 8 种情况：

(1) 顾客遇到自己满意的商品，营销人员也十分热情诚恳、服务周到，能够耐心地帮助顾客挑选商品，营销人员本人对于商品也持一种肯定的态度。在这种情况下，顾客的心理处于平衡的状态，愿意配合购买。

(2) 顾客看中了某一商品，而营销人员对这种商品持否定态度。顾客虽然不满意营销人员的态度，但是内心上仍然以能买到让自己满意的商品而感到安慰，顾客的心理也处于平衡状态，完成购买。

(3) 顾客对商品不满意，营销人员能体贴顾客的这种心情，不勉强顾客购买，也不刻意地推荐。顾客对营销人员产生较好的信赖感，心理处于平衡状态，对零售企业产生

好感。

(4) 顾客不喜欢的商品，营销人员还要费力地向他推销。由于顾客心理的保护作用，不会被营销人员的行为打动，而会形成我行我素、并对此零售企业产生警惕的心理状态。

(5) 顾客有意要购买商品，营销人员的服务也很热情周到，但对商品的评价与顾客有分歧，使顾客原来的购买愿望出现动摇，变得犹豫起来，产生不平衡的心理状态，影响购买行为的继续进行。

(6) 顾客与营销人员都对商品持肯定态度，但可能因为营销人员的服务方式或顾客的言行等行为方面的原因使双方发生不愉快，使顾客的心理出现不平衡，形成拒绝购买的态度。

(7) 顾客对商品持否定态度，而营销人员仍然坚持推荐商品甚至出现强卖商品的现象，令顾客心理很不平衡而出现坚决否定的态度。

(8) 顾客在商店没有买到自己满意的商品，商店的营销人员对顾客态度较差，令顾客心中十分反感，甚至后悔来此购买，产生不平衡的心理状态，这是最差的结果。因为顾客在这里受了气，或是买到了不满意的商品，他们会以更强烈的消极情绪来传播他们不愉快的心情，把购物环境的恶名传得更远，造成更加严重的不良后果。

## 二、营销人员仪表行为对消费心理及行为的影响

仪表是指人的外表，包括人的容貌、姿态、衣着、修饰、风度和举止等各方面。营销人员的仪表在与顾客的相互交往中有着重要作用。营销人员的仪表不仅是个人的喜好，而且体现了对顾客的礼貌和尊重，体现了营销人员的精神状态和文明程度。心理学认为，客观事物给人的视觉的第一印象是形式感。人们总是从感知事物的外部形态开始，再逐渐认识其本质的。人们的初次接触，仪表是一个重要的吸引因素，这通常称为“第一印象”或“首因效应”，它影响了人们之间以后的相互关系的发展。营销人员的不同仪表，会带给顾客不同的心理感受和情绪体验。

### 1. 营销人员的服饰穿着与顾客心理及行为

不同的历史阶段，人们对仪表美尽管存在着认识上和程度上的差异，但往往有着大体一致的基本标准。在现代商业活动中，对营销人员的仪表要求尽管各有不同，但也有符合现阶段人们对仪表美的大体一致的标准和民族习惯，适合消费者对仪表的一般心理要求，从而能给消费者良好的心理感觉，以引起消费者积极的购买情绪，促进购买行为。

一般说来，营销人员的服饰着装应该整洁大方、美观合体、端庄舒适，并能与特定的营业环境相和谐，与接待顾客的需要相适应，给顾客以清新明快、朴素稳重的视觉印象。营销人员舒适端庄的服饰衣着，对顾客的购买行为具有积极的影响，它可以使顾客联想到零售企业的经营成就和尊重消费者的服务精神，使顾客感到诚实、忠实的营业作风，从而

产生信任感，促进购买活动的进行和完成。如果营销人员衣着式样古怪或是褶皱不堪、污渍满身；或是男营销人员蓄须留长发，女营销人员化浓妆等，都会引起顾客对营销人员个人品质的怀疑，因而不愿与之接近，更不愿请其协助选购，这就必然抑制了顾客的购买行为，甚至影响企业的信誉与形象。营销人员的形象规范为：统一着装、佩带工号、衣着整洁、仪表大方。

### 2. 营销人员的言语运用与顾客心理及行为

语言是人们交流思想、增进感情的工具。营销人员的语言十分重要，不仅用来宣传、出售商品，也用于沟通营销人员与顾客之间的感情。

礼貌文明、诚恳、和善的语言表达，能引起顾客发自内心的好感，起到吸引顾客的作用。售货员、收银员在同顾客交谈时，尽量多用“请”、“麻烦您”、“久候了”、“谢谢”等词语，并结合文明的举止，往往能给别人以好感。营销人员说话时要注意顾客的情感，使顾客乐于接受。对消费者的称谓要恰当、准确，这样能缩小与消费者的距离感。要善于把握消费者的情绪变化，对个性不同的消费者要采用不同的语言，避免让消费者感到难堪。营销人员在询问顾客时要注意自己的态度，要做到言、表一致。

总的来说，营销人员的接待语言要做到：一要和气，说话冷静，平等待人，有耐性，说话口气使人感到和蔼可亲。二要说话用词简练明白，抓住要领，语调亲切、温和、客气。既要口语化，又要形象化，能吸引顾客、影响顾客，使顾客产生良好的心理感受。三是不失口，营销人员在要注意该说的和不该说的话。俗话说“良言一句三冬暖，恶语伤人六月寒。”营销人员应该多说商量的话、委婉的话、关心的话；不该说顶撞的话、粗话、脏话，不要声色俱厉、压人取胜。

### 3. 营销人员的行为举止与顾客心理及行为

营销人员的行为举止主要指其在接待顾客过程中的站立、行走、表情、动作等。行为举止能体现人的性格、气质，也最容易引起消费者的注意。营销人员首先应该给人以健康向上、精神饱满的感觉，这对顾客有着一定的积极影响，乐于与之交易。营销人员的脸上要时时面带笑容，这不仅是所有企业的服务信条，也是营销人员努力追求的目标。微笑应具备三个条件：开朗、热情、真诚。微笑应是发自内心的，要求销售人员不要把自己的烦恼带到工作中去，更不可以将怒气发在顾客身上，必须时刻保持轻松的情绪，并露出开朗的笑容。

营销人员的举止应该做到适应顾客心理需要，与人相交，贵在诚意。在销售工作中要真诚地对待顾客，向顾客介绍商品，推测顾客之需，推荐其所适合的商品。介绍商品要诚实，切不可弄虚作假。在销售过程中对顾客热情接待，并注意倾听顾客的要求，了解掌握顾客的需要、偏好，提供各种方便条件。如在洽谈中主动、积极、热情地为顾客提供产品情况，为顾客提供方便，为顾客解决各种购买手续。方便、周到、优质的服务不仅可以吸

引更多的顾客，而且能增加用户的依赖感，提高企业的竞争能力。

例如，知名的利兹—卡尔顿酒店把倾听作为营销努力的核心要素。任何人得知客人的偏好，就可以通过前台服务人员记录到“客人偏好表”中，然后客人偏好就会进入所有分店的名为“客人历史”的计算机文件中。这样，根据酒店的预定名单察看客人偏好文件，工作人员就能采取各种必要措施迎接客人的到来。这种倾听的“小把戏”还包括由前门迎宾人员从行李标签上收集到达顾客的姓名，并迅速传递到服务前台，给酒店其他员工使用。客人投诉由引起投诉的酒店员工负责。问题解决后，此次投诉被记录到“客人事件表”，并立即进入数据库，可以使酒店其他人员了解到当天客人有不幸的经历而去投诉，可能需要特别的照顾和关心。

利兹—卡尔顿的倾听方式从几个方面来说很有指导性，它是酒店战略的核心。尤其是大量的口头广告替代了连锁酒店传统的巨额营销开支。更重要的是整个系统相对简单、易于使用。这样，每个人都被融入日常的数据收集和使用中，这可以让认为此项工作是额外负担的人增强对信息收集工作重要性的认识。

**【案例 12-5】“你今天对客人微笑了没有？”**

美国希尔顿饭店创立于 1919 年，在不到 90 年的时间里，就从一家饭店扩展到 100 多家，遍布世界五大洲的各大城市，成为全球最大规模的饭店之一。80 多年来，希尔顿饭店生意如此之好，财富增长如此之快，其成功的秘诀是牢牢确立自己的企业理念并把这个理念贯彻到每一个员工的思想和行为之中，饭店创造“宾至如归”的文化氛围，注重企业员工礼仪的培养，并通过服务人员的“微笑服务”体现出来。希尔顿十分注重员工的文明礼仪教育，倡导员工的微笑服务。每天他至少到一家希尔顿饭店与饭店的服务人员接触，向各级人员(从总经理到服务员)问得最多的一句话，必定是：“你今天对客人微笑了没有？”

1930 年是美国经济萧条最严重的一年，全美国的旅馆倒闭了 80%，希尔顿的旅馆也一家接着一家地亏损不堪，一度负债达 50 万美元，希尔顿并不灰心，他召集每一家旅馆员工向他们特别交代和呼吁：“目前正值旅馆亏空靠借债度日时期，我决定强渡难关。一旦美国经济恐慌时期过去，我们希尔顿旅馆很快就能进入云开月出的局面。因此，我请各位记住，希尔顿的礼仪万万不能忘。无论旅馆本身遭遇的困难如何，希尔顿旅馆服务员脸上的微笑永远是属于顾客的。”事实上，在那纷纷倒闭后只剩下的 20%的旅馆中，只有希尔顿旅馆服务员的微笑是美好的。

经济萧条刚过，希尔顿旅馆系统就领先进入了新的繁荣期，跨入了经营的黄金时代。希尔顿旅馆紧接着充实了一批现代化设备。此时，希尔顿到每一家旅馆召集全体员工开会时都要问：“现在我们的旅馆已新添了第一流设备，你觉得还必须配合一些什么第一流的东西使客人更喜欢呢？员工回答之后，希尔顿笑着摇头说：“请你们想一想，如果旅馆里只有第一流的设备而没有第一流服务员的微笑，那些旅客会认为我们供应了他们全部最喜欢的东西吗？如果缺少服务员的美好微笑，正好比花园里失去了春天的太阳和春风。假如我是旅客，我宁愿住进虽然只有残旧地毯，却处处见到微笑的旅馆，也不愿走进只有一流设备而不见微笑的地方……”当希尔顿坐专机来到某一国境内的希尔顿旅馆视察时，服务人员就会立即想到一件事，那就是他们的老板可能随时会来到自己面前再问那句名言：“你今天对客人微笑了没有？”(资料来源：中国服务营销网《希尔顿的宾至如归》2004-12-2)

**案例分析**：售中服务中，营销人员的行为举止礼仪，最容易引起消费者的注意。企业礼仪是企业的精神风貌的体现，它包括企业的待客礼仪、经营作风、员工风度、环境布置风格以及内部的信息沟通方式等内容。企业礼仪往往会形成传统与习俗，体现企业的经营理念。它赋予企业浓厚的人情味，对培育企业精神和塑造企业形象起着潜移默化的作用。希尔顿的成功正是由于十分注重员工的文明礼仪教育，倡导员工的微笑服务。

## 三、营销人员的接待步骤与服务方法

营销人员的接待步骤与服务方法是与消费者的购买活动中的心理活动阶段相适应的，大体可以分为以下几个步骤。

### (一)观察分析各类消费者，并判断其购买意图

#### 1. 根据消费者的穿着打扮，判断其身份和爱好

不同的消费者从事不同的职业，即使从事同一职业也有可能处于不同的地位，加之每个人不同的个性心理特征，这些都能从人的外表、穿着打扮表现出来。营销人员在接待服务中，正确判断消费者的职业、年龄是很重要的。因为不同职业、年龄的消费者对商品有不同的需求与爱好。

#### 2. 善于从消费者的言行举止分析判断其个性心理特征

个性心理特征影响消费者的言行举止，使购买过程染上独特的色彩，显示出较大的差异性。有些性格外向的消费者，往往一进店就向营销人员询问，喜欢讲话评论，反应灵活，动作迅速。对这类消费者，营销人员要尽量主动接触，热情回答他们的问题，积极展示其所需要或感兴趣的商品，发表自己的意见，为顾客当参谋。而对性格内向、表情平淡的消费者，售货员不要过早接触，提前发问，但要随时做好接待准备，注意回答问题简明扼要，除了顾客有明确表示，尽量少发表或不发表自己的见解。

### (二)根据消费者的购买目标，展示介绍商品

不同的展示方法，可以从不同方面介绍商品的不同特点，满足不同消费者对商品的不同选择要求，引起不同消费者积极的心理反应。常用的展示方法有两个方面。

#### 1. 根据商品的性能、特点展示介绍商品

各种商品都有不同的性能特点，以满足人们多方面的消费需求。具有不同使用价值的

商品，其展示方法也应不同。

2. 根据消费者的特点，展示介绍商品

消费者的性别、年龄、职业、个性特征不同，其购物时的表现就会有很大的差异，对选择商品的标准也十分不同。这就要求销售员在展示商品时要根据不同消费者的审美情趣来展示介绍商品。另外，展示商品时，还要尊重顾客的自尊心，一般要从低档到高档逐步展示，使消费者在价格方面有足够的考虑余地，又不伤其自尊心。

### (三)启发消费者的兴趣与联想，刺激其购买

在消费者进行联想、想象，甚至产生购买欲望和动机的阶段，销售人员应将有关商品的性能、质量、价格、使用效果等，全面清晰地介绍给消费者，并力求诉诸多种感官的刺激，强化消费者的心理感受，促进其产生丰富的联想和想象，进而诱发购买欲望。一般情况下，销售员要诱导消费者的心理活动，主要采取以下方法。

1. 启发式

营销人员注意到消费者选择商品拿不准主意时，可以提示消费者，解除他们的疑虑，从而形成购买动机。

2. 比较法

比较法也是在服务中经常采用的一种方法。特别是在消费者出现动机冲突，往往不知道选择哪种品牌时，这就需要销售员帮助顾客分析不同品牌的特点，权衡利弊，促使其早下购买决定。

3. 提供经验数据法

提供经验数据法是证明商品使用性能、内在质量最有效的方法，并且最有说服力。

4. 实际操作法

实际操作法也是十分有效的推销方法。它形式多样，内容广泛，可以是营业员操作表演，也可以是顾客操作试用，以加深消费者对商品的感官刺激，消除其对商品的不信任心理，有效地促进销售。

### (四)充当消费者的参谋和顾问

消费者产生购买欲望后，还会对已掌握的商品信息进行思索和评价比较。通过评价选择坚定购买信心，做出购买决策。此时，营销人员的任务是充当消费者的参谋和顾问，为消费者提供建设性的、富有成效的意见和建议，帮助和促成消费者做出购买决定。此外，还应根据不同消费者的需求特性和主观欲望，有针对性地进行重点说服和诱导。例如，对注重商品审美价值的消费者，可以突出显示商品外观的美观别致；对求廉务实的消费者，

可以着重说明商品价格低廉。这里需要指出的是，劝说诱导应当从消费者角度出发，围绕消费者利益进行。唯有如此，才能使消费者切实感到劝说者是在为自己的利益着想，从而增加心理开放程度，增加对销售人员的信赖感，主动接受说服。

### (五)促进消费者的购买，结束交易行为

通过营销人员的一系列服务，消费者对其所选商品有了较深刻的体会，会激起他们的购买欲望，但购买欲望并不等于购买行为。在这种情况下，销售者要把该商品在市场流行的状况和畅销的程度，其他顾客对该商品的评价意见，或者把售后服务情况，商店经营传统、服务宗旨、经营保证等等介绍给消费者，解除消费者的最后疑虑。

当消费者做出购买决策后，便进入了实施购买行动和进行购买体验的最后阶段。此时消费者虽有明确的购买意向，但仍需销售人员巧妙地把握时机，促成交易达成。销售员应主动帮助其挑选，在适当的情况下，还可以对消费者的选择给予适当的赞许、夸奖，以增添交易给双方带来的喜悦气氛，但切不可过分，否则会给消费者留下虚伪、不真实的感觉。若能及时巧妙地抓住时机，辅以恰当的语言和递拿动作，即可迅速成交。当交易达成，货款结算后，应妥善包扎商品，并尽量采用适应消费者携带习惯、使用习惯和特定心理需要的包装方法。同时向消费者表达感谢购买、欢迎惠顾的语言和情感，使消费者体验到买到商品满意和享受良好服务的双重满足感。

# 第三节　营销服务中的冲突及处理

## 一、消费者的权益与保护

### (一)消费者权益受损问题的出现

因瑕疵商品(包括服务)以致生命、身体健康或财产之安全受到侵害，或因不公正契约导致所从事之交易不能获得公平合理待遇等消费者被侵害问题自古既已存在，但偶发的、个别的消费者被侵害问题，尚未形成社会问题。然而1950年以后，经济发展迅速国家的消费者被侵害问题，已不是偶发的、个别的消费者被侵害问题，而是多数消费者经常被侵害的社会问题，此等问题，一般称之为消费者问题。消费者问题的发生原因甚多，而且错综复杂，并相互影响，究其主要原因，简述如下：随着科学技术进步，企业生产了许多高科技新商品，虽为消费者带来许多便利，但因商品的复杂性与危险性亦随之与日俱增，消费者的危险也随之而来；经营扩大化；产销过程与流通机构复杂化；不正当竞争行为多样化；消费者信用低质化；消费者团体意识淡薄化；由于经营者互相结合成为商会或同业公会，具有完善的组织及丰足财力，形成压力集团及利益团体，强力影响政府的决策及立法。尽管消费者愿意争取并维护自己的正当利益，但因为消费者多属零散群众，欠缺共同利益及

权利意识，再加上未具有丰足财力，因此不足以与作为压力集团及利益团体的经营者对抗。最后一点是，法律制度不健全。从世界各国市场经济的发展史来看，消费者问题是伴随市场经济的发展而产生并尖锐化的。尤其在市场经济发展的早期阶段，消费者利益的损害，是世界各国经济发展所共有的一种突出现象。中国长期实行计划经济，直至 20 世纪 80 年代，才开始着手逐步建立社会主义市场经济。因此，中国的市场经济，可以说，直到目前，仍然属于初创阶段。在这一阶段，损害消费者利益的问题必然十分严重。

## (二)我国消费者保护运动及其立法发展

我国从 1979 年开始实行经济体制改革和对外开放政策，促进了市场经济的极大发展。各种家用电器，化学化纤制品，美容化妆品，各类饮料、食品和药品的大量生产销售，在满足消费者生活需要的同时，却发生了损害消费者利益的严重社会问题。因产品缺陷对消费者人身、财产安全造成危害的情况日益突出，饮料瓶炸裂、电视机显像管喷火爆炸、燃气热水器煤气泄漏、食品中毒等事件时有发生；一些不法厂商大肆粗制滥造，生产伪劣商品，严重损害消费者利益；不少地方发现制造、贩卖假药，劣药和有毒食品，用工业酒精兑水作为饮用酒销售等严重危害消费者人身财产安全的犯罪活动。由此而引发了一系列的社会问题，在这种背景下，逐渐地形成了全国性的消费者保护运动。

### 1. 消费者保护组织的不断发展

改革开放前，中国的市场经济不发达，消费者保护运动起步较晚。1981 年春，中国外交部接到联合国亚洲太平洋经济社会理事会将于 1986 年 6 月在泰国曼谷召开“保护消费者磋商会”的会议通知。中国派朱震元同志以中国商检总公司代表的名义参加此次会议。这一次会议开阔了中国代表的眼界，了解了消费者运动是市场经济条件下消费者为维护自身权益、争取社会公正自发成立的有组织的对损害消费者利益行为进行斗争的社会运动。1983 年 3 月 21 日河北省新乐县维护消费者利益委员会成立，1983 年 5 月 21 日正式定名为“新乐县消费者协会”，中国第一个消费者组织率先成立，1984 年 8 月广州正式成立广州市消费者委员会。1985 年 1 月 12 日，国务院正式发文批复同意成立中国消费者协会。之后，各省市县相继成立各级消费者协会。消协组织的成立和发展，为中国保护消费者运动的发展奠定了组织基础。

### 2. 消费者保护相关法律法规的不断完善

我国消费者保护立法采用一般法律模式，其优点在于：“消费者保护”观念通过一部单独的《消费者权益保护法》予以强调和明确，明确规定了消费者和经营者之间的相互地位，具体规定了经营者的法定义务及其法定职责，其中某些规定可以作为裁判规范加以适用，并与其他单行法规中有关消费者保护的规定相互衔接，可以发挥保护消费者利益的重要作用。1994 年 1 月 1 日实施的《中华人民共和国消费者权益保护法》规定了消费者的 9 项权利，具体包括安全权、知情权、选择权、公平交易权、求偿权、结社权、获知权、受尊重权和监督权。目前，国家颁布的有关经济方面的法律法规 400 余件，其中消费者保护的相关法律法规多部，逐步形成了以《民法通则》为基础、《产品质量法》《反不正当竞争法》《广告法》《食品卫生法》《价格法》《合同法》等一系列法律法规组成的消费者保护法律体系，使消费者权益在法律上有了切实的保障。

### (三)我国的消费者权益保护法

消费者权益保护法是维护消费者利益、保护消费者合法权益的基本法律，是国家对基于消费者弱势地位而给予的特别保护，是维护真正的公平交易市场秩序的法律。

消费者权益保护法是有关保护消费者在有偿获得商品或接受服务时，免受人身、财产损害或侵害的法律规范的总称。消费者权益保护法是对居于弱势地位的消费者提供特别保护的法律，是以保护消费者权利为主要内容的法律。消费者权益保护法有广义和狭义之分，广义上的消费者权益保护法是指所涉及消费者保护的各种法律规范所组成的有机整体。如由消费者保护基本法和其他专门的单行消费者保护的法律和法规，以及其他法律和法规中的有关法律条款的规定组成的有机整体，即为广义上的消费者权益保护法。狭义上的消费者权益保护法是指国家有关消费者权益保护的专门立法。在我国，广义上的消费者权益保护法包括《广告法》《价格法》《食品卫生法》《产品质量法》等等诸多有关消费者权益保护的法律、法规，而狭义上的消费者权益保护法则仅指 1993 年 10 月 31 日第八届全国人大常委会第四次会议通过的《中华人民共和国消费者权益保护法》。

之所以说消费者权益保护法是基于消费者的弱势地位而给予的特别保护，是由于消费者的弱势性而决定的。消费者的弱势性，是指消费者为满足生活消费需要在购买、使用经营者所提供的商品或服务的过程中，因缺乏有关知识、信息以及人格缺陷、受控制等因素，导致安全权、知情权、自主权、公平交易权、受偿权、受尊重权、监督权在一定程度上被剥夺造成消费者权益的损害。

依照我国 1994 年 1 月 1 日颁布实施的《中华人民共和国消费者权益保护法》的规定，消费者享有安全权、知情权、自由选择权、公平交易权、求偿权、结社权、人格尊严和民族风俗习惯受尊重权及监督权九项基本权利。

## 二、消费者投诉心理

#### 1. 期待问题尽快解决的心理

对企业来说，如果顾客期待问题尽快解决，这意味着顾客心理没有达到信任危机的状态，只要企业的相关部门密切配合，在顾客可以容忍的时限内解决了问题，那么顾客的满意度和忠诚度不会受影响。所以，把握住顾客期待问题尽快解决的心理后，应立即采取措施。如果是常见的可控问题，那么应该给顾客承诺，提出一个解决问题的期限，以安抚顾客。当然如果是不可控的问题，或者需要进一步确认的问题，那么应更灵活地对顾客表示

企业会尽力尽快地解决问题，并会及时与顾客联系，也欢迎和感谢顾客主动来进一步沟通。

2. 渴望得到尊重的心理

人们通过各种途径表达自己丰富的情感，在接受企业的服务时，情感的力量往往超过理性的力量，如果他们在接受企业营销人员直接提供的服务过程中发现有令人不满意的地方，是不愿意隐瞒的。事实上，顾客投诉服务质量问题，这对企业来说，不是坏事，自我审视才能提高服务质量，但只有顾客满意才是最终标准，所以顾客对营销人员服务的监督和投诉能有效地提供客户服务的改进点。

任何顾客自我尊重的心理都非常强，他们在服务过程中的不愉快绝大多数情况都是由于营销人员的失误而表现出对顾客不够尊重，所以需要把握住顾客渴望得到尊重的心理来处理服务类型的投诉事件。顾客总希望他的投诉是对的和有道理的，他们最希望得到的是同情、尊重和重视，处理投诉的工作人员及时向其表示歉意，承诺进一步追查，并感谢顾客的建议和支持，是化解顾客因为自尊心理受损而导致不满的有效途径。

3. 希望得到适当补偿的心理

许多投诉事件中，特别是关于费用的投诉事件中，顾客投诉的目的在于得到补偿。这是顾客意识到自己权益受到损害后的要求，有很多情况是属于误解，也有一些是有理投诉。例如在电信服务中，顾客反响最强烈的短信息服务业务中的知情权问题，建立和终止短信息服务业务的条件、方式的不透明，特别是短信息服务的收费标准模糊不清、乱收费等。这不但给顾客造成了财产上的损失，而且无法知道如何终止短信息服务的方式，有持续蒙受损失的可能。因此，在这类投诉处理的过程中，接待人员必须给顾客合理而规范的解释，给予其知情权，并且在有理投诉中提供补偿。

一般来说，顾客希望得到适当补偿的心理越急切，而又无法得到补偿时，投诉升级的可能性就越高。投诉升级后，顾客的满意度和忠诚度都会严重下降，因而，从一开始把为什么没有补偿，在何种情况下可以得到补偿，怎样补偿等问题一一解释明白，远比处理投诉升级来得快捷有效。

4. 发泄不满情绪的心理

顾客在带着怒气和抱怨进行投诉时，有可能只是为了发泄不满情绪，使郁闷或不快的心情得到释放和缓解，来维持心理上的平衡。直接发泄不满情绪的情况多见于重复投诉。在处理这类心理的顾客时，接待人员的耐心尤为重要，应以恰当的言语和和善的态度安抚顾客，并需要及时与相关部门联系确认问题所在，分清责任，给予合理解释。顾客有过投诉行为且较多的情况下，极易成为流失顾客，对此应加强顾客回访，充分地沟通。

5. 和他人交流投诉经历的心理

任何顾客都有和他人交流投诉经历的心理，所谓好事不出门，坏事传千里。调查表明，当顾客无法从企业那里得到满意的投诉处理结果时，他会同 10 个以上的人说起此事，对企业的品牌形象绝对不利。据统计，在不满意的顾客中，只有 4%会正式提出投诉，其余的人没有表示出他们的不满，但大约有 90%感到不满意的顾客不再光顾那家企业。从数字上看，每有 1 名通过口头或书面直接向企业提出投诉的顾客，就会约有 26 名保持沉默，但又感到不满的顾客。更重要的是，这 26 名顾客每人都会对另外 10 名亲朋好友宣传这家企业的恶名，造成消极影响，而这 10 名亲朋好友中，约有 33%的人会把这一坏消息再传递给其他 20 个人。这样：(26×10)＋(10×33%×20)＝326，即每一名投诉的顾客背后，有 326 个潜在顾客对企业不满，他们有可能转向竞争对手，从而削弱企业的存在基础。

## 三、消费者投诉的沟通与处理

消费者的抱怨是每个营销人员都可能遇到的情况，即使你的产品再好也会受到挑剔的消费者的抱怨。营销人员不应该粗鲁地对待消费者的抱怨，其实这种消费者有可能就是你产品的永久的买主。正确地处理消费者的抱怨，能够提高消费者的满意度，增加消费者认准品牌购买的倾向，并可以获得丰厚的利润。

松下幸之助说：“消费者的批评意见应被视为神圣的语言，对任何批评意见都应乐于接受。”正确处理消费者抱怨，具有吸引消费者的价值。美国一位销售专家认为：正确处理消费者抱怨，能够——提高消费者的满意程度；增加消费者认准品牌购买倾向；获得丰厚的利润。倾听消费者的不满，这是销售过程的一个部分，而且这一工作能够增加销售人员的利益。对消费者的抱怨不加理睬或错误处理，将会使销售人员失去消费者。美国阿连德博士 1982 年在一篇文章中写道：“在工商界，销售人员由于对消费者的抱怨不加理睬而失去了 82%的消费者。”感谢消费者的抱怨，消费者向你投诉使你有机会知道他的不满。仔细倾听，找出抱怨所在。这样，既可以使消费者心理平衡，又可以知道问题所在，从而对目前存在问题做及时修正，避免以后出现类似的问题招致消费者不满。

要想维护顾客利益，企业必须正确处理顾客的意见。有时即使你的产品和服务非常好，也会受到爱挑剔的顾客的抱怨。粗暴地对待顾客的意见，将会使顾客远离企业而去。根据美国学者的调查，一个企业失去的顾客中，有 68%转向竞争对手是由于售货员态度冷漠，使顾客没有受到礼貌的接待。有人可能认为，企业失去一两位顾客是正常现象，不值得大惊小怪，然而，这种情况所造成的影响却是难以估量的。对此，可以用这样一个公式来说明：处理好顾客抱怨＝提高顾客的满意程度＝增强顾客的认牌购买倾向＝丰厚利润。

**【案例 12-6】 农夫山泉事件始末：由质量追问到媒体与企业的混战**

2013 年 3 月 8 日下午，李女士把一箱(24 瓶)未开瓶的 380ml 装的农夫山泉饮用天然水送到 21 世纪网办公室。24 瓶中多多少少都能够看到黑色的悬浮不明物，其中有 13 瓶非常明显，这些水来自农夫山泉湖北丹江口有限公司，生产日期为 2012 年 10 月 30 日。

根据消费者反映的实际情况，3 月 14 日，21 世纪网发布第一篇文章《农夫山泉有点悬：水中现黑色不明物 5 年来屡被投诉》。3 月 15 日，农夫山泉发布《就农夫山泉瓶装水含细小沉淀物的说明》，以其瓶装饮用水检测报告合格来搪塞，且忽视消费者反映的黑色悬浮物问题。对此，21 世纪网发布文章《农夫山泉回应公告撒谎，黑色不明物依旧是谜》。由于农夫山泉仍未能够就黑色悬浮物问题给出权威有效的解释，21 世纪网认为有必要对其水源地进行调查。

于是在 3 月 17 日，21 世纪网于是奔赴农夫山泉问题水生产地湖北丹江口市胡家岭，此举发现其水源地垃圾遍地。3 月 25 日上午，21 世纪网发布题为《农夫山泉丹江口水源地上演"垃圾围城"水质堪忧》的报道。随后，农夫山泉发布《关于丹江口岸边杂物的说明》的公告。3 月 28 日，21 世纪网发布调查稿件《农夫山泉水源地调查二：藏污纳垢或因选址不佳》。

同时，21 世纪网调查发现，作为国内的知名饮用水品牌，农夫山泉执行的产品标准为"DB33/383-2005 瓶装饮用天然水"，该标准为浙江省地方标准，其在广东生产的产品，采用的仍是浙江标准。相比旧的浙江标准以及广东省标准，该标准放宽了对部分有害物质的含量要求，并允许霉菌和酵母菌存在，而其中的有害菌种可能对人体健康造成影响。

于是在 4 月 8 日，21 世纪网在《农夫山泉自订产品标准允许霉菌存在》中披露了该问题。21 世纪网指出，在许多水质指标上，浙江标准都大大宽松于广东标准，甚至包含不少有害物质。如不久前湖南毒大米事件的"主角"——镉，以及剧毒物品砒霜的主要成分——砷，浙江标准的容忍含量都比广东标准高出一倍。而霉菌、酵母菌等真菌类，浙江标准容忍其存在，而广东标准则是"不得检出"。

2013 年 5 月 6 日，农夫山泉在北京召开饮用天然水标准新闻发布会，农夫山泉与京华时报再次发生激烈冲突。农夫山泉公司董事长、总裁钟睒睒在这次发布会上宣布农夫山泉桶装水退出北京市场。(资料来源：新浪财经 http://finance.sina.com.cn/chanjing/gsnews/20130508/213415393608.shtml《农夫山泉事件始末：由质量追问到媒企混战》2013-05-08)

**案例分析：**由无视、否认的强硬态度到指责竞争对手幕后策划到在媒体刊登检测报告、放狠话，再到 2013 年 5 月 6 日的发布会宣布退出北京市场打出苦情牌，农夫山泉因不正视自身问题一步步陷入更大的危机。农夫山泉 5 月 6 日在北京召开发布会，其董事长钟睒睒证实销量下滑。同时，有媒体发起的网络调查显示，多数人选择不再喝农夫山泉。正如巴菲特所说："建立起良好信誉要用 20 年，而毁掉它只需要 5 分钟。"

### 1. 分析消费者抱怨产生的原因

顾客产生抱怨的原因是多方面的，一般来说，多是因为营销人员对顾客不尊重、态度不好、疏于说明、工作不负责任而导致客户的不满；也可能是由于顾客错觉或误解所导致的不满；或是卖方在手续上的错误；或是产品质量上存在缺陷；也可能是顾客的不习惯、不注意或期望太高。准确分析抱怨产生的原因，将有助于与消费者沟通，解决问题。

2. 消费者投诉处理的方法

(1) 绝对避免辩解，立即向消费者道歉。要先向消费者道歉，如果营销人员急急忙忙打断消费者的话为自己辩解，无疑是火上浇油。可以对消费者说：“感谢您提出意见。我们一向很重视自己的信誉。发生您所说的事情，我们深感遗憾，我们一定要了解清楚，加以改正。”

(2) 耐心地聆听消费者的意见直到最后一句，不要打断对方的话。即便顾客的言语用词不当，也不要说出来，要等他说完以后再以诚恳的态度加以说明，求得其谅解。

(3) 询问顾客提出抱怨的原因，并记录重点。对一些情绪激动的消费者，把他们的讲话记录下来，可以使他(或她)冷静下来。

(4) 迅速采取措施，解决问题，消除抱怨。如果同意顾客提出的处理意见，要迅速、爽快，不要有不甘愿的表现，更不能拖延。拖延处理抱怨的时间，是导致消费者产生新的抱怨的根源。要有勇气面对顾客的投诉与抱怨，积极加以处理，这也是赢得消费者信任的最好方式。

3. 处理消费者投诉的技巧

(1) 感谢顾客的投诉；仔细聆听，找出投诉的问题所在。表示同情，决不争辩。

(2) 顾客投诉的问题回应一定要迅速，正视顾客的问题，不回避问题。销售部门在接到顾客以电信或书面方式投诉的通知时，采取登记事由并以最快的时间由经办人到现场取证核实。如有必要可以让顾客接触到主管。

(3) 搜集资料，找到事实，汲取教训，立即改善。尊重客观事实，对顾客投诉进行多方面的调查和区分，确因销售方原因给顾客造成的直接或间接损失，要根据具体情况按约定进行果断赔偿。对事实的调查，不能浮在表面，要深入到所有和索赔有关联的方面。了解造成事故的真正原因，不要回避真相，是什么就是什么，不能扩大也不能缩小。全面收集造成问题的各种因素，包括时间、数量、金额和特性等都要现场确认，不能含含糊糊、唯唯诺诺，要给顾客一个明确的答复。

(4) 既成事实的赔偿，一般是在双方友好协商的基础上达成的共识。征求顾客的意见，提出补偿的措施与方法，并立即采取补偿行动。在表述理由时，要不卑不亢，不要因拒绝了对方的过分要求而怕业务受到影响。要让顾客明白，损失的超限赔偿是基于双方的合作关系，吃亏也吃在明处，不能让顾客感到企业处理问题不严肃，可有效防止顾客的再次过分苛求。要注意给顾客一个台阶下，永远别让顾客难堪。

(5) 建立完整的顾客投诉处理的流程与记录。设立专门独立权威的处理顾客投诉的售后服务机构，有利于加强问题的处理力度。一般企业在这方面的机构设置和人员配置都比较完善，在权限上采取层层审批核实的程序，报告要有业务、销售、生产、技术、营销和质量等部门签字批示意见，最后经总经理审批生效。但要注意各部门之间的协调，不能只走形式，要真正做到一一核实。

**【案例 12-7】新“消法”今起实施: 明确召回义务 杜绝霸王条款**

中新网 2014 年 3 月 15 日电，今日，由全国人大修订的新版《消费者权益保护法》(简称“新消法”)正式实施，这是消法实施 20 年来的首次全面修改。

**看点一：网购七天无理由退货，“七天”如何计算？**

新消法规定，经营者采用网络、电视、电话、邮购等方式销售商品，消费者有权自收到商品之日起七日内退货，且无须说明理由。针对商品范畴，排除了定做的、鲜活易腐的、在线下载或者消费者拆封的音像制品、计算机软件等数字化商品；以及交付的报纸、期刊四大类。

早在“新消法”颁布此条例前，国内许多电商均有“7 日无理由退货”服务，如天猫、京东，苏宁易购还在此基础上提出“15 日无理由退货”服务。该条例出台，主要针对商家“若非质量问题不予退货”的行为，让消费者拥有“网购后悔权”。

除了商品范畴的划定外，消费者最为关注的就是无理由退换的时间，“七天”如何计算在新消法中并未明确说明。对此，中国消费者协会秘书长常宇在做客中新网视频访谈时指出，按照现在法律上解释，七日是指从消费者收到购买的商品的第二天开始，作为七天的第一天，最后一天为第七天，如果赶上国家法定节假日和双休日则顺延，国家法定节假日和双休日结束的第一天为最后的第七天。

**看点二：首次明确产品召回义务，谁来承担相关费用？**

众所周知，我国的产品召回制度一直不够完善，众多跨国企业在全球范围内召回问题产品时，时常“忽略”中国大陆市场，而理由往往是所售产品不涉事。但是，在华销售的产品就真的清白吗？大陆消费者的权益谁来维护？其实这与我国不尽完善的召回制度密切相关。

为此，新消法特别规定：经营者发现其提供的商品或者服务存在缺陷，有危及人身、财产安全危险的，应当立即向有关行政部门报告和告知消费者，并采取停止销售、警示、召回、无害化处理、销毁、停止生产或者服务等措施。采取召回措施的，经营者应当承担消费者因商品被召回支出的必要费用。

不难看出，新消法明确了企业对问题和存在隐患产品的召回义务，且规定经营者负担消费者因产品被召回而支出的必要费用。在此之前，我国只对于汽车、食品、儿童玩具等出台了相关的召回管理规定，仅限于行政法规，并没有上升到法律高度。希望新消法实施后，企业能够承担起风险产品的处理义务，同时，相应部门也能发挥监督、管理的作用。

**看点三：遇纠纷商家有举证责任，针对哪些产品？**

新消法第二十三条第三款规定：经营者提供的机动车、计算机、电视机、电冰箱、空调器、洗衣机等耐用商品或者装饰装修等服务，消费者自接受商品或者服务之日起六个月内发现瑕疵、发生争议的，由经营者承担有关瑕疵的举证责任。

值得关注的是，耐用商品和装饰装修等服务都是在消费投诉中很难取证的典型案例，现行《消费者权益保护法》实行20年，这一类产品投诉的一个共同的问题就是消费者维权难，维权成本高，难和高就体现在举证方面。

比如，消费者购买了一部汽车，只能说发动机有异响，但汽车作为高科技的产品，消费者投诉的时候，非要让消费者说出响声来源是哪儿，消费者很难拿出真正的理由。如果消费者去找国家权威机构鉴定，时间长、成本高，有些消费者真是时间上耗不起，财力上花不起。所以在现实生活中，很多消费者都放弃了投诉。

因此，新消法的此项规定将举证责任转嫁给了经营方，从而降低了消费者的负担，提升其维权成功率。无独有偶，新消法对减轻降低者投诉成本方面，还提出了一个新的举措，就是对侵害众多消费者合法权益的行为，中国消费者协会以及在省、自治区、直辖市设立的消费者协会，可以向人民法院提起诉讼。

**看点四：杜绝霸王条款，餐企最低消费能否被禁？**

新消法第二十六条第二款规定：经营者不得以格式条款、通知、声明、店堂告示等方式，做出排除或者限制消费者权利、减轻或者免除经营者责任、加重消费者责任等对消费者不公平、不合理的规定，不得利用格式条款并借助技术手段强制交易。

对于此项法规的解读，很多消费者马上就联想到了餐饮行业。确实，“包间最低消费”、“禁止自带酒水”、“设开瓶费”等霸王条款在餐饮行业普遍存在，或许开始只是个别餐企的不合理行为，久而久之的放任自留，以及经营者对利润最大化的追逐，已然让这些侵害消费者权益的霸王条款愈演愈烈。

所以，该项法案的出台明确禁止了这些霸王条款，如果又发现企业有“收取开瓶费”等不公平、不合理的规定，消费者应当了解其属于单方制定的“霸王条款”，可以请求法院确认其无效。据《京华时报》昨日报道，最近北京市工商局已经公布了家装合同中的6条霸王条款。消费者遇到类似霸王条款后，可以拒签，向相关部门举报，也是进一步规范市场的好办法。

**看点五：经营者违法广告可追责，谁还承担连带责任？**

据悉，新消法第四十五条规定：消费者因经营者利用虚假广告或者其他虚假宣传方式提供商品或者服务，其合法权益受到损害的，可以向经营者要求赔偿。广告经营者、发布者发布虚假广告的，消费者可以请求行政主管部门予以惩处。

同时，新消法还提出了“连带责任”概念，社会团体或者其他组织、个人在关系消费者生命健康商品或者服务的虚假广告或者其他虚假宣传中向消费者推荐商品或者服务，造成消费者损害的，应当与提供该商品或者服务的经营者承担连带责任。

“此前，消费者投诉很多是针对公众人物和明星代言广告和商品造成的虚假宣传和虚假广告的”，但由于尚无明确的惩罚制度，而无法对其追究责任。常宇解释称，根据新消法，

广告发布者和代言人代言虚假广告，涉及损害消费者生命健康的行为都要承担连带责任。生命健康通常理解主要包括三类，一类是食品，一类是药品，还有医疗美容方面。(资料来源：中国新闻网 http://finance.chinanews.com/cj/2014/03-15/5954034.shtml)

**案例分析：**消费者权益保护法是维护消费者利益、保护消费者合法权益的基本法律，是国家对基于消费者弱势地位而给予的特别保护，是维护真正的公平交易市场秩序的法律。不同以往新版法律法规都在每月1日施行的惯例，此次新消法施行时间特意选在第32届国际消费者权益保护日当天，意在唤醒全社会对于消费保护和监督的强烈意识。让广大消费者在“知其法”的同时，也可以善用法律武器来切实保护自身权益。

## 本章小结

营销服务是指各类企业为支持其核心产品所提供的服务。营销服务活动具有一系列特点，具体表现为：服务性、短暂性、主导性和不对等性。营销服务的影响作用所产生的心理效应表现在以下几个方面：首因效应、近因效应、晕轮效应和定势效应。营销服务由售前、售中、售后服务三阶段构成。售前顾客心理主要表现为：顾客认知商品的欲望、顾客的价值取向和审美情趣、顾客的期望值、顾客的自我意识等，企业可采取相应的售前服务心理策略。售中顾客心理表现为：希望获得详尽的商品信息、希望寻求决策帮助、希望受到热情的接待与尊敬、追求方便快捷等。售后顾客心理表现为：评价心理、试探心理、求助心理、退换心理。售后服务策略要求提供优良的售后服务，要提升CS经营理念，进一步完善企业服务工作。

营销人员在服务中的影响力表现在以下几方面：营销人员是信息的沟通者、营销人员是商品的推介者、营销人员是选购的指导者、营销人员是感情的融通者。美国心理学家从顾客、营销人员、商品三者的关系上来解释营销人员在销售中的影响力。营销人员的仪表、语言、行为举止都会对消费者的心理产生影响。营销人员的接待步骤与服务方法是与消费者的购买活动中的心理活动阶段相适应的。大体可以分为以下五个步骤，并采取相应的服务方法：观察分析进店的各类消费者，并判断其购买意图；根据消费者的购买目标，展示介绍商品；启发消费者的兴趣与联想，刺激其购买；诱导说服；促进消费者的购买，结束交易行为。

消费者投诉时的心理有以下几种：期待问题尽快解决的心理、渴望得到尊重的心理、希望得到适当补偿的心理、发泄不满情绪的心理、和他人交流投诉经历的心理。分析消费者抱怨产生的原因，采取恰当的方法、运用合适的技巧处理消费者投诉，是解决双方冲突和维护企业形象的重要方面。

# 自 测 题

1. 举例说明营销活动中的心理效应。
2. 顾客对售前服务有哪些心理需要？应采取怎样的心理策略？
3. 售中服务中顾客有哪些心理期望？
4. 举例说明顾客购买商品后有哪些行为？应采取什么心理策略？
5. 举例说明营销人员的仪表、语言、行为举止是如何影响顾客心理及行为的？
6. 消费者投诉有哪些心理特点？如何处理消费者投诉？

# 案 例 分 析

### SK-Ⅱ退货10日无解：消费者抗议宝洁霸王条款

12款被查含铬、钕违禁物质的化妆品，引发了SK-Ⅱ在全国空前的退货浪潮。但继质量问题曝光已经10天了，宝洁公司并没有找到有效的退货机制。

不少消费者都拿到了一份简易协议书，内容是："XX小姐或先生就使用SK-Ⅱ产品的问题与专柜联系。尽管产品本身为合格产品，不存在质量问题，本着对消费者负责的态度，我们决定为您作退货处理。"协议规定，SK-Ⅱ退的产品款为一次性终结处理。至于款项，通过汇款方式给消费者。

2006年9月21日，通过SK-Ⅱ的免费服务热线800-830-3365，工号为3号的陈先生接受记者电话采访时说，这份协议是全国统一的，消费者退货必须符合条件：购买的SK-Ⅱ产品是一年以内的；有会员卡和购物小票；要保证是9种产品中的一种(后增加3种)，且剩有至少1/3的用量。退款在20个工作日以内通过银行账号或邮局汇款给消费者。对此，很多消费者表示强烈抗议。消费者袁琳说："退货条件相当苛刻。凭什么要规定1/3量才能退？用完的产品也是掏钱买的，况且整瓶都擦到脸上了，万一出了问题，没找厂家索赔就算便宜了。"

"这是霸王条款，没有任何法律效应。"北京市律师协会消费者权益保护专业委员会主任、中消协法律顾问邱宝昌说，国家已经认定了其产品有质量问题，而宝洁却拒绝承认产品问题。而且，宝洁单方面制定条款，企图通过"一次性终结"来免责是行不通的。根据我国法律，如果因产品问题造成人身伤害，厂家不仅要进行退货处理，还要给予赔偿。他建议消费者拒签该协议。他说，SK-Ⅱ理应在接到退货时就将货款交给消费者，推迟付款，未对违约责任做出承诺，这些行为都涉嫌违反我国《消费者权益保护法》和《合同法》。上海市工商局也表示，该协议书属于违法。

SK-Ⅱ至今毫无召回迹象。SK-Ⅱ品牌公关经理汪骏曾对媒体说："召回就表示产品有

问题了。”上海市消协秘书长赵皎黎说，国家质检总局检测到SK-Ⅱ的几款产品不合格，宝洁公司就应该主动实施召回，无条件退货。

在国外，很多化妆品企业都是在主动召回之后赢得了市场的信任，度过了危机。但是，上海大学国际工商与管理学院博士孙继伟认为，我国还没有建立所谓的化妆品主动召回的机制。目前的市场环境让企业在观望之后，不会主动采取得不偿失的“自主召回”，而是不可避免地选择用拖延战术来面对危机。(资料来源：http://finance.yinsha.com/ 2006年9月26日《SK-Ⅱ退货10日无解：消费者抗议宝洁霸王条款》)

**讨论题：**

1. 宝洁公司对SK-Ⅱ产品出现问题后是怎样进行处理的？对消费者的心理及行为有哪些影响？

2. 你认为，该公司的处理方式存在什么问题？从消费者心理的角度考虑，你有什么建议？

# 阅读资料

## 中国营销服务脉象透视

记得一位营销大师曾说：“不要老是向客户叫卖你的产品，要不断为他们创造价值。”其实，不断创造价值的过程也就是“附加价值”产生的过程，附加价值可使品牌溢价，使品牌增值。所谓品牌增值就是指与消费者相关的、被消费者感知的、超出和高于产品基本的功能性作用的那些价值。我们知道，使品牌增值主要有几个措施：一是通过包装增值；二是通过服务增值；三是通过代言人增值；四是通过忠诚消费者带动增值等。实践证明，通过服务使品牌增值的操作空间更大，极具现实性和可操作性，还可为企业长远发展提供动力。

服务营销也进入整合时代，那种小打小闹、四面出击、缺乏规划的服务营销，只会增加运营成本、降低服务效率、增加客户叛离机会，企业必须学会像营销产品那样营销服务。在品牌竞争和服务竞争时代，生产商欲成功操作服务营销，就必须洞悉并把握服务营销的趋势与脉搏。

脉象一：服务品牌化

生产商不但要打造企业品牌、产品品牌，还要打造服务品牌，并且三者之间相辅相成、相得益彰，IBM(IBM就是服务)、海尔(真诚到永远)就是打造服务的最大受益者。对于很多行业，尤其是高科技产业(诸如家电、IT、汽车等行业)，打造服务品牌已成为一种当务之急，这是获得长远竞争优势的“必修课”。客户不仅要关注产品的综合素质，更要看销售服务，优质的、品牌化的销售服务已经成为产品附加值的重要组成部分，已成为市场竞争的角力点。对此，国内企业掀起了一股打造服务品牌的热潮，如PLUS(普乐士)投影机的“贴心24”、解放卡车的“感动服务”、浪潮服务器的“360° 专家服务”、联想的“阳光服务”、EPSON 打印机的“EPSON 服务”等等。同时，PLUS(普乐士)、EPSON(爱普生)、创维集团等企业还针对服务品牌成立了专业服务机构、导入了形象识别系统，建立了多元的销售平台，并进行了系统的、整合化的品牌推广，服务品牌渐成气候。

脉象二：服务产品化

对于服务产品化，在电信、邮政、银行、保险等服务行业领域表现尤为明显，或者说服务就是一种产品。在生产制造领域，同样有此苗头。作为生产商，应该清楚产品包括实质产品、形式产品和延伸产品，产品包装为形式产品，服务即为延伸产品。然而，服务产品化潮流正在使服务的“产品”含义超越“延伸产品”这一范畴。服务看似无形，却具有产品的某些特征，诸如品牌、质量、成本、价值等特征，并可针对市场需求量身打造。通过服务产品的提供，使客户从中得到满足，进而实现从对品牌信任、满意到忠诚的飞跃。很多企业针对市场需求推出的“服务套餐”，本质上就是服务的“组合产品”，诸如某汽车厂商针对新 4S 店开业推出的系列服务活动：免费检测空调发动机；免费洗车；免费赠送打折卡等。

脉象三：服务全程化

销售服务已经不局限于售后服务，从售后开始向售中、售前前移，已进入全程化服务阶段。随着销售服务全程化进程，服务宗旨也由 CS(顾客满意)发展为 TCS(全程顾客满意)。服务理念深受营销理念的影响，目前备受企业界推崇的整合营销主张把产品营销全程化，诸如推广前期(预热)、推广期(升温)、强推期(沸腾)、巩固期(恒温)……其实，这是一种销售全程化理念，注重每一阶段的信息传播、沟通和消费者教育，这需要服务的跟进，不同的阶段提供不同的服务。服务全程化是销售服务战略化的重要体现，通过服务战略规划，建立全程服务体系已成为时代的旋律。

脉象四：服务模式化

目前，生产商注重打造自身特定、个异的模式，展现自己的服务特色。在实现服务渠道快速扩张的同时，注重以模式稳定服务质量、服务队伍。在这方面，有很多企业都形成了个性化的服务模式，主要有几种类型：自行投资建设服务网络、直接外包模式、打造具有服务职能复合型经销渠道等。不管哪种模式，“服务围着营销转”，这才是唯一的考量标准。在此有一典型案例：在 2000 年年初，立邦漆经过系统的产品规划与流程再造，设计出了具有战略意义的新产品推广方案——CCM 产品及“个性配色中心”。在“CCM 个性配色中心”这种技术型渠道的背后是立邦系统化、个性化的“渠道协同式服务”模式。目前，其自营的以区域市场管理和渠道服务为职能的“立邦漆服务中心”，几乎渗透到每一个大城市，为立邦漆营销奠定了坚实的基础。

脉象五：服务概念化

概念早已走进科技产品营销，如保暖内衣、功能饮料、化妆品、保健品，现已开始走进服务营销。通过概念提升服务的“含金量”，塑造传播的“新闻点”，这已成为生产商开

展服务营销的主打牌之一。只不过开展概念行销要注意的一点，那就是不能打“空壳概念”，概念背后要有实际内容支撑，而不是虚张声势。在房地产行业服务概念频出，诸如“管家式服务”、“无人化服务”等。在生产制造领域，较为典型的就是摩托罗拉提出的“全质量服务”，这是在“客户完全满意”的宗旨下提出的，即为客户提供“专业快速服务”。再有，联想在2003年6月提出了“阳光服务”概念，在6月7日联想通过遍布全国的260多个城市的阳光服务站、3000名阳光服务师，为联想的各类IT产品提供名为“七彩阳光”的免费服务。

脉象六：服务承诺化

尽管服务无形，但生产厂商正在努力使服务变得有形，那就服务承诺。尤其那些正在极力打造服务品牌的企业，因为品牌本身就是一种信誉、一种承诺。服务承诺包括两个层面：一是向客户公开的产品、技术及服务标准；二是向客户公开的利益性承诺，包括因产品质量、服务质量等问题导致客户利益(包括物质和精神)受损而予以赔付的公开约定。通过承诺，使服务质量有形化，降低客户的购买风险，并换得客户的放心。放眼销售服务市场，很多产品尤其耐用消费品(尤其地产、汽车、家电等)服务比拼的一个重心就是承诺，并且承诺愈发具体、明确，客户成了最大的赢家。诸如联想提出了“三年保修，一年免费上门，48小时排除故障”的承诺，已成为其市场售后服务的一个标准。

脉象七：服务外包化

实践证明，不但生产、销售、研发、物流等业务可以外包，服务也可以外包，通过外包可以降低服务运营成本、提高服务的专业化程度。“让专业的公司来负责自己不专业的业务”是生产商把服务外包的根本动机，尤其那些摒弃业务“大而全”而追求“专业化”的大企业，服务外包成为应对竞争的最佳选择。根据统计资料显示，2003年全球IT系统服务外包业务市场达1500亿美元，可见企业很钟情于外包市场。根据服务业务外包的出发点不同，可以把服务外包分为两种情况：一种是计划性外包，根据企业既定的外包选择合作伙伴，建立服务渠道，包括IBM在内的跨国公司都推崇外包理念，诸如其在香港的服务业务外包给香港电信，运作十分成功；另一种是特约外包，主要是经销商为实现销售、服务业务一体化，而向生产商要求负责销售服务业务。诸如2004年2月14日国美电器宣布全面启动“彩虹服务”工程，与海尔、海信等家电企业签订协议，这些家电企业把在国美门店售出商品的维修服务全权委托国美负责(保修期内)。

脉象八：服务渠道化

营销不但要建立产品流通渠道、信息渠道，还要建立服务渠道，并且产品渠道建到哪里，服务渠道就要建到哪里。服务与终端销售网络的距离越来越近，服务网络越来越密集，服务半径越来越小，这是一个必然趋势。虽然有些企业正在合并销售渠道与服务渠道，但更多的企业正在努力建设专业化的服务渠道，如创维、PULS(普乐士)等创服务品牌的生产厂商。服务渠道化主要有三种情况：第一种是服务渠道与产品流通渠道整合，形成复合型渠道，如联想对其经销商要求具备“渠道、服务”职能，以及汽车行业兴起的3S店、4S

店，就是集展示、销售、服务、配件供应四大功能于一身；第二种就是生产商自有化销售服务渠道；第三种是生产商把服务外包给拥有服务网络的专业服务商，利用专业服务商的渠道购置销售服务平台，或特许那些小型、零散的终端服务商，这都是很潮流化的做法。

脉象九：服务主动化

很多生产商已经实现由被动服务向主动服务转变，服务工作不再是为了应经销商和消费者要求而展开，这主要由企业“一大战略”、“两大利益”驱动所致。所谓“一大战略”即品牌战略。“两大利益”：一是很多生产商已认识到“服务即销售”；二是一些企业已经把服务作为企业新的利润源。如今搞不搞服务已不再由企业说了算，而是由市场决定，主动服务者能获得更多的市场机会。一汽集团汽车销售公司提出“忠诚一汽，主动销售；忠诚客户，主动服务”这一理念，这是对中国汽车市场的深刻解读。其实，很多产品如果不能主动地提供销售服务，尤其售前服务、售中服务，对客户消费起不到教育、引导作用，要想实现销售是很困难的。尤其那些客户认知程度低、缺乏体验的新产品；产品功能性强的产品，如药品、保健品；知识、科技含量高的高科技产品；家电、汽车、房地产等耐用消费品。惠氏作为婴幼儿营养食品市场上的领导品牌，组织专家编写《中国婴幼儿营养指南》向消费者赠送，同时还派婴幼儿专家到全国 17 个城市面向基层医务人员进行婴幼儿喂养讲座，并且还开通了免费服务热线：8008201826，通过服务带动销售。

脉象十：服务个性化

市场消费需求越来越个性化，服务也要随之个性化，否则企业就会被动于市场。有这样一个故事，曾经有一位左撇子用户向联想反映使用鼠标不习惯，结果联想很快就为其特制了左撇子鼠标。联想并不是想从这个左撇子客户那里赚钱，关键是一种态度，这对服务来说意义重大。看来，企业不但要进行产品市场细分，还要进行服务市场细分；甚至不但要“一对一”销售，还要“一对一”服务。通过把客户进行细分，针对不同类型客户量身提供差异化服务，这是服务营销的未来准则。企业要严格区分客户质量与客户规模，制定不同的服务政策，满足不同客户各异的需求，这是客户管理之道。企业若以“一刀切”的服务政策管理客户，必然会导致关键客户、重点客户的流失，给企业造成致命性的损失。随着软件技术发展，为数据化管理客户创造了条件，也为细分客户、满足客户的个性化需求创造了条件。戴尔电脑(DELL)以直销闻名，DELL 服务理念是与客户建立直接的联系，从与客户的第一次接触起，直到随后的服务与指斥，都通过为客户提供单一责任点来实现戴尔公司的客户体验。通过直销模式，无论是最终用户、小型企业客户或是大客户，DELL 对客户在服务和技术支持方面的要求都了如指掌，并针对每个客户的具体要求提供全方位的满意服务。

脉象十一：服务多元化

服务平台多元化、立体化，为客户创造最大的便利，这是 4C 理念下服务的总体指导思想。很多生产商已建立了店面服务接待(销售服务中心)、平面服务载体(自办服务指导性刊物、宣传品等)、语音服务载体(设有电话中心或呼叫中心)、移动服务载体(服务交通工具)、

网络服务载体(建设互动网站)等多元化服务平台，使客户拥有了更多的接受服务的机会。同时，在“被动”接受客户提出的服务要求的同时，也在主动地利用多种沟通渠道进行客户访问，提供计划性、制度化、流程化的销售服务，诸如电话、传真、电子邮件、信函、上门访问等多种渠道提供服务。因为生产商知道，必须给客户创造一个便利、通畅的服务通道，否则可能会给企业带来很多麻烦，如质量得不到及时处理就会失去客户忠诚，甚至被客户投诉到消协、媒体等部门，给企业带来负面影响。

脉象十二：服务增值化

营销历经生产导向时期、销售导向时期、营销导向时期而进入社会营销时期，不但要提供基本服务，还要提供增值服务，这是使品牌持续吸引客户并形成客户忠诚的基础。对于“增值”的含义可以从以下三个方面去理解：一是长期或阶段性提供比国家法律、法规、行业规范规定期限更为优越的服务；二是针对不同消费群体特征，提供更加精细化服务；三是提供更多的、适合客户的服务项目。其实，企业之间打服务战，其重心在增值服务上，而不在于基本服务上。目前，不少家电厂商在打服务战时，承诺保修期外的免费增值服务，诸如对所售产品保修 5 年、10 年，甚至是终身免费保修。事实上，如果厂家真的这么做的话，根本上就无钱可赚，就基本服务每个大型家电企业在配件、维修、服务管理等方面每年都耗资超亿元。对此，科龙则倡导“全程无忧”中，只是对顾客承诺在保修期内高质无偿完成标准服务，但针对顾客个性需求的一对一增值服务，科龙明确地提出收费的要求，因为服务像产品一样是需要成本的，任何企业都不可能无休止地承诺下去，打服务战也要考虑成本。

脉象十三：服务差异化

在产品、技术日趋同质化的今天，唯有在品牌和服务上下功夫，于是生产商开始做服务差异化的文章。服务差异化体现在很多方面，如服务品牌差异化、服务模式差异化、服务技术差异化、服务概念差异化、服务传播差异化等诸多方面。对于“差异”，可以从三个角度去理解：一个是竞争对手没有而企业自己独有；二是竞争对手虽有但本企业更优越；三是完全追求有别于竞争对手的做法。“IBM 就是服务”，这句话被从国外传到国内，事实上 IBM 确实存在差异于竞争对手的绝对竞争优势：IBM 全球服务部自 90 年代初第一次将“服务”的理念带入中国以来，在为中国客户提供全方位的技术服务方面，展现了其全面的技术水平和专业的服务能力。IBM 全球服务部不仅可为客户提供基于软硬件维护和零配件更换的售后服务，这是很多企业都能也必须提供的服务，更重要的是还能提供诸如独立咨询顾问、业务流程与技术流程整合服务、专业系统服务、网络综合布线系统集成、人力培训、运维服务等信息技术和管理咨询服务，从而满足客户日益复杂和个性化的需求，这才是差异化的服务优势。

脉象十四：服务事件化

企业通过把销售服务事件化，制造传播“热点”，以此产生强大的传播效应，并产生良好的促销效果。目前，利用服务“造势”，再实施媒体公关、进行新闻传播，已成为生产商“一箭双雕”的新玩法。服务事件本身并不算什么，关键是其传播价值和传播效应。企业欲把服务事件化，要注意以下几点：一是企业要有新闻眼，所“制造”的服务新闻必须具有传播价值；二是服务事件要具有原创性、关联性和震撼性；三是服务事件要主题化；四是事件要具有实操性、实效性，并具有实际意义。下面是一则典型服务事件化案例：2004年7月13日，金山软件在北京“天鸿科技园酒店”宣布展开一次通用软件历史上最大型的服务活动“十面埋伏——围剿特洛伊木马”大行动，从而拉开2004年杀毒大战的序幕。从7月14日起的一个月时间里，在北京、上海、广州等40多个城市都有反病毒工程师为全国1000多家小区、1000多万用户上门清除木马病毒。结果，包括《中国经营报》在内的很多媒体都对此予以高度关注。在德国大众汽车流传着这样一句话：对于一个家庭而言，第一辆车是销售员销售的，而第二、第三辆乃至更多的车都是服务人员销售的。看来，结论可以下了：服务的本质是销售。在营销背景下，服务已不再是一种被动应对，而是一种主动迎合，是一种战略性的销售工具和赢利工具。(资料来源：研修班网 http://yanxiu.22edu.com/guanli/guanliceng/164117.html)

# 第十三章

# 消费心理与行为的新趋势

**学习目标：**通过本章的学习，了解体验营销、绿色营销和网络营销的相关概念、类型和特征。了解新的营销策略与传统营销的差异，对消费者心理与行为会造成的哪些新的影响。

**关键概念：**体验营销(Experiential marketing) 绿色消费(Green consumption)网络消费(Network consumption)

**引导案例：**

**2013 年微信营销十大案例**

2013 年可以说是微信爆发的一年，近来业内外一直纠结于微信营销的问题，探索微信营销模式，我们通过一些成功的微信营销来总结一下他们的经营模式。

案例一：杜蕾斯微信

活动营销

对于杜蕾斯大家都不陌生，每每提及微博营销案例，总能看到杜杜的身影，似乎他已经是微博营销中一块不可逾越的丰碑。这个在微博上独树一帜的“杜杜”也在微信上开启了杜杜小讲堂、一周问题集锦。

广大订阅者所熟知的还是杜杜那免费的福利，2012 年 12 月 11 日，杜蕾斯微信推送了这样一条微信活动消息：

“杜杜已经在后台随机抽中了十位幸运儿，每人将获得新上市的魔法装一份。今晚十点之前，还会送出十份魔法装！如果你是杜杜的老朋友，请回复‘我要福利’，杜杜将会继续选出十位幸运儿，敬请期待明天的中奖名单！悄悄告诉你一声，假如世界末日没有到来，在临近圣诞和新年的时候，还会有更多的礼物等你来拿哦。”

活动一出，短短两个小时，杜杜就收到几万条“我要福利”，10 盒套装换来几万粉丝，怎么算怎么划算。微信活动营销的魅力在杜杜这里被演绎得淋漓尽致，毕竟免费的福利谁都会忍不住看两眼。

案例二：微媒体微信

关键词搜索+陪聊式营销

据了解，微媒体微信公众账号是最早一批注册并实现官方认证的公众账号，从开始到现在，一直专注于专注新媒体营销思想、方案、案例、工具，传播微博营销知识，分享微博营销成功案例。作为该账号的杀手锏，微媒体(www.vmeti.com) 的关键词搜索功能不得不提。

用户通过订阅该账号来获取信息知识，微信公众账号每天只能推送一条信息，但一条微信不能满足所有人的口味，有的订阅者希望看营销案例，而有些或许只是想要了解新媒体现状，面对需求多样的订阅者，微媒体给出的答案是关键词搜索，即订阅者可以通过发送自己关注话题的关键词例如“营销案例”、“微博”等，就可以接收到推送的相关信息。

当然，如果你发送个美女你好，小微或许认为你只是要聊聊天，如果你实在不吐不快，或许这样的陪聊也是一个不错的选择。

案例三：星巴克

音乐推送微信

把微信做的有创意，微信就会有生命力！微信的功能已经强大到我们目不忍视，除了恢复关键词还有回复表情的。

这就是星巴克音乐营销，直觉刺激你的听觉!通过搜索星巴克微信账号或者扫描二维码，用户可以发送表情图片来表达此时的心情，星巴克微信则根据不同的表情图片选择《自然醒》专辑中的相关音乐给予回应。

这种用表情说话正是星巴克的卖点所在。只是笔者一直不明白表情区分是全智能的，还是人工服务呢？

案例四：头条新闻

实时推送

当然，作为新媒体，微信当然也有其媒体传播的特性，尽管马化腾一直在弱化其媒体属性。作为微信营销的有一个案例的头条新闻，最大的卖点是信息的即时推送，头条新闻在每天下午六点左右，准时推送一天最重大新闻，订阅用户可以通过微信直接了解最近发生的大事新鲜事，不需要在海量的信息中“淘宝”。

定时推送的时间选择在下班时间，完成一天的工作在，回家的路上看看当天的新闻也不失为一种调剂，既可以了解当下的大事又可以排解路无聊。

案例五：小米

客服营销 9:100 万

新媒体营销怎么会少了小米的身影？“9:100 万”的粉丝管理模式，据了解，小米手机的微信账号后台客服人员有 9 名，这 9 名员工最大的工作时每天回复 100 万粉丝的留言。每天早上，当 9 名小米微信运营工作人员在电脑上打开小米手机的微信账号后台，看到后天用户的留言，他们一天的工作也就开始了。

其实小米自己开发的微信后台可以自动抓取关键词回复，但小米微信的客服人员还是会进行一对一的回复，小米也是通过这样的方式大大地提升了用户的品牌忠诚度。http://china.globrand.com/相较于在微信上开个淘宝店，对于类似小米这样的品牌微信用户来

说，做客服显然比卖掉一两部手机更让人期待。

当然，除了提升用户的忠诚度，微信做客服也给小米带来了实实在在的益处。黎万强表示，微信同样使得小米的营销、CRM 成本开始降低，过去小米做活动通常会群发短信，100 万条短信发出去，就是 4 万块钱的成本，微信做客服的作用可见一斑。

案例六：招商银行

爱心漂流瓶

微信官方对已漂流瓶的设置，也让很多商家看漂流瓶的商机，微信商家开始通过扔瓶子做活动推广。使得合作商家推广的活动在某一时间段内抛出的“漂流瓶”数量大增，普通用户“捞”到的频率也会增加。招商银行就是其中一个。

日前，招商银行发起了一个微信“爱心漂流瓶的活动”：微信用户用“漂流瓶”功能捡到招商银行漂流瓶，回复之后招商银行便会通过“小积分，微慈善”平台为自闭症儿童提供帮助。在此活动期间，有媒体统计，用户每捡十次漂流瓶便基本上有一次会捡到招行的爱心漂流瓶。

案例七：凯迪拉克

仅限 66 号公路播报路况

播报路况已经不新鲜，交通广播已经霸占这个领域许多年，凯迪拉克在其微信中推出“66 号公路”的活动，对路况信息实时播报，更新及时为当地出行的人提供服务，尽管是在交通广播的眼皮下抢生意，但好在凯迪拉克的路况播报仅限 66 号公路，这也是其优点，只针对一条路况信息的播报，避免范围大而出现信息不及时的情况。

案例八：1 号店

游戏式营销

1 号店在微信当中推出了“你画我猜”活动，活动方式是用户通过关注 1 号店的微信账号，每天 1 号店就会推送一张图片给订阅用户，然后，用户可以会发答案来参与到这个游戏当中来。如果猜中图片答案并且在所规定的名额范围内的就可以获得奖品。

其实“你画我猜”的概念是来自于火爆的 App 游戏 Draw Something，并非 1 号店自主研发，只是 1 号店首次把游戏的形式结合到微信活动推广中来。

案例九：南航

服务式营销

中国南方航空公司总信息师胡臣杰曾表示：“对今天的南航而言，微信的重要程度，等同于 15 年前南航做网站!” 也正是由于对微信的重视，如今微信已经跟网站、短信、手机 App、呼叫中心，一并成为南航五大服务平台。

对于微信的看法，胡臣杰表示“在南航看来，微信承载着沟通的使命，而非营销”。早在 2013 年 1 月 30 日，南航微信发布第一个版本，就在国内首创推出微信值机服务。随着功能的不断开发完善，机票预订、办理登机牌、航班动态查询、里程查询与兑换、出行指南、城市天气查询、机票验真，等等这些通过其他渠道能够享受到的服务，用户都可通过与南航微信公众平台互动来实现。

案例十：天猫

非主流

你以为红包是那么好拿的，你以为自己真的是喵星人还是未知生物，在微信开通公众账号指出，天猫的微信就让人各种匪夷所思，尽管我们不是猫，也要对喵星人说一声“高”，实在是“高”。来到外星球，你最想要的是什么，这恶搞版神秘之旅，你最期待看到的当然是“红包”。但是想要得到它，你就得经历这个星球上的层层考验。比如看图答出品牌名称，这可相当有难度。天猫告诉我们，非主流有时也是营销的法宝。(资料来源：http://www.emkt.com.cn/，2013-09-12，作者：李旭)

# 第一节　消费者体验心理与行为

## 一、体验与体验经济

### (一)体验

体验是指体验，也叫体会。是用自己的生命来验证事实，感悟生命，留下印象。体验到的东西使得我们感到真实，现实，并在大脑记忆中留下深刻印象，使我们可以随时回想起曾经亲身感受过的生命历程，也因此对未来有所预感。

体验的概念来自心理学，但体验的概念远超心理学的范围。许多学者从不同的角度阐述了对体验的理解。

最早把体验作为经济价值来看待的是 Toffer。他认为，体验是商品和服务心理化的产物，并指出“体验产品中的一个重要品种将以模拟环境为基础，让顾客体验冒险、奇遇、性感刺激和其他乐趣”。

美国著名的体验经济学大师约瑟夫·派恩指出，所谓体验就是指人们用一种从本质上说是以个人化的方式来度过一段时间，并从中获得过程中呈现出的一系列可记忆事件。体验是超越了一般经验、认识之上的那种独特的、高强度的、活生生的、难以言说的、瞬间性的深层感动。体验通常是由对事件的直接观察或是参与造成的，不论时间是真实的，还是虚拟的。体验会涉及人们的感官、情感、情绪等感性因素，也会包括知识、智力、思考等理性因素，同时也包括身体的一些活动。我们可以这样来理解体验的含义：体验就是企业以服务为舞台，以产品为道具，以消费者为中心，能够创造使消费者参与、值得回忆的活动。其中产品是有形的，服务是无形的，而创造出的体验是令人难以忘怀的。

《情感营销》的作者斯科特·罗比内特对于体验的解释更倾向于行为学理论：体验存在于企业与顾客接触的所有时刻，是企业与顾客交流的感官刺激、信息和情感的要点的集合。

体验是在某种特定的营销环境中，来自个人的心境和时间的互动，并从中获得过程中呈现出来的一系列可记忆的体验原点。体验一般并非自动产生，而是被动引发出来的，体验是主体对客体的刺激产生的内在反映。主体并不是凭空臆造体验，而是需要在外界环境的刺激之下才会有所体现，体验具有很大的个体性、主观性，因而具有不确定性。一方面，对于同一客体，不同主体会产生体验的差异性。另一方面，同一主体对同一客体在不同时间、地点也会产生不同的体验。

### (二)体验经济

目前从美国到欧洲的整个发达社会经济，正以发达的服务经济为基础，并紧跟“计算机信息”时代，在逐步甚至大规模开展体验经济。体验经济被其称为，继农业经济、工业经济和服务经济阶段之后的第四个人类的经济生活发展阶段，或称为服务经济的延伸。从其工业到农业、计算机业、因特网、旅游业、商业、服务业、餐饮业、娱乐业(影视、主题公园)等等各行业都在上演着体验或体验经济，尤其是娱乐业已成为现在世界上成长最快的经济领域。

农业经济、工业经济和服务经济到体验经济之间的演进过程，就象母亲为小孩过生日，准备生日蛋糕的进化过程。在农业经济时代，母亲是拿自家农场的面粉、鸡蛋等材料，亲手做蛋糕，从头忙到尾，成本不到 1 美元。到了工业经济时代，母亲到商店里，花几美元买混合好的盒装粉回家，自己烘烤。进入服务经济时代，母亲是向西点店或超市订购做好的蛋糕，花费十几美元。到了今天，母亲不但不烘烤蛋糕，甚至不用费事自己办生日晚会，而是花一百美元，将生日活动外包给一些公司，请他们为小孩筹办一个难忘的生日晚会。这就是体验经济的诞生。

有一个有趣的例子，说的是在一家以色列企业家开的名为“真假咖啡店”的咖啡店，店里面没有任何真正的咖啡，但是穿戴整齐的侍者仍就有模有样的装作为客人倒咖啡、送糕点。虽然服务生送来的杯子、盘子里面空无一物，但是每位顾客要付三美元，周末六美元。其经理卡斯比表示，消费者到咖啡店来是认识朋友、体验社交生活的，而不是为了喝咖啡而来的。这位老板显然是从这种体验中赚取利润。

## 二、体验经济时代消费者需求特征

我们可以这样来理解体验经济，即你创造了一种独特的氛围，用一种令人感到赏心悦目的方式提供服务，你的顾客为了获得这种舒适的过程而愿意为之付费。顾客是如何来看待这个过程的，也就是你需要去“上演”的体验提供过程。显然，顾客对这个体验过程的看法受到了社会经济发展的影响。现阶段社会经济的飞速发展，给消费者的消费观念和消费方式带来了多方面的深刻变化，并使消费需求的结构、内容、形式发生了显著的变化。在体验经济时代，消费者的消费行为表现为以下趋势。

(1) 从消费的结构看，情感需求的比重增加。消费者在注重产品质量的同时，更加注重情感的愉悦和满足。

(2) 从消费的内容看，大众化的标准产品日渐失势，对个性化产品和服务的需求越来越高。人们越来越追求那些能够促成自己个性化形象形成、彰显自己与众不同的产品或服务。

(3) 从价值目标看，消费者从注重产品本身转移到注重接受产品时的感受。现代人消费似乎不仅仅关注得到怎样的产品，而是更加关注在哪里、如何得到这一产品。

(4) 从接受产品的方式看，人们已经不再满足于被动地接受企业的诱导和操纵，而是主动的参与产品的设计与制造。从近年来的消费实践看，消费者参与企业营销活动的程度进一步增加。主要表现在：消费者从被动接受厂商的诱导、拉动，发展到对产品外观要求个性化，再发展到不再满足于产品外观的个性化，而是对产品功能提出个性化的要求。

(5) 消费者的公益意识不断增强，希望自己通过消费“绿色产品”，体现自己的环保意识，成为“绿色消费者”。随着人们物质生活的满足，消费者对生存环境和生活质量越来越关心，人们比以往任何时候都珍惜自己的生存环境，反对资源的掠夺性开发和使用，追求永续消费。人们愿意为保护环境出钱出力，同时改变旧的消费习惯以利于环保的进行。

## 三、消费者体验的心理与行为基础

### (一)感觉体验

感觉体验是指人们受到各种感受器官刺激而形成的体验，包括视觉、听觉、触觉、味觉和嗅觉这些感官上的各种体验。

利用顾客的感觉体验来开展营销活动，我们可以简称之为感觉营销。感觉营销的目的就是要迎合顾客的五种感觉，从而给顾客美的享受或兴奋的心情。产生感觉体验的基本要素包括视觉上的颜色和形状、听觉上声音的大小、高低和快慢、触觉上的材料和质地等。建立在这些基本要素刺激基础之上的感觉体验可以作为区别物以显示独特性；可以作为促动力以促使顾客尝试并购买产品；可以作为价值提供者，给顾客提供特殊的体验价值。

合理运用各种营销手段给顾客以深刻的感官体验，可以实现确立企业和品牌的独特形象，促使顾客购买，体现产品或服务的价值的战略目标。

### (二)感受体验

感受体验也可称之为情感体验。感受体验主要产生于消费过程中。根据感受的程度不同，可以将感受体验划分为略为积极或消极的情绪体验和强烈的感情体验两大类。

情绪体验是不易察觉的情感世界。某些刺激能够引发人们的某种情绪，但是顾客一般不会注意到它们，甚至会找错导致这种情绪体验的原因。

感情体验是一种很强烈的体验，一般有明确的刺激物。它能够吸引人的注意力，甚至

打断他的其他活动。感情体验都是由某种事物或人引起的。感情体验又可以分为两类，即基本情感体验和综合情感体验。基本情感体验是我们日常情感生活的基本成分，它包括欢乐、气愤、厌恶和悲伤等。综合情感体验是基本情感体验的混合或集合。通过各种营销手段而建立起来的顾客情感体验多属于此类。比如，一位清纯、可爱、脸上写满幸福的女孩子，依偎在男友的肩上，品尝着他送给她的“水晶之恋”果冻，就连旁观者也会感受到那种“美好爱情”的体验。

### (三)思维体验

思维体验是指人们通过运用自己的智力，创造性的获得知识和解决某个问题的体验。思维体验使得顾客在惊奇、计谋和诱惑的引发之下而产生了统一或各异的想法。思维体验通常有两种方式，即收敛思维体验和发散思维体验。

收敛思维体验是指顾客将思路逐渐集中，直至找到一种解决问题的办法的体验过程。它的具体表现形式为解决推理问题时所采用的分析推理的思维。然而，即使采用了启发式的研究去得到结论，对问题系统地孜孜不倦的分析过程仍可归为收敛思维体验。

发散思维体验则是拓宽思路，集思广益的体验过程。与收敛思维体验相比，联想性的发散思维体验更加随心所欲，也往往让人收获更多。发散思维体验出现在脑力激荡的过程之中，要求参与者进行自由的想象而避免做任何评价。发散思维体验也会出现在梦境之中。

### (四)行动体验

行动体验是人们在某种经历之后而形成的体验，这种经历与他们的身体有关；或与他们长期的行为方式、生活方式有关；或与他们与人接触后获得的经历有关。行动体验已经超越了情感、影响及被认知的事物的范畴。这里我们简要介绍 3 类。

(1) 生理行为体验。这种体验可能来源于肉体的、运动神经行为、肢体语言行为或者是作用于身体渴求的环境影响。

(2) 生活方式体验。市场营销学中认为“生活方式”是指“通过一个人的活动、兴趣及观点所表达出来的，他或她在这个世界上生存的形式。”一个人接受某种生活方式的方式主要有 3 类：一是直接行动，二是角色模仿，三是诉诸社会规范。

(3) 相互作用体验。除了身体上的体验和长期固有的生活方式体验，还有一些体验来源于人与人之间的相互作用和相互影响联系。相互作用不会出现在一个社会真空的状态下，它依赖于个人态度和意图以及群体的信仰和规范。

通过行动体验来改变消费者的生活方式，让消费者在新的消费方式里获得意外体验。“请朋友吃饭，不如请朋友出汗”，这是一家球馆的广告语。它的目的再简单不过，就是要把人们从饭桌上拉倒球馆里，试图改变人们招待朋友的习惯。

### (五)关系体验

关系体验是指人们在追求自我完善和被他人认同的过程中而获得的体验。关系体验包含着感觉体验、感受体验、思维体验和行动体验的成分。关系体验的外在形式可能是通过感官、感受、思维和行动上的体验来表现，但是关系体验超越了这些“增加个人体验”的私有经验，它把个人和他理想中的自我、他人和文化联系起来了。

关系体验收到社会分类和社会身份、交叉文化价值取向、价值观和个人追求的被认同感等因素的影响。如美国哈雷摩托车是个杰出的关联品牌。哈雷就是一种生活形态，吸引了成千上万摩托车迷每个周末在全国各地举办各类竞赛，车主们把它的标志文在胳膊上乃至全身。从摩托车本身、与哈雷有关的商品，到狂热者身体上的哈雷文身，消费者视哈雷为他们自身识别的一部分。使哈雷成了一种“圈子”的象征。《纽约时报》报道：“假如你驾驶一辆哈雷，你就是兄弟会的一员。”可见哈雷品牌的影响力非同小可。

## 四、消费者体验行为分类

派恩和吉尔摩按照消费者参与程度与环境上的关联性将体验分为 4 种类型：娱乐体验、教育体验、逃避现实体验和审美体验，它们互相兼容，形成独特的个人经历。

#### 1. 娱乐体验

娱乐不仅是最古老的体验之一，而且在当今也是一种更高级的、最普通的、最亲切的体验。虽然体验经济在飞速发展，但是绝对不会有哪种体验会拒绝那些令人感到愉悦的欢乐时刻。大多数人在被他们视为娱乐的体验中都不过是被动的通过感觉吸收体验，比如，看电影、观看文艺晚会等。

#### 2. 教育体验

教育体验是指顾客能在事件发生的过程中获得知识。和娱乐体验一样，在教育体验中，客体吸收了对于他们来说并不是很熟悉的事件。但与娱乐体验不同的是在娱乐体验中人们是被动的受到吸引；而对于教育体验而言，人们为了获得某种知识技能而主动的参与到一项活动中，教育包括了客体更多的积极参与。

#### 3. 逃避现实体验

逃避现实体验是指顾客不仅完全沉浸在某种体验里，而且还积极主动地参与到这种体验的营造过程中。逃避现实体验要远比娱乐和教育体验更加令人沉迷。它与娱乐体验完全相反，人们不仅完全沉浸在事件之中，同时他们还是更加积极的事件参与者。典型的逃避现实的体验是需要一定的环境的，如：虚拟的聊天室、网络游戏等。

4. 审美体验

在审美体验中，每个人沉浸于某一事件或环境之中，而由于他们是被动地参与，他们对环境或事物极少产生影响或根本没有影响，因此他们所审视的周围的环境基本没有变化。典型的审美体验包括参观博物馆、坐在充满怀旧情调的咖啡屋里等。

可以这么认为，人们参与娱乐体验是想感觉，参与有教育意义的体验是想学习，参与逃避现实的体验是想去做，参与审美体验就是想到达现场。体验经济的理论认为，当一个企业所创造的商业模式为客户提供的体验形式越多的时候，客户就会得到更加丰富的体验，从体验中得到更大的满足，从而原以为之付出更多的代价。

## 五、体验营销的含义和特征

### (一)对体验营销的理解

体验营销无处不在。各类市场上，越来越多的组织机构开始启用体验营销技术来开发新产品，与客户交流，改善销售渠道，选择生意伙伴。所谓体验营销，就是在整个营销行为过程中，成分利用感性信息的能力，通过影响消费者更多的感官感受来介入其行为过程，从而影响消费者的决策过程与结果。体验营销以向消费者提供有价值的体验为主旨，力图通过满足消费者的体验需要而达到吸引和保留顾客、获取利润的目的。体验营销不把体验当作一种无定型的、可有可无的东西，而是将其作为一种真实的经济提供物，作为一种有别于产品和服务的价值载体。

### (二)体验营销的特征

和传统营销相比，体验营销具有以下 4 个方面的特点。

1. 关注顾客的体验

体验的产生是一个人在遭遇、经历或是生活过一些环境的结果。企业应注重与顾客之间的沟通，发掘他们内心的渴望，站在顾客体验的角度去审视自己的产品和服务。

2. 把消费作为一种整体体验

体验营销人员不再鼓励地去思考一个产品，要通过各种手段和途径创造一种综合效应，以增加消费体验。不仅如此，还要跟随社会文化的发展，思考消费所表达的内在价值观念、消费文化和生活意义。

3. 把顾客视为有理智的感情动物

体验营销人员要明白顾客同时受到感情和理性的支配。也就是说，顾客因理智和一时冲动而做出选择的概率是一样的。体验营销人员不仅从顾客理性的角度去开展营销活动，同时也考虑消费者情感的需要。

4. 使用多种方法

体验营销使用的方法和手段与传统营销有所不同，显得更为丰富和多变。体验营销人员也不拘泥于某种营销手段和现实条件，而是敢于在大胆想象创意之后再去考虑其可靠性、有效性和可行性。

## (三)现代体验营销中的体验类型

随着营销的发展，当下体验式营销得以丰富和发展，目前市面上流行的体验营销主要有以下几种模式。

1. 感官体验

研究表明，除了视觉和听觉外，我们还有触觉、味觉、嗅觉等信息储存方式，只有同时调动人的五种感官，才能保证对事物的接受程度达到最大化。感官营销就是针对消费对象的“五感”，打造相对应的品牌特质，让消费者与品牌的每一个接触点都能感受到品牌的差异化个性，对品牌有一个更加全面、深刻的体验认知。随着人们接受信息的日渐丰富，已不再容易被单纯靠视觉和听觉的二维传播手段所打动。而感官营销通过在产品的营销过程中融入能够带给人们感官刺激的成分，让消费者在消费的过程中主动感知产品的属性特点，得到视觉、听觉、味觉、嗅觉、触觉的全方位满足。

2. 生活体验营销

每个人都有自己认同和向往的生活方式，无论哪种生活方式，都是人们生活历程中的一种宝贵体验。生活方式体验模式是指以满足消费者享受不同的生活方式、扮演不同生活角色为目标的体验营销模式，在一定程度上也可理解为角色体验模式。开展生活体验营销要求营销人员对生活方式趋势有敏锐的洞察力，最好成为新生活方式的创造者和推动者。因此，可通过举办活动、利用偶像、改变或诉诸社会典范，而为顾客塑造一种不同凡响的生活方式体验。

3. 娱乐体验营销

娱乐是人类最古老的体验之一。人们生来都愿意寻求欢乐与避免痛苦，几乎没有人会排斥促使其开心大笑的娱乐瞬间。娱乐体验营销是以顾客的娱乐体验为诉求，通过愉悦顾客而有效地达成营销目标。娱乐体验营销相对于传统营销方式，它的最大特点是摒弃了传统营销活动中严肃、呆板、凝重的一面，使营销变得亲切、轻松和生动起来，因而比传统营销方式更能激发顾客的购买欲望。娱乐体验营销要求企业巧妙地寓销售于娱乐之中，通过为顾客创造独一无二的娱乐体验，来捕捉顾客的注意力，达到刺激顾客购买和消费的目的。

4. 情感体验营销

情感体验营销是企业在体验营销实施过程中，将情感要素渗透到体验营销各个环节，用以满足顾客的情感和心理需求，进而达到企业盈利的体验营销模式。情感体验营销讲究以情动人，摒弃了传统营销方式中以企业利益为出发点的缺陷，而是真正从消费者的感受出发，耐心聆听、细心体察已呵护消费者的情感。

## 六、实施体验营销的策略

1. 将体验融入产品之中去

将好的体验附加到产品之中，能对产品起到“画龙点睛”的作用，增加产品的灵性，提高产品的感知质量。因此，实体产品制造商不仅要关心产品的技术或功能质量，更要重视顾客在使用产品时的感受和感觉。一方面要尽力避免在产品外观或细节上留有晓得缺憾，另一方面要有意为产品增添愉悦、美感、感官享受等成分，从而使产品“体验化”。

2. 将体验添加到服务中去

由于服务生产和消费的不可分割性，服务是企业用以展示和传递体验的天然平台。在服务中，企业除了完成基本的服务提供外，完全可以有意识地向顾客传递他们所看重的体验。如以往商用车市场的服务被简单定义为维修和故障的排除，而如今，随着福田欧曼大力倡导亲情体验式服务，服务正被更为多元化的内容和体验所诠释。福田欧曼大力倡导亲情体验式服务中，包括上门调查、现场服务送水送饭这样的亲人般的关怀；通过回访、保养提醒来体现爱人般的细心；统一服务规范，终身技术指导所带来的保姆般的周到；定期走访、增加保养期限等专家级多样服务。

3. 开创新的体验业务

体验业务既可以是体验性产品，也可以是体验性服务，但它不同于依附在产品或服务之中的体验。虽然体验业务的产生离不开产品或服务，但此时体验才是企业真正要出售的东西，产品或服务只不过是辅助性设施。如山梨县是日本著名的游览胜地，同时也是日本有名的葡萄酒酿造中心。美酒、美景令人流连忘返，然而最令人难以忘怀的还是让游客充当一回果农，获得一份“收获的体验”。参加者每人交纳 2000 日元，就可以领取草帽、手套和剪刀等工具，每人在园内收获三大箱葡萄后可换取一瓶价值 2000 日元的葡萄酒。尽管这样的农活并不十分轻松，但游客们乐此不疲，兴趣盎然。

4. 将体验蕴含在营销传播之中

传统的营销宣传专注于对产品效能、质量或价格的宣扬，这种直白的传播在同类产品竞争日益激烈的情况下，难以给消费者留下深刻印象，只能使人感到乏味；而体验营销者则会强调营销传播过程中的体验诉求。例如，在广告中的体验诉求不仅能吸引目标受众的眼球，也为产品的销售打下了感性的基础，即在产品被使用之前就增加了其体验价值。如农夫果园首先在定位上抛开了常规以年轻女性为目标消费者的做法，在广告诉求上同样巧妙地避开美女路线，而是启用一对穿休闲花衣的父子俩用轻松快乐的摇摆方式来表达农夫果园给他们带来的体验乐趣，这种夸张的轻松体验演绎甚至令女售货员都刮目相看，虽旁观也乐在其中。而这种快乐体验只是源于购买产品时产品包装和售点 POP 上的醒目提示："三种果汁在里面，喝前摇一摇！"明明是告知消费者喝前摇瓶子，两父子却旁若无人地要摇身子，效果诙谐幽默，让人看后轻松畅快，难以忘怀。

### 5. 将体验凝聚在品牌之中

在企业开展体验营销的过程中，品牌是不可或缺的。品牌表面上是产品或服务的标志，代表着一定的功能和质量，在深层次上则是对人们心理和精神层面诉求的表达。所以，在体验营销者看来，品牌凝聚的是消费者对一种产品或服务的总体体验。品牌的价值在很大程度上是体验的价值。如在功能饮料市场中，很多企业就注重运用这样的策略。作为一种新兴的饮料品种，功能饮料更多的是与时尚、个性等因素联系在一起。在市场发展的初期，功能饮料的主要目标对象是年轻人，也确实被年轻人所追逐。作为与年轻人沟通的一条有效途径，明星代言人的广告策略被功能饮料企业广泛使用，但是随着功能性饮料市场竞争的加剧，"尖叫"、"她他"等另辟蹊径，在"情绪、性别、文化"等精神文化层面上进行渲染和沟通。对于饮料行业，卖功能只是一个方面，在情感、体验、文化等高端层面塑造个性丰富的品牌，也许更受年轻消费者的欢迎。这也意味着在功能饮料的品牌塑造中应凝聚体验的价值，这样功能饮料的品牌营销也就进入一个更高层次的体验营销时代。

**【案例 13-1】 宜家销售模式中的体验营销**

对于宜家而言，在消费者体验流程中存在五个关键环节点，分别是"参与环节"、"感受环节"、"设计环节"、"个性化环节"、"运输环节"。

第一，每一个宜家店都是一个消费者亲身体验的现场和展示的空间，在这里从入门开始宜家就为消费者配发了尺子、铅笔、纸张等物，该意图很明显，让消费者参与到个人家居的设计和规划的过程中，这是其让消费者"参与的环节"。

第二，在每一个宜家店中，消费者都可以亲身到床、沙发等物品上体验，希望通过消费者亲身的感受来影响消费者，这是消费者的"感受环节"。

第三，消费者在具体决定自己家内所要购买的家居产品时，既可以向卖方提出明确的需求，同时也可以自己将现有的产品不同部件进行创意性的组合，形成自己喜欢的产品，让消费者感觉到这是自己亲自设计的感觉，摆脱了以往消费者不得不被动接受已经定型产品的窘况，这是消费者亲自"设计的环节"。

第四，在宜家店中的产品都是"限量"发行的，这当中有两种实现该目的的路径，一

是家居产品无限种组合的可能性为消费者提供了广阔的尝试性创造的可能，使得彼此间相同的概率大大降低。其二是厂家在宜家店内销售的产品不仅仅是限量而且是独供的产品。这两点保证了消费者在宜家内采购的产品极少能有彼此“撞车”的情况发生，真真切切地使得消费者感受到了心理的满足，这是消费采购过程中的“个性化需求环节”。

第五，宜家所有的产品都是标准构件，宜家是不承担运输费用的，所有的运输费用和运输过程都由消费者独自承担，这和国内大多数家居市场的即使送货到门消费者仍不买账情况大相径庭，反而消费者俱都兴高采烈，甚是满意，个中的滋味真是颇令人深思。因为有了这种标准化组合式的平板构建，使得消费者整体打包，运输也相当的方便。这是宜家的“运输环节”与众不同之处。

**案例分析：**宜家店在体验营销模式上的五个环节是其流程的描述，其本质就是宜家在销售环节充分把握住消费者的心理与行为需求，真真切切地体现了营销为消费者提供额外的“让渡价值”的理念。

## 七、体验营销的模式

### 1. 娱乐营销

娱乐营销就是企业巧妙将各种营销活动寓于娱乐之中，通过精心为顾客设计的娱乐体验来吸引顾客，以现实促使顾客消费的目的。实施娱乐营销的一个典型代表就是中国移动的动感地带品牌。从请周杰伦、SHE 代言，到“我的地盘听我的”这一娱乐口号，从推广期遍及全国各地高校的娱乐活动到不定期推出的各种寻找 M-zone 人等互动活动，再到后来周杰伦为动感地带创作的主题歌“我的地盘”，无疑是对动感地带娱乐营销策略的一大升级。

### 2. 美学营销

美学营销是以满足人们的审美体验为重点，经由知觉刺激，提供给消费者以美的愉悦、兴奋与享受。营销人员可通过选择利用美的元素，如色彩、音乐、形状、图案等，以及美的风格，如时尚、典雅、华丽、简洁等，再配以美的主题，来迎合消费者的审美情趣，引发消费者的购买欲望。如房地产销售中推出“体验空间”售楼处，在样板房里安置水池、假山，并装饰了树和花草，给前来购房的消费者一种美的享受。

作为一种新的房地产营销方式，“体验营销”改变了过去的只强调“产品”或“客户服务”营销理念，它崇尚实践“体验”，让客户直接参与并成为体验的主体，造就一种“无法遗忘的感受”，能够赢得客户的忠诚，从而促进产品的销售。

### 3. 情感营销

情感营销以消费者内在的情感为诉求，致力于满足顾客的情感需要。营销人员应该认真探究消费者的情感反应模式，努力为他们创造正面的情感体验，避免和去除其负面感受，从而引导消费者对公司及其产品和服务产生良好印象，直至形成偏爱的态度。

### 4. 生活方式营销

生活方式营销就是以消费者所追求的生活方式为诉求，通过将公司的产品或品牌演化成某一生活方式的象征甚至是一种身份、地位识别的标志，而达到吸引消费者、建立起稳定的消费群体的目的。在现代社会，生活方式的不断变化已经成为影响服装服饰消费的主要因素，在服装业中开展生活方式营销也是常见的手法。“与狼共舞”休闲服饰的成功便是一个例子。“与狼共舞”创建之初，就希望通过品牌来展现或者倡导一种新的生活方式，而不仅仅是卖衣服，希望通过“与狼共舞”品牌向国内的消费者展示一种追求生活品质、自由开放、充满激情、勇于尝试、努力在自己人生中舞出缤纷色彩、积极向上的生活方式。

### 5. 氛围营销

氛围指的是围绕某一群体、场所或环境产生的效果或感觉。好的氛围会像磁石一样牢牢吸引着顾客，使得消费者频频光顾。氛围营销就是要有意营造使人流连忘返的氛围体验，服务场所尤其适合于采用此种策略。如美国华盛顿特区的一家咖啡连锁店以结合旧式意大利浓缩咖啡与美国快节奏生活为主题。咖啡店内装潢以旧意大利风格为主，但地板瓷砖与柜台都经过精心设计，让消费者一进门就会自动排队，不需要特别标志，也没有像其他快餐店拉成迷宫一样的绳子，破坏主题。这样的设计同时也传达出宁静环境、快速服务的印象。而且连锁店也要求员工记住顾客，常来的顾客不必开口点菜，就可以得到他们常用的餐点。

# 第二节　绿色消费心理与行为

## 一、绿色消费的内涵

绿色，是充满希望的颜色，代表生命，代表健康和活力，代表人类生活与大自然的和谐，有益于身体健康，环境优美。国际上对“绿色”的理解通常包括生命、节能、环保、可持续性等要点。所谓绿色消费，就是以保护消费者健康为主旨，符合人的健康和环境保护标准的各种消费行为和消费方式的统称。绿色消费，包括的内容非常宽泛，不仅包括绿色产品，还包括物资的回收利用，能源的有效使用，对生存环境，对物种的保护等，可以说涵盖生产行为，消费行为的方方面面。它主要是指"在社会消费中，不仅要满足我们这一代人的消费需求和安全、健康，还要满足子孙万代的消费需求和安全、健康。它有 3 层含义：第一、倡导消费者在消费时选择未被污染或有助于公众健康的绿色产品。第二，在消费过程中注重对垃圾的处置，不造成环境污染。 第三，引导消费者转变消费观念，崇尚自然、追求健康，在追求生活舒适的同时，注重环保、节约资源和能源，实现可持续消费。

就 2001 年的主题而言，“绿色消费”重点放在“绿色生活，环保选购”等直接关系到消费者安全健康方面的内容，社会监督的重点放在食品、化妆品、建筑装饰材料等三个方面上。

## 二、绿色消费的产生

绿色消费的产生，要从人类经济发展的问题谈起。人类的经济的发展，本质上就是与地球大自然系统的物质变换的过程，人类不断地从自然取得物质资料，以满足自己的需要，尔后又不断将废物排放到自然，经过自然的“净化”作用，重新转化为自然物质。人类出现以来，就是不断地从自然获取物质资料，逐渐积累，终于达到了今天巨大的物质文明。没有自然资源，人类社会经济、文明的发展是不可思议的。

但是，自然资源并不无限的。人类与自然的物质变换过程，必须建立在平衡的基础上。一方面，人类向自然取得物质资料，要以自然的再生产能力为前提，而自然界许多资源本身是不可再生的，对于这些资源，就不能过快地将其耗尽；另一方面，人类将排出物返还自然，要以自然的“净化”能力为限，否则，就只能是对环境的污染。由于人类的过度开发，这种不平衡就不断地出现了。马克思在《资本论》中讲到资本主义大工业和城市的发展所产生的影响时曾经指出：大工业“一方面聚集着社会的历史动力，另一方面又破坏着人和土地之间的物质变换，……从而破坏土地持久肥力的永恒的自然条件。”如今，这种情况果然严重地摆在人们面前，使人在不能不考虑自己的行为到了该改变的时候了。

人们终于开始觉醒，“绿色”观念逐步形成。1962 年，美国海洋生物学家蕾切尔·卡逊(Rachel Carson)经过 4 年时间，调查了使用化学杀虫剂对环境造成的危害后，出版了《寂静的春天》(Silent Spring)一书。在这本书中，卡逊阐述了农药对环境的污染，用生态学的原理分析了这些化学杀虫剂对人类赖以生存的生态系统带来的危害，指出人类用自己制造的毒药来提高农业产量，无异于饮鸩止渴，人类应该走“另外的路”。1968 年 3 月，美国国际开发署署长 W. S·高达在国际开发年会上发表了“绿色革命－成就与担忧”的演讲，首先提出了“绿色革命”的概念。从此，“绿色”一词就越来越多地出现在人们面前。1971 年，加拿大工程师戴维·麦克塔格特发起成立了绿色和平组织。1972 年罗马俱乐部提出“成长的极限”，报告提醒世人重视资源的有限性和地球环境破坏问题。以后，越来越多的人认识到人类应该将自己与自然环境和社会环境协调起来，寻求生态、能源、人口三者协调、健康发展，与大自然和谐共处，建立一个环境优美的“绿色文明”。“绿色消费”就是在这一“绿色运动”中提出来的。

## 三、绿色消费与传统消费的区别

### 1. 中心不同

传统消费是以满足人的需求为中心的，不管这种需求是否合理，是否适度，也不管这种需求对生态环境是否造成破坏。在传统消费理念下，人们为了满足自己无限膨胀的私欲，疯狂的掠夺大自然，破坏生态环境。仅就我国而言，2000 年，原煤的开采量每天为 273.4 万吨，原油开采量每天为 44.7 万吨；为了扩大人类自己的生存空间，大肆砍伐森林、围湖造田，致使野生动物失去自己的家园；为了满足吃野味的欲望，置法律于不顾，大肆捕杀野生动物。人类向大自然索取的同时，还把人类消费的废弃物置于大自然中，使自然环境遭受到了严重的污染，生态环境被严重破坏，大片的原始森林消失，某些野生动植物濒临灭绝或已经灭绝。

绿色消费则以满足人的基本需求为中心，以保护生态环境为宗旨。在绿色消费理念下，人类把地球上生存的动物和植物看作自己的邻居和朋友，在开发利用自然资源时，对人类的行为自觉地加以约束和限制，把人类消费行为对自然的破坏降到最低点，直至消失。在保护自然生态环境平衡的同时，也保护人体自身的生态环境平衡，满足人体的基本需求。例如，人们在满足吃的欲望的时候，讲究营养搭配，讲究适量适度，要求所食用的食品是无公害、无污染的绿色食品，不会给人体带来额外的负担，如肥胖、高血脂与高血压等。

2. 着眼点不同

传统消费的着眼点是眼前的代内消费公平，这种公平是以国家甚至是群体为单位的。例如，确定价格下的某一产品，对于具有消费能力的消费者来说是公平的；在一定的生产技术水平下，某群体的消费相对是公平的。传统消费形式下，由于经济发展水平的差异，人们生活水平的不同，人与人之间、国与国之间的消费常常是不公平的。这种不公平表现在穷人与富人之间的消费不公平，发达国家与不发达国家之间的消费不公平，当代人与后代人之间的消费不公平。有资料显示，富人占全世界人口的 1/4，却消费了世界谷物的一半，肉类和乳类的 75%，林产品的 78%工业品的 60%，能源的 80%。不仅如此，当代人为了满足眼前的需要，大量开采有限的自然资源，特别是不可再生资源的开采，随着开采技术的进步，开采数量越来越大，由于忽视环境技术的开发与利用，这种行为对自然资源和生态环境的破坏力度非常大。我们当代人为了满足自己的消费需求而剥夺了本应属于子孙后代所享有的资源，造成了代与代之间消费的不公平。绿色消费则着眼公平消费，这种公平既包括人际消费公平，又包括国际消费公平；既包括代内消费公平，也包括代际消费公平。虽然这些公平不是在短时间内能实现的，但消费公平却是绿色消费的基本准则。

3. 追求不同

传统消费追求奢华，倡导高消费、多消费和超前消费，从而造成大量的浪费。在传统消费理念和消费方式影响下，消费水平的高低，例如，吃好的、穿名牌、住别墅洋房、开高档轿车，成为衡量人们身份与地位的标准。因此，人们常常不是为满足人的需要而消费，而是为了显示身份和地位，为了挣面子而消费，其结果造成极大的浪费。据 1997 年 7 月 1 日《今日美国报》报道的美国农业部公布的一份报告说，美国人每年扔掉的食物多达 365

磅，全国每年浪费的食品高达960亿磅，其中仅5%就能供40万人吃一年。绿色消费则崇尚自然、纯朴、节俭、适度，主张满足人的基本需要，但它不是倡导禁欲过苦行僧的生活，而是倡导在现有的社会生产力的发展水平下，在合理的充分的利用现有资源的基础上，使人们的需要得到最大限度的满足。

4. 前提条件不同

传统消费是在资源过度耗费、利用率较低的前提下进行的。由于受当前的科学技术水平的限制，在生产消费品时，资源消耗量过大、利用率较低。就我国而言，黑色金属矿资源利用率为36%，有色金属矿资源利用率为25%，非金属矿综合回收率为20%～26%，矿产资源总利用率不到50%，低于发达国家水平20%左右。绿色消费则是在充分地利用资源，合理使用资源的条件下进行的。资源作为经济可持续发展的基本条件之一，其开采与消耗以不超过自然生态的供给界限为最佳。对于不能再生的资源，在开采和消耗的同时，积极地开发和寻找可替代资源，将有限的不可再生资源留给后人使用。

5. 结果不同

传统消费已经带来了资源短缺、生态破坏、环境污染的恶果，由于人类的过度行为，地球上的土地资源和森林资源大规模消失，全球森林在过去的100年中已减少一半以上，水土流失、土地沙漠化相当严重，世界上沙漠化的土地已达3600万平方公里，几乎是中国、俄罗斯、美国国土面积的总和。大量的物种灭绝，生物多样性遭到严重破坏。同样，由于人类的活动，人类的生存环境受到了严重污染，如臭氧层空洞、温室效应、酸雨、光污染、化学污染、白色垃圾等。绿色消费则把环境保护和生态平衡放在首位。在绿色观念指导下，生产消费过程将实施清洁生产技术。生活消费首先是消费绿色产品，其次在消费过程中，不会带来环境污染，如生活垃圾分类包装、不用不可降解的塑料制品、废旧家用电器要合理回收和再利用等。

**【案例13-2】 巴塔哥尼亚公司的绿色营销策略**

修纳(Yvon Chouinard)一直是个不爱做生意的商人。但他却乐意接受绿色营销。

修纳是法裔加拿大人，在美国的加州长大，他想做的所有事就是登山和冲浪。他突然发现有能力为他的运动所需的设备进行发明创造，因此成立了一家修纳设备公司(Chouinard Equipmnent Co.)。这家公司后来就演变成巴塔哥尼亚公司(Patagonia)，这可能是历史上最成功的户外服装公司，制作滑雪、登山、山地自行车、划船、跑步和旅行用的衣服。

在巴塔哥尼亚成立的第一个十年，该公司的销售扩大至1亿美元。然后在经济衰退的影响下，销售放缓。

公司业务的下滑迫使修纳重新考虑他的整个做法。巴塔哥尼亚注定要增长放缓。“我们的公司已经超过了其资源和极限；我们已变得非常依赖于我们无法维持的增长，比如说世界的经济。”修纳在他的著作 Let My People Go Surfing: The Education of a Reluctant

Businessman 中写道。

巴塔哥尼亚公司开始应用新的实践做法，这不仅有助于重新界定公司的业务，而且界定整个绿色营销活动。

巴塔哥尼亚开始承诺把其年销售额的1%捐给环保团体。然后它在制造一些产品时开始使用循环再造的苏打瓶。然后它开始用100%的有机棉制造其他的成衣。三年前，它开始考虑回收客户的破旧内衣来循环制作为新的服装。

以上述各项承诺，巴塔哥尼亚证明公司可以激起整个供应链(甚至社会)的重大变化。通过影响消费者的行为，巴塔哥尼亚成功地做到了。

巴塔哥尼亚致力于在运动服装产品线上长期使用有机棉。然后该公司扩大了其有机棉的采购。但说起来容易做起来难，因为有机棉的成本比用化学品的棉花高，甚至达到20%以上。《可持续发展业》杂志(Sustainable Industries)报道说，巴塔哥尼亚不得不在刚开始时提高价格和忍受低利润率。但该公司坚持使用有机棉，并就此对客户发表了一项声明。

该公司的承诺创造了规模经济—他们生产的产品越多，成本就变得越低。生物交换组织(Organic Exchange)总裁克莱因(Rebecca Calahan Klein)，对《可持续发展业》杂志解释说："巴塔哥尼亚公司所证明的是如果您做出的承诺经得住时间的考验，那么供应线和生产效率就会开始发挥作用。"

为了极力表明其承诺，巴塔哥尼亚一直不懈地与消费者进行沟通。它把讯息编排在公司宣传册的文章中、商店印刷品和广告上，这样就可以传递给消费者了。Green Marketing: Opportunity for Innovation 一书的作者奥特曼(Jacquelyn Ottman)在书中写道：

"把广告投放在一流的面向户外的杂志上会使客户了解到产品的发展，以及新出现的环境问题和巴塔哥尼亚的活动。此外，公司发布的年度'绿色报告'详细说明了其所有重要的与环保有关的目标的进展情况 。"

附带一言，这些印刷着与消费者沟通内容的宣传手册是由什么材料制作的呢？自1991年以来，这些目录册都是由再生纸张制作的。五年之前，该公司就决定开始选择对环境负责的纸张供应商作为合作伙伴。

多层面沟通使巴塔哥尼亚与那些在购买的产品中寻找"精神经历"的消费者联系到了一起，哈特曼(Harvey Hartman)这样解释道，他是哈特曼集团(Hartman Group)的CEO和Marketing to the New Natural Consumer 一书的作者。通过这样做，巴塔哥尼亚可以使客户感到亲自参与到了挽救环境的行动中。

所有这些只是修纳哲学中改变消费者行为来创造巨大改变的一部分。"我试图改变消费者。通过我们的宣传册和我们的各种活动，我们教育了消费者，"修纳说。巴塔哥尼亚公司有许多创新式营销，但最富有创造性的营销方式是诚实。在其网站上，它发表了"足迹史录"，这是允许任何人跟踪某一巴塔哥尼亚产品从设计到交付过程中的影响。它列出了其产品对环境做的"好事"。这个网站上还有一个与众不同的部分：它也列出了公司的产品对环境仍然做的一些"坏事"。

例如，在“好事栏”里，巴塔哥尼亚列出了其二级羊绒圆领羊绒衫的羊毛是来自新西兰经营良好的绵羊牧场，染色不使用重金属。在“好事栏”旁边是“坏事栏”，巴塔哥尼亚举出羊毛长途运输是一个弊病，这样增加了环境的成本。

在评论这方面的努力时，Top Ten Wholesale 网站指出，“诚实是最可持续发展的政策。”

因此，虽然其他公司可能犯有“漂绿”—是指一些公司在环境上的行为误导消费者—但是修纳的公司坚持诚实为本。

“巴塔哥尼亚公司永远不会完全对社会负责，”修纳在他的著作中坦率地承认，“我们公司绝不会做出一个完全可持续、没有破坏的产品，但它会一直努力尝试。”(资料来源:《世界经理人》杂志，作者：JET MAGSAYSAY，2008 年 9 月 11 日)

**案例分析：**当今社会人们的绿色意识越来越强，巴塔哥尼亚公司倡导绿色营销，并通过一系列营销活动达到了其绿色目标和商业目标。

综上所述，绿色消费与传统消费相比，突出的优势就在于人类的消费行为与自然环境相和谐，与人类社会的可持续发展相统一，与经济的可持续发展相适应。当前，我国正处在工业化时期，如果不能认真汲取西方发达国家“先污染，后治理”的教训，必将重蹈覆辙，付出沉重的代价，增加发展成本，这既给可持续发展设置障碍，又损害了后人的生存权和发展权。因此，无论从眼前还是从长远着眼，我们都必须实施绿色消费。

## 四、绿色消费的心理与行为过程

一般消费者的心理与行为活动的过程大致可分为认知过程、情绪过程和意志过程 3 个部分。在这些不同过程中，消费者的心理行为直接的反应出消费者个体的心理特征。

### 1. 消费者的认知过程

消费者购买行为的心理活动，是以商品的认知过程开始的，这一过程构成了消费者对所购买商品的认识阶段和知觉阶段，是消费者购买行为的重要基础。在认识的开始阶段，消费者从广泛的途径获取有关绿色商品的知识和信息，如“绿色食品”“绿色汽车”等，在心理上产生刺激，从而形成绿色商品的片面的、孤立的和表面的心理印象。接着，随着绿色商品和绿色知识的不断传播，从而形成记忆、思维、想象等一系列复杂的心理过程。在此基础上，对绿色产品产生信任感。在购买中消费者借助于记忆，对过去曾经的生活实践中感知的商品，体验过的情感或有关的知识经验，做出决定。所以在这个阶段消费者需要大量的绿色商品知识和绿色消费有关的信息，在消费者头脑中形成一定量的信息储备，以便在以后的购买决定中产生深刻的影响。

### 2. 消费者的情感过程

消费者对绿色商品和绿色消费的认知过程，是采取购买行为的前提，但是不等于他必

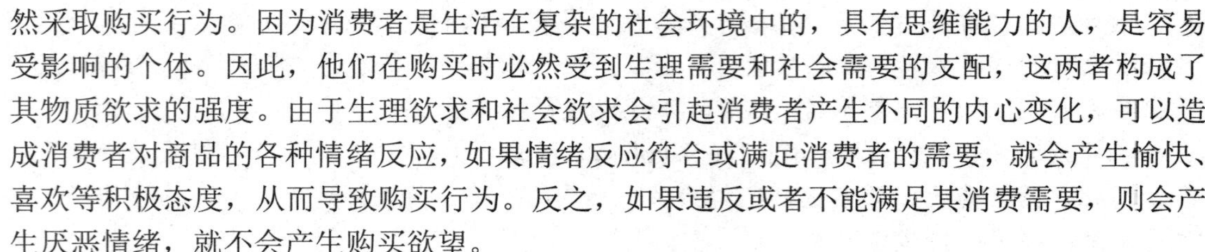

然采取购买行为。因为消费者是生活在复杂的社会环境中的，具有思维能力的人，是容易受影响的个体。因此，他们在购买时必然受到生理需要和社会需要的支配，这两者构成了其物质欲求的强度。由于生理欲求和社会欲求会引起消费者产生不同的内心变化，可以造成消费者对商品的各种情绪反应，如果情绪反应符合或满足消费者的需要，就会产生愉快、喜欢等积极态度，从而导致购买行为。反之，如果违反或者不能满足其消费需要，则会产生厌恶情绪，就不会产生购买欲望。

#### 3. 消费者的意志过程

在购买活动中，消费者表现出有目的的和自觉的支配、调节自己的行为，努力克服自己的心理障碍和情绪障碍，实现其既定目标的过程，这就是消费者的意志过程。它具有两个基本特征：一是有明确的购买目的；二是排出干扰或困难，实现既定目的。所以当消费者做出绿色消费的购买决定后，营销者可以帮助其内在的和外在的各种障碍，创造温馨的绿色的销售氛围以及良好的购买环境，促使其购买行为的实现。

## 五、影响和制约绿色消费行为的因素

### (一)就企业而言，存在以下问题

#### 1. 开发力度不足，提供绿色产品的动力不足

企业提供的产品是实现绿色消费的前提。由于绿色产品的开发难度大、成本高、风险大、获利不确定，如果没有政府的扶持，一方面，由于外溢的收益无法内化，另一方面，与非绿色产品生产的企业竞争不公平，必然使企业选择绿色产品生产、营销的动力不足。此外，我国企业目前普遍缺乏对绿色产品发展前景的深刻认识，很多企业仍然重视短期收效快、经济效益大、能迅速为企业带来利润的一般产品的开发，而轻视长期前景好、眼前投资高、能长久增加社会效益的绿色产品的生产与开发，从而使制造商提供的绿色产品非常有限。

#### 2. 对技术改造投资不足，生产管理水平较落后

与发达国家企业大量使用高科技，形成庞大的绿色产品制造市场相比，我国存在对绿色产品制造业重视不够、投资不足等缺陷，使我国目前的绿色产品制造业还未形成规模，产品结构单调，分布结构不均衡，技术落后，根本无法满足广大消费者的绿色消费需求。据有关调查，目前各大城市中的商场、超市，绿色产品的上架率不超过 10% 。

#### 3. 对绿色产品的市场调研不足，宣传不到位

目前虽然很多有发展眼光的企业看到了绿色产业的先机，也致力于对绿色产品的研究与开发，期望在竞争中以“绿色”制胜，但在具体操作中由于对绿色产品缺乏深入细致的

调研，对绿色产品目前的市场份额、市场需求、消费者的购买欲望和支付能力等未作调查、细分，盲目开发，使一些绿色产品的生产脱离实际而难于畅销。另外，很多企业对绿色产品的宣传不到位，要么宣传不够，使消费者难以认识并消费其产品；要么过分渲染，夸大其词，使消费者不敢相信其产品；还有的企业在宣传中假冒绿色产品，谎报绿色指标，使消费者对绿色商品失去信任。所有这些都制约着绿色产品的生产和营销，从而阻滞绿色消费的实现。

## (二)从消费者角度看，存在以下制约

### 1. 消费者收入水平低的制约

绿色产品对环境的负面影响较小，其实现的途径是在制造资源、制造工艺等方面进行持续的创新。这要求制造商对产品投入大量的资金。因此，绿色产品成本高、价格贵，其消费属于高层次理想消费，绿色产品消费需求的价格弹性和收入弹性较高。根据马斯洛的需求理论：只有在消费者的基本需求得到满足的条件下，更高的需求才能成为其追求的目标。这要求消费者的收入水平相对较高。而我国目前整体收入水平不高，大部分消费者的收入水平仍处于较低或中等阶段，有的还处于贫困阶段，仅仅追求基本生存消费的满足。在此情况下，要求所有消费者实现消费行为的绿色化在消费者收入水平上存在很大障碍。

### 2. 绿色消费观念还未深入人心

消费者普遍具有较高的生态意识、环保意识以及责任感是实现绿色消费的终极支撑。我国居民的生态意识、环保意识最近几年有明显提高，表现在越来越多的人的消费行为逐渐趋向绿色化、生态化：绿色农业、绿色食品、绿色营销、绿色家电、绿色服装、生态住宅、生态旅游等，日益成为人们时尚的追求。但从总体上讲，人们的环保意识、生态意识、绿色意识还远远不能达到实现绿色消费的要求，绿色消费观念还没有深入人心。据调查显示，我国目前真正的“绿色消费者”只有四分之一，“非绿色消费者”接近三分之一，“准绿色消费者”接近二分之一。

### 3. 绿色消费行为不够成熟，消费仍然比较盲目

由于我国消费者缺乏绿色消费知识，对绿色消费概念的理解比较肤浅，不够全面，造成当前绿色消费行为不够成熟，消费仍然比较盲目，消费者对绿色产品的消费还没有形成主动的选择，对绿色产品的判别方式不够科学等问题。

## (三)就产品市场而言，存在以下障碍

### 1. 绿色产品入市难

我国政府虽然大力提倡绿色生产、绿色营销，但目前绿色产品入市还存在一定的难度。以食品为例，要申请绿色食品、有机食品，一方面手续繁杂，另一方面农副产品只能是经

过规模化批量生产出来的产品，对于中小型无公害蔬菜基地和农民自己生产的不用化肥、农药的蔬菜，国家还没有相应的标准来衡量、规范这些产品，消费者购买时没有有效的标志来鉴别这些产品，工商部门要打击假冒的“无公害食品”也无法可依，从而在很大程度上限制了绿色市场的扩大。

### 2. 绿色产品流通不畅

目前在我国，绿色产品流通中还存在一些不必要的关卡、收费，运输中缺乏统一标志和标准，在途污染时有发生；全国尚未建立从批发到零售的绿色产品流通网络体系；绿色产品的专营商店、绿色食品和蔬菜专门摊位、绿色产品的连锁商店在市场上很少见，甚至是空白；尚未举办影响力较大的绿色产品的展销和贸易活动。

### 3. 绿色市场秩序混乱

按照我国相关法规的规定，“绿色产品”必须拥有绿色标志，绿色食品的标志则是由我国绿色食品发展中心颁发的。绿色食品的包装上都同时印有“绿色食品”商标标志和“经我国绿色食品发展中心许可使用绿色食品标志”字样的文字和批准号，同时产品包装上贴有防伪标签，该标签上的编号与产品标签上的编号一致。除食品以外的其他产品如冰箱、彩电、空调等产品生产是否符合环保标准，则需要由我国环境标志产品认证委员会组织评定，颁发“环境标志”，标志上标有“我国环境标志”字样。这样，判别绿色产品的唯一依据就是产品合法的绿色标志。但由于有关部门对“绿色食品”的标志、“我国环境标志”宣传不力，使消费者难以认清真正的绿色产品，企业也难以掌握绿色标志的申请认证途径；认证部门科技投入不足，检测手段落后，尚未形成方便、快捷、经济、易普及的检测手段。

此外，由于我国至今还没有成立专门的绿色管理部门，没有一个行政机构专门负责制定绿色产业总体发展规划和产业政策，绿色市场尚未形成一个完善、规范的管理体制，造成绿色产业和绿色市场处于无序状态，假冒绿色产品充斥市场，使消费者丧失对“绿色”的信任，对消费的绿色产品的满意度不高，放弃对“绿色”的追求。

## 六、促进绿色消费的相关策略

为了促进消费者绿色消费观念的形成和消费行为的成熟，进而推动企业的绿色营销活动，构建社会经济可持续发展的微观基础，应该从政府、企业、消费者协会、消费者等不同层面，采取相应的措施。

### 1. 发挥政府的调控作用，创造良好的绿色消费环境

第一，政府应完善并严格执行绿色核算体系，把绿色生产、绿色营销、绿色消费、绿色环保等各项指标作为各级政府、部门和企业经济、社会发展的重要指标，并将其作为各级领导干部选拔任命、晋级提升的重要标准。

第二，政府有关部门要承担起对全民进行绿色教育的责任，针对不同层次的对象，采取不同方式进行不同内容的教育培训，以提高全民的环境意识和绿色消费知识水平，增强全社会的绿色消费意识。

第三，政府应将绿色产业列人国家支持性产业政策范围进行扶持，增加对绿色产业的投资，提高企业的科研与开发能力，并促进绿色技术的引进和推广。鼓励外商直接投资绿色企业，引进先进的环保技术清洁生产设备。完善绿色奖励政策，使绿色企业享有减免税、优惠贷款、加速折旧、发行绿色债券等权利。建立绿色产业发展专项投资基金和绿色银行，支持创建和发展绿色企业。

第四，政府应强化绿色认证，加强绿色产品的标识管理，统一消费者对绿色产品的判别标准，完善绿色法规，加强绿色监管，加大对绿色产品生产销售中违法行为的打击力度，创造良好的绿色消费环境。

**2. 加强对消费者的引导，转变消费者的消费观念，强化绿色消费的内在驱动**

首先要加强对消费者的引导，使消费者能主动学习有关绿色消费和绿色产品的知识，正确理解绿色消费的内涵，让消费者认识到绿色消费不仅有利于人民生活水平的提高和生命健康的保障，还有利于保护生态环境和自然资源，使人们的生活消费与环境、资源相协调。只有让消费者充分地认识绿色消费的意义和绿色消费所能带来的好处，才能使消费理念深入人心，绿色消费模式才能得以实现。

其次，政府可出面组织成立具有权威性的绿色组织，通过绿色组织对消费者的绿色消费意识和绿色消费理念的教育宣传推广工作，让广大消费者树立绿色消费观念，追求绿色消费时尚，主动选择绿色消费。

最后，加强对消费者行为的监督控制，强化环境意识，使消费者积极参与环境保护行动。

**3. 优化企业的绿色营销策略，提高绿色消费的效果**

第一，企业要从可持续发展出发，树立绿色营销观念，实施绿色营销组合策略，尤其要加强绿色产品的开发，真正保证绿色产品的绿色效果。

第二，企业应以市场经营为导向，在原材料的采购、产品的设计和制造、保管和运输各方面坚持绿色标准，加强对生产、加工、销售环节的安全控制，为消费者提供源源不断的绿色产品。

第三，企业应以产业化经营为切入点，加强技术创新，努力降低产品成本，制定合理的绿色产品的价格，激发消费者对绿色产品的消费动机。

第四，企业应坚持诚信原则，客观宣传绿色产品，科学介绍绿色产品，提高顾客的绿色消费满意度。

### 4. 强化消费者协会职能，维护消费者绿色消费权益

首先，消费者协会应该从维护消费者权益出发，继续深化绿色消费主题活动，找准活动的切入点，注重活动效果，尤其要注意对广大农村消费者和城镇中、低收入消费者的绿色宣传与教育，真正使绿色消费观念深入人心。

其次，消费者协会要积极受理消费者在绿色消费中的投诉，加大维权力度，维护消费者的绿色消费权益，增强消费者的绿色消费信心，促进全社会的绿色消费。

# 第三节　网络消费心理与行为

## 一、网络消费与网络消费者

网络消费是指人们以互联网络为工具手段而实现其自身需要的满足过程。网络消费者是指通过互联网在电子商务市场中进行消费和购物等活动的消费者人群。

消费者行为以及购买行为永远是营销者关注的一个热点问题，对于网络营销者也是如此。网络用户是网络营销的主要个体消费者，也是推动网络营销发展的主要动力，它的现状决定了今后网络营销的发展趋势和道路。我们要搞好网络市场营销工作，就必须对网络消费者的群体特征进行分析以便采取相应的对策。网络消费者群体主要具备以下 4 个方面的特征。

### 1. 注重自我

由于目前网络用户多以年轻、高学历用户为主，他们拥有不同于他人的思想和喜好，有自己独立的见解和想法，对自己的判断能力也比较自负。所以他们的具体要求越来越独特，而且变化多端，个性化越来越明显。因此，从事网络营销的企业应想办法满足其独特的需求，尊重用户的意见和建议，而不是用大众化的标准来寻找大批的消费者。

### 2. 头脑冷静，擅长理性分析

由于网络用户是以大城市、高学历的年轻人为主，不会轻易受舆论左右，对各种产品宣传有较强的分析判断能力，因此从事网络营销的企业应该加强信息的组织和管理，加强企业自身文化的建设，以诚信待人。

### 3. 喜好新鲜事物，有强烈的求知欲

这些网络用户爱好广泛，无论是对新闻、股票市场还是网上娱乐都具有浓厚的兴趣，对未知的领域报以永不疲倦的好奇心。

4. 好胜，但缺乏耐心

因为这些用户以年轻人为主，因而比较缺乏耐心，当他们搜索信息时，经常比较注重搜索所花费的时间，如果网络链接、传输的速度比较慢，他们一般会马上离开这个站点。

网络用户的这些特点，对于企业加入网络营销的决策和实施过程都是十分重要的。营销商要想吸引顾客，保持持续的竞争力，就必须对本地区、本国以及全世界的网络用户情况进行分析，了解他们的特点，制定相应的对策。

## 二、网上消费者的基本类型

消费者在网络上选择商品有其不同的特点，可以根据这些特点对网络消费者进行如下分类。

1. 网络狂热型

这类消费者是网络消费的主力军，是新鲜事物的尝试者，多以年轻人为主，他们喜欢追逐潮流，并且将其视为自己与他人不同的独特之处。他们经常上网冲浪，不仅自己经常在网络购物，还向别人讲述自己的购物经历，并且会推荐他人上网消费。

2. 冒险学习型

这类消费者对新鲜事物的好奇程度和接受程度要低于前一类消费者，他们喜欢网上购物的新奇感受并充满兴趣，但要将这种兴趣转变为真正的消费还需要商家进一步的培养。

3. 初次尝试型

这类消费者的电脑应用水平比较低，当他们听说网络消费后，觉得这是可以尝试的，并且根据自己的摸索或向别人请教开始网上购物，电脑操作不熟练是限制这些人成为长期网上购物者的因素。

4. 工作需要型

这类消费者拥有较高的电脑技能，由于工作需要长期使用网络，上网工作的同时也会不由自主地看到网上商品的销售，但是他们很少实施网络消费行为。

5. 担心安全型

这类消费者比较小心谨慎，他们了解购物网站并知道如何进行网络购物，但是出于心理因素的考虑，他们担心信用卡安全、送货以及投诉等方面的问题。

6. 生活习惯型

这类消费者大都比较保守，他们的年龄偏长，对于网络的接受能力及适应能力较差，相对于网络来说他们更喜欢在商场中购物的感觉。

7. 技能限制型

这类消费者不熟悉电脑应用，上网时间少，对于互联网兴趣不高，因此对于网络消费也没什么兴趣。

8. 需求差异型

这些网络用户上网仅是为了娱乐而不是购物，这是由于安全、个人信息、收入水平低等因素，他们的网络消费需求有待于发掘。

## 三、网络消费的特征

网络消费是新兴的消费方式，不同于传统消费行为，因此必定有着自身的特点，总结起来有以下十点。

1. 网络消费的虚拟性

网络消费是在由互联网技术所构成虚拟购物空间或消费网页中进行的。这是一种非常感性化的情境，缺乏深层次的理性比较选择。

2. 网络消费的个人性

网络世界拓宽了私人空间，也使公共领域的权力结构发生了变化。网络交往的高度随意性与隐匿性决定了网络主体可以不用面对面地进行交易活动，从而避免了与人接触的很多考虑因素，这无疑强化了消费者的个人选择并促使其提高对信息自我鉴别的能力。

3. 网络消费的直接性

从现代经济学的角度来看，网络消费相对于传统消费者而言，似乎对消费者更为偏爱。数字化网络所产生的知识经济合力，缩短了产生和消费之间的距离。使买卖双方能在一种近乎面对面的、休闲的气氛中达成交换的目的。

4. 网络消费的灵活性

网络的虚拟性和直接性，不可避免地给网络消费带来很大的灵活性。消费者可以在网络随意轻松的寻找，而不必像传统购物模式那样，在各大商场之间奔波，这显然给消费者带来了很大的灵活性。

5. 网络消费的信用性

信用是当今信息时代网络交易的重要保证条件。由于涉及付款和送货，无论商家还是消费者都需要提升自身的信用度，因此网络消费活动的健康进行，有赖于网上信任观念和信用制度的建立。

### 6. 网络消费的节约性

网络消费者只需要轻轻点击鼠标，购物就可以轻松实现，节约了大量传统购物方式所耗费的时间、精力、交通成本等。

### 7. 网络消费的观念性

网络消费形态注重个人化、主流化、创新精神和价值观念的体现。现代人更注重的是休闲的方式，一定意义上可以近似地将网络消费看作是一种游戏。每个消费者在游戏中轻松快乐的完成购物过程。

### 8. 网络消费的便捷性

消费者在网上购物主要是为了享受网络带来的快速便捷，网络购物只要下了订单就可以不在操心，十分的方便简捷。

### 9. 网络消费的逆向性

网络消费是一个学习的过程，35 岁以下的网络消费者占了绝大多数，而多数中老年人没有尝试过网络消费，或者对网络的使用不熟悉，需要学习这种全新的技术，年轻人对中老年就可以进行逆向的指导，并且其消费的风格和消费文化对中老年人的消费行为也施加了一定逆向教育的作用，许多新技术的应用普遍都有这种特性。

### 10. 网络消费的互动性

网络消费不同于传统的消费过程，还表现在这是一个消费者和厂商互动的过程，而且这种互动的交流速度也比较快，消费者可以将对商品的某种不满通过网络反馈给商家，商家也可以通过电子邮件在第一时间将消费者的问题反馈。

## 四、网络消费需求的特征

由于互联网商务的出现，消费观念、消费方式和消费者的地位正在发生着重要的变化，互联网商用的发展促进了消费者主权地位的提高；网络营销系统巨大的信息处理能力，为消费者挑选商品提供了前所未有的选择空间，使消费者的购买行为更加理性化。网络消费需求主要有以下 8 个方面的特点。

### 1. 消费者消费个性回归

在近代，由于工业化和标准化生产方式的发展，使消费者的个性被淹没于大量低成本、单一化的产品洪流之中。随着 21 世纪的到来，这个世界变成了一个计算机网络交织的世界，消费品市场变得越来越丰富，消费者进行产品选择的范围全球化、产品的设计多样化，消费者开始制定自己的消费准则，整个市场营销又回到了个性化的基础之上。没有一个消费者的消费心理是一样的，每一个消费者都是一个细小的消费市场，个性化消费成为消费的主流。

2. 消费者需求的差异性

不仅仅是消费者的个性消费使网络消费需求呈现出差异性；对于不同的网络消费者因其所处的时代环境不同，也会产生不同的需求，不同的网络消费者，即便在同一需求层次上，他们的需求也会有所不同。因为网络消费者来自世界各地，有着不同的民族、信仰和生活习惯，因而会产生明显的需求差异性。所以，从事网络营销的厂商，要想取得成功，就必须在整个生产过程中，从产品的构思、设计、制造，到产品的包装、运输、销售，认真思考这些差异性，并针对不同消费者的特点，采取相应的措施和方法。

3. 消费者消费的主动性增强

在社会化分工日益细化和专业化的趋势下，消费者对消费的风险感，随着选择的增多而上升。在许多大额或高档的消费中，消费者往往会主动通过各种可能的渠道获取与商品有关的信息并进行分析和比较。或许这种分析、比较不是很充分和合理，但消费者能从中得到心理的平衡，以减轻风险感或减少购买后产生的后悔感，增加对产品的信任程度和心理上的满足感。消费主动性的增强来源于现代社会不确定性的增加和人类需求心理稳定和平衡的欲望。

4. 消费者直接参与生产和流通的全过程

传统的商业流通渠道由生产者、商业机构和消费者组成，其中商业机构起着重要的作用，生产者不能直接了解市场，消费者也不能直接向生产者表达自己的消费需求。而在网络环境下，消费者能直接参与到生产和流通中来，与生产者直接进行沟通，减少了市场的不确定性。

5. 追求消费者过程的方便和享受

在网上购物，除了能够完成实际的购物需求以外，消费者在购买商品的同时，还能得到许多信息，并得到在各种传统商店没有的乐趣。今天，人们对现实消费过程出现了两种追求的趋势：一部分消费者工作压力较大、紧张程度高的消费者以方便性购买为目标，他们追求的是时间和劳动成本的尽量节省；而另一部分消费者，是由于劳动生产率的提高，自由支配时间增多，他们希望通过消费来寻找生活的乐趣。今后，这两种相反的消费心理将会在较长的时间内并存。

6. 消费者选择商品的理性化

网络营销系统巨大的信息处理能力，为消费者挑选商品提供了前所未有的选择空间，消费者会利用在网上得到的信息对商品进行反复比较，以决定是否购买。对企事业单位的

采购人员来说，可利用预先设计好的计算程序，迅速比较进货价格、运输费用、优惠、折扣、时间效率等综合指标，最终选择有利的进货渠道和途径。

### 7. 价格仍是影响消费心理的重要因素

从消费的角度来说，价格不是决定消费者购买的唯一因素，但却是消费者购买商品时肯定要考虑的因素。网上购物之所以具有生命力，重要的原因之一是因为网上销售的商品价格普遍低廉。尽管经营者都倾向于以各种差别化来减弱消费者对价格的敏感度，避免恶性竞争，但价格始终对消费者的心理产生重要的影响。因消费者可以通过网络联合起来向厂商讨价还价，产品的定价逐步由企业定价转变为消费者引导定价。

### 8. 网络消费仍然具有层次性

在网络消费的开始阶段，消费者偏重于精神产品的消费；到了网络消费的成熟阶段，在消费者完全掌握了网络消费的规律和操作，并且对网络购物有了一定的信任感后，消费者才会从侧重于精神消费品的购买转向日用消费品的购买。

**【案例 13-3】 搜索引擎营销：品牌营销中的效果营销**

时下，搜索营销以排名第一的使用率和能够精准定向的技术，被越来越多的企业认可并持续加大投入。曾是传统广告“大鳄”的宝洁，在 2008 年经济危机之后，更加重视广告投入的性价比，将更多广告预算倾斜至性价比更高的互联网广告。2012 年 5 月，宝洁公司负责全球营运的副董事长葛斯勒先生与大中华区总裁施文圣拜访了百度，并代表宝洁中国与百度达成在数字营销上的战略合作伙伴关系。这一事件对搜索引擎这个常常被定义为效果营销的互联网媒体而言意义重大，因为它有力地证明了搜索引擎同样是不可忽视的品牌营销阵地。6 月 9 日，昌荣互动学院邀请了百度全国新行业的销售总监们和昌荣精准总经理朱宏刚先生，就新媒体环境下，企业应该如何认识搜索营销在整合营销中的价值和众多国内知名企业营销负责人进行了互动交流。

搜索引擎的出现颠覆了人们获取信息的方式，也改变了人们在消费中的决策流程。从早期的 AIDMA(注意、兴趣、欲望、记忆、行动)到今天的 AISAS(注意、兴趣、搜索、行动、分享)，搜索在消费者的购买决策中占据非常重要的环节，人们通过主动搜索深度了解品牌和商品，建立深度认知，从而影响购买决策。而基于人们目的明确的主动查询，网络广告也得以从单一的推送式(PUSH)广告向拉动式(PULL)广告演变。由于搜索引擎更了解用户需求，因此也被定义为“精准营销”。

从全球范围来看，85%以上的网站都是通过搜索引擎被人们找到的。对于大部分企业而言，通过优化网站从而提高搜索引擎自然结果排名(特别是不同的搜索引擎)往往是一件漫长且技术性非常强的工作，搜索引擎关键词广告能够帮助企业快速锁定相关用户的需求，有针对性地将用户导入到自己的网站中。对于那些正在开拓市场，品牌和域名还尚未在消费者心目中形成认知的企业，关键词广告和更加系统的搜索营销，是锁定目标市场、扩大品牌音量的高性价比营销渠道。

搜索广告经过几年时间的发展，精准营销价值日益凸显并被越来越多的企业重视，艾瑞数据显示，从2009年起，搜索广告年均增速已经超过网络广告规模年均增速，占比超过三成，并逐年增长。

从海量的搜索查询和不断推出的创新广告形式，到不断提升的用户分析和广告定向技术，搜索引擎正在成为一个能够同时被传统企业客户和网商客户所认可的营销平台。昌荣精准近几年跨多个行业的服务经验表明，从传统的汽车、化妆品、金融等行业，到一定程度上较为依赖互联网的旅游、网上服务等行业，搜索引擎都可以满足不同企业客户在不同阶段的营销需求：从品牌曝光、流量导入、积累会员、转化拉动到销售提升，为数众多的企业案例验证了搜索引擎是一个全方位营销平台。

不仅如此，搜索引擎也更加重视同社交媒体的连接和线下媒体的整合。通过形式丰富的网页搜索展示类广告，嵌入SNS入口，使搜索信息的用户能够更加快捷进入企业的官方社区，进行更多交流和互动。而更多的企业开始接受将搜索框植入线下广告的方式，做一次执行简洁、性价比却很高的整合营销。

在营销实践中，还有许多国内的企业由于规模较小，预算有限，不敢轻易涉足网络广告，搜索营销也是一种不作为的状态。但实际情况是，无论是否推广网站令消费者快速找到品牌官网，消费者每天对品牌和商品的检索都是客观存在的；企业如果放弃在搜索引擎上的信息呈现，不仅放弃了第一时间为最精准的目标用户提供快速入口，还有可能给竞争对手抢走目标用户的可乘之机。因此，做好网页搜索广告和自然搜索优化，对企业而言，是最为基础的搜索营销手段，一方面很少的预算也可以进行这种推广；另一方面，有效避免了品牌资源的流失。(资料来源：慧聪网，2014年01月10日， 作者：黄先仁)

**案例分析：**搜索引擎作为一种新兴的营销手段和平台，目前，被越来越的传统企业客户和网商客户所认可，消费者通过主动搜索深度了解品牌和商品，建立深度认知，从而影响购买决策，如何更好地利用搜索引擎应该是很多企业需要思考的问题。

## 五、影响网络消费者购买的主要因素

### 1. 产品的特性

首先，由于网上市场不同于传统市场，网上消费者有着区别于传统市场的消费需求特征，因此并不是所有的产品都适合在网上销售和开展网上营销活动的。根据网上消费者的特征，网上销售的产品一般要考虑产品的新颖性，即产品是新产品或者是时尚类产品，比较能吸引人的注意。追求商品的时尚和新颖是许多消费者，特别是青年消费者重要的购买动机。

其次，考虑产品的购买参与程度，一些产品要求消费者参与程度比较高，消费者一般需要现场购物体验，而且需要很多人提供参考意见，对于这些产品不太适合网上销售。对

于消费者需要购买体验的产品，可以采用网络营销推广功能，辅助传统营销活动进行，或者将网络营销与传统营销进行整合。可以通过网上来宣传和展示产品，消费者在充分地了解产品的性能后，可以到相关商场再进行选购。

### 2. 产品的价格

从消费者的角度说，价格不是决定消费者购买的唯一因素，但却是消费者购买商品时肯定要考虑的因素，而且是一个非常重要的因素。对一般商品来讲，价格与需求量之间经常表现为反比关系，同样的商品，价格越低，销售量越大。网上购物之所以具有生命力，重要的原因之一是网上销售的商品价格普遍较低。

此外，消费者对于互联网有一个免费的价格心理预期，那就是即使网上商品是要花钱的，那价格也应该比传统渠道的商品价格要低。这一方面，是因为互联网的起步和发展都依托了免费策略，因此互联网的免费策略深入人心，而且免费策略也得到了成功的商业运作。另一方面，互联网作为新兴市场它可以减少传统营销中中间费用和一些额外的信息费用，可以大大地削减产品的成本和销售费用，这也是互联网商业应用的巨大增长潜力所在。

### 3. 购物的便捷性

购物便捷性是消费者选择购物的首要考虑因素之一。一般而言，消费者选择网上购物时考虑的便捷性，一是时间上的便捷性，可以不受时间的限制并节省时间；另一方面，是可以足不出户，在很大范围内选择商品。

### 4. 购物的安全可靠性

网络购买另外一个必须考虑的是网上购买的安全性和可靠性问题。由于在网上消费，消费者一般需要先付款后送货，这时过去购物的一手交钱一手交货的现场购买方式发生了变化，网上购物中的时空发生了分离，消费者有失去控制的离心感。因此，为减低网上购物的这种失落感，在网上购物各个环节必须加强安全措施和控制措施，保护消费者购物过程的信息传输安全和个人隐私保护，以及树立消费者对网站的信心。

**【案例 13-4】互联网金融再创新 淘宝购物将能透支**

继支付宝推出碎片化理财产品余额宝后，阿里金融在金融领域的又一创新——信用支付即将与用户见面。支付宝将于本周推出信用支付服务，用户可通过支付宝直接透支消费，透支额度最高 5000 元。

1. 仅限淘宝系网站透支消费

近日，阿里小微金融公关人士证实，阿里金融将于本周正式推出信用支付服务，即用户使用支付宝付款时无须再捆绑信用卡或者储蓄卡，能够直接透支消费，额度为最低 1 元、最高 5000 元，贷款资金全部由合作银行提供。

值得注意的是，用户得到信用支付额度后，只能在淘宝、天猫等阿里系购物网站消费，并非全网。同时，该服务最初将首先选择几个省市试点，随后才向全国推广。

信用支付如何确定用户的透支额度？上述人士介绍，该系数很复杂，包括用户在淘宝的消费额等多项维度，甚至会包括退货次数，“如果你退货次数过多，也会影响透支额度。”据他介绍，合作银行仅有一两家，目前暂未透露具体银行名称。

还有媒体报道称，根据阿里金融 3 月披露的消息，信用支付手续费由商户或客户自行承担，费用在 0.8%～1%之间;信用支付拥有 38 天的免息期，逾期后实行基准利率 50%的罚金。

如果出现逾期，阿里金融首先短信通知，然后语音催收，最后是人工催收甚至上门催收，催收一年之后仍不还款，阿里金融将自行核销，逾期一年以上的客户将被注销支付宝账户。

不过对于上述手续费、利息以及逾期处罚的事宜，上述公关人士向记者表示，“还有不确定的地方。”

2. 对银行信用卡没有冲击

阿里为何推出信用支付业务？阿里金融事业群总裁胡晓明今年 3 月接受媒体采访时曾表示，去年一年支付宝通过中国银行业的手机银行完全支付的成功率是 38%，这意味着还有 62%的交易创建后支付不成功。小额信用支付就是为了解决这样的问题。

近日，阿里小微金融公关人士也表示，阿里也是为了用户网购消费更加方便。他说，与银行的透支额度相比，信用支付提供的透支额度更小，甚至可理解为手机预付功能。“大家刷银行信用卡网购觉得麻烦时，可直接用这个产品。”该人士说。

他还说，阿里金融此番推出信用支付思路与前不久推出的余额宝一脉相承，都是用互联网思维做金融。余额宝是碎片化理财，但并不影响用户在银行基本储蓄、购买大笔基金等行为。该人士说，这对于银行信用卡是个补充，而且仅限于在淘宝系网站购物，并不会对传统信用卡造成冲击，而且对合作银行也有好处，即“他们可因此获取我们的用户”。

支付宝与天弘基金在 6 月推出互联网理财产品余额宝后，拉开了互联网公司做金融的潘多拉魔盒，除其自身的信用支付即将面世，还带动了巨人、生意宝等多家互联网公司在金融创新方面的探索。

此外，腾讯、新浪、百度等互联网公司近日都在第三方支付方面动作频频，新浪、百度刚拿到第三方支付牌照，腾讯则在上线的微信 5.0 版本加入了支付功能。(资料来源：中国行业研究网 http://www.chinairn.com，2013 年 12 月 20 日)

**案例分析：**淘宝支付的再创新，正式迎合消费者网络购物的需求特点而推出的，在用户使用支付宝付款时无须再捆绑信用卡或者储蓄卡，能够直接透支消费，从而大大降低网络支付的风险。

## 六、网络消费购买过程

网上购物是指用户为完成购物或与之有关的任务而在网上虚拟的购物环境中浏览、搜索相关商品信息，从而为购买决策提供所需要的必要信息，并实现决策的购买的过程。电子商务的热潮使网上购物作为一种崭新的个人消费模式，日益受到人们的关注。消费者的购买决策过程，是消费者需要、购买动机、购买活动和买后使用感受的综合与统一。网络消费的购买过程可分为以下 5 个阶段：确认需要、收集信息、比较选择、购买决策、购后评价。

### 1. 确认需要

网络购买过程的起点是诱发需求，当消费者认为已有的商品不能满足需求时，才会产生购买新产品的欲望。在传统的购物过程中，消费者的需求是在内外因素的刺激下产生的，而对于网络营销来说，诱发需求的动因只能局限于视觉和听觉。因而，网络营销对消费者的吸引是有一定难度的。作为企业或中介商，一定要注意了解与自己产品有关的实际需要和潜在需要，掌握这些需求在不同的时间内的不同程度以及刺激诱发的因素，以便设计相应的促销手段去吸引更多的消费者浏览网页，诱导他们的需求欲望。

### 2. 收集信息

当需求被唤起后，每一个消费者都希望自己的需求能得到满足，所以，收集信息、了解行情成为消费者购买的第二个环节。

收集信息的渠道主要有两个方面：内部渠道和外部渠道。消费者首先在自己的记忆中搜寻可能与所需商品相关的知识经验，如果消费者没有足够的信息用于决策，则要到外部环境中去寻找与此相关的信息。当然，不是所有的消费者购买决策活动都要求同样程度的信息和信息搜寻。根据消费者对信息需求的范围和对需求信息的努力程度不同，可分为以下 3 种模式：

(1) 广泛的问题解决模式。是指消费者尚未建立评判特定商品或特定品牌的标准，也不存在对特定商品或品牌的购买倾向，而是很广泛地收集某种商品的信息。处于这个层次的消费者，可能是因为好奇、消遣或其他原因而关注自己感兴趣的商品。这个过程收集的信息会为以后的购买决策提供经验。

(2) 有限问题的解决模式。处于有限问题解决模式的消费者，已建立了对特定商品的评判标准，但尚未建立对特定品牌的倾向。这时，消费者有针对性地收集信息。这个层次的信息收集，才能真正而直接地影响消费者的购买决策。

(3) 常规问题的解决模式。在这种模式中，消费者对将来购买的商品或品牌已有足够的经验和特定的购买倾向，它的购买决策需要的信息较少。

3. 比较选择

消费者需求的满足是有条件的，这个条件就是实际支付能力。消费者为了使消费需求与自己的购买能力相匹配，就要对各种渠道汇集而来的信息进行比较、分析、研究，根据产品的功能、可靠性、性能、模式、价格和售后服务，从中选择一种自认为“足够好”或“满意”的产品。

由于网络购物不能直接接触实物，所以，网络营销商要对自己的产品进行充分的文字描述和图片描述，以吸引更多的顾客。但也不能对产品进行虚假的宣传，否则可能会永久的失去消费者。

4. 购买决策

网络消费者在完成对商品的比较选择之后，便进入到购买决策阶段。与传统的购买方式相比，网络购买者在购买决策时主要有以下 3 个方面的特点：①网络购买者理智动机所占比重较大，而感情动机的比重较小。②网络购物受外界影响小。③网上购物的决策行为与传统购买决策相比速度要快。

网络消费者在决策购买某种商品时，一般要具备以下 3 个条件：第一，对厂商有信任感。第二，对支付有安全感。第三，对产品有好感。所以，网络营销的厂商要重点抓好以上工作，促使消费者购买行为的实现。

5. 购后评价

消费者购买商品后，往往通过使用对自己的购买选择进行检查和反省，以判断这种购买决策的准确性。购后评价往往能够决定消费者以后的购买动向，“满意的顾客就是我的最好的广告”。

为了提高企业的竞争能力，最大限度地占领市场，企业必须虚心听取顾客的反馈意见和建议。方便、快捷、便宜的电子邮件，为网络营销者收集消费者购后评价提供了得天独厚的优势。厂商在网络上收集到这些评价之后，通过计算机的分析、归纳，可以迅速找出工作中的缺陷和不足，及时了解消费者的意见和建议，制定相应对策，改进自己产品的性能和售后服务。

## 本 章 小 结

本章主要介绍了体验消费、绿色消费和体验消费等几种典型的新兴消费理念和消费形态下，消费者的心理与行为。体验营销无处不在。各类市场上，越来越多的组织机构开始启用体验营销技术来开发新产品，与客户交流，改善销售渠道，选择生意伙伴。体验营销就是在整个营销行为过程中，成分利用感性信息的能力，通过影响消费者更多的感官感受来介入其行为过程，从而影响消费者的决策过程与结果。在体验经济时代，消费者的消费行为表现为以下趋势：从消费的结构看，情感需求的比重增加；从消费的内容看，大众化的标准产品日渐失势，对个性化产品和服务的需求越来越高；从价值目标看，消费者从注重产品本身转移到注重接受产品时的感受；从接受产品的方式看，人们已经不再满足于被动地接受企业的诱导和操纵，而是主动的参与产品的设计与制造；消费者的公益意识不断增强，希望自己通过消费“绿色产品”，体现自己的环保意识，成为“绿色消费者”。 消费者体验的心理与行为基础主要有：感觉体验，感受体验，思维体验，行动体验，关系体验。现代体验营销中的体验类型主要有：感官体验，生活体验营销，娱乐体验营销，情感体验营销。

绿色消费有三层含义：第一，倡导消费者在消费时选择未被污染或有助于公众健康的绿色产品。 第二，在消费过程中注重对垃圾的处置，不造成环境污染。 第三，引导消费者转变消费观念，崇尚自然、追求健康，在追求生活舒适的同时，注重环保、节约资源和能源，实现可持续消费。消费者的绿色消费心理与行为过程由认知过程、情绪过程和意志过程三个部分构成。影响和制约消费者绿色消费行为的因素主要有企业方面的：开发力度不足，提供绿色产品的动力不足；对技术改造投资不足，生产管理水平较落后；对绿色产品的市场调研不足，宣传不到位。消费者方面及市场方面的：消费者收入水平低的制约，绿色消费观念还未深入人心，绿色消费行为不够成熟，消费仍然比较盲目。市场方面的：绿色产品入市难，绿色产品流通不畅，绿色市场秩序混乱。

由于互联网商务的出现，消费观念、消费方式和消费者的地位正在发生着重要的变化，互联网商用的发展促进了消费者主权地位的提高；网络营销系统巨大的信息处理能力，为消费者挑选商品提供了前所未有的选择空间，使消费者的购买行为更加理性化。网络消费者的特点主要表现为：注重自我，头脑冷静，擅长理性分析，喜好新鲜事物，有强烈的求知欲，好胜，但缺乏耐心。而网络消费需求主要有以下八个方面的特点：消费者消费个性回归，消费者需求的差异性，消费的主动性增强，消费者直接参与生产和流通的全过程，追求消费者过程的方便和享受，消费者选择商品的理性化，价格仍是影响消费心理的重要因素，网络消费仍然具有层次性。影响网络消费者购买心理与行为的主要因素：产品的特性，产品的价格，购物的便捷性，安全可靠性。

## 自　测　题

1. 什么是体验营销？
2. 体验营销的特点有哪些？
3. 绿色消费与传统消费的区别有哪些？
4. 网络消费者的特点有哪些？

5. 网络消费者的类型有哪些？

6. 网络消费的特征有哪些？

# 案例分析

## 拉手网为何能成为团购网站第一

网络团购大战竞争惨烈，2011 年 8 月又有 800 团购网站光荣壮烈牺牲，但是拉手网却一直保持领先地位，我们来看看具体数据：

北京调查的数据结果显示，拉手网流量数据 66752 领先，接下来是糯米网 57961 处在第二位、爱帮团 45225 处在第三位，美团网流量数据 33469 处在第四位。

上海、浙江数据调查结果显示，拉手网流量数据 142180、142180，表现尤为突出，远强于其他网站，流量为排名第二的糯米网、团美网的近乎 10 倍。

广东地区流量显示，拉手网流量数据 68905 领先，团宝网、美团网位居二三位，糯米网位居第四位。

在湖南、海南等地，各大网站的流量都不大，拉手网、团美网、美团网流量比较靠前。

拉手网为何在全国网络团购市场中保持领先地位，作为第一必然有过人之处，值得众多团购网站以及电子商务企业的借鉴，那么拉手做了些什么让他保持第一的优势呢？

1. 第一个率先找到风险投资

兵马未动，粮草先行，拉手在 2010 年 3 月刚创建不久，就率先与 CFF 天使投资、RebateNetwork 及金沙江投资合作，获得了 500 万美元的投资，继而在第二轮、第三轮的融资中总共获得了 1 亿 6600 万美元。 这位拉手网在今后的广告大战和规模扩张提供了资本支持。

2. 第一个聘请代言人在线下打广告战

率先邀请美誉度和人气极高的影视红星——葛优作为品牌代言人，率先在一线城市的地铁、公交车站、电视媒体上开展广告大战，先声夺人，“好事都是从拉手开始的，别的不说了，团购上拉手网，就这么定了”！明星的号召力男女通吃，获得了极高的关注和人气。

3. 第一个率先利用事件营销炒作

在 2010 年 8 月 14 号，七夕节期间推出团购男人的活动，打出“今年的七夕，忘掉蹩脚的前男友，忘掉单身的孤单和寂寥，一起来拉手吧”的口号，获得了众多网民的关注，同时借助中国人气最旺，娱乐新闻集散地的天涯社区进行长期合作，吸引了网络舆论导向和眼球，在声势上胜人一筹。

4. 第一个通过拍网络电视剧进行深度传播

笔者上个月偶尔看了一个古装连续剧，没想到居然是拉手模仿《武林外传》拍摄的情景古装广告网络剧——《拉手帮》。由王小山、卢中强、蒋方舟等微博名人扮演的“穿越派”，

正在穿越不同的朝代。该剧讲述的就是穿越与团购的故事：在历史关键时刻，如果当时有人拉住他的手，这一切会不会不一样？

在茶余饭后，我们看着剧中人关键时刻被拉住手后高呼："不能砍，你以为你是药家鑫啊"。通过娱乐的方式获得大量的关注，对团购重口味的80后、90后而言，对拉手有了更深刻的情感上的支持和信赖。

5. 第一个率先和商家签约的团购网站

笔者经营一家旅游生态网站，去年在和几家团购网站谈合作时，拉手的决策速度反应最快，不到四天就签约合作，这种雷厉风行的速度，保证了大量商家和拉手合作，抢占了最好的商业资源和折扣，吸引了大量的客户购买。

6. 第一个率先赔本赚吆喝

"拉手"为了区域市场进行扩张，对团购第一人气商品电影门票进行大幅度让利，甚至赔本销售，进价18元的门票，可以卖到9元，立刻在当地团购市场形成了拉手旋风。

通过对拉手网步步领先、步步为营的推广策略，拉手追求速度和规模扩张以及高人一招的营销策略奠定了其在团购市场的领先地位，这对很多团购和从事网络营销的企业而言具有学习借鉴的作用。(资料来源：世界工厂网 http://edu.gongchang.com，2012年6月16日)

**案例讨论题：**

1. 拉手网的主要受众有哪些？
2. 拉手网成功的主要因素有哪些？

# 阅读资料

## 王老吉的微博营销

现代营销学之父菲利普·科特勒指出，"营销3.0就是要和人们在价值观和精神上寻求共鸣"。从产品到顾客再到人文精神将是世界营销发展的大趋势，未来企业的竞争是文化的竞争。

贩卖具有精神属性的产品更能使消费者在购买物品的过程中获得心理满足、情感表达或者身份认同等情感因素。在个性化营销时代，特别是近几年来微博的兴起，让各类纷繁冗杂的广告、活动信息成效日益减弱。

作为人气与眼球集中地的微博，代表着巨大的营销价值，正在深刻地改变互联网时代的营销理念。在微博上谈情说品牌，动之以情继而晓之以理的打情感营销牌已成为各商家的核心微博营销趋势。

新年来临之际，由王老吉推出的"让爱吉时回家"2013年春节回家"吉金"活动，从消费者的情感需求出发，唤起和激发消费者的情感共鸣，受到众多网友的热情追捧，成为近期微博营销的一大亮点。

微博的核心是“互动”和“分享”

“微博的核心是‘互动’和‘分享’。”广州王老吉大健康产业有限公司相关负责人表示，在信息爆炸和信息碎片化时代，微博是一个与用户互动沟通和分享的平台，它承载的不是硬性的广告推销，而是情感的互动交流。

一个好的企业微博，不是冰冷的信息传递者，而应该是一个有鲜明个性有情感的拟人形象。企业利用微博开展营销应该是润物细无声的，通过富有亲和力的语言和丰富而有趣的内容，潜移默化地向网友传达品牌理念和产品信息，最后形成对企业和品牌的认知和认同。

该负责人介绍，目前王老吉官方微博主要是新浪微博平台的两个微博——王老吉大健康产业和凉茶就喝王老吉。

在定位上，王老吉大健康产业侧重于企业信息的发布；凉茶就喝王老吉侧重于与消费者的互动。

在官方微博背景的选择上，王老吉微博运营团队也进行了充分的考虑，采用代表热情、活泼、温暖、幸福的红色作为背景颜色，与红罐装的王老吉产品头像交相呼应，给人一种亲和、喜庆的感觉。

在自我称呼上，与众多企业的官微以“小”字辈自居不同，作为具有 180 年历史的凉茶品牌，凉茶就喝王老吉自称为吉叔。它既凸显了王老吉品牌历史沉淀，也拉近了与消费者的距离。

目前王老吉大健康产业和凉茶就喝王老吉这两个微博粉丝数量各为 6 万多，随着运营加强，粉丝数量将会不断增加。

在内容上，王老吉官方微博除了企业动态新闻、产品发布、健康小贴士、企业文化等日常固定内容之外，紧跟热门话题推出相应的品牌营销活动也是王老吉官方微博运营的重要策略。新年临近，面对这个销售旺季，深谙营销之道的王老吉自然不会放过。

情感营销创意制胜

有人说，营销就是与消费者谈恋爱，品牌就是让消费者爱上你的过程，这句话用在王老吉身上可谓恰如其分。在数字营销时代，王老吉果断启动全新市场策略，在微博营销上一改单纯的企业产品宣传，不论在产品展示还是营销活动方面都注入情感因素，调动消费者的热情，吸引其主动参与，与消费者建立情感上的联系。王老吉推出的“让爱吉时回家”2013 年春节回家“吉金”活动便是其中的一个典型。

春运期间回家坐车难是众所周知的事情，针对这种情况，王老吉顺势在微博上启动主题为“‘让爱吉时回家’2013 年春节回家‘吉金’”微博活动。从 1 月 14 日至 2 月 5 日，通过赠送订票“吉金”、购票“吉金”和回家“吉金”三个系列活动，分别帮助离家游子减轻电话订票话费问题、购买车票花销问题、经济困难的特殊人群回家问题。

“‘让爱吉时回家’活动主要是为春节回家的游子提供回家帮助，在春运期间为他们带来温暖关爱。”谈起这个活动的初衷时王老吉相关负责人如是说。他表示，“让爱吉时回家”

主题活动也是王老吉爱心公益基金的一部分。“王老吉作为百年民族品牌，又是中国‘吉文化’的典型代表，因此，我们有责任也有义务践行春节回家的社会公益。”

在新春来临之际，“让爱吉时回家”活动，无疑触动了消费者心灵上最柔软的心弦。活动一经推出便得到微博网友们的积极响应。三个系列活动仅官方活动主微博网友参与转发数量分别为31719人次、41658人次、45089人次。

短短三周时间的微博活动总转发数超过11万人次。众多网友纷纷留言表达对该活动的支持：广东陆丰的微博名为“囧囧狐狸的白日梦”网友留言表示：“王老吉举办的这次‘让爱吉时回家’活动真的很得人心，确实是扎根民众。”北京朝阳微博名为“打鼾仔”的网友表示：“不管中不中奖，我希望为好友送上真诚的祝福。”

在王老吉相关负责人看来，在官方微博推出营销活动并非想当然，而应该与企业品牌内涵高度吻合。微博活动作为企业微博营销的重要组成，承担着传递企业和品牌理念的责任，同时也是与消费者沟通交流，建立深层次关系的有效方式，只有与品牌高度契合的微博活动，才能让消费者信任并主动参与，也才能与消费者建立真正的沟通互动关系。

对于目前一些企业官方微博热衷的有奖转发行为，王老吉相关负责人给出了自己的看法。“应该说，有奖转发是微博活动的重要形式，在微博海量的信息和微博活动中，有奖转发因其简单的参与形式深得网友青睐。

但要在千篇一律的有奖转发活动中脱颖而出，则需要活动话题的创新，诸如王老吉‘让爱吉时回家’购票‘吉金’活动，网友可以在微博中分享自己即将回家的开心幸福心情，又能向亲朋好友送上祝福，规避了大部分有奖转发活动枯燥的话题方向，从而调动起网友的情感互动，因此网友们都乐意参加。”

线上线下相配合

整合营销作为一种以效果著称的营销方式，一经诞生便改变了许多企业的市场运作理念，它将营销从以企业为主带入以消费者为主的时代。而现在随着数字营销时代的到来，整合营销也被赋予了新的内涵、有了新的阵地，将线下的市场营销、品牌推广活动，与线上的网友互动活动紧密结合，成了许多企业新时期营销的不二之选。

面对微微营销带来的新机遇，王老吉巧妙地将线上线下传播活动相结合，突破了传统营销的瓶颈，强调品牌形象一致性的同时，将活动传播效果达到最大化。

王老吉在此次“让爱吉时回家”活动中，除了在线上的三个阶段的活动外，还配合活动不定期在线下推出春节神秘大礼包赠送活动，由王老吉各区域的工作人员亲自把礼包送到用户家中或办公室。通过这种线上线下的双向互动，王老吉收获了网友的支持和高度信任。

“在未来的营销中，我们将会根据营销环境的变化及时制定相关的营销活动，一方面让更多的消费者了解王老吉的品牌理念及内涵；另一方也通过加大公益营销力度，为消费者解决一些生活中遇到的困难。”最后，王老吉相关负责人如是说。(资料来源：http://biz.cb.com.cn 作者：王俊井，2014年3月20日)

# 参 考 文 献


[1] [美]德尔·I.霍金斯，[美]戴维·L.马瑟斯博，[美]罗杰·J. 贝斯特. 消费者行为学(原书第 11 版)[M]. 北京：机械工业出版社，2012.

[2] [美]韦恩·D. 霍伊尔，德波拉·J. 麦克伊尼斯. 消费者行为学(原书第 4 版)[M]. 北京：中国市场出版社，2008.

[3] [美]迈克尔·R. 所罗门. 消费者行为学(中国版)[M]. 6 版. 北京：电子工业出版社，2006.

[4] 李东进. 消费者行为学[M]. 北京：机械工业出版社，2008.

[5] 符国群. 消费者行为学[M]. 2 版. 北京：机械工业出版社，2008.

[6] 李晓霞，刘剑. 消费心理学[M]. 2 版. 北京：清华大学出版社，2010.